रीतिकाव्य की इतिहासदृष्टि

वाणी प्रकाशन

नयी दिल्ली-110002

फोन : 3275710, 3273167 फैक्स : 3275710

e-mail : vani_prakashan@yahoo.com

vani_prakashan@mantraonline.com

रीतिकाव्य की इतिहासदृष्टि

डॉ. सुधीन्द्र कुमार

ISBN : 978-81-7055-599-5

वाणी प्रकाशन
21-ए, दरियागंज, नयी दिल्ली-110002
द्वारा प्रकाशित

प्रथम संस्करण : 1998
द्वितीय संस्करण : 2002 **मूल्य : 275.00 रुपये**

शुभम ऑफ़सेट, दिल्ली-110032
द्वारा मुद्रित

RITIKAVYA KI ITIHASDRASHTI
by Dr. Sudhindra Kumar

अनुक्रम

प्राक्कथन

हिन्दी साहित्य में रीतिकालीन साहित्य का विशिष्ट स्थान है। यह साहित्य विशिष्ट इस अर्थ में है कि विक्रमी संवत् 1650 से 1900 (ईसवी सन् 1600-1857) के बीच हिन्दी साहित्य ने विषयगत और रूपगत अनेक परिवर्तन देखे थे। विषय की दृष्टि से रीतिकाल की कविता ने परंपरागत सभी भक्तिरूपों, विशेषतया राधाकृष्णलीला, का गायन किया तो इतिहास, युद्ध, वीर-प्रशस्ति, शृंगार, भक्ति, नीति आदि की व्यंजना के माध्यम से तत्कालीन जीवन की बहुआयामी झलकियाँ भी प्रस्तुत कीं। इन सबसे बढ़कर रीतिकाल ने हिन्दी को अनेक काव्यशास्त्रगत नवीन सरणियाँ भी दी हैं, जिनके अन्तर्गत काव्यांग, रस, नायक-नायिका-भेद, अलंकार, छंद आदि का अभूतपूर्व और अद्वितीय कोष संचित हुआ है। इस काल के कवियों ने निजी तौर पर समकालीन राजनैतिक और ऐतिहासिक संघर्षों और समझौतों का बारीकी से पर्यवेक्षण और वर्णन भी किया है। राज्याश्रय में पलने और लिखनेवाले कवियों के एक वर्ग ने अनेक आश्रयदाताओं व अन्य अनुकूल शासकों की जो प्रशस्ति और उनके विरोधियों की जो निंदा की है तथा समकालीन सामंती और प्रजा-समाज पर जो टिप्पणियाँ की हैं, वे इतिहास की अमूल्य धरोहर हैं। ऐसे ऐतिहासिक काव्यों और काव्यांशों में निहित मुगलकालीन इतिहास की सामग्री को सामने लाना और निष्कर्ष प्रस्तुत करना इस अध्ययन का लक्ष्य है।

रीति-साहित्य के बारे में विद्वानों की अनेक अवधारणाएँ हैं। एक वर्ग मानता है कि रीति-साहित्य सामंतवाद की देन है और वह सामंती प्रभाववश शृंगारिकता और अनैतिकता की आधारशिला पर अवस्थित है तथा सामंतों पर लिखा गया उस काल का साहित्य चाटुकारितापरक और प्रशस्तिपरक है, इसलिए उसमें इतिहास कम और काव्य अधिक है। दूसरा वर्ग इस साहित्य को काव्यकलाकाल की अमूल्य निधि मानकर उरा काल के केवल शृंगार, भक्ति तथा नीतिपरक काव्य को महत्त्व देता है और उसके काव्यशास्त्रीय परंपरा को पुनर्जीवित करनेवाले साहित्य पर ही दृष्टि टिका देता है। तीसरा वर्ग उन विद्वानों का है, जिन्होंने रीतिकालीन इतिहास-आधारित काव्यों का अध्ययन केवल उनके साहित्यिक गुणों को रेखांकित करने के लिए किया है। इन अवधारणाओं से यह लग सकता है कि रीतिकाल के कवियों ने केवल सामंतों

के लिए कविता की साधना की थी और उनका कोई सामाजिक सरोकार नहीं था। लेकिन ऐसी बात कहना ठीक नहीं है। यह ठीक है कि रीतिकाल के सामंतों के यहाँ पलने और लिखनेवाले कवियों ने अपने आश्रयदाताओं अथवा उनके पूर्वजों के जीवनकृत्यों पर अपने ऐतिहासिक काव्य लिखे थे और यह भी सच है कि उनके आश्रयदाताओं ने उस लेखन का अच्छा मूल्य चुकाया था, लेकिन सबसे बड़ा सच तो यह है कि उन ऐतिहासिक काव्यों में न कोरी प्रशस्ति है, न केवल चाटुकारिता और न मात्र कल्पना। उनमें सब कुछ है, फिर भी इतिहास अधिक मात्रा में सुरक्षित है, जैसा कि आगे के पृष्ठों से स्पष्ट हो जाएगा।

रीतिकालीन साहित्य के भीतर से प्राप्त इतिहास से, उपलब्ध मुगलकालीन इतिहासों में उद्‌घाटित तथ्यों से अधिक, नए तथ्य प्राप्त होने की पूरी संभावना है। इस संभावना में विश्वास का आधार यह है कि अब तक के प्रायः सभी इतिहासकारों ने मुगलकालीन इतिहास को सर्वांगसंपूर्ण बनाने के लिए हिन्दी के रीतिकालीन साहित्य को, विशेषकर तत्कालीन ब्रज भाषा, राजस्थानी और दक्खिनी हिन्दी के प्रत्यक्षद्रष्टा कवियों द्वारा प्रदत्त सामग्री को, नगण्य माना है। अब स्थिति कुछ बदलती दीख रही है।

रीतिकाल में कविताबद्ध इतिहास मिलता है। उसका पहला महत्त्वपूर्ण कारण यह है कि रीतिकाल तक देशभाषाओं में इतिहास-लेखन के लिए आवश्यक प्रौढ़ गद्य का अभाव था। ब्रजभाषा और राजस्थानी (डिंगल) का रीतिकालीन गद्य अप्रौढ़ रहा। दूसरा कारण यह है कि इन देशभाषाओं के कवियों को हर विषय पर लिखने के लिए कविता की परंपरा, शिक्षा और संस्कार मिले थे। तीसरा कारण यह है कि भारत में इतिहास-लेखन की परंपरा उस रूप में नहीं रही, जैसी तुर्की-फारसी में थी।

इतिहास-लेखन की परंपरा पहलेपहल फारस के रास्ते हिन्दुस्तान में आई थी और हिन्दुस्तानी बादशाहों ने फारसी में उस परंपरा को बनाए रखा। मुगल बादशाह बाबर, हुमायूँ, अकबर, जहाँगीर, शाहजहाँ और औरंगजेब ने उस आत्मकथा, जीवनी-लेखन और तवारीख-लेखन की परपरा को जीवित रखा। यद्यपि कुछ वर्षों के बाद औरंगजेब ने उस परंपरा को तोड़ दिया, फिर भी कुछ लेखक लुक-छिपकर अपने समय के इतिवृत्त को कलमबद्ध करते रहे, लेकिन बाद के मुगल बादशाही काल की अस्त-व्यस्तता में इतिहास-लेखन की वह परंपरा अस्त-व्यस्त हो गई।

मुगल काल का इतिहास केवल बादशाहों के आत्मकथ्य, दरबारियों के द्वारा लिखित बादशाहों की जीवनियों और उनके इतिहासों में ही सुरक्षित नहीं है, अन्य लोगों के द्वारा लिखित यात्रा-विवरणों, दैनन्दिनियों और संस्मरणों में भी सुरक्षित है। अंग्रेजी काल में रॉयल एशियाटिक सोसाइटी (कलकत्ता) और अन्य संस्थावत् महानुभावों ने उन सबको एकत्र कर पुस्तकालयों का गठन किया, उनके अध्ययन,

मनन और लेखन की व्यवस्था की, माध्यम भाषा को समझने के लिए पंडित और मुंशी नियुक्त किए तथा विषय और वृत्त को समझने के लिए सारी ऐतिहासिक सामग्री के अनुवाद का प्रबन्ध किया। उन अंग्रेज, जर्मन, फ्रांसीसी और भारतीय महानुभावों के परिश्रम का मूल्यांकन आज उपलब्ध उनके ग्रंथों से किया जा सकता है। सबसे पहले विदेशियों ने इस देश के भाषा और साहित्य को मूल्यांकित करने के लिए जो श्रम किया था, उसका अनुकरण बाद में भारतीयों ने किया। उन्होंने भी पर्याप्त श्रम से इतिहास तैयार किए। आज हम उन्हीं पुरोधाओं के परिश्रम के फल खा रहे हैं।

मुगलकालीन इतिहास को लिखने के लिए इतिहासकारों ने अब तक फारसी और अंग्रेजी के स्रोतों से सामग्री जुटाई है। जिन्हें फारसी नहीं आती, उन्होंने फारसी के इतिहास ग्रंथों के अंग्रेजी अनुवादों से काम चला लिया है। आरम्भ में अंग्रेज इतिहासकारों ने डिंगल भाषा के 'पृथ्वीराज रासो' और ब्रजभाषा के 'छत्र प्रकाश' जैसे काव्यों के अंग्रेजी अनुवाद करवाकर अथवा पंडितों से समझकर मध्यकालीन इतिहास-लेखन में हिन्दी ग्रंथों की सहायता ली थी, लेकिन 'पृथ्वीराज रासो' के जाली होने के विवाद के कारण एशियाटिक सोसाइटी ने उसका प्रकाशन रुकवा दिया था। शिवाजी के मामले में सामग्री जुटाते समय हिन्दी कवि 'भूषण' के नाम और उनके काव्य में भी जालीपन खोज लिया गया। ऐसे विवादों के कारण इतिहासकारों ने मान लिया कि हिन्दी काव्य को इतिहास-संबंधी सामग्री-स्रोत के रूप में नहीं स्वीकारना चाहिए। उन्होंने घोषणा कर दी कि हिन्दी के ऐतिहासिक काव्यों में इतिहास खोजना रेत में से तेल निकालना है, जबकि सच तो यह है कि रेत के तले भी तेल निकलता है। आवश्यकता गहराई में उतरने की है।

सच तो यह भी है कि बीसवीं सदी के आरम्भ में इतिहास-लेखन के लिए पर्याप्त हिन्दी साहित्य उपलब्ध नहीं हो पाया था। इस सदी के आरम्भकाल तक प्राचीन हिन्दी काव्य बस्ताबन्द रहा। रजवाड़ों में, मन्दिरों में, व्यक्तियों के पास और न जाने कहाँ-कहाँ सुरक्षा और पवित्रता के विचार से संस्कृत की तरह प्राचीन हिन्दी साहित्य भी असूर्यपश्य रहा। कीड़े भले ही खा जाएँ, लेकिन पांडुलिपियों को किसी को दिखाया नहीं जाता था। इन दिनों भी ऐसा हो रहा है। जयपुर के राजमहल में सीलबन्द पांडुलिपियाँ अब भी हैं, यह जानकर जिनके बारे में मेरे द्वारा देखने की जिज्ञासा प्रकट करने पर निदेशक ने अंग्रेजी में सगर्व मना कर दिया। लेकिन भला हो उन पुराने साहित्यसाधकों और इतिहासलेखकों का, जिन्होंने श्रम और व्ययपूर्वक संपर्क-सूत्र पकड़कर बहुत सारे स्थानों से मान-मनौवल, महत्त्व-स्थापन और खरीदफरोख्त के जरिए पांडुलिपियां एकत्र कीं। उन्हीं के प्रयत्नों से एशियाटिक सोसाइटी (कलकत्ता), नागरी प्रचारिणी सभा (वाराणसी), प्राच्य विद्या संस्थान (जोधपुर), श्री नटनागर शोध संस्थान (सीतामऊ) तथा पुणे, दिल्ली, पटना आदि में ऐसी संस्थाओं की स्थापना की गयी और जिनके प्रयासों से प्राचीन पांडुलिपियों के संग्रह, अध्ययन

और प्रकाशन का काम हुआ। फलस्वरूप पहले की तुलना में अब पर्याप्त ऐतिहासिक महत्त्व के हिन्दी काव्य, ख्यात, वार्ता, पत्र-साहित्य, अखबारात, बेलि, चरित, बानी आदि के संग्रह और प्रकाशन उपलब्ध हैं, किन्तु मुगलकालीन इतिहास-लेखन के लिए इनका जितना उपयोग होना चाहिए, उतना नहीं हो रहा है। यदि अभी इस ओर ध्यान नहीं दिया गया तो भविष्य में यह ऐतिहासिक महत्त्व का साहित्य पुस्तकालयों तथा संस्थानों में ही बन्द होकर रह जाएगा। ब्रजभाषा, डिंगल और दक्खिनी हिन्दी में उपलब्ध ऐतिहासिक महत्त्व का यह साहित्य इतिहासकारों द्वारा इन भाषाकाव्यों की भाषा को न समझ पाने के कारण तिरस्कृत हो रहा है। सच यह भी है कि अगर इन तीनों भाषाओं के इस साहित्य के अध्ययन और विवेचन का गंभीर प्रयास किया जाए तो इतिहासकारों को मुगलकालीन इतिहास के कई अनछुए पहलुओं, अज्ञात विचारों, दृष्टियों, नई घटनाओं और उनके कारणों की जानकारी मिलेगी।

इस देश के दुर्भाग्य ने 1947 ई. में धार्मिक उन्माद की चरम सीमा में बुद्धिजीवियों की मानसिकता को बहुत उद्वेलित कर दिया था। पाकिस्तान बना इस्लाम के आधार पर और भारत ने उस काल में धर्म के कुरूप चेहरे से दो-चार होने के बाद धर्मनिरपेक्षता का रास्ता चुन लिया। हिंदू और मुसलमान की विभाजक रेखा 1947 तक समय-समय पर चौड़ी-पतली होती रही और पाकिस्तान बन जाने के बाद वह रेखा मिट जानी चाहिए थी, लेकिन नहीं मिटी, क्योंकि स्वप्न और यथार्थ में बहुत अन्तर होता है। तब भारत के बुद्धिजीवियों ने सोचा कि राज्य की नीतियाँ धर्मनिरपेक्षता पर आधारित होनी चाहिए और हमारे आदर्शवादी नीतिनिर्धारकों ने एक फैसला यह लिया कि चिंतन और शिक्षा के क्षेत्र से धर्म की बातें निकाल दी जाएँ। इससे एक अनर्थ यह हो रहा है कि अब इतिहास के सच को झूठ के पलस्तर से विद्रूप किया जा रहा है। जो बातें हमें अपने समाज के भविष्य को उज्ज्वल बनाने के लिए अवश्य जाननी चाहिए, उन्हें दबाने-छिपाने की कोशिश की जा रही है। उन्हीं कोशिशों में एक कोशिश यह बताना है कि इस देश में जो भी गड़बड़ियाँ हैं, उनके जिम्मेवार अंग्रेज हैं। जैसेकि हम लोग तो हमेशा ही दूध के धुले रहे हैं। अपने सच अतीत और उस अतीत के कुरूप चेहरे से भी परिचित होना हमारा पहला कर्तव्य है, जिससे कि हम अपने वर्तमान और भविष्य को उज्ज्वल बना सकें।

मुगलकालीन इतिहास का सच यह है कि अकबर से लेकर औरंगजेब तक का मुगल शासन काल इस देश की शासन और विचार-व्यवस्था को जमाने से लेकर उजाड़ने तक का काल रहा है। बाबर की बुद्धिमत्ता, दूरदर्शिता, भावुकता और उसका साहस तथा हुमायूँ के पराक्रम, जिजीविषा, विश्वास और संघर्ष के गुण और संस्कार लेकर अकबर का जन्म हुआ था। बचपन से ही पारिघारिक संकट और राजनैतिक दायित्व का बोझ उठाने से उसके कंधों की मजबूती और ठोस निर्णय लेने की उसकी क्षमता का विकास हुआ था। किशोर, युवा और प्रौढ़ अवस्था काल में विकसित होते

उसके कुशल प्रशासन, संगठन व्यवस्था, मेलमिलाप, सम्बन्ध, धार्मिक समन्वय और मुगल-राजपूत रिश्ते की परिपक्वता से इस देश की राजनीति की स्वच्छता, राजा-प्रजा की निकटता, न्याय तथा प्रेम, 'कोउ नृप होउ हमें का हानी' की मानसिकता का बदलाव तथा स्वच्छ साहित्यिक और धार्मिक वातावरण का सूत्रपात हुआ था। लेकिन ऊपरी तौर पर देखने से ऐसा लग सकता है कि तत्कालीन हिन्दी कवियों ने उस बारे में कुछ नहीं लिखा। कुछ कहनेवाले कहते हैं कि भक्तिकालीन हिन्दी काव्य में अकबरकालीन जीवन और परिस्थितियों का चित्रण हुआ है, लेकिन मेरी धारणा यह बनी है कि वह चित्रण अकबरकालीन परिस्थितियों का न होकर, उससे पूर्व की परिस्थितियों का है। अकबरकाल में तो उन परिस्थितियों के चित्रण का वातावरण बना था। अकबर से पहले राजा और प्रजा के बीच इतने मधुर और निकट संबंध नहीं बने थे। शासन और साहित्य पहली बार इतने निकट आये थे।

लेकिन क्या कारण है कि हिन्दी में न गद्य में, न पद्य में मुगल बादशाहों को विषय बनाकर लिखा गया साहित्य नहीं मिलता ? जो कुछ मिलता है वह राजपूत राजाओं, रावों, रावतों अथवा राजकुमारों के बारे में, विशेषतः उनके युद्धकर्मों के बारे में ही मिलता है। छुटपुट में मुगल बादशाहों और उनके दरबारियों की दानवीरता और युद्धवीरता का स्तवन ही मिलता है। कारण स्पष्ट है कि भारत में हिन्दू राजाओं के यहाँ देशभाषाओं के कवियों का सम्मान होता था और मुगल दरबार में फारसी के कवियों और लेखकों को विशेष मान्यता और सम्मान मिलते थे। हिन्दी कवि केवल कविता में निष्णात थे, लेकिन फारसी के कवि और लेखक पद्य और गद्य दोनों में निष्णात थे ही, इतिहास-लेखन की परिपाटी के भी सुविज्ञ थे। मुगल दरबार में इतिहास-लेखन का काम केवल फारसी में होता था और मनोरंजन के लिए फारसी और हिन्दी की कविता चलती थी। इस देश में पुराने जमाने से ही इतिहास-आधारित काव्य-लेखन की परिपाटी तो थी, लेकिन इतिहास-लेखन की परंपरा नहीं थी। हिन्दी साहित्य के आदिकाल में इतिहास-आधारित काव्य तो अनेक लिखे गए, लेकिन उनमें ऐतिहासिक सत्य का अनुपात, काव्यरूढ़ियों को अपनाने के कारण, कम रहा, इसलिए उनकी ऐतिहासिकता पर प्रश्नचिह्न लगते रहे हैं।

अकबर के शासन काल में ऐतिहासिक हिन्दी काव्य की दृष्टि से एक महत्त्वपूर्ण काम यह हुआ कि जो आदिकालीन इतिहास-आधारित हिन्दी काव्य मौखिक परंपरा में चलते आ रहे थे, उनमें कथानक के साथ-साथ सन्-संवत्, नाम, स्थान और भाषा का बदलाव होता गया और इस कारण उनको अप्रामाणिक मान लिया गया। उन्हें लिखित रूप देने का काम अकबर के समय में ही आरम्भ किया गया। अकबरी दरबार के नवरत्नों में एक थे गंग भाट, जिन्होंने आदिकालीन चंद कवि के 'पृथ्वीराज रासो' को अकबरी दरबार के लोगों को सुनाकर अकबर से प्रभूत दक्षिणा पाई थी। उस रासो को लिखित रूप देने का प्रमुख आरम्भिक काम उदयपुर के राणा परिवार

ने अकबर के समय में ही करवाया था। वास्तव में पृथ्वीराज चौहान और मुहम्मद गौरी के बीच हुए युद्धों को हिन्दू-मुसलमान के बीच युद्ध के रूप में देखा गया था और अकबर के समय का राणा वंश अकबर के साथ राणा प्रताप के युद्ध को भी उसी रूप में देखता था, इसलिए राजपूतों में अपने पूर्वजों के शौर्य से प्रेरणा लेने के उद्देश्य से ऐसे काव्य का उद्धार करना आवश्यक समझा गया था। 'पृथ्वीराज रासो' का उद्धार जिस भी सन्दर्भ में किया गया हो, लेकिन उसका एक सुफल यह हुआ कि आगे चलकर रीतिकाल में इतिहास-आधारित काव्य-लेखन की प्रक्रिया पुनः चालू हो गई और उस समय के काव्य में शुद्ध इतिहास की विशेष भूमिका रहने लगी। उस काव्य में भी मुगल और राजपूत के बीच हुए युद्धों को मुसलमान और हिन्दू के बीच युद्ध का रूप दिया जाता रहा। दूसरा कारण यह था कि मुगलकालीन भारतीय समाज हिन्दू और मुसलमान वर्गों में विभक्त था। केन्द्रीय शासन मुगलों के अधीन था और विभिन्न क्षेत्र मुगलसमर्पित मुसलमान तथा हिन्दू मनसबदारों के द्वारा शासित थे। केन्द्रीय राजभाषा फारसी रही और क्षेत्रों में क्षेत्रीय भाषाएँ राजकीय सम्मान पा रही थीं, इसीलिए केन्द्र में फारसीदाँ मुसलमान और हिन्दू अधिकारी तथा साहित्यकार नियुक्त किए जाते थे, जबकि अन्य मुगल क्षेत्रों में हिन्दी तथा उसकी उपभाषाओं—ब्रजभाषा, राजस्थानी तथा दक्खिनी हिन्दी में शासन और साहित्य का कार्य होता था। इन तीनों उपभाषाओं में, जो कि पहले 'भाषा' का मान पाए हुए थीं, जो ऐतिहासिक काव्य लिखे गए, उनके नायक भी क्षेत्रीय थे। उन क्षेत्रीय नायकों पर क्षेत्रीय भाषा में काव्य लिखे गए, क्योंकि वे हिन्दू और मुसलमान नायक अपनी मातृभाषा में लिखे गए काव्य के मर्म को सरलता से समझ सकते थे।

अकबर, जहाँगीर और शाहजहाँ के न्याय, श्रद्धा, दानवीरता तथा युद्धवीरता को लेकर ब्रजभाषा में प्रशस्तिपरक मुक्तक लिखे गए, लेकिन राजस्थानी और दक्खिनी हिन्दी में नहीं, क्योंकि राजस्थान और दक्षिण के नायकों के लिए वे मुगल शत्रुवत् थे, जिनकी निंदा ही की जा सकती थी। आश्रयदाता के शत्रु आश्रित कवि के भी शत्रु हो जाते थे और शत्रु शासक क्षेत्र की प्रजा शत्रुवत् मानकर लूटी-मारी जाती थी। किसी कारणवश हिन्दी कवि अपने आश्रयदाता के शत्रु बादशाह अथवा राजा की निंदा नहीं तो प्रशंसा भी नहीं करते थे। अकबर ने राजपूतों से वैवाहिक संबंध स्थापित कर, मुल्ला-मौलवियों से छुटकारा पाकर, गौ-ब्राह्मण और हिन्दू भक्तों को सम्मान देकर, जजिया हटाकर हिन्दू-मुसलमान के बीच जो दूरियाँ कम की थीं, उनके कारण हिन्दी कवियों ने उसकी प्रशंसा की, लेकिन जहाँगीर, शाहजहाँ और औरंगजेब ने जैसे-जैसे उन दूरियों को बढ़ाया, वैसे-वैसे हिन्दी कवि उनसे कटते और घृणा करते गए। अकबर के प्रति हिन्दी कवि का जितना प्रेम और श्रद्धा का भाव रहा, औरंगजेब के प्रति उसमें उतनी ही घृणा और विरोध का भाव दिखाई पड़ता है।

तीसरा कारण रहा—मुगलों के यहाँ अरबी-फारसी भाषा और साहित्य और हिन्दू

राजाओं के यहाँ संस्कृत तथा हिन्दी भाषा और काव्य की प्रतिष्ठा। इसीलिए फारसी में मुगलों पर गद्य-पद्य में लिखित साहित्य बहुत मिलेगा, लेकिन हिन्दी में उन पर नाम मात्र के मुक्तक ही मिलते हैं। वे मुक्तक भी इसलिए लिखे गए, क्योंकि कवियों को वे प्रशस्तिपरक मुक्तक लिखने के लिए मुगलों से पुरस्कार मिला और उनके आश्रयदाताओं को वैसी कविता से कुछ अप्रत्यक्ष लाभ मिलने की सम्भावना थी। गंग, रहीम, नरहरि आदि ने अकबर से जीविका पाने के कारण उसकी प्रशंसा में छंद लिखे थे। केशवदास ने अपने आश्रयदाता ओड़छानरेश इन्द्रजीतसिंह पर अकबर द्वारा किए गए जुर्माने को माफ करवाने के लिए रहीम की प्रशंसा में छंद लिखे थे और अकबर ने रहीम की सिफारिश पर वह जुर्माना माफ कर दिया था। अकबर की सदाशयता, विशाल हृदयता और शालीनता इतनी बढ़-चढ़कर थी कि सभी हिन्दी कवि उसकी प्रशंसा करके सुख पाते थे। कहा जाता है कि उसने ओड़छा के राजा इन्द्रजीत सिंह की सुन्दरी वेश्या राय प्रवीण की कविता में 'केवल कौआ और कुत्ते के द्वारा जूठी पत्तल खाने की बात' सुनकर उसे अपने पास रखने का विचार त्याग दिया और कृष्णभक्त कवि कुंभनदास को फतहपुर सीकरी बुलाने के विरोधस्वरूप लिखित 'संतन कहा सीकरी सों काम, आवत जात पनहियाँ टूटीं, बिसरि गयौ हरिनाम।' सुनकर क्रोध नहीं आया और उस भक्त पर तलवार नहीं चलवाई। इसके विपरीत उसने वृंदावन में स्वामी हरिदास के आश्रम में जाकर उनके शास्त्रीय गायन का आनन्द लिया। ऐसे वास्तविक गुणीजन की प्रशंसा में हिन्दी कवियों ने यदि कुछ लिखा है, तो वह सीधे उनके हृदय से निकला है।

आश्रित कवियों ने अपने अपात्र आश्रयदाता काव्यनायकों की प्रशंसा में बहुत सारा सच-झूठ लिखा है, लेकिन यह मानना पड़ेगा कि आदिकालीन इतिहास-आधारित काव्यों की तुलना में रीतिकालीन ऐतिहासिक काव्यों में इतिहास अधिक मात्रा में सुरक्षित रहा। उस काल में रचित फारसी और हिन्दी की ऐतिहासिक रचनाओं का यदि इतिहास की दृष्टि से तुलनात्मक अध्ययन किया जाए तो आप पाएँगे कि मुगल-आश्रित लेखकों द्वारा लिखित फारसी साहित्य में मुगलों के प्रति सहानुभूति की मात्रा अधिक है, क्योंकि फारसी शासकों की भाषा थी और उनकी रचनाओं में शासक को प्रसन्न करने की भावना निहित थी। हिन्दी देशी राजाओं और सुलतानों की भाषा थी और उसमें फारसीवाले शासकों के प्रति विरोध भाव निहित रहता था। केन्द्र (मुगल बादशाह) और रजवाड़ों और सूबों के बीच सम्पर्क भाषा फारसी थी, इसीलिए अकबर से लेकर औरंगजेब तक के नाम लिखे गए पत्रों या उनके द्वारा जारी किए गए फरमानों की भाषा फारसी होती थी। गुरु गोबिन्दसिंह का औरंगजेब के नाम पत्र 'जफरनामा' फारसी शे'रों में लिखा गया था। शिवाजी के औरंगजेब के नाम लिखे गए पत्र भी फारसी में थे। कवियों, लेखकों और नौकरी चाहनेवालों के लिए मुगलकालीन बादशाहों तथा राजाओं तक अपनी पहुँच के अवसर बढ़ाने के लिए फारसी ज्ञान और उसमें

लेखन की भी एक शर्त थी।

चौथा और सबसे महत्त्वपूर्ण कारण यह था कि मुगलकालीन ऐतिहासिक हिन्दी काव्य राजपूतों के आश्रय में लिखा गया था। जो राजपूत पूरी तरह से मुगल सेवा में थे, उनके आश्रित कवियों ने अपने आश्रयदाता का तो प्रमुख रूप से वर्णन कर दिया और अपने आश्रयदाता के आश्रयदाता मुगलों और उनके अधिकारियों का चलताऊ ढंग से कुछ प्रशस्तिपरक छंद लिखकर काम चला दिया अथवा उनके बारे में बिलकुल ही नहीं लिखा। लेकिन जो राजपूत स्वायत्तता के लिए मुगल सत्ता के साथ संघर्ष कर रहे थे, उनका शौर्य दिखाने के लिए वे कवि राम और रावण के प्रतीक देकर बार-बार राजपूत नायक को राम और प्रतिनाथक मुगलों को रावण के प्रतीक के रूप में चित्रित कर रहे थे। उनके काव्य में मुसलमान-प्रतिनायक हिन्दू राजा-नायक के चरित्र को उभारनेवाले पात्र थे। जसवंतसिंह जैसे कुछ राजपूत भी नायक थे, जो मुगल-समर्थक थे भी और नहीं भी। ऐसे द्वंद्वग्रस्त राजाओं के आश्रित कवि भी द्वंद्वग्रस्त थे कि न जाने कब उनका काव्यनायक अपनी निष्ठा बदल ले, इसलिए वे अपने नायक के बारे में बड़े विस्तार से लिखते थे, लेकिन अपने नायक के निष्ठापात्र मुगल बादशाह के बारे में विस्तार से लिखने से बचते थे। वे सभी कवि अपने आश्रयदाता पर काव्य या ख्यात लिख रहे थे, इसलिए आश्रयदाता की ओर ही उनकी लक्ष्य दृष्टि थी। उनके लिए मुगल अथवा अन्य सत्ताकेन्द्र तो उनके नायक की पृष्ठभूमि के रूप में उल्लेख्य रहे। मुगल घराने में जो दो उत्तराधिकार युद्ध हुए थे, उनको आधार बनाकर हिन्दी में महाकाव्य तक लिखे जा सकते थे और उनके काव्यनायक औरंगजेब तथा मुअज्जम (बहादुर शाह) बनाए जा सकते थे, लेकिन ऐसा तभी हो सकता था, जब उन बादशाहों के दरबार में कोई हिन्दी कवि होता। औरंगजेब के दरबार में कोई हिन्दी कवि नहीं था और हिन्दू राजा शाहजहाँ के पक्षधर थे। बाद में वे राजा औरंगजेब के पक्ष में हुए, तब भी हिन्दी कवियों का प्रवेश औरंगजेब के दरबार में नहीं हुआ। राजपूतों के कवि राजपूतों की प्रशंसा करते रहे। वृंद औरंगजेब के पुत्र अजीम का दरबारी कवि था, लेकिन अजीम बाहशाह नहीं बन पाया, जिससे वृंद को कोई लाभ हो पाता। अजीम ने ढाका में रहते हुए वृंद से शिक्षा ली थी और वह भोगविलास में लिप्त रहता था। उसकी रुचि के अनुसार वृंद ने नीतिकाव्य और 'श्रृंगार शिक्षा' लिखे। यदि वह बादशाह बन जाता तो उस पर वृंद के द्वारा प्रबन्ध काव्य या ख्यात या वचनिका लिखा जा सकता था। वृंद मूलतः रूपसिंह के कवि थे, इसलिए उन्होंने रूपसिंह पर वचनिका लिखी।

दोनों उत्तराधिकार युद्धों के प्रसंगवाले हिन्दी काव्यों में औरंगजेब और उसके पुत्रों के पक्ष-विपक्ष में लड़नेवाले राजपूतों तथा अन्य जातियों के योद्धाओं का नामोल्लेख के साथ विस्तारपूर्वक वर्णन किया गया है। औरंगजेब और उसके पुत्रों को युद्ध का आरम्भकर्ता और उसके परिणाम का भोक्ता दिखाया गया है। हिन्दी

कवियों के राजपूत काव्यनायक और उनके सहायक तो मात्र उन आरम्भकर्ता और परिणामभोक्ता मुगलों के मरने-मारनेवाले सहायक राजपूत के रूप में वर्णित हुए हैं।

हिन्दू और मुसलमान लेखकों में एक अन्य मूलभूत अन्तर प्रेरणा का रहा। हिन्दू लेखक दास और दमित प्रजाजन के बीच से रजवाड़ों और मुगल दरबारों तक पहुँचे थे, इसलिए उनके लेखन में अपने आश्रय तथा दान की चिन्ता और दानदाताओं के प्रति चाटुकारिता व प्रसन्न करने की प्रवृत्ति मिलती है, जबकि मुसलमान लेखक भूस्वामी और शक्तिसम्पन्न मुसलमान वर्ग से जुड़े हुए थे, इसलिए उनके लेखन में राजवर्गीय अहं और श्रेष्ठता की भावना मिलती है। उनके बादशाह उनके अपने धर्म के थे, इसलिए धार्मिक आधार पर उनसे तादात्म्य स्थापित कर वे अधिक लाभ कमाना चाहते थे। मुगलकाल में मुसलमान भी दो तरह के थे—एक, विदेशागत और दूसरे, देशी। विदेशागत मुसलमानों में कुछ के पूर्वज और कुछ स्वयं यहाँ आए थे। जो मुसलमान मक्का-मदीना के जितने निकट से आए थे, वे अपने को उतना ही अधिक वरेण्य और श्रेष्ठ मानते थे तथा मुगल प्रशासन में उच्चपद के अभिलाषी होते थे। उनमें यदि कोई लेखक फारसी के साथ अरबी और तुर्की भी जानता था, तो वह दरबारी लेखकों में सबसे अधिक प्रतिष्ठा का इच्छुक होता था। उन दोनों विदेशी मूल के प्रशासक और लेखक की तुलना में देशी मुसलमान लेखकों को उतना मान नहीं मिलता था और देशी भाषा के लेखक तो और भी बाद में, कभी-कभी अन्त में गिने जाते थे, इसलिए हिन्दू लेखक अपने हिन्दू आश्रयदाताओं को अधिक पसन्द करते थे और दक्खिनी हिन्दी के कवि अपने सुलतानों को, क्योंकि धार्मिक-सामाजिक आधार पर आश्रयदाताओं के साथ उनकी विशेष निकटता हो जाती थी। वे कवि अपनी कवि-प्रतिभा को भुनाने की काव्यशैली से भली-भाँति परिचित थे।

आदिकालीन और रीतिकालीन ऐतिहासिक काव्य-सामग्री के तुलनात्मक विश्लेषण से यह एक बात स्पष्ट होकर सामने आती है कि आदिकालीन और रीतिकालीन वीरकाव्य कही जानेवाली रचनाओं में से रीतिकालीन वीरकाव्य में इतिहास अधिक सुरक्षित है। आदिकालीन वीरकाव्यों में प्रबन्ध काव्य की परंपरागत काव्यरूढ़ियों का परिपालन किया गया मिलता है, जिसके अंतर्गत काव्यनायक के जन्म से लेकर लक्ष्य-प्राप्ति अथवा मृत्यु तक का सर्वांगतः वर्णन होता है। सर्वांगतः का अर्थ है नायक के जीवन से जुड़ी सभी अवस्थाएँ, सभी संस्कार, प्रेम, विवाह, रति, संतान, संघर्ष आदि का सर्गबद्ध वर्णन और उनमें प्रेम तथा युद्ध अथवा इनमें से किसी एक की अधिक मात्रा अवश्य होती है। उनमें परंपरा और यथार्थ का कुछ ऐसा घालमेल कर दिया गया है कि यथार्थ दब-दब गया है। दूसरी बात यह स्पष्ट होती है कि वे वीरकाव्य पहले मौखिक परंपरा में थे। उनका लेखन वास्तविक घटनाओं और प्रसंगों के आधार पर पहले कभी हुआ होगा, लेकिन आज जो आदिकालीन काव्य उपलब्ध है, उसका लेखनकाल अकबर से लेकर अंग्रेज काल तक व्याप्त रहा

है, इस कारण सैकड़ों वर्षों के अंतराल ने उसके रूप और विषय का परिवर्तन कर दिया है। इसके विपरीत रीतिकालीन वीरकाव्य आज मूल रूप में उपलब्ध है। वह प्रबन्ध और मुक्तक के रूप में लिखित और सुरक्षित है और उसका बहुलांश आज प्रकाशन की प्रतीक्षा में है। रीतिकालीन वीरकाव्यों में कवियों की इतिहासदृष्टि की विशेषता अधिक दिखलाई पड़ती है। वे सब काव्य नायकप्रधान हैं और उनमें प्रेम और विवाह की बातें विस्तारपूर्वक नहीं आई हैं। जहाँ आई हैं, वहाँ केवल इतना बता दिया गया है कि काव्यनायक का विवाह किस घराने में हुआ और उसकी मृत्यु के बाद कितनी सतियाँ उसके साथ जलकर उससे स्वर्ग में मिलीं, इसलिए प्रेम-रति के विस्तृत वर्णन रीतिकालीन ऐतिहासिक काव्यों में लगभग अनुपलब्ध हैं। उनमें केवल युद्धवर्णन है और उन्हें शुद्ध वीरकाव्य की संज्ञा दी जा सकती है। पूछा जा सकता है कि उन युद्ध काव्यों से शृंगार रस क्यों लुप्त हो गया ? इस प्रश्न का उत्तर यह है कि तब तक शृंगार का रसकाव्य लिखनेवाले कवियों का एक अलग वर्ग बन गया था। वीर और शृंगार के कवि अपने काव्यकर्म में अलग-अलग दत्तचित्त हो गए थे। दूसरा कारण यह रहा कि वीरकाव्य-रचयिता भाट और चारण जाति के थे, जिनका काम था आश्रयदाता के युद्ध कर्मों का आख्यान करना। जहाँ केवल लड़ने-मरने के ही प्रसंग चर्चित हों, वहाँ शृंगार रस को लुप्त होना ही था।

रीतिकालीन ऐतिहासिक काव्यों में अधिकांशतः काव्यनायक हिन्दू हैं और उनके प्रतिनायक मुगल अथवा हिन्दू अथवा दोनों हैं। हिन्दू काव्यनायकों में एक वर्ग मुगल-अधीन था और दूसरा मुगल-स्वतन्त्र। इन काव्यों के नायकों में पहले वर्ग के नायकों की प्रधानता रही और दूसरे वर्ग के काव्यनायकों के नाम उँगलियों पर गिने जा सकते हैं, जैसे राणा प्रताप सिंह, शिवाजी, छत्रसाल बुंदेला। गुरु गोविन्दसिंह भी मुगल-स्वतंत्र काव्यनायकों में आते हैं और पंजाब के कवियों ने उन पर बहुत कुछ लिखा है। राणा प्रताप, शिवाजी और छत्रसाल पर इतना काव्य नहीं लिखा गया, जितना गुरु गोविन्दसिंह पर लिखा गया। उसका कारण है हिन्दुत्व के लिए सबसे अधिक बलिदान और संघर्ष उन्होंने ही किया था और उनके नायकत्व के पीछे धर्म और राजनीति की प्रेरणा थी, जबकि अन्य काव्यनायक केवल राजनीति कर रहे थे। पंजाब से बाहर लिखे गए ऐतिहासिक काव्यों में हिन्दू नायकों की पहचान उनके वंश, कुल, जाति, गोत्र से अधिक की गई है और उनका नाम बाद में आता है, जैसे कछवाहा, राणा, राठौड़, हाड़ा, चौहान, खीची, भाटी आदि। उनमें भी उन राजपूत वंशों की श्रेष्ठता का विशेष स्तवन किया गया है, जिन्होंने अपनी बहन-बेटी मुगलों को नहीं ब्याही थीं। जिन्होंने अपनी बहन-बेटियाँ मुगलों को दीं, उनको कायर माना गया और वीरकाव्य में कायर का क्या काम-नाम ? लेकिन दान-मान के बल से कायरों के यहाँ भी वीरकाव्य रचयिता कवियों की भीड़ मिल जाती है, जैसे आमेर-जयपुर नरेशों के यहाँ, क्योंकि उन्होंने मुगलों के लिए ही सही, वीरता तो दिखाई

ही थी। राजपूतों के साथ जिस भी जाति और वर्ग के योद्धा लड़ते थे, उनके नामों के साथ उनकी जातियों की चर्चा अवश्य की गई है और वे सब योद्धा राजपूत वर्ग के ही हों, यह आवश्यक नहीं। युद्धकर्म में पुरोहित और भाट तक लड़ते-मरते दिखाए और गिनाए गए हैं। मुगल पक्ष के वर्णन में भी रीतिकवियों ने तुर्क, मुसलमान, यवन या राक्षस जैसे संबोधनों के साथ सैयद, पठान, मुगल, हब्शी आदि वर्गों के सैनिकों का उल्लेख किया है। इससे पता लगता है कि जातिप्रथा केवल हिन्दुओं की ही विशेषता नहीं थी, मुसलमानों की भी थी। हाँ, मुगलकालीन रीतिकविता में शिया-सुन्नी का कोई झंझट नहीं है।

दक्खिनी के सुलतानों पर लिखे गए हिन्दी काव्यों में काव्यनायक सुलतान अथवा उनके सेनापति बनाए गए हैं। बीजापुर और गोलकुंडा के सुलतानों के यहाँ चार सौ वर्षों तक दक्खिनी हिन्दी में इस्लामी भक्ति, प्रेम और युद्ध का जो काव्य लिखा जाता रहा था, उनमें से युद्ध काव्यों में नायक मुसलमान और प्रतिनायक मुगल और हिन्दू हैं। उदाहरण के लिए बीजापुर के सुलतान के शत्रुओं में शाहजहाँ और औरंगजेब के साथ-साथ जयसिंह तथा शिवाजी भी हैं। ये मुगल और हिन्दू दक्खिनी रियासतों के दुश्मन के रूप में चित्रित हुए हैं। गोलकुंडा के दक्खिनी हिन्दी काव्यों में भी मुगल और शिवाजी शत्रु रूप में अंकित किए गए हैं।

यहीं पर मुगलकालीन हिन्दुस्तान के बारे में चर्चा कर लेनी चाहिए। हिन्दुस्तान की परिकल्पना पहले वह नहीं थी जो आज है। पहले हिन्दुस्तान का अर्थ था सिन्धु नदी का क्षेत्र, फिर बना मुगल-प्रशासित क्षेत्र। पहले आमेर, जयपुर, जोधपुर, मारवाड़, मेवात, मालवा, गुजरात आदि अलग-अलग क्षेत्र अलग-अलग देशों के नाम से जाने जाते थे। यानी एक राजा का शासनक्षेत्र एक देश कहलाता था, चाहे उसका क्षेत्रफल एक गाँव-कस्बे के बराबर ही क्यों न हो। उन देशों की सीमाएँ क्षेत्रफल की घटत-बढ़त के अनुसार बदलती रहती थीं और जितना बड़ा देश उतनी अधिक आय, इसलिए बादशाह, सूबेदार, राजा, राव, रावत और जमींदार समझौते और युद्ध के द्वारा अपने-अपने देशों का विस्तार करने का प्रयत्न करते रहते थे।

सल्तनत काल का हिन्दुस्तान वह नहीं था, जो मुगल काल में था। मुगल काल में भी बाबर का हिन्दुस्तान हुमायूँ के हिन्दुस्तान से अलग और अकबर का हिन्दुस्तान उन दोनों के हिन्दुस्तान से बड़ा था। अकबर का हिन्दुस्तान उत्तर के वर्तमान अफगानिस्तान से दक्षिण के दौलताबाद तक फैला हुआ था। अकबर, जहाँगीर, शाहजहाँ और औरंगजेब उसको सँभालने में लगे रहे, लेकिन अकबर, जहाँगीर और शाहजहाँ के समय में जो हिन्दुस्तान था, वह औरंगजेब काल में नहीं रहा, इसीलिए औरंगजेब के जीवन के अंतिम वर्ष अपने पूर्वजों के हिन्दुस्तान के क्षेत्रफल को मुट्ठी में रखने के प्रयत्न में उत्तर से दक्षिण तक भागदौड़ और युद्ध करने में बीते और उसके मरने के बाद हिन्दुस्तान (मुगल प्रशासित क्षेत्र) का क्षेत्रफल

संकुचित होता चला गया।

मुगलकालीन हिन्दुस्तान की इस क्षेत्र-सीमा के बारे में यदि आप प्रामाणिक जानकारी पाना चाहते हैं तो आपको दक्खिनी हिन्दी का काव्य पढ़ना चाहिए। दक्खिनी के कवियों ने अपने दक्खिन या दकन को हिन्दुस्तान से अलग बताया है। उनका कहना है कि दकन की दुश्मनी हिन्दुस्तान से है और 'हिन्दुस्तान' के बादशाह औरंगजेब ने उनके सुलतानों के 'दकन' पर हमले किए। शिवाजी के हमलों पर उन्होंने अलग तरह से प्रतिक्रिया व्यक्त की है। इस बारे में आगे यथास्थान विचार किया गया है।

राजनैतिक दृष्टि से अकबर से लेकर औरंगजेब तक मुगल बादशाहत का काल सर्वाधिक दीर्घजीवी रहा। काल के अनुपात की दृष्टि से अकबर ने लगभग पचास वर्ष तक शासन किया, जहाँगीर ने बाईस वर्ष, शाहजहाँ ने अड़तीस वर्ष और औरंगजेब ने पचास वर्ष। औरंगजेब के बाद की मुगल बादशाहत इतनी नाकारा और परवश हो गई कि वह अपने अधिकारियों की इच्छा पर निर्भर हो गई। कोई बैठाया गया, कोई हटाया गया, कोई मारा गया और कोई अन्धा किया गया। बीच में नादिरशाह, अब्दाली, मराठे, जाट, सैयद, सफदरजंग, सूरजमल, नजफ खाँ वगैरह बादशाहों पर हावी रहे और उन्हें खूब लूटते-खसोटते रहे। लेकिन हिन्दी कवियों ने जाट और मराठों पर तो काव्य लिखे, शाहों और वजीरों पर नहीं। उन सब परवर्ती मुगल बादशाहों का जो भी इतिवृत्त रीतिकालीन ऐतिहासिक कविता में मिलता है, वह पहले की तरह संघर्ष और युद्ध से ही जुड़ा हुआ है, उनके जीवन के अन्य पक्षों से नहीं। इससे फिर यह बात निकलकर सामने आती है कि रीतिकालीन ऐतिहासिक काव्यों में राजपूतों के द्वारा किए गए संघर्षों तथा युद्धों का ही वर्णन किया गया है। शाही घरानों में द्वंद्व की स्थिति पैदा होने पर भी कवियों ने उस द्वंद्व के बीच केवल राजपूतों की भूमिका की चर्चा की है। अकबर-सलीम-द्वंद्व में ओड़छा का बुंदेला वीरसिंह, जहाँगीर-खुर्रम-द्वंद्व में जोधपुर का गजसिंह और रूपनगर का रूपसिंह, शाहजहाँ-औरंगजेब-द्वंद्व में सभी राजपूत राजा, राव और रावत तथा अन्य छोटे-मोटे सरदार शामिल हुए थे, उनका वर्णन तो विस्तारपूर्वक किया गया है, लेकिन अकबर, जहाँगीर, शाहजहाँ, औरंगजेब-संबंधी विवरण उन राजपूतों के द्वारा किए गए युद्धों की पृष्ठभूमि के रूप में, अनुलग्नक की भाँति उपलब्ध होता है। मुगल घराने के द्वंद्ववाले प्रसंग में भी मुगल बादशाहों का विवरण राजपूतों के विवरण की तुलना में आटे में नमक के बराबर मिलता है।

रीतिकालीन कवियों ने अकबर और जहाँगीर काल पर उतना नहीं लिखा है, जितना शाहजहाँ और औरंगजेब काल पर। हिन्दी साहित्य के अधिकांश इतिहासकारों ने रीतिकाल का वास्तविक आरम्भ शाहजहाँ काल से ही माना है और शाहजहाँ और औरंगजेब के काल में रीतिकाल के कवियों को युद्धकाव्य लिखने के जितने कारण

और अवसर मिले थे, उतने उससे पहले नहीं मिले। इस अध्ययन में इसी कारण आपको अकबर और जहाँगीर काल की इतनी ऐतिहासिक सामग्री नहीं मिलेगी, जितनी शाहजहाँ और औरंगजेब काल पर मिलती है। औरंगजेब के बाद की राजनैतिक घटनाओं और घटनानायकों पर लिखे हुए हिन्दी काव्यों की संख्या विपुल है, किन्तु वह हिन्दुस्तान नहीं, क्षेत्रीय इतिहास के काम की सामग्री सँजोए हुए है।

अब कुछ बात मुगलकालीन ऐतिहासिक हिन्दी साहित्य में दी गई तिथियों के बारे में कर लें। समस्त रीति-साहित्य में नायक की जीवनकथा और युद्धों की बातें कुछ में तिथिक्रमवार दी गई हैं और कुछ में बिना तिथिक्रम के। जहाँ तिथियाँ दी गई हैं वहाँ अधिकतर उत्तर भारतीय विक्रमी संवत् और मास, पक्ष, तिथि, वार, घड़ी, पल तथा पहर दिए गए हैं। विक्रमी संवत् चैत्र से फाल्गुन तक बारह महीनों का होता है, लेकिन जोधपुर के राजाओं से संबंधित कविगण श्रावण मास से संवत् का आरम्भ मानते हैं। दक्खिनी हिन्दी के काव्यों में इस्लामी हिजरी सन् प्रयुक्त हुआ है। आज के पाठक को न तो विक्रमी संवत् का पता है और न हिजरी सन् का। सब ईसवी सन् से परिचित हैं। इस संकट के निवारण के लिए परिश्रमपूर्वक इंडियन एफीमरीज की रचना की गई है, जिसकी सहायता से विक्रमी संवत्, हिजरी तथा ईसवी सन् और तिथि तथा दिनांक का मिलान किया जा सकता है। फिर भी, इतिहास-शोधक से संवत्-सन् के मिलान में भूल हो सकती है इसलिए मैंने कहीं-कहीं ईसवी सन् दिया और कहीं-कहीं नहीं भी दिया है, लेकिन मूल हिन्दी साहित्य में लिखित संवत्, तिथि आदि यथास्थान अवश्य लिख दिए हैं। जो ईसवी सन् जानना चाहें उन्हें इंडियन एफीमरीज से सहायता लेनी चाहिए।

रीति-साहित्य में इतिहासखोजियों को मुगलकालीन बादशाहों और राजाओं के परस्पर संबंध, रहन-सहन, बोली-भाषा, व्यवहार, स्वभाव और जनहित कार्यों का परिचय करानेवाली सामग्री कुछ मात्रा में मिलती है, लेकिन राजस्व, नियम, कानून आदि के विवरण कहीं नहीं मिलते और जनहित कार्यों में दान, मान, बाँध, बाग, तालाब, गाँव, नगर आदि बनाने के वृत्त कहीं-कहीं मिलते हैं, लेकिन बनाने से अधिक जलाने, लूटने, कूटने, मिट्टी में मिलाने, ईंट से ईंट बजाने और हत्याओं के सिलसिले अधिक मिलते हैं। शासकों और योद्धाओं के निजी अहं और स्वार्थ के विवरणों से समग्र रीति-साहित्य भरा पड़ा है। उनके निजी अहं और स्वार्थ की झलकियाँ मनसब, हाथी, घोड़े, पसाव बाँटने में मिलती हैं, क्योंकि इनको पाने में रीतिकवियों और उनके आश्रयदाताओं की विशेष रुचि थी।

उनकी युद्धावलियों में सेना के अंगों, हथियारों, पशुओं, भोजन, शामियानों के बखान बड़े विस्तृत हैं। यदि कोई इन विषयों का विशेष अध्ययन करना चाहता है तो उसे 'हिन्दी काव्य में युद्ध वर्णन' विषयक ग्रंथों का अध्ययन करना चाहिए।

हिन्दी में वीरकाव्य पर काफी काम हुआ है। बीसवीं सदी के आरम्भ से अब

तक विदेशी और भारतीय विद्वान् इस विषय पर निरंतर पढ़ते-लिखते आ रहे हैं। रीतिकालीन वीरकाव्यों पर डॉ. टीकमसिंह तोमर ने जो अध्ययन आरंभ किया था, उसको अनेक विद्वानों ने आगे बढ़ाया है, लेकिन उन सबके अध्ययन कृतियों के अध्ययन हैं। मैंने अकबर से लेकर औरंगज़ेबोत्तर काल तक लिखित रीतिकालीन ऐतिहासिक कृतियों के आधार पर उन कृतियों में उपलब्ध मुगल इतिहास की स्रोत सामग्री को प्रस्तुत किया है। इसमें यह प्रयास किया गया है कि एक ही विषय पर अनेक कवियों, ख्यातकारों, वार्तालेखकों, वचनिकाकारों और कहीं-कहीं उन काव्यों, ख्यातों, वार्ताओं और वचनिकाओं के सम्पादकों के मत-विमत एकत्र कर उनका विश्लेषण किया जाए और प्राप्त निष्कर्षों से आपको परिचित कराया जाए। इस शतवर्षीय अध्ययन, विश्लेषण और निष्कर्ष की प्रक्रिया से मुगलकालीन इतिहास में यदि कुछ जुड़ता है तो हम सबका श्रम सकारथ होगा।

कभी तो समय आएगा, जब इतिहास-जिज्ञासुओं की आगामी पीढ़ियाँ ब्रजभाषा, राजस्थानी, दक्खिनी हिन्दी तथा अन्य लोकभाषाओं के ऐतिहासिक मूल्य के साहित्य से इतिहास-सामग्री जुटाने की ओर प्रवृत्त होंगी और पुरानी पीढ़ियों की तरह उन्हें केवल फारसी और अंग्रेजी में ही सारा इतिहास-ज्ञानकोष संचित होने का भ्रम नहीं रहेगा। ऐसे ही उस सुदिन की प्रतीक्षा करनी होगी, जब पुरानी खोजी पीढ़ियों और संस्थाओं की तरह नई और निःस्वार्थ पीढ़ियाँ हिन्दी की उपभाषाओं और बोलियों में उपलब्ध ऐतिहासिक मूल्य की पांडुलिपियों के संचयन, अध्ययन और प्रकाशन के कार्य को आगे बढ़ाने का बीड़ा उठाएँगी।

अन्त में, मैं उन सब कवियों, ख्यातकारों, विद्वान् इतिहासविदों और संस्थाओं के प्रति हार्दिक कृतज्ञता और आदर व्यक्त करना अपना पुनीत कर्तव्य समझता हूँ, जिनके काव्यों, समीक्षाओं, विश्लेषणों, निष्कर्षों, प्रकाशनों और संग्रहों की सहायता से यह शोधकार्य सम्पन्न हुआ है। मेरा यह कार्य ऐतिहासिक ज्ञान-समुद्र में एक बूँद के समान है। चाह कर भी एक व्यक्ति विभिन्न प्रकाशनों और संग्रहालयों में संचित पांडुलिपियों पर विहंगम दृष्टि नहीं डाल सकता। मेरा यह चंचु प्रयास यदि अध्येताओं को इस दिशा में मुझसे भी अच्छा कर दिखाने की प्रेरणा दे सका, तो मैं अपने श्रम को सार्थक समझूँगा।

यह ग्रन्थ विश्वविद्यालय अनुदान आयोग की शोधपरियोजना के अन्तर्गत तैयार किया गया है। इसे प्रकाशित करने का श्रेय श्री अरुण माहेश्वरी को है। दोनों के प्रति आभारी हूँ।

–सुधीन्द्र कुमार

1

प्रस्तावना

1. इतिहासदृष्टि और साहित्य

'इतिहास' शब्द अतीत की बातों का द्योतक है। अतीत की बातें इतिहास का विषय हुआ करती हैं। वे बातें व्यक्तिगत, सामाजिक, वर्गीय, क्षेत्रीय, राष्ट्रीय, राजनैतिक, आर्थिक, धार्मिक, सांस्कृतिक, साहित्यिक, विचारात्मक, क्रियात्मक इत्यादि किसी भी प्रकार की हो सकती हैं। सामान्य तौर पर 'इतिहास' शब्द अतीत के घटनाचक्रों से जुड़ी बातों के अर्थ में ग्रहण किया जाता है। इस शब्द के उच्चारण से मस्तिष्क में युद्ध-विग्रह, षड्यंत्र, सत्ता, रक्तपात, गद्दी, तलवारों, भालों, तोपों आदि के चित्र उभर आते हैं। लेकिन इतिहास का यह बिम्ब बहुत उथला और प्राथमिक है। सच्चा इतिहासकार इनके पीछे और आगे तक निहित विचारों तक जाता है, उनमें प्रवेश करता है, देखता है, मनन करता है, फिर निष्कर्ष प्रस्तुत करता है। जिस इतिहासकार में निर्लिप्तता, तथ्यपरकता, निर्भीकता और सत्यनिष्ठा की प्रवृत्तियाँ होती हैं, उसके ही निष्कर्ष सर्वमान्य हो पाते हैं। इसीलिए इतिहास का सत्य खोजना और सत्य इतिहास का लेखन बड़े दुष्कर कार्य हैं।

भारत में इतिहास-लेखन की परंपरा उस रूप में कभी प्रचलित नहीं रही, जिस रूप में अरबी, फारसी में थी या अंग्रेजों ने यहाँ प्रचलित की। इस देश में प्रायः पुराण को ही इतिहास समझ लिया गया था और परंपरागत मान्यताओं के सहारे कपोलकल्पनाओं को भी सत्य मान लिया गया था। हमारे पूर्वज यद्यपि पुराण और इतिहास को अलग-अलग मानते थे[1], लेकिन वे आज के वैज्ञानिक अर्थ में इतिहास-लेखन की परंपरा को विकसित नहीं कर पाए थे। हमारे देश में आध्यात्मिक और दार्शनिक कारणों से व्यक्ति और उनके जीवनचक्र को कभी महत्त्व नहीं दिया गया। हिन्दी के भक्तिकाल तक प्राकृत जनों के गुणगान न करने की परंपरा का कट्टरता से पालन किया जाता था, इसीलिए हम साहित्यकारों तक के जीवन-परिचय

की खोज अंतःसाक्ष्य और बहिःसाक्ष्य के आधारों पर बड़ी कठिनाई के साथ कर पाते हैं। रीतिकाव्य के प्रवर्तक आचार्य केशवदास को परंपरागत और साहित्यिक मर्यादा तोड़कर अपने आश्रयदाता इन्द्रजीत सिंह, वीरसिंह देव, रतनसिंह और उनके आश्रयदाता जहाँगीर के जीवन पर काव्य लिखने के कारण समसामयिक तुलसीदास जैसे संतों की भर्त्सना सहनी पड़ी थी[2], यह बात हिन्दी साहित्य के मर्मज्ञ इतिहासग्रंथों में बता चुके हैं।

इस प्राचीन भारतीय इतिहासदृष्टि के बाद अरबी, तुर्की, फारसी और अंग्रेजी इतिहासदृष्टि को भी समझ लीजिए। यह दृष्टि शाही इतिहास-लेखन में विवादित हुई है। बाहर से आकर लौटे या यहाँ बस गए बादशाहों ने स्वयं अथवा अपने आश्रित इतिहासलेखकों से जो 'नामा', 'वाकयात', 'तारीख', 'तवारीख', 'फतुहात' और 'तजकिरा' लिखे या लिखवाए थे, उनमें निश्चित ही बादशाहों की जीवनचर्याओं, विचारधाराओं, लड़ाइयों, विजयों, शासन-प्रणालियों आदि के एकपक्षीय उपयोगी और अतिरंजित विवरण भरे पड़े हैं। सल्तनतकालीन इतिहास में घटनाओं को ईश्वरप्रेरित बताया गया है तो मुगलकालीन इतिहास में मानव तथा परिस्थितियों को उनका उत्तरदायी ठहराया गया है। बादशाह को ईश्वर का आज्ञाकारी अवश्य बताया गया है और इन इतिहासों में इस्लामी सांप्रदायिकता भरपूर है। इस इतिहासदृष्टि का निर्माण दरबार की कृपा पाने के लिए किया गया था, इसलिए इन इतिहासों में कितना सच है और कितना झूठ, इसकी परख करने के लिए अंग्रेजकालीन तथा वर्तमानकालीन इतिहासकारों को तुलनात्मक विवेचन की अपेक्षा हमेशा बनी रही है।

अरबी-तुर्की-फारसी में लिखित संस्मरणों तथा गैरदरबारी तवारीखों के साथ अन्य विदेशी भाषाओं में भी मुगल इतिहास के सूत्र मिलते हैं। वे सूत्र विदेशी यात्रियों द्वारा भारतभ्रमण के दौरान तथा पश्चात् लिखे गए यात्रावृत्तों में प्राप्त होते हैं। उनसे बादशाहों तथा उनके दरबारी इतिहासकारों द्वारा लिखे गए इतिहास का दूध-पानी अलग करने में बड़ी सहायता मिली है।

मुगल काल में आकर इतिहासदृष्टि बदलती दीखती है। प्रथम मुगल सम्राट बाबर कविहृदय तथा प्रकृति और सौन्दर्य का प्रेमी था, लेकिन भारत पर उसका आक्रमण उसकी साम्राज्य-विस्तार की लिप्सा के कारण हुआ था। हजारों किलोमीटर की दूरी, रास्ते की भौगोलिक और सैनिक परेशानियों से जूझते हुए यहाँ पहुँचकर उसने जिस मुगल साम्राज्य की नींव रखी, उसका वृत्त 'बाबरनामा' में लिख डाला। उसके पुत्र हुमायूँ को अपने जीवन और कार्य का वृत्त लिखने का समय नहीं मिला और अकबर ने भी स्ववृत्त औरों से लिखवाया। अबुल फजल के 'आईन-ए-अकबरी' और 'अकबरनामा' मुगल इतिहास के कीर्तिस्तम्भ है। इनमें बाबर से लेकर अकबर के काल तक की मुगल परिवारकथा और शासन-व्यवस्था वर्णित है। इनमें अकबर की उदारता, दूरदर्शिता, महानता और श्रेष्ठता को प्रतिबिम्बित किया गया है। अबुल

फजल से पूर्व तक मुगल इतिहास चाटुकार या ईर्ष्यालु लोगों के द्वारा लिखा जा रहा था और अबुल फजल ने भी इस वृत्ति का नितांत त्याग नहीं किया था, किन्तु इतना अवश्य हुआ कि अबुल फजल ने पहली बार हिन्दू-मुसलमान के बीच संघर्ष को 'धर्म-युद्ध' के कठघरे से बाहर निकाला और इतिहास को अकबर द्वारा आरम्भ की गई जातीय, धार्मिक, सांस्कृतिक, वैचारिक और राजनैतिक एकता के प्रयासों के दस्तावेज के रूप में प्रस्तुत किया। उसने इतिहास और दर्शन को एक कर दिया और इतिहास को धार्मिक संकीर्णता के चंगुल से बाहर निकाला। इतिहास लिखने के लिए उसने मूल स्रोतों और तुलनात्मक समीक्षा का सहारा लिया। उसने इतिहास को बादशाही युद्ध-विजय-पराजय का इतिवृत्त मात्र नहीं रहने दिया, बल्कि युद्ध में सामान्य जन की हितकारी बातों के उल्लेख के साथ संतों और दार्शनिकों के मतानुसार आदर्श समाज की कल्पना को भी सँजोया है। उसने अपने समय के कठमुल्लाओं के हाथों अपने परिवार और बादशाह को जो कष्ट भोगते देखा था, उसकी प्रतिक्रियास्वरूप उसके इतिहास में कठमुल्लापन के प्रति विरोधी स्वर उभरा है।[3]

अबुल फजल के इतिहास की एक और विशेषता जातीय सहिष्णुता की है। हिन्दू और मुसलमान का अंतर अकबर की राजपूत नीति ने मिटा दिया था, इसलिए पारम्परिक घृणा भाव के स्थान पर समरसता उत्पन्न होने लगी थी। अबुल फजल के इतिहास में यह समरसता भरपूर समाई हुई है। इस समरसता के बाधक तत्त्व उलेमा वर्ग का प्रभाव अकबरी दरबार में नहीं रह गया था और अबुल फजल ने उस प्रभाव-विनाश में सोत्साह भाग लिया था। अकबर ने इस्लामी कट्टरता का परित्याग कर दिया था और अबुल फजल ने भी। यदि अबुल फजल चाहता तो समकालीन उलेमाओं और अन्य कट्टरपंथियों को प्रसन्न करने के लिए अकबर के शासनकाल में आए हुए इस्लाम की स्थापना के सहस्राब्दी वर्ष में इस्लाम का गौरवगान और काफिर-विरोधी बयान के द्वारा सस्ती लोकप्रियता पा सकता था, लेकिन यथाशक्ति सत्य को समर्पित उस इतिहासकार का यह मानना था कि मानव-संस्कृति का एकमात्र आधार इस्लाम ही नहीं है।[4]

अबुल फजल के इतिहास में उलेमाओं की वस्तुनिष्ठ आलोचना नहीं मिलती है, लेकिन हिन्दू धर्म और दर्शन के विवेचन में वस्तुनिष्ठता और सहानुभूतिपूर्वक विचार व्यक्त किए गए हैं। उससे पहले केवल अलबरूनी ने यह विशेषता दिखलाई थी। शेष मुसलमान इतिहासकार तो इस्लाम के प्रचारक के रूप में ही सामने आते हैं। इस तरह अबुल फजल ने अकबर तथा उसकी शासन-व्यवस्था के कुछ दुर्बल पक्षों की आलोचना न करके भी जिस सन्तुलित इतिहासदृष्टि, उदार मन और आदर्श विचारशीलता का परिचय दिया था, उसके पीछे उसका विवेक और उसकी दूरदर्शिता प्रेरक रहे। इसीलिए अकबर पर उसका विशेष प्रभाव था और सम्भवतः उस प्रभाव को समाप्त करने के लिए ही अकबरविरोधी शक्तियों ने विद्रोही सलीम (जहाँगीर)

को भड़काकर अकबर के अभिन्न मित्र अबुल फजल की हत्या करवा दी थी।

यद्यपि अबुल फजल ने अकबर को आदर्श मानकर उसकी प्रशंसा करने और उसके दुर्बल पक्षों को छिपाने का कोई अवसर नहीं छोड़ा, यह उसकी दरबारी वृत्ति के कारण हुआ, लेकिन इस बात में कोई सन्देह नहीं है कि अबुल फजल ने ही पहली बार तर्क और वस्तुनिष्ठता के साथ इतिहास-लेखन की अपेक्षित परंपरा का प्रवर्तन किया था। इतिहास, आत्मचरित अथवा जीवनी-लेखन की यह परंपरा जहाँगीर, शाहजहाँ और औरंगजेब के काल तक चलती रही, लेकिन उस परंपरा में न अबुल फजल के इतिहासग्रंथों जैसी गंभीरता है और न बाबर के आत्मचरित जैसी रोचकता और अंतरंगता। जीवनी-लेखन में चाटुकारिता का स्वर प्रखर होने लगता था। औरंगजेब ने राजकीय लेखकों द्वारा इतिहास-लेखन की परंपरा को अपने शासनकाल के केवल ग्यारहवें वर्ष तक ही चलने दिया था। मूर्तिपूजा की तरह शायद वह व्यक्तिपूजा में भी विश्वास नहीं करता था। मुगलकाल में केवल बादशाही इतिहासकारों ने ही फारसी में इतिहास ग्रंथ नहीं लिखे, उनके सूबेदारों तथा अन्य आश्रित शासकों ने भी फारसी में इतिहास लिखवाए। कुछ ऐसे भी कवि हुए, जो फारसी कविता में कसीदे (इतिहास) लिखकर कमाते-खाते रहे।

इन सबकी देखा-देखी हिन्दू राजाओं ने भी अपने यहाँ इतिहासलेखक नियुक्त किए, लेकिन उन इतिहासलेखकों को इतिहास-लेखन की फारसी परंपरा की समकक्ष भारतीय इतिहास-लेखन की परंपरा अप्राप्त थी। वे मूलतः कवि थे और पूरी कुशलता के साथ पुराणकथा को काव्यशास्त्रीय मर्यादाओं में बाँधकर प्रस्तुत करते आ रहे थे, क्योंकि उस काल तक प्राकृत जन पर काव्य लिखना वर्जित था। 'हर्ष चरित' एवं 'भोज प्रबन्ध' आदि तो वे लिख सकते थे, किन्तु कालक्रमानुसार शासकीय, राजनैतिक, सामाजिक या वैयक्तिक घटनाक्रम लिखना उन्होंने तुर्की-फारसी इतिहासकारों से ही सीखा। लेकिन एक तो उनके सामने तुर्की-फारसी जैसे प्रौढ़ गद्य का अभाव था और दूसरे उन्हें देशी भाषाओं के पद्य में ही लिखना आता था, इसलिए हिन्दी साहित्य के आदिकाल में उन्होंने जो 'रासो' और 'चरित' नामधारी तथाकथित ऐतिहासिक काव्य-लेखन आरम्भ किया, उसमें इतिहास कम और काव्य अर्थात् साहित्यिक काव्यरूढ़ियों से युक्त प्रबन्ध काव्यरचना अधिक की गई। पुराण कथा का स्थान आश्रयदाता कथा ने ले लिया। केवल विषय अर्थात् कथानक बदल गया, प्रस्तुतीकरण नहीं बदला। आश्रयदाता की स्तुति अनैतिहासिक प्रसंगों की भरमार और अतिशयोक्ति की बघार के साथ की गई। यही काव्य-परंपरा रीतिकाल तक चलती आई।

हिन्दी के आदिकाल और रीतिकाल के बीच ऐतिहासिक और सांस्कृतिक कारणों से भक्तिकाल का चार सौ वर्ष लम्बा भक्तिकाल पनपा था। प्राकृत जनों के स्थान पर पुनः पौराणिक पात्रों पर प्रबन्ध और मुक्तक काव्य लिखे गए, लेकिन

उन्हीं कारणों से पुनः प्रत्यावर्तन हुआ। हिन्दी के दक्खिनी, राजस्थानी और ब्रजभाषा रूपों में शासकों पर आधारित काव्यरचना आरम्भ हो गई। जिस समय उत्तर भारत में भक्ति की लहर चल रही थी, उस समय बीजापुर और गोलकुंडा के मुसलमान शासकों के दरबारी कवि अपने-अपने आश्रयदाताओं का कविताबद्ध इतिहास लिख रहे थे और जैसे-जैसे औरंगजेब की इस्लामी महत्त्वाकांक्षा दक्षिण भारत से उत्तर भारत की ओर और उत्तर भारत से दक्षिण भारत की ओर वात्याचक्र की भाँति मँडराती गई, दक्खिनी रियासतों से बुंदेलखंड, राजस्थान, ब्रज प्रदेश और पंजाब तक हिन्दू शक्ति के उदय और प्रत्याघात पर आधारित काव्यों की सर्जना का प्रसार होता गया। सच बात तो यह है कि औरंगजेब के दमन और साम्राज्य-विस्तार काल ने हिन्दी में जितना ऐतिहासिक काव्य लिखवाया था, उतना इतने अल्पकाल में पहले और बाद में कभी नहीं लिखा गया। जिधर औरंगजेब के कदम बढ़ने की संभावना हुई या पड़े, जिस ओर उसकी दृष्टि पड़ी, उसी ओर हिन्दू और मुसलमान शासकों की प्रत्याक्रमण या प्रतिरोध शक्ति बढ़ाने के लिए कवियों की लेखनी सशक्त हो उठी। कवियों ने अपने आश्रयदाताओं की धमनियों के रक्त की ऊर्जा को बढ़ाया। यहाँ तक कि आदिकाल के जो वीरगाथा काव्य मौखिक परंपरा में प्रचारित-प्रसारित होकर रूपांतरित हो रहे थे, वे भी रीतिकाल में ही लिपिबद्ध किए या करवाए गए थे। मौखिक परंपरा ने उन काव्यों में तिथि और घटनाओं का परिवर्तन और प्रक्षेपण कर दिया था, इस कारण उन पर आज भी अप्रामाणिकता की मुहर लगाई जाती है। विद्वानों को उनके प्रामाणिक अंश खोजने के लिए बड़ी माथापच्ची करनी पड़ती है।

जब मुगल सत्ता का पराभव काल था, तब अंग्रेजी शासन की नींव भारत के पूर्व से पश्चिम और दक्षिण तक व्याप्त हो गई। अंग्रेजी शासक अपने साथ अपने देश की परंपराएँ और संस्कृति लेकर आए थे। कुछ लोगों को बुरा लग सकता है, लेकिन हमें उनकी अनेक विशेषताओं में से यह एक विशेषता स्वीकार करनी चाहिए कि अंग्रेज जहाँ भी गए, अपनी खोजी दृष्टि साथ ले गए। भारत में आकर उन्होंने स्वार्थवश व्यापार और राजनीति के क्षेत्र में भले ही कुछ किया हो, लेकिन शिक्षा और विद्या के क्षेत्र में उनके योगदान को आँख मूँदकर नकारना अति कृतघ्नता होगी। भारतीय इतिहास, विशेषकर मुगल इतिहास के बारे में उन्होंने जो कुछ लिखा है, उसमेंसे हिन्दू-मुसलमान के भेदभाव के बारे में अंग्रेजी भेदबुद्धि पर दोष मढ़ा जाता है, जबकि वास्तविकता यह है कि हम लोग हिन्दू और मुसलमान के रूप में अपनी अलग पहचान बनाए रखने की शताब्दियों पुरानी कोशिशों के अपने अपराध पर परदा डालने के लिए अंग्रेजों को दोष देकर आश्वस्त हो लेना चाहते हैं, किन्तु यह आश्वस्ति हमारा आवरण मात्र है। अंग्रेजों के जाने के बाद अब हम उनके भूत को दोष देते रहते हैं। इस सच की ओर हमें आँख नहीं मूँदनी चाहिए कि हमारे भीतर अलगाव का बीजारोपण और पल्लवन आक्रमणकारी और साम्राज्यवादी मुसलमान शासकों,

उनके सूबेदारों, धर्म-ध्वजियों और इतिहासकारों ने किया था तथा उनसे अलगाव का शुतुरमुर्गी प्रयत्न हिन्दू शासकों, उनके सभासदों, धर्मध्वजियों और कवियों ने किया था। पंजाब से लेकर महाराष्ट्र तक फारसी, दक्खिनी, राजस्थानी और ब्रजभाषा में लिखित 'तारीख', 'तवारीख', 'नामा', 'रासो', 'चरित', 'ख्यात' आदि ग्रंथों के पन्नों में इस तथ्य के प्रमाण प्राप्त किए जा सकते हैं। जो लोग सरकारी, साम्प्रदायिक, राजनैतिक या दिखावटी वैज्ञानिक दृष्टि से इस तथ्य के प्रमाणों में से केवल 'कड़वा कड़वा थू, मीठा मीठा गप' सामग्री चुनना चाहते हैं, यह कथन उन लोगों के लिए निरी बकवास हो सकता है। यह कथन उन लोगों के लिए भी बकवास हो सकता है, जो अपने धर्महित, धारणाहित या वर्तमान समय की आवश्यकता के अनुकूल ऐतिहासिक प्रमाणों के केवल चुनिन्दा अंशों की प्रस्तुति करना चाहते हैं। ऐसे संकीर्ण इतिहासलेखक अपने देश, समाज और ज्ञान का दूरगामी अहित करते हैं। सच्चा इतिहास वही हो सकता है जो केवल तथ्यों पर निर्भर हो, संकीर्ण निहित दृष्टि से उत्पन्न तर्कों से संयोजित न हो। यथातथ्यता इतिहास का सबसे बड़ा गुण होता है।

अंग्रेज भारत भर में जहाँ तक फैलते गए, अपनी जिज्ञासु दृष्टि भी साथ लेते गए। भारत की भाषाओं, सांस्कृतिक और जातीय विविधताओं, विधाओं आदि के अध्ययन-मनन, शोध और निष्कर्ष प्रस्तुत करने के लिए उन्होंने कई ढंगों से प्रयत्न किए। उन विदेशियों ने हमारी खोई, भूली, बिखरी, जर्जर और उपेक्षित धरोहरों को सँजोने और तरतीब देने के लिए जो अनथक प्रयत्न किए, उन्होंने हमें भी सजग और सचेत किया। आज हम आत्म-स्थापना की नीयत से भले ही उनके प्रयत्नों को जान-बूझकर अनदेखा करना चाहें, लेकिन हमारी भावी अकृतघ्न पीढ़ी अवश्य ही यह अनुभव करेगी कि उन्होंने हमारी सांस्कृतिक और ऐतिहासिक विरासत को पहचानने और संरक्षण देने के लिए निश्चित ही महत्त्वपूर्ण योगदान दिया था।[5]

अंग्रेजों द्वारा लिखित मध्यकालीन भारतीय इतिहास की आधार-सामग्री मुख्यतया संस्कृत, तुर्की, अरबी और फारसी के इतेहास ग्रंथ और पर्यटकों के संस्मरणग्रंथ थे। उन्होंने पहले पंडितों, मौलवियों और अन्य विद्वानों की सहायता से ये भाषाएँ सीखीं और इनमें लिखित पांडुलिपियों को पढ़ा, तब वे इतिहास-लेखन में प्रवृत्त हुए। मूल भाषा और साहित्य को आधार बनाकर लिखित उनके इतिहासों में अपनी ओर से प्रामाणिकता को पूरी तरह से सुरक्षित रखने का प्रयास किया गया। कुछ इतिहासकारों ने भले ही अंग्रेजी राजनीति की प्रेरणा से इतिहास को तोड़ा-मरोड़ा हो, किन्तु आज भी हम लोग अपनी भाषाओं और उनके साहित्य के बारे में उनके द्वारा की गई खोजों, दिए गए निष्कर्षों और लिखे गए लघुकाय तथा महाकाय ग्रंथों को उद्धृत करके अपनी बात को प्रमाणित करते हैं। हम खुले तौर पर भले ही उनके प्रति उपेक्षा का भाव दिखाएँ, लेकिन अन्तःकरण से उनकी उपेक्षा नहीं कर सकते। यह उनके परिश्रम के प्रति हमारी मौन श्रद्धांजलि ही है।

भारतीय साहित्य और इतिहास के लिए अंग्रेजों के द्वारा किए गए परिश्रम के बारे में कुछ सोदाहरण संकेत करना आवश्यक है। सन् 1800 में उनके द्वारा कलकत्ता में फोर्ट विलियम कॉलेज खोला गया, जिसमें भारतीय भाषाओं और साहित्य के अध्ययन-विभाग खोले गए। तभी रॉयल एशियाटिक सोसाइटी की स्थापना की गई, जिसकी शाखाएँ भारत भर में स्थापित की गईं। उस सोसाइटी ने देशी-विदेशी विद्वानों की सहायता से भारतीय भाषाओं, लिपियों और विधाओं के उद्धार के प्रयत्न किए। पांडुलिपियों का एकत्रीकरण, वर्गीकरण, संरक्षण, अध्ययन, विश्लेषण और लेखन के अनेक उपाय अपनाए गए। मुसलमान शासकों और शासन-प्रबन्ध आदि पर इतिहास लिखने के लिए अंग्रेजों ने फारसी पांडुलिपियों को ही मुख्य आधार बनाया, हिन्दी काव्यों को नहीं, क्योंकि उन्हें ऐसा लगा, क्योंकि उन्हें ऐसा बताया गया था कि फारसी ग्रंथों में प्राप्त इतिहास-लेखन की परिपक्व पद्धति का हिन्दी (डिंगल, राजस्थानी) काव्यों में अभाव है। मूल 'पृथ्वीराज रासो' न मिल पाने और उसके प्रक्षिप्त रूपों के अध्ययन से प्राप्त अनर्गल तिथियों, घटनाओं और व्यक्तियों तथा वर्णनों को देखकर एशियाटिक सोसाइटी ने उसका प्रकाशन रोक दिया था।[6] बाद में नागरी प्रचारिणी सभा ने उसे छापा। ऐसी स्थिति 'छत्र प्रकाश' की नहीं हुई। उस काव्य के आधार पर 'HISTORY OF BUNDELAS' पुस्तक तैयार और प्रकाशित की गई और उस काव्य का प्रकाशन भी किया गया।[7] हिन्दी के ऐतिहासिक काव्यों के महत्त्व को आँककर किए गए उन आरम्भिक प्रयत्नों[8] के बाद एकदम बहिष्कार की स्थिति दिखाई पड़ती है। इस बहिष्कार-स्थिति के सर्वाधिक प्रमुख कारणों में इन ऐतिहासिक कृतियों का काव्यरूप होना और इनके भीतर काव्यरूढ़ियों का परिपालन होना रहे। फिर तो अंग्रेजों की नकल में भारतीय इतिहासकारों के लिए केवल फारसी तथा अंग्रेजी में लिखित पुस्तकों के आधार पर इतिहास की पुस्तकें लिखी जाती रहीं। आरम्भिक अंग्रेजी इतिहास ग्रंथों में कम्पनी सरकार के प्रतिष्ठानों की नीतिवश अंग्रेजी साम्राज्य-विस्तार के प्रयत्नों की झलक दिखाई पड़ती है। अंग्रेजी इतिहासों में भारतीय शासकों और उनकी शासन-व्यवस्था की असली-नकली व्याख्या प्रस्तुत की गई। असली इस अर्थ में कि भारतीय शासकों में यदि दुर्बलताएँ न आई होतीं तो वे अंग्रेजों, पुर्तगालियों और फ्रांसीसियों के अधीन क्यों होते जाते और नकली इस अर्थ में कि अंग्रेजी साम्राज्य-विस्तार के अनुकूल आवश्यक तर्क प्रस्तुत करने के लिए अंग्रेजी इतिहासलेखकों ने वकील का जामा पहन लिया था। वकीलधर्म अपने मुद्दई की सन्तुष्टि करना होता है, चाहे उसके लिए कितना ही सच या झूठ क्यों न बोलना पड़े। ऐसा वकीलधर्म सभी कालों के सरकारी इतिहासकारों में दिखाई पड़ता है, चाहे वे मुगलकाल के हों, मराठा काल के हों, राजपूत काल के हों या किसी और काल के। सभी कालों के इतिहासकारों और कवियों ने अपने काल के आश्रयदाता इतिहासनायकों का एकपक्षीय इतिहास प्रस्तुत किया है। ऐसा ही अगर अंग्रेज

इतिहासकारों ने किया है तो वह भारतीय इतिहास और काव्य की पूर्वपरंपरा के अनुकूल है है, लेकिन हमारे इतिहास-समालोचक, जिनमें सरकारी इतिहासनीति के पालनकर्ता इतिहासकार और प्रवक्ता अधिक हैं, अंग्रेजों के विरुद्ध जितना आक्रोश दिखाते हैं, उतना अपने पूर्वज भारतीय इतिहासकारों और कवियों के विरुद्ध नहीं बोलते। यह सही है कि हम भारतवासी अपने देश और इतिहास को जितनी संपूर्णता के साथ सर्वांगीण दृष्टि से देख-समझ सकते हैं, उतने विदेशी नहीं, लेकिन हमारी वह समझ भी तो न्यायसंगत होनी चाहिए। इतिहास के लेखन और भाष्य में न्याय तभी हो सकता है, जब इतिहासकार निष्पक्ष होकर, बिना लागलपेट के अपना मत प्रकट करें। लेकिन वस्तुस्थिति यह है कि इतिहास-सामग्री की खोज, उसके विश्लेषण और लेखन के समय नीर-क्षीर विवेक का निर्भीक उपयोग बहुत कम दिखाई पड़ता है, जबकि उसके निर्भीक उपयोग से ही इतिहास का यथार्थ सत्य उद्घाटित किया जा सकता है। लेकिन यथार्थ सत्य के उद्घाटन के लिए कबीर का जैसा कलेजा चाहिए। उसके वे निष्पक्ष सिद्धान्त चाहिए जो चौराहे पर खड़े होकर उद्घोषित करवा सकें—कबिरा खड़ा बजार में, सबकी माँगे खैर, ना काहू सौं दोसती, ना काहू सौं बैर। आचार्य यदुनाथ सरकार ने 30 दिसम्बर, 1937 को श्री भारत माता मन्दिर, काशी के स्थापना-दिवस पर पढ़े भाषण में ये शब्द कहे थे—'अतीत का इतिहास यदि सचाई से पढ़ा और ठीक-ठीक प्रयुक्त किया जाए तो भावी राष्ट्र के लिए आनेवाली शताब्दियों में उन्नति पथ के प्रयाण में धुव्रतम मार्गदीपक का काम देगा। ...एक राष्ट्रीय इतिहास घटनाओं के वर्णन में सच्चा और उनकी व्याख्या करने में तर्कसंगत होना चाहिए, अन्यथा वह टिकाऊ होने के तो क्या, इतिहास का नाम पाने के भी लायक न होगा। वह राष्ट्रीय होगा इस अर्थ में नहीं कि वह हमारे देश की किन्हीं लज्जास्पद घटनाओं को छिपाने या लज्जास्पद चरित्रों पर सफेदी पोतने की कोशिश करेगा। नहीं, वह उन्हें स्वीकार करेगा, किन्तु साथ ही साथ दिखला देगा कि हमारे राष्ट्रीय विकास के दूसरे उच्चतर पहलू भी हैं जो पलड़ा बराबर कर देते हैं कि एक मोरी जाँचनेवाले का ब्यौरा ही संसार की किसी जाति के विषय में पूर्ण सत्य नहीं हो सकता।' उसी भाषण में उन्होंने इतिहास-लेखकों को सन्देश दिया था—'हमारे भारत के इतिहास को, विद्वानों के विस्तृत जगत् में मान्य होने के लिए, राष्ट्रीय पक्षपातों और अन्धविश्वासों की संकीर्ण सीमाओं से ऊपर उठकर सार्वभौम तक के अनुकूल होना चाहिए। उसकी पद्धति विज्ञानसम्मत होनी चाहिए। विज्ञान किसी देश या जाति का भेद नहीं जानता और सत्य के सिवाय किसी के सामने सिर नहीं झुकाता। फलतः निरा उत्साह, निरा देशभक्ति का जोश भले ही वह दूसरे क्षेत्र में स्तुत्य हो—राष्ट्रीय इतिहास के प्रयोजन के लिए काफी नहीं है; उलटा, वैसी असंयत भावप्रवणता निश्चय ही हानिकर सिद्ध होगी।'[9]

आचार्य यदुनाथ सरकार के इन विचारों के प्रकाश में यदि आप मुगल, अंग्रेज,

अंग्रेजकालीन भारतीय और स्वातंत्र्योत्तर भारत के इतिहासकारों द्वारा लिखित इतिहासों पर दृष्टिपात करें तो उनमें प्रायः तर्काश्रित घटना और चरित्र-विवेचन नहीं मिलेगा। वे इतिहासकार किसी न किसी प्रकार की भावुकता, पक्षपात, संकीर्णता और रंगांधता के शिकार मिलेंगे। यहाँ तक कि वर्तमान समय के अधिकांश 'वैज्ञानिक इतिहासकार' भी एकपक्षीय विचारधारा से ग्रस्त मिलेंगे। ऐसे इतिहासकारों को अपने पूर्ववर्ती और समकालीन इतिहासकारों की ओर उँगली उठाने का कोई नैतिक अधिकार नहीं है। वे कठपुतली इतिहासकार हैं। जो इतिहासकार इतिहासनिष्ठा नहीं रखते और किसी अन्य प्रेरणा से इतिहास लिखते हैं, वे मात्र बकौल यदुनाथ सरकार, लज्जास्पद घटनाओं को छिपाने या लज्जास्पद चरित्रों पर सफेदी पोतने की कोशिश करते हैं बल्कि कहा जाना चाहिए कि वे इतिहास पर सफेदी पोतने की कोशिश करते हैं। बहुत कम इतिहासकार ऐसे हैं जो निष्पक्ष और तर्काधारित इतिहास-लेखन में प्रवृत्त होते हैं। जो लोग अंग्रेज इतिहासकारों को आँख मूँदकर साम्राज्यवाद के पिट्ठू मान लेते हैं, आँख खोलकर देखने पर वे ही किसी न किसी के पिट्ठू नजर आते हैं—सरकार के, धर्म के, जाति के, विचारधारा के या किसी फरमाइश के। एक मोटे उदाहरण के लिए एक ही भारत भूखंड से एक ही परिस्थिति में उपजे तीन देशों—पाकिस्तान, भारत और बांग्लादेश के इतिहासों का मिलान करके, सरकारी, धार्मिक, जातीय, वैचारिक और फरमाइशी दृष्टियों से लिखे गए इतिहासों के हास्यास्पद विश्लेषण और निष्कर्षों को देखा जा सकता है।

साहित्यिक समीक्षा के क्षेत्र में एक मानदंड प्रचलित है कि कृति की समीक्षा कृति की राह से गुजर कर की जानी चाहिए। कृति की राह से गुजरने का अर्थ है कि कृति की समीक्षा उसमें वर्णित विचारों के आधार पर की जानी चाहिए और इसी को कृति की वैज्ञानिक समीक्षा कहा जाता है। आधुनिक दाएँ-बाएँ खेमों में सक्रिय समीक्षकों के उन वर्गों की समीक्षा को वैज्ञानिक समीक्षा की संज्ञा नहीं दी जा सकती जो यह मानते हैं कि काव्य तथा अन्य सामाजिक विषयों का शास्त्र पहले तैयार किया जाना चाहिए। इसी तरह पूर्वलिखित मूल इतिहासग्रंथों और ऐतिहासिक-साहित्यिक कृतियों के मूल्यांकन के लिए उनका कमलपत्र की मुद्रा में अध्ययन किया जाना चाहिए। आज के सिद्धान्तों और आदर्शों को मध्यकाल पर थोपना अवैज्ञानिक दृष्टि का परिचायक होगा। मध्यकालीन इतिहास के अध्ययन और लेखन के लिए आज का इतिहासकार पूर्ववर्ती अंग्रेजी इतिहास को अध्ययन का आधार बनाता है, जबकि अंग्रेजी इतिहासकार ने मूल कृतियों को आधार बनाया था। मूल कृतियाँ जब लिखी गई थीं, तब अंग्रेजकालीन परिस्थितियाँ नहीं थीं और उनके आधार पर अंग्रेजों ने जब इतिहास लिखा था, तब आज की परिस्थितियाँ नहीं थीं, तो आज की परिस्थिति में पनपी इतिहासदृष्टि को अंग्रेजों द्वारा लिखित इतिहास में खोजना और अंग्रेजकालीन परिस्थिति को पूर्ववर्ती मुगल-राजपूतकालीन कृतियों में खोजना

नदी की धारा के विपरीत चलकर समुद्र को तलाशने जैसा हास्यास्पद प्रयत्न कहलाएगा।

बाबर से लेकर बहादुरशाह 'जफ़र' तक जितने भी मुगल बादशाहों ने अपने और अपने समय के बारे में लिखा या उनके दरबारी इतिहासकारों ने बादशाही वंश और बादशाह के बारे में लिखा, उनमें गौरवगान है, प्रशस्ति और कारनामों का बखान है।[10] बहुत कम ने कुछ कमियों का संकेत किया है, अधिकांशतः तो उसी मुद्रा में आत्मश्लाघा है, जिस मुद्रा में कुछ अंग्रेजी इतिहासकारों ने लिखा था कि यदि वे या उनके पूर्वज इस देश में न आए होते, तो यह देश कभी उन्नति नहीं कर पाता और यहाँ स्वर्ग लानेवाले वे ही लोग हैं। यही श्लाघावाली मनोवृत्ति राजपूती इतिहासपरक काव्यरचयिता कवियों की रही। राजाश्रित कवियों ने पृथ्वीराज चौहान से लेकर सूरजमल और सिंधिया तक को धरती पर स्वर्ग और सुख-समृद्धि लानेवाला घोषित किया है। उनके चरित्र और कार्य में उन्हें एक भी कलंक दिखाई नहीं पड़ता है, जबकि दरबार से बाहर के कवि और संत उस समय के राजाओं को चोर, धूर्त, अवसरवादी, कायर, अत्याचारी, शोषक, मूषक, विलासी, कामी और न जाने क्या-क्या कह रहे थे। ऐसा नहीं है कि ऐसे कवियों और संतों ने केवल राजाओं को ऐसा बताया हो, उन्होंने बादशाहों तक को अपने व्यंग्य का निशाना बनाया है। ऐसे स्वाभिमानी कवियों और संतों की वाणियों में सच्चा इतिहास छिपा-खुला दिखाई पड़ रहा है। अब केवल सच्चे पारखी द्रष्टा की आवश्यकता है।

यह सच है कि दरबारी इतिहासों में व्यक्तिपूजा दिखाई पड़ती है और ऐसे इतिहासग्रंथों की अधिक संख्या होना न आश्चर्य की बात है और न ईर्ष्या की। जीविकोपार्जन और यशोपार्जन के लिए प्रतिभाशाली व्यक्ति हमेशा से सत्ताधीशों की ओर दौड़ते रहे हैं। आज भी यह स्थिति है और आगे भी रहेगी। सत्ताधीशों को भी ऐसे लोगों की तलाश रहती है, ताकि उनके यश को अमर और विमल बनाया जा सके और उनके अहं को तृप्त किया जा सके। जब प्रजातंत्र में यह स्थिति है, तो व्यक्तितंत्र में ऐसा होना तो और भी स्वाभाविक है। व्यक्तिकेन्द्रित मुगलकाल में मुगल और राजपूत शासकों के पालित इतिहासकार और कवि कभी मित्र के रूप में, कभी पुरोहित के रूप में, कभी वकील के रूप में, कभी दूत के रूप में और कभी स्तोत्रलेखक के रूप में दरबारों में स्थान पाते रहे। उनके काव्यों में, स्वाभाविक है कि वर्णित शासक के प्रति स्वार्थसिद्धि के लिए पूजाभाव मिले और कविता के बारे में वे दरबार से बाहर रहकर भी यह घोषणा करें कि कवित्त वही जु राजसभा में बड़प्पन पावै।[11] राजसभा में बड़प्पन पाने के लिए राजा की रुचि, उसके स्वभाव और उसकी इच्छा के अनुसार ही कविता लिखी और प्रस्तुत की जा सकती थी। रीतिकाल में लिखित इतिहास-आधारित कसीदा और प्रशस्ति काव्यों पर भी यही सच लागू होता है। उनमें मुगलसेवक हिन्दू राजा को भी हिन्दुसूर्य, हिन्दूरक्षक और हिन्दू

धर्मरक्षक के रूप में आराधा गया है।

यह भी सच है कि अधिकांश मुसलमान दरबारी इतिहासकारों और चापलूसों ने अपने आश्रयदाताओं को इस्लाम के संरक्षक, प्रचारक और इस्लामी वीरों के समकक्ष के रूप में प्रस्तुत किया है और उनकी फौज को इस्लाम की फौज घोषित किया है। सुलतानों और बादशाहों को जिस तरह भी प्रसन्न किया जा सके, उनसे लाभ कमाया जा सके, उसी के अनुकूल अपने तेवर बदलकर, चेहरे बनाकर और रंगत देकर उन्होंने स्वार्थपूर्ति की है। उन्हें जहाँ भी अवसर मिला, हिन्दूविरोध की ज्वाला भड़काकर उन्होंने अपने आश्रयदाता को और अधिक आक्रामक बनाया। अकबर ने ऐसे मुल्ला-मौलवियों और चापलूसों को दरबार और राज्य से बाहर का दरवाजा दिखा दिया था। उसने परिवर्तित राजपूत नीति तथा समन्वयशील हिन्दू-मुसलमानों का सत्संग प्राप्त कर बड़े साहस का परिचय दिया था और इस प्रकार मुगलवंश की जड़ों को हिन्दुओं की हृदयभूमि में भी जमा दिया था।

मुसलमान शासकों द्वारा 'जिहाद' (इस्लामी धर्मयुद्ध) का नारा हर हमले के समय लगाया जाता था।[12] इससे हिन्दू शासकों और जनता में प्रतिरोध की शक्ति भरने के लिए हिन्दू चारणों, भाटों और कवियों को अपने शासकों को पौराणिक वीरों के समकक्ष दिखलाना पड़ता था। इस्लामी अली की टक्कर में हिन्दू अर्जुन, भीम को खड़ा करना पड़ा। इस्लामी 'जिहाद' की टक्कर में हिन्दू 'महाभारत' को लाना पड़ा। अकबर जैसे एकाध बादशाह को छोड़कर शेष सभी मुसलमान बादशाह मुल्ला-मौलवियों और कट्टरपंथी सूफियों के प्रभाव में थे और यह प्रभाव उनकी सत्तालिप्सा में सहायक भी था। हिन्दू शासक पुराणपंथी ब्राह्मणों और व्यापारचिन्तित बनियों के द्वारा परिचालित थे। आम नागरिक और ग्रामवासियों की किसी को चिन्ता नहीं थी। ये तो उनके युद्ध, सेवा और भोजन-सामग्री के उपकरण थे। कुछ इतिहासकार इतिहास के इन इस्लामी और हिन्दू कट्टरपंथी शासकों के चरित्र को धोने-पोंछने-चमकाने का प्रयत्न करते हैं और इस प्रकार इतिहास की कड़वी सचाइयों पर जानबूझकर परदा डालते हैं। इतिहास का पाठक जब मूल रचनाओं में लिखी हुई, इतिहास के विपरीत, बातें पाता है, तो वह चकरा उठता है। इतिहास की लीपा-पोती करनेवाले ऐसे इतिहासकार इतिहास का अमंगल करके अपना मंगल करना चाहते हैं।

2. रीतिकाल

हिन्दी का रीतिकाल परंपरा के अनुपालन का काल है। रीति शब्द पद्धति और परंपरा का बोधक है। जब हम रीतिकालीन परंपराशील साहित्य की बात करते हैं तो सबसे पहले हिन्दी साहित्य-लेखन की परंपरा, उससे पहले हिन्दी लेखन की परंपरा और

उससे भी पहले हिन्दी की परंपरा का ज्ञान होना आवश्यक है। हिन्दी के जन्म की कथा, भाषावैज्ञानिकों और इतिहासकारों के शब्दों में अरब-ईरान से आरम्भ होती है, जहाँ के निवासी भारत के संपर्क में आने पर पहले सिन्धु, सिन्ध देश (प्रदेश) से परिचित हुए थे। 'स' का उच्चारण 'ह' करने के कारण उन्होंने अपनी इस परिचयभूमि को हिन्दु, हिन्द कहा और यहाँ के वासियों और यहाँ की भाषा को हिन्दवी या हिन्दी कहकर संबोधित किया। यह सीमित अर्थ और क्षेत्र वाला हिन्द भारत के अत्यंत निकट पश्चिमी पड़ोसी व्यापारियों और आक्रमणकारियों के फैलाव के साथ अर्थ और क्षेत्र का विस्तार पाता गया। हिन्द भारत का पर्याय शब्द बन गया और हिन्दु सिन्धु नदी या क्षेत्र से आगे बढ़कर हिन्दवासी का सूचक शब्द बन गया। यही शब्द 'हिन्दू' होकर भारतवासी का बोध कराने लगा। इस प्रकार हिन्दी वह, जो हिन्द, हिन्दुस्थान, हिन्दुस्तान (भारत) में रहता है। इस हिन्दुस्तान का निवासी किसी भी जाति, धर्म, वर्ग, मूल का हो वह हिन्दु, हिन्दू, हिन्दी, हिन्दुस्तानी कहलाने लगा। इस शब्द की व्युत्पत्ति और अर्थयात्रा के बारे में भाषाविज्ञान की पुस्तकें अधिक प्रकाश डाल सकती हैं।

हिन्दी-लेखन कब से आरंभ हुआ, यह एक विवादास्पद विषय है। कुछ विद्वान् अनुपलब्ध, किन्तु अन्य पुस्तकों में उल्लिखित संकेतों के आधार पर ऐसा मानते हैं कि हिन्दी-लेखन उस समय आरंभ हुआ जब अपभ्रंश भाषाओं में लेखन अपने अन्तिम चरण में चल रहा था। अपभ्रंश भाषाओं का अन्तिम चरण हिन्दी भाषाओं के उदय और विकास का आरंभिक चरण था। हिन्दी भाषा अनेक रूपों में विकसित हो रही थी। उन रूपों में अवधी और ब्रजी अथवा ब्रजभाषा प्रमुख रूप से साहित्य-लेखन का माध्यम बनकर उभरी। यद्यपि षड्भाषा का ज्ञान लेखकों को था और वे अपनी पुस्तकों में उस ज्ञान का प्रदर्शन भी करते थे, किन्तु अधिकांश लेखक दक्खिनी हिन्दी, डिंगल (राजस्थानी), पिंगल (ब्रजभाषा), अवधी और मैथिली में लिख रहे थे। बाद में तीन भाषाएँ प्रमुख माध्यम भाषाओं के रूप में उभरीं—दक्खिनी हिन्दी, डिंगल (राजस्थानी) और ब्रजभाषा, किन्तु बाद में रीतिकाल के अन्तिम चरण तक डिंगल और ब्रजभाषा ही माध्यम भाषाएँ बन गईं। यहाँ यह उल्लेखनीय है कि इन सभी भाषाओं के लेखकों ने अपनी भाषा को केवल भाषा या भाखा जैसे व्यापक नाम से पुकारा था, किसी क्षेत्रविशेष से संलग्न भाषा-नाम या हिन्दी के नाम से नहीं। हिन्दी, हिन्दवी या हिन्दुई में लिखनेवाले लेखक तो दक्खिनी और उसकी परवर्ती उर्दू में मिलते हैं। बीजापुर, गोलकुंडा, गुलबर्गा और बीदर की सल्तनतों के कवियों ने अपनी भाषा को हिन्दवी कहा। अपनी भाषा के लिए दक्खिनी विशेषण उन्हें अपमानकारी लगता था लेकिन आज के भाषाविद् उसे दक्खिनी हिन्दी ही कहना पसंद करते हैं। इस दक्खिनी हिन्दी का ऐतिहासिक काव्य इतिहासकारों के बड़े काम का है।

अवधी भाषा में साहित्य-लेखन की परंपरा हिन्दी के भक्तिकाल में मिलती है। इसमें अधिकांशतः रामभक्ति का काव्य लिखा गया है। उसके समानांतर ब्रजभाषा में साहित्य-लेखन की सुदृढ़ परंपरा का आरंभ और विकास हुआ था। भक्तिकाल में लिखा गया ब्रजभाषा का पद्य और गद्य कृष्णकाव्य, काव्यशास्त्र तथा वैष्णव भक्तों की चरित-रचनाओं के रूप में मिलता है। पहले दो प्रकार का काव्य तथा काव्यशास्त्र पद्य में लिखित है, तो तीसरे प्रकार की रचनाएँ पद्य और गद्य दोनों में हैं। ब्रजभाषा पद्य और गद्य में साहित्य-लेखन की वह परंपरा भक्तिकाल, रीतिकाल और उसके बाद आधुनिक काल के आरंभ तक निरंतर और निर्बाध चलती रही।

प्रस्तुत अध्ययन हिन्दी के रीतिकालीन ऐतिहासिक साहित्य तक सीमित है, इसलिए यहाँ भक्तिकालीन तथा रीतिकालीन कृष्णभक्ति, रामभक्ति, वैद्यक, ज्योतिष, कामशास्त्र, मनोरंजन जैसे विषयों को आधार बनाकर लिखे गए साहित्य की चर्चा करना असंगत होगा। यहाँ केवल हिन्दी के रीतिकालीन साहित्य के आधार पर मुगल इतिहास का अध्ययन करना अपेक्षित है, इसलिए सबसे पहले रीतिकालीन साहित्य क्या है, उसके वर्ण्य-विषयों में मुगल इतिहास का कितना अंश है, उस इतिहास का कितना अंश कोरी प्रशस्ति है और कितना सत्य-निरूपण तथा मुगल इतिहास के विशेषज्ञों ने इस इतिहास-सामग्री का कितना उपयोग किया है या वे इसका कितना उपयोग करके सत्य की तह तक पहुँच सकते हैं, यहाँ यह स्पष्ट करना ही लक्ष्य है।

जैसा कि आरंभ में कहा गया है कि रीतिकालीन कवियों और आचार्यों ने रीति शब्द का अर्थ पद्धति और परंपरा के रूप में ग्रहण किया है। इसका वास्तविक अर्थ है—काव्य-लेखन की परंपरा। आचार्य भिखारीदास ने 'काव्य निर्णय' में लिखा है, "काव्य की रीति सिखी सुकवीन सों, देखी सुनी बहु लोक की बातें,"[13] तो इसके कई अर्थ हैं। पहला अर्थ यह है कि रीतिकालीन कवियों ने काव्य-लेखन की रीति (पद्धति और परंपरा) अपने पूर्ववर्ती तथा समकालीन कवियों के काव्य के अध्ययन और श्रवण से सीखी है। दूसरा यह कि उनके काव्य के वर्ण्य-विषय लोकव्याप्त बहुत सारी बातों को देख-सुनकर चुने गए हैं। इन लोकव्याप्त बातों में एक बात इतिहास की भी है। रीतिकालीन कवियों ने अपने पूर्ववर्ती और समवर्ती ऐतिहासिक प्रसंगों को देख-सुन-भोगकर बहुत सारे काव्य लिखे थे। ऐसे काव्यों को हिन्दी साहित्य के कुछ मर्मज्ञ वीर काव्य कहते हैं अर्थात् वीरों का काव्य। 'काव्य के वीर' इस विशेषण का द्योतक अर्थ यह निकलता है कि यह काव्य वीर व्यक्तियों पर लिखा गया है। पर वास्तव में क्या इन वीर काव्यों में वर्णित प्रधान चरित्र वीर हैं ? क्या इनमें केवल वीरकृत्यों का ही वर्णन है ? क्या इन वीर काव्यों में ऐतिहासिकता सुरक्षित है ? इन प्रश्नों पर पर्याप्त खोजबीन की गई है। इस विषय में डॉ. रामसिंह तोमर, डॉ. भगवानदास तिवारी तथा डॉ. राजमल बोरा के 'हिन्दी वीर काव्य' के अतिरिक्त अनेक

विद्वानों के शोधग्रंथ भी देखे जा सकते हैं। लेकिन इन प्रश्नों के पुनरीक्षण की आवश्यकता अब भी बनी हुई है और बनी ही रहेगी, क्योंकि इन 'ईक्षण' (देखने) वाली दृष्टियों में अनेक कारणों से रंगबिरंगापन है। लेकिन इस पुनरीक्षण से पहले तीन बातों को स्पष्ट कर लें—पहली बात यह जान लें कि रीति साहित्य की काल-सीमा क्या है, दूसरी बात यह समझ लें कि रीतिकालीन ऐतिहासिक रचनाकारों की रचना-प्रेरणा क्या थी और तीसरी यह कि वर्तमान इतिहासलेखकों ने इन ऐतिहासिक रचनाओं की ऐतिहासिकता को किस रूप में देखा है।

3. रीति-साहित्य की काल-सीमा

हिन्दी साहित्य मुख्य तौर पर चार चरणों में लिखा गया है—आदिकाल, भक्तिकाल, रीतिकाल और आधुनिक काल। ये काव्य-आन्दोलन ऐतिहासिक, सामाजिक और धार्मिक प्रभाववश हिन्दी कविता के चार चरणों के प्रेरक रहे हैं। इन चारों चरणों में हिन्दी कविता ने समय की नब्ज पहचान कर अपने वर्ण्य-विषयों का चुनाव किया है। इस बारे में विस्तृत सूचनाएँ उपर्युक्त विद्वानों के प्रबन्धों, हिन्दी साहित्य के इतिहास ग्रंथों और अन्य शोधग्रंथों में दर्ज हैं। रीतिकालीन साहित्य का उद्‌भव भक्ति काव्य के गर्भ से हुआ है और भक्तिकाल मुगलकाल के स्वर्णकाल के दौरान पनपा था। अकबर के शासनकाल में राजनैतिक, सामाजिक, धार्मिक और साहित्यिक पर्यावरण में जो बदलाव और सामाजिक-सांस्कृतिक उत्थान पैदा हुआ था, उसका स्पष्ट प्रतिबिम्ब तत्कालीन सभी भाषाओं और उनके साहित्य में दिखाई पड़ता है, विशेषतः फारसी और हिन्दी भाषा और साहित्य में। सत्ता की भाषा फारसी और सत्ता केन्द्र की भाषा हिन्दी—ये दोनों एक-दूसरे के निकट उसी तरह आती गईं, जिस तरह अकबर की राजपूतनीति के कारण हिन्दू और मुसलमान एक-दूसरे के निकट आए और उसकी धार्मिक नीति के कारण हिन्दू और इस्लाम धर्म में निकटता आती गई। अकबरी दरबार अपने नवरत्नों के माध्यम से अपनी समन्वयशीलता का आदर्श उपस्थित करता है। फैजी जैसा फारसी कवि और गंग जैसा हिन्दी कवि अपनी समानांतर रचनाओं से सबको आनंद से भर रहे थे, तो रहीम जैसा कूटनीति, राजनीति, भाषा-साहित्य-विशारद सभी दरबारियों और दरबार से बाहर के तुलसीदास तक का आदरास्पद था। इसी साहित्यिक कालखंड को आचार्य रामचंद्र शुक्ल ने अपने हिन्दी साहित्य के इतिहास में स्वर्णकाल की संज्ञा दी है।

इस स्वर्णकाल से पहले की दो महत्त्वपूर्ण साहित्यिक घटनाओं की चर्चा करना आवश्यक है। एक यह कि अकबर के समन्वयकाल की पूर्वपीठिका सूफी संतों और कवियों ने तैयार कर दी थी। शेरशाह सूरी के समय में हिन्दी का सूफी प्रेमकाव्य अपने उच्च शिखर पर आरूढ़ हो चुका था। जायसी जैसे श्रेष्ठ सूफी-असूफी कवियों

ने हिन्दू-मुसलमानों के बीच की दीवार को ढहाने के लिए जिन प्रेमकाव्यों की रचना की थी, उसी का प्रतिफलन अकबरकालीन धार्मिक नीति के रूप में होता दिखाई पड़ता है। दूसरी महत्त्वपूर्ण बात यह हुई कि अकबर से पहले हिन्दी में वीरकाव्य की परंपरा मौखिक रूप में समृद्ध थी। चंदवरदाई जैसे वीरकाव्य-रचयिता का काव्य 'पृथ्वीराज रासो' मूल रूप में किस भाषा और आकार में लिखा गया था, यह आज स्पष्ट तौर पर ज्ञात नहीं है, लेकिन यह निश्चित है कि उसे मुहम्मद शहाबुद्दीन गोरी के आक्रमण के समय पृथ्वीराज चौहान में युद्धोत्साह भरने के लिए लिखा गया था और उसकी मृत्यु के बाद आए अन्य आक्रमणकारियों के विरुद्ध युद्ध-अभियानों की प्रेरणा देने के लिए चारण-भाटों द्वारा अपने हिन्दू आश्रयदाताओं के सामने ओजपूर्ण भाषा शैली में गाया जाता था। अकबर के दरबारी कवि गंग ने 'पृथ्वीराज रासो' को अकबरी दरबार में सुनाया था, इसका प्रमाण गंग की रचना 'चंद छंद बरनन की महिमा' देती है किन्तु स्वयं यह रचना कितनी प्रामाणिक है, इसका पता नहीं चल पा रहा है। लेकिन यह अवश्य निश्चित हो चुका है कि 'पृथ्वीराज रासो' को अकबर के काल में ही चित्तौड़ (उदयपुर) के राणा अमरसिंह के कवियों द्वारा संकलित और लिखित रूप दिया गया था। अब यह निश्चित करने का प्रयास किया जा रहा है कि इस महान् वीरकाव्य के प्राप्त चार संस्करणों में से कौन-सा संस्करण प्रामाणिक है और इसमें कितना अंश प्रक्षिप्त है।

अकबर के शासनकाल में ओड़छा के इंद्रजीतसिंह के दरबारी कवि केशवदास ने भक्तिकाल की भक्ति-परंपरा से जुड़े रहकर भी वीरकाव्य अथवा प्रशस्ति काव्य-लेखन की परंपरा का सूत्रपात किया था। केशवदास भक्त, आचार्य और प्रशस्तिलेखक कवि के रूप में उपस्थित हुए हैं और इन्हीं से हिन्दी के रीतिकाल आरंभ हुआ माना जाता है। रीतिकाल के प्रवर्तन में इनका योगदान इनकी अनुकरणीय काव्यशास्त्रीय रचनाओं के कारण माना जाता है, लेकिन इनका उतना ही महत्त्व इनके द्वारा प्रशस्ति रचनाओं को नए रूप में प्रस्तुत करने के कारण भी माना जाना चाहिए। तुलसी और केशव दोनों ही अकबरकाल में हुए थे और ये दोनों रहीम के घनिष्ठ संपर्क में रहे। तुलसी ने रहीम को अपनी विद्वत्ता और भक्ति से प्रभावित किया था, तो केशव ने अपने आश्रयदाता की कार्यसिद्धि—एक करोड़ का जुर्माना माफ करवाने—के लिए रहीम को प्रभावित किया था, ऐसा जानकार लोगों ने लिखा है। हिन्दी (रीति) साहित्य के आधार पर मुगल इतिहास का अध्ययन करने के लिए हमें सबसे पहले केशवदास की रचनाओं—'रतनबावनी', 'वीरसिंह देव चरित' और 'जहाँगीर जस चंद्रिका' को ही आधार बनाना पड़ेगा।

रीतिकाल का समापन अंग्रेजी शासन के विरुद्ध भारतीयों के विद्रोह को कुचल दिए जाने के साथ ही हो गया था। रीतिकाल के आधार भारतीय राजदरबार थे और उस आधार को अंग्रेजी शासन ने मटियामेट कर दिया था, इसलिए 1857 रीतिकाल

का समापन वर्ष है और रीति-साहित्य की रचना यद्यपि सन् 1900 के बाद भी होती रही, किन्तु ऐतिहासिक महत्त्व की कोई हिन्दी रचना 1857 के बाद प्रस्तुत नहीं की गई है, केवल तब तक रचित ऐतिहासिक महत्त्व की रचनाओं के कुछ संकलन प्रकाशित किए गए हैं।

4. रीतिकाल : रचनाकार और रचनाएँ

भारतीय इतिहास में जिस कालखंड को मुगल काल कहा जाता है, हिन्दी साहित्य के इतिहासग्रंथों में उसी कालखंड को रीतिकाल का नाम दिया गया है। बाबर के आगमन के समय भारत के उत्तरी भाग में निर्गुण भक्ति का काव्य लिखा जा रहा था और हुमायूँ के मरने तक सगुण भक्तिकाव्य की रचना आरंभ हो गई थी। शेरशाह सूरी के देहान्त तक सूफी प्रेमकाव्य का लेखन मन्द हो गया था और अकबर के आने तक कृष्णभक्ति काव्य की रचना जोर पकड़ गई थी। ब्रजप्रदेश मुसलमानी आतंक से मुक्ति पाकर कृष्णभक्तिकाव्य की समृद्ध परंपरा स्थापित कर रहा था। अकबर की उदार और समन्वयकारी नीतियों और उसके नवरत्नों के प्रताप से वृंदावन से वाराणसी तक कृष्णभक्ति की यमुना और रामभक्ति की गंगा में भक्तगण निर्भीक होकर स्नान-ध्यान कर उठे थे। राजनैतिक और धार्मिक शान्ति के उस दौर में दरबारों और राजसभाओं में शृंगार, भक्ति, नीति, वीर कविताओं का दौरदौरा आरंभ हो चुका था। साहित्य और संगीत में नित नए छंदों और रागों का गायन होने लगा।

जिस समय हिन्दी में कृष्णभक्ति का उदय हुआ, उसी समय रीतिशास्त्रीय ग्रंथों का प्रवर्तन भी आरंभ हो गया। सूरदास के काव्यों से पहले कृपाराम का काव्यशास्त्र 'हिततरंगिणी' तैयार हो चुका था, जिसमें सूचना दी गई है कि कृपाराम से भी पहले हिन्दी में बड़े-बड़े छंदों में विस्तारपूर्वक शृंगार रस का विवेचन करनेवाले काव्यशास्त्रों की रचना हो रही थी, इसलिए कृपाराम ने दोहा छंद में शृंगार का काव्यशास्त्र लिखना अधिक ठीक समझा और लिखा।[14] काव्यशास्त्र-लेखन की यह परंपरा केशवदास के हाथों पुष्ट हुई और ढाई सौ वर्ष बाद तक चलती रही। ये काव्यशास्त्रीय ग्रंथ, रस, अलंकार, छंद आदि विविध काव्यांगों पर लिखे गए। वर्षों बाद अकबरी दरबार में गंग, नरहरि, बीरबल, रहीम आदि हिन्दी कवियों का विशेष सम्मान हुआ था, जिन्होंने रीति प्रवृत्ति के अनुकरण में कोई काव्यशास्त्र नहीं लिखा, लेकिन शृंगार, वीर, भक्ति और नीति की मुक्तक कविताएँ लिखीं। यही काव्यशास्त्रेतर मुक्तक काव्य-परंपरा राजस्थान और बुंदेलखंड के हिन्दू राजदरबारों में बहादुरशाह जफर के काल तक चलती रही।

अकबर के समय में ही आमेर और उदयपुर के राजा-राणा ने अपने चारणों

की सहायता से 'पृथ्वीराज रासो' का संकलन कार्य करवाया। उस अतीत कथा ने कथागायकों की परंपरा में भाषा और विषय की दृष्टि से बहुत रूपांतर कर लिया था। पाँच सौ वर्ष बाद संकलन होने के कारण यह रूपांतर होना स्वाभाविक था, लेकिन इसके मूल भाव शृंगार और वीर में बदलाव नहीं आया। इसके रूपांतरों ने भले ही पंडितों में इसकी प्रामाणिकता-अप्रामाणिकता को लेकर लंबी बहस छेड़ दी,[15] लेकिन इसमें कोई सन्देह नहीं है कि इस काव्य ने अन्य चारणों और भाटों को अपने समय के आश्रयदाताओं अथवा उनके पूर्वजों के वीरकृत्यों का बखान करने की प्रेरणा अवश्य दी। प्रत्येक हिन्दू राजा ने पृथ्वीराज चौहान जैसी साहित्यिक अमरता पाने के लिए अपनी सभा में चारणों और भाटों को सम्मानपूर्ण स्थान दिया। कृष्णभक्तों और रामभक्तों ने अपने आध्यात्मिक आराध्यों को समर्पित भाव से काव्य-सुमन अर्पित किए, तो भक्तिकाल में ही अकबरी दरबार के अन्दर-बाहर के कवियों ने अपने आश्रयदाता, दानदाता, मानदाता अकबर, सलीम (जहाँगीर), अब्दुर्रहीम खानखाना, दाराब खाँ, दानियाल, मानसिंह आदि की वंदना के गीत लिखने आरंभ कर दिए। हिन्दू राजाओं ने अपने पूर्वजों का गौरवगान करवा कर निजी आहत गौरव को भूलने का प्रयत्न किया। अकबर के एकमात्र शत्रु राणा प्रतापसिंह को चैन से बैठने का अवकाश नहीं मिला, फिर भी उन पर लिखी गयी मुक्तक कविताएँ मिल जाती हैं, किन्तु उनके विद्रोही भाई शक्तिसिंह के जीवत्त और वंशजों पर रचा गया स्थूलकाय 'सगत रासो' (गिरधर आशिया) अवश्य मिलता है। उसी काल में केशवदास ने ओड़छा में बुंदेला आश्रयदाता वीरसिंह के वंशजों और मित्र जहाँगीर पर तीन काव्य प्रस्तुत किए—रतन बावनी, वीर चरित्र और जहाँगीर जस चंद्रिका। फिर तो हिन्दी में वीर और युद्ध काव्यों का अंबार ही लग गया। अंग्रेजों के द्वारा भारत पर पूर्ण नियंत्रण (1857) तक इस प्रकार के सैकड़ों मुक्तक और प्रबन्ध-काव्य लिखे गए, जिनकी विस्तृत चर्चा आगे की जाएगी।

हिन्दी साहित्य के आदिकाल में गिने जानेवाले, किन्तु भक्तिकाल और रीतिकाल में लिखे जानेवाले, काव्यों में शृंगार और वीरभावों की समान भागीदारी है। क्योंकि वे मूलतः कथाकाव्य हैं और उनमें काव्यशास्त्रीय कथानकरूढ़ियों का अनुपालन मिलता है, इसलिए उनमें इतिहास-रक्षा का विशेष प्रयत्न नहीं किया गया है। इसके विपरीत अकबर से लेकर अंग्रेजी राज्य की स्थापना के बीच हिन्दी में बादशाह, नवाब, राजा, जमींदार, छुटपुट योद्धाओं पर आश्रित जिन काव्यों, ख्यातों आदि की रचना की गई थी, उनमें इतिहास-विषयक सामग्री बहुत हद तक प्रामाणिक है। बिना किसी पूर्वस्थापित धारणा के इन ऐतिहासिक काव्यों की गंभीर गवेषणा होनी चाहिए। इन काव्यों में ऐतिहासिकता इसलिए सुरक्षित है, क्योंकि कवियों ने इन्हें आँखों देखे वृत्त के आधार पर लिखा था। 'पृथ्वीराज रासो' आदि की तरह मौखिक परंपरा ने इनका वृत्तात्मक स्वरूप नहीं बिगाड़ा है और उनकी तरह इनमें कल्पनाविलास विपुल मात्रा

में नहीं है। रासोकाव्यों के आदि खोजकर्ता डॉ. बूलर और उनके अनुयायी भारतीय इतिहासकारों ने 'पृथ्वीराज रासो' के विरुद्ध जो मत बना लिया, उसको तोड़ने के लिए इन ऐतिहासिक काव्यों का अध्ययन-मनन-विश्लेषण नए सिरे से करने की आवश्यकता है। इस ओर हिन्दी विद्वानों ने जो शोधकार्य किया है, उसकी ओर अंग्रेजीदाँ इतिहासकारों का ध्यान जाना आवश्यक है।

5. रीतिकालीन ऐतिहासिक रचना के प्रेरक तत्त्व

प्राचीन काल से ही भारत में रचनाकारों को किसी न किसी का प्रश्रय मिलता रहा है। कुछ स्वांतःसुखाय लिखा करते थे, तो कुछ परसुखाय और कुछ कर्तव्यनिष्ठा और जीविका के लिए। भारत के शासक वर्ग के रिक्त समय को बिताने के लिए 'काव्यशास्त्रविनोदेन् कालो गच्छति धीमताम्' की परंपरा भी थी। वे धीमान् शांतिकाल में सुख और विलास की सामग्री के रूप में अन्य कलाकारों की तरह कवियों का उपयोग करते थे और युद्धादि की संभावना होने, उसका अवसर उपस्थित होने और युद्धोपरांत अपने युद्धकृत्यों को अविस्मरणीय रूप दिलाने के लिए आश्रित कवियों से कविता लिखवाते-बुलवाते थे। दरबारी कवियों का एक वर्ग जीविका की खोज और अपनी कवि-प्रतिभा को भुनाने के लिए भी किसी राजा, सुलतान, बादशाह, सामंत, साहूकार, सूबेदार, जमींदार आदि दानवीरों की तलाश करता रहता था। मध्यकाल में कवियों का यह विशेष वर्ग केवल युद्ध काव्य लिखने में इतनी प्रवीणता प्राप्त कर चुका था कि वह 'चारण' और 'भाट' कवि-जाति के रूप में पहचाना जाने लगा था। यह कवि जाति राजस्थान में विशेष रूप से पनपी, क्योंकि राजपूत सबसे अधिक यहीं युद्ध करने में प्रवृत्त हुए थे। मुसलमान सुलतानों और बादशाहों के आक्रमण का प्रतिरोध करने के कारण ढूँढाड़, मारवाड़ और मेवाड़ के हिन्दू राजाओं के यहाँ ऐसे कवियों की वाणी अधिक गुंजित हुई, क्योंकि वे ही राजा उन आक्रमणकारियों के सबसे बड़े प्रतिरोधक थे। उनमें प्रतिरोधक ऊर्जा जगाने के लिए ऐसे ही काव्य की आवश्यकता थी। इस आवश्यकता की पूर्ति करने के कारण ही चारण कवि युगचारण कहलाए।

दक्खिनी हिन्दी में युद्ध की कविताएँ लिखनेवाले बीजापुर और गोलकुंडा के मुसलमान कवियों में भी यही प्रवृत्ति दिखलाई पड़ती है। बीजापुर के कवियों ने अपने आश्रयदाता के शत्रु शिवाजी के विरुद्ध काव्यरचना की तो गोलकुंडा के कवियों ने अपने आश्रयदाता के शत्रु औरंगजेब के विरुद्ध लिखा और बदले में अपने आश्रयदाताओं से धन और मान पाया।

उत्तर भारतीय रचनाकारों द्वारा आश्रयदाताओं को रिझाने के लिए उन्हें ही काव्यनायक बनाया गया, इसके पीछे उनका मुख्य प्रयोजन स्वकवि-प्रतिभा दिखाकर

उनसे दान और मान बटोरना था। उन्हें दान में नकद और वस्तु के रूप में मुहरें, हाथी, गाँव, पद, नक्कारा आदि मिलते थे, इसीलिए आश्रयदाताओं की युद्धवीरता और दानवीरता के प्रसंगों को उन्होंने बढ़ा-चढ़ाकर, अतिशयोक्तिपूर्णता के साथ, काव्य के बीच-बीच में पिरो दिया है। उनके कारनामों के सच्चे-झूठे वर्णनों के द्वारा उनके अहं को तृप्त करके उन कवियों ने दान और मान की मात्रा बढ़ाई थी। उनके शृंगारिक-ऐतिहासिक काव्य दान और मान कमाने के साधनस्रोत बन गए थे।[16]

कवियों को दान और मान देने की प्राचीन परंपरा का निर्वाह मुगल काल में मुसलमान और हिन्दू शासकों के यहाँ किया जाता रहा। गो-ब्राह्मण का मान इस देश की परंपरा का भाग रहा है। हिन्दू घर में जन्म से मृत्यु तक ब्राह्मण की किसी न किसी रूप में मान्यता रही है। राजघरानों में तो और भी मान्यता होती थी, क्योंकि वे अमंगलहारी मंत्री, दूत, शुभचिंतक, प्रेरक, दिशानिर्देशक, संयोजक और शासकों के मनोमालिन्य के अवसर पर संधिविग्रह के संबल हुआ करते थे। अकबर द्वारा हिन्दू घर में संबंध स्थापित कर लेने के बाद मुगलमहलों में ब्राह्मणों के पूजापाठ और कर्मकांड का प्रवेश हो गया था। यदि ब्राह्मण कवि भी हुआ, तो उसका और भी अधिक सम्मान होता था। उसका कविकर्म आश्रयदाता के मनोविनोद के साथ उसके यशोगान का माध्यम हो जाता था। प्रशस्तिकाव्य-लेखकों का सम्मान सबसे अधिक किया जाता था, क्योंकि उनके सम्मान का अर्थ था अपनी प्रतिष्ठा को साफ-सुथरे और लिखित रूप में वर्तमान और भविष्य के लिए सुरक्षित करना। मुगल बादशाहों ने चारण और भाट कवियों के द्वारा राजपूत राजाओं को अमर बना देनेवाले काव्य देखे-सुने थे। उन्हें चारण कवियों का महत्त्व ज्ञात हो चुका था, इसलिए अकबर ने अपने दरबार में गंग, नरहरि महापात्र जैसे ब्राह्मण कवियों को नवरत्नों में स्थान दे रखा था। गंग और नरहरि ने अकबर की प्रशस्ति में बहुत कुछ लिखा और अन्य कवियों को बीरबल और अब्दुर्रहीम खानखाना की सहायता से अकबरी दरबार में बुलवाकर सम्मानित करवाया। गंग ने स्वयं सूचित किया है कि उन्होंने चंदबरदाई का 'पृथ्वीराज रासो' सुनाकर अकबर से एक करोड़ पसाव दक्षिणा के रूप में प्राप्त किए थे और उन्होंने अन्य कवियों को भी सेर-सवा सेर सोना दान में दिलवाया था। उन्होंने सोना पानेवाले कवियों की सूची में मैना भाट, माधोदास चारण और नरहरिदास के नाम दर्ज किए हैं। अकबर ने नरहरिदास को केवल एक दोहे पर ही आधा सेर सोना पुरस्कार में दिया था।[17]

खूबचंद नामक कवि ने एक छंद में अकबर काल के इरा दानखाते में अकबर के दरबारियों द्वारा अनेक कवियों को दिए गए दानों की सूचना दी है। उसने लिखा है कि अकबर के सेनापति और जहाँगीर के साले, आमेरनरेश मानसिंह ने नरहरि के पुत्र हरिनाथ के एक दोहे पर दस लाख दिए, बीरबल ने केशवदास की कविता से प्रसन्न होकर छह करोड़ रुपए दिए, शिवाजी ने भूषण की कविता सुनकर हाथी

भेंट किया, अब्दुर्रहीम खानखाना ने गंग के छप्पय छंद पर छत्तीस लाख दिए, लेकिन राजा गंभीरसिंह ने कवि खूबचंद को विदाई में केवल दगा दी।[18] खूबचंद की इस सूचना से अकबर से लेकर औरंगजेब काल तक कविता पर पुरस्कार पानेवाले कवियों के नामों के साथ यह भी सूचना मिलती है कि अकबर काल में पुरस्कार की जितनी राशि थी, उतनी बाद के कवियों को नहीं मिली। इससे आश्रयदाताओं की आर्थिक स्थिति की गिरावट तथा कवियों की उपेक्षा का भी पता चलता है। कवि ने अपने दर्द का बखान किया है कि उससे राजा ने कविता सुन ली लेकिन पुरस्कार नहीं दिया। औरंगजेब ने अपने दरबार में कवियों को घुसने तक नहीं दिया, यद्यपि अपने पुत्र मुअज्जम को पढ़ाने के लिए उसने कवि वृंद को नियुक्त किया था। उसके बाद के राजा लोगों ने कवियों को विशेष मान-सम्मान नहीं दिया था। कुछेक राजाओं ने दिया तो उन पर काव्य लिख दिया गया। जाट राजा सूरजमल के दरबारी कवि गोरे लाल ने 'सुजान चरित्र' लिखा था, लेकिन देव कवि को सूरजमल ने उचित पुरस्कार नहीं दिया तो वे रूठ कर चले आए और उन्होंने एक दोहा लिखकर अपने अपमान का बदला ले लिया।[19]

साहित्यकारों के घटते मान के आधार पर यह निश्चित रूप से कहा जा सकता है कि अकबर के सामने ही अबुल फजल की हत्या ने मुगल शासन और वैभव में ग्रहण लगने की पूर्वसूचना दे दी थी। अकबर की मृत्यु के बाद अब्दुर्रहीम खानखाना और गंग का जहाँगीर द्वारा जितना तिरस्कार किया गया था, वह शर्मनाक था। कवियों को करोड़ों का पसाव बाँटनेवाले रहीम को अपनी वृद्धावस्था में अपने श्रद्धालुओं और याचकों के सामने बड़े लज्जित होकर कहना पड़ता था कि ये रहीम अब वो रहीम नहीं है, इसलिए यारो ! मुझसे यारी छोड़ दो। मैं स्वयं भीख माँग कर खा रहा हूँ। मेरा खर्च बढ़ गया है, क्षमता कम हो गई है, बादशाह निष्ठुर मन से बदला ले रहा है।[20] गंग के पास कोई याचक पहुँचा तो उन्हें याचक को कविता में एक हजार रुपये की हुंडी राजा मानसिंह के नाम लिखकर भेजना पड़ा। उत्तर में मानसिंह ने याचक को 20 हजार रुपये देकर विदा किया, किन्तु बड़े क्षोभ के साथ एक दोहा लिखकर गंग के पास भेजा, जिसमें उन्होंने लिखा कि इधर हम महाराज हैं, तो उधर आप कविराज हैं। दोनों हैं तो राजा ही तो फिर एक हजार की हुंडी लिखकर भेजते समय आपको लज्जा नहीं आई।[21]

इन दोनों प्रतिष्ठित और महान् कवियों को जहाँगीर की आज्ञा से कितनी कष्टदायक मौत मिली, इसकी चर्चा आगे की जाएगी।

लेकिन ऐसा नहीं है कि इन कवियों ने केवल दान और मान पाने के लिए ही इन ऐतिहासिक काव्यों की सर्जना की। कुछ कवि ऐसे भी हुए, जिन्होंने अपने दायित्व को पहचानकर, युग और अवसर की माँग की पुकार पर, उद्बोधन गीत लिखे थे। आरंभिक रासोकाव्यकार माने जानेवाले चारण और भाट कवियों और

गायकों ने आक्रांताओं के आक्रमणों का सामना करने के लिए निजी स्वार्थ को ताक पर रखकर अपने समय के शासकों को चेताया था। महाराणा प्रतापसिंह से किसी दान की आशा न होने पर भी उनकी वीरता और यश का बखान करनेवाले कवि भी उस काल में हुए। उनका लक्ष्य समकालीन घुटनाटेक राजाओं की तुलना में अपने आदर्श नायक की स्वातंत्र्यकामना को चमकाना भर था। महाराणा प्रताप के भाई शक्तिसिंह पर लिखित महाकाव्य 'सगत रासो' में प्रतापसिंह और शक्तिसिंह के बंधुत्व के उज्ज्वल पक्ष को उभारा गया है। बदले में रासोकार को पुरस्कार मिले हों, ऐसा कोई संकेत नहीं मिलता है। बिहारी ने शाहजहाँ के अधीन मिर्जा राजा जयसिंह को चेताने के लिए जो दोहा–'नहिं पराग नहि मधुर मधु, नहिं विकास इहिं काल; अली कली ही सौं बिंध्यौ, आगै कौन हवाल' लिख भेजा था, उसके पीछे किसी पुरस्कार की कामना नहीं थी, बल्कि उन्होंने राजकोप का खतरा ही मोल लिया था। यह और बात है कि इस दोहे पर प्रसन्न होकर बिहारी को राजकवि का सम्मान और प्रत्येक दोहे पर एक मुहर का पुरस्कार मिलने का प्रवाद प्रचलित है। बिहारी ने राजकृपा को दाँव पर लगाते हुए आश्रयदाता मिर्जा राजा जयसिंह के सामने बार-बार निवेदन किया था–बाज पराये पानि पर तू पंछीनु न मार (बिहारी सतसई)। विधर्मी शासक की आज्ञा मानकर अपने ही धर्मबंधुओं को मारने की मिर्जानीति बिहारी को नहीं भायी थी, इसलिए अपनी जीविका और अपने मान पर आँच आने की संभावना होते हुए भी बिहारी ने ऐसे कई दोहे मिर्जा को सुनाए थे। औरंगजेब के झूठ, अहंकार और अत्याचारों के युग में वर्तमान महाराष्ट्र के औरंगाबाद में, औरंगजेब के महल के बुलावे के लालच और सम्मान को ठुकरानेवाले, अपने झोंपड़ी के बादशाह 'निपट निरंजन' जैसे संत ने जिन खरे शब्दों में औरंगजेब की आलोचना की थी, उसे डॉ. राजमल बोरा ने 'निपट निरंजन की बानी' में संकलित और प्रकाशित किया है।[22] बड़े-बड़े राजाओं और सुलतानों को अपने कदमों में झुका लेनेवाला औरंगजेब उस निपट निरंजन के आगे नतमस्तक हो गया था। ठाकुर कवि के काव्य-संकलन 'ठाकुर शतक' या 'ठसक' में राजाओं और समाज के चौधरियों पर ठसकभरे व्यंग्य मिलते हैं। अहमदशाह अब्दाली द्वारा ब्रजभूमि, मथुरा, वृंदावन पर आक्रमण, लूट, बलात्कार, हत्याओं और अत्याचारों का सिलसिला कई दिनों तक चला, लेकिन अपने को ब्रजेन्द्र कुमार कहलानेवाले सूरजमल ने उसका सामना नहीं किया, अपने महल में छिपा बैठा रहा। अपने को हिन्दूरक्षक कहनेवाले मराठे भी दुबक गए। मुगल बादशाह की तो हालत ही खस्ता हो गई थी। ये सब सूचनाएँ सूरजमल के नगर भरतपुर में चाचा हित वृंदावनदास द्वारा लिखित 'हरिकला बेलि' में दर्ज हैं। इन और इन जैसी अन्य रचनाओं का विस्तृत परिचय आगे दिया जाएगा। यहाँ केवल इतना संकेत किया जा रहा है कि रीतिकालीन ऐतिहासिक रचनाकारों ने रचनाप्रेरणा केवल दान और मान पाने के

लिए ही नहीं प्राप्त की। उन्होंने अपने युग के अनुकूल अपने दायित्व-बोध से प्रेरित होकर भी रचनाएँ लिखी थीं।

कुछ कवि ऐसे भी हुए, जो किसी युद्धवीर के तेजस्वी व्यक्तित्व से प्रभावित होकर उसके आश्रय में पहुँच गए थे और उसकी वीरता का बखान कर उसके चहेते कवि बन गए थे। भूषण ऐसे ही कवि थे।[23] प्रवाद है कि वे पहले औरंगजेब को शृंगारिक कविता सुनाकर रिझाया करते थे, लेकिन बाद में आगरा के दरबार में गैरबराबरीवाले मनसबदारों के साथ खड़ा किए जाने पर खुला विरोध करनेवाला शिवाजी का तेजस्वी रूप उनको बहुत भाया और उनके शाही कैद से भाग जाने के बाद वे भी शाही दरबार छोड़कर उनके पीछे-पीछे महाराष्ट्र पहुँच गए। उनको औरंगजेब का भव्य दरबार नहीं, अन्याय के विरुद्ध लड़नेवाले शिवाजी का जंगल अधिक आकर्षक लगा। उनका पूरा काव्य शिवाजी के युद्धों के खंडचित्रों का संग्रह है।[24] इसी प्रकार शिवाजी के वरदहस्त से आशीर्वाद लेकर बुंदेलखंड में औरंगजेब के विरुद्ध अभियानों में दत्तचित्त छत्रसाल बुंदेला का विद्रोही स्वरूप कवि गोरे लाल को अधिक प्रभावकारी लगा, लेकिन उसी छत्रसाल को जीवन के उतार के दिनों में मुगलों का आज्ञाकारी सेवक बनते देखकर कवि गोरे लाल अपने आश्रयदाता की प्रशंसा नहीं कर सके और उन्होंने लोहागढ़ (बंदा बहादुर) पर विजय के वर्णन के साथ ही अपने काव्य[25] को अधूरा समाप्त कर दिया। महाराष्ट्र और बुंदेलखंड क्षेत्रों के इन स्वाभिमानी, धर्मनिष्ठ और कर्तव्यनिष्ठ योद्धाओं की तरह पंजाब में गुरु गोविन्दसिंह हुए, जो मूलतः संत थे, किन्तु औरंगजेब के द्वारा अपने पिता और पुत्रों की हत्या किए और करवाए जाने तथा हिन्दू धर्म पर किए जा रहे आक्रमणों से क्षुब्ध होकर उन्होंने सिपाही रूप धारण कर लिया था। औरंगजेब के पहाड़ी हिन्दू और मैदानी मुसलमान समर्थकों से उन्हें एक साथ लड़ना पड़ा था। ऐसे संत सिपाही के तेजस्वी रूप से प्रभावित होकर अनेक कवि उनके पास एकत्र हो गए थे। धर्म और राजनीति के मैदान में दुहरे संघर्षरत गोविन्दसिंह के दोनों रूपों पर बावन कवियों ने जो कविताएँ लिखी थीं[26], उसके पीछे निश्चित ही धन और मान प्रेरक तत्त्व नहीं थे। केवल धर्म और युद्ध की प्रेरणा से ही उनके द्वारा वीर काव्य लिखा गया था। स्वयं गुरु गोविन्दसिंह ने धर्म और कर्म से प्रेरित होकर अनेक काव्य-रचनाएँ प्रस्तुत की थीं।[27] यहाँ यह संकेत करना आवश्यक और प्रासंगिक होगा कि रीतिकाल के दौरान अकबर से लेकर मुहम्मदशाह तक फारसी और हिन्दी में जितने भी कसीदे और ऐतिहासिक काव्य लिखे गए, उनमें धर्म को राजनीति के सहायक रूप में प्रस्तुत किया गया है। उन सभी काव्यों में मुसलमान और हिन्दू शासक योद्धाओं को स्वधर्मरक्षण के लिए प्रयत्नशील दिखाया गया है। अकबर ने तो 'सुलहकुल' की नीति अपना ली थी। जीवन के सभी क्षेत्रों में समन्वय दिखाई पड़ रहा था। उसके काल में हिन्दू और मुसलमान भावनात्मक दृष्टि से जितने पास आ गए थे, उतने

आज तक नहीं आ पाए हैं। अकबर की व्यक्तितंत्रीय राजनीति आज की प्रजातंत्रीय राजनीति से अधिक शुद्ध, सामाजिक और ईमानदारी भरी थी। उसके जीवन-व्यवहार और दरबार में दोनों धर्मों और संस्कृतियों के साथ साहित्यों और कलाओं में वैचारिक और व्यावहारिक एकता का प्रतिबिम्ब दिखाई पड़ता है। यही कारण है कि तत्कालीन और बाद के फारसी इतिहासकारों और हिन्दी कवियों ने अकबर की प्रशंसा के पुल बाँधे हैं। मुसलमान इतिहासकारों के आगे बड़ी दुविधा खड़ी हो गई थी कि वे अकबर की प्रशंसा करके तत्कालीन मुल्ला-मौलवियों और कट्टरपंथियों की नाराजगी मोल लें या अकबर से दूर होकर कट्टरतावाद का समर्थन करें और बादशाह की अकृपा पाएँ। ऐसे एक दुविधाग्रस्त इतिहासकार अब्दुल कादिर बदायूँनी ने अकबरी दरबार का नमक खाते हुए गुपचुप 'मुंतखुबत्तवारीख' की रचना की थी। वह अकबर के नवीन प्रयोगों और विधर्मी कार्यवाहियों से उकता गया था और उसके विरुद्ध अपनी खुली प्रतिक्रिया को उजागर करने में असमर्थ था। इसीलिए उसने इस रचना को गुप्त रूप से रचने का निश्चय किया।[28] लेकिन हिन्दी कवियों में अभी तक एक भी कवि ऐसा नहीं मिला है, जिसने अकबर के विरोध में कुछ लिखा हो, बल्कि अकबर हिन्दू, संतों, भक्तों, विद्वानों और कवियों का सत्संग और सम्मान करनेवाला वर्णित हुआ है। फतहपुर सीकरी से लेकर वृंदावन तक अकबर के बारे में प्रशंसात्मक प्रसंग बिखरे पड़े हैं। जब अकबर को अनुभव हुआ कि ब्रजभूमि के कृष्णभक्त कुंभनदास को फतहपुर सीकरी बुलाए जाने के कारण कष्ट और क्रोध का अनुभव होता है[29] तो वह स्वयं संतों के पास जाता रहा, सत्संग करता रहा, अपनी जिज्ञासाओं का समाधान पाता रहा। वृंदावन गया और स्वामी हरिदास के आश्रम में जाकर दर्शन किए। कई बार स्वयं रामभक्त तुलसीदास से उसने भेंट की थी। अकबर के शत्रु वीरसिंह देव के सभाकवि केशवदास ने भी उसकी प्रशंसा में छंद-रचनाएँ की हैं। अकबर की सदाशयता के गीत उसके दरबारी हिन्दी कवियों ने गाए थे, जिनका विस्तृत विवेचन 'अकबरी दरबार के हिन्दी कवि' नामक ग्रंथ में किया गया है।[30] निश्चय ही अकबर और हिन्दी के भक्तों और कवियों को मिलाने में बीरबल और अब्दुर्रहीम खानखाना ने सुदृढ़ सेतु की भूमिका निभाई थी। इन सेतुओं की प्रशंसा में अनेक कवियों ने खूब लिखा है।[31]

रीतिकालीन कवियों ने धन और मान पाने के लिए अपने आश्रयदाताओं की प्रशंसा में और अपने आश्रयदाताओं (राजाओं, नवाबों) के आश्रयदाताओं (बादशाह, शाहजादे) की प्रशंसा में जो काव्य लिखा है, उसमें उस काल का इतिहास सुरक्षित हो गया है, जिसका इतिहास की दृष्टि से अभी तक सही मूल्यांकन नहीं हो पाया है, लेकिन उन कुछ इतिहासलेखकों और कवियों पर क्या बीती, जिन्होंने सत्य का पक्ष लेते हुए अपने भविष्य की चिन्ता नहीं की, इस पर दृष्टि डालना प्रासंगिक होगा। अकबरी दरबार के दिशा-निर्देशक और सही आधार पर सन्तुलित इतिहास लिखनेवाले

अबुल फजल को अकबर के सामने ही विद्रोही सलीम ने अपने चाटुकार और सत्तालोलुप वीरसिंह देव बुंदेला के हाथों मरवा डाला और उसके सिर को कई दिनों तक पाखाने में डाले रखा।[32] अकबर के मरने के बाद उसके बूढ़े संगी साथियों के साथ जहाँगीर ने बहुत बुरी की। कवि गंग को उसने हाथी से चिरवा डाला[33], जीवनभर मुगलशासन की सेवा करनेवाले अब्दुर्रहीम खानखाना को कैदखाने में डाल दिया और उसके अंतिम कुलदीपक तथा मुगल शासन के स्तंभ दाराब खाँ का सिर कटवाकर महाबत खाँ के हाथों 'तरबूज' के नाम से उसके पास भिजवा दिया।[34] जिसके नाम से जहाँगीरी न्याय के घंटे बजाए जाते हैं, उसके ये कारनामे कुछ और ही घोषित करते हैं। कवि देव ने अकबरी दरबार के कवि बीरबल 'ब्रह्म' और गंग तथा जहाँगीर के प्रशंसक केशवदास की दर्दनाक मृत्यु की चर्चा में अपनी व्यथा व्यक्त की है कि लोभवश शाहों की सेवा करनेवाले अंततोगत्वा दुःखी ही जाते हैं। शाही धन पाकर कोई स्थायी सुख नहीं पाता। बीरबल काबुल-अभियान में बर्फ के नीचे दबकर मर गए और उनके शव तक का पता नहीं चला। केशव दास ने प्रेतयोनि प्राप्त की। गंग को हाथी ने पैरों तले कुचलकर मार दिया।[35] जिस गंग ने जीवन के अंतिम वर्षों में सलीम सुलतान की नज़र (कृपादृष्टि) चाही थी, उसको जहाँगीर की यह नज़र (कोपदृष्टि) लगी।[36]

मुगल महलों में सत्ता के लिए होनेवाले षड्यंत्रों में जब बाप-भाई को भी नहीं बख्शा जाता था तो अन्य लोग क्या महत्त्व रखते थे। जो जहाँगीर, शाहजहाँ, औरंगजेब, बहादुरशाह वगैरह-वगैरह जिस जोर-जबर्दस्ती और मारकाट के बाद सिंहासन पर बैठे थे, उनसे किसी सत्य या न्याय की अपेक्षा नहीं की जा सकती। यह खैर हुई कि उनके अधीन हिन्दू राजाओं ने उनकी नकल नहीं की। उनके पुत्रों ने केवल विद्रोह किए, पिता और भाई की हत्या नहीं की। शक्ति सिंह, अमरसिंह आदि इसके प्रमाण हैं। अपने कवियों के साथ उनके संबंध अंत तक मधुर रहे और उनके द्वारा की गई दबी-छिपी आलोचना को उन्होंने सहन किया। फिर भी शासकीय अहं तो प्रबल होता ही है। जोधपुर के शासकों ने प्रशंसक कवियों का स्वागत किया और अपने से असहमत होनेवाले कवियों की उपेक्षा की। कवियों के महत्त्व को उन्होंने मुगलों से अधिक पहचाना था। वे जानते थे कि तवे की आवाज दूर तक जाती है। यदि वे कवि को प्रसन्न रखेंगे तो वे उनका नाम अमर कर देंगे। कवि जहाँ भी जाएँगे, अपने दानवीर और सम्मान-प्रदायक आश्रयदाता का गुणगान करेंगे। दूतकर्म, संधिकर्म, युद्ध आदि में कवियों के योगदान को पहचानकर राजा लोग जब-तब हाथी, घोड़ा, सोना, गाँव, पट्टा आदि देते रहते थे, कम से कम किसी भी हिन्दी कविता में एक भी राजा के द्वारा कवि का अपमान करने का एक भी प्रसंग नहीं है, दान न मिल पाने पर क्षोभ की अभिव्यक्ति भले ही मिल जाए। गुरुजन, कविजन हिन्दू समाज में चाहे-अनचाहे सर्वदा आदर के पात्र रहे।

6. रीतिकालीन ऐतिहासिक काव्यगत इतिहास के स्रोत

इतिहास-लेखन के अनेक साधन-स्रोतों में साहित्य को भी स्थान मिलना चाहिए, क्योंकि साहित्य अपने युग का दर्पण होता है। साहित्य की प्रवृत्तियाँ अपने युग से जन्मती हैं, इसलिए किसी युग की पहचान के लिए उस युग के साहित्य का अध्ययन अनिवार्य हो जाता है। अतीत युग की पहचान के लिए अतीत के साहित्य को देखना-समझना उपयोगी और इतिहास के लिए सहायक होता है। इतिहास की सामग्री जुटाने के लिए ऐतिहासिक और सामाजिक काव्यों को देखना चाहिए, क्योंकि किसी भी देश के ऐतिहासिक और सामाजिक साहित्य में उस देश का इतिहास छिपा होता है और उस देश के इतिहास को समझने तथा उस देश का इतिहास लिखने के लिए उस देश के ऐतिहासिक और सामाजिक साहित्य को आधार-सामग्री बनाना ही होगा।

हमारे अंग्रेज और भारतीय इतिहासलेखक मुगल इतिहास लिखते समय फारसी-स्रोतों पर जितना विश्वास करते हैं, उतना देशभाषाओं में लिखित ऐतिहासिक काव्यों पर क्यों नहीं करते ? अब अंग्रेजी इतिहास को ही क्यों प्रामाणिक माना जाता है और आज का इतिहासकार भी देशभाषा की ऐतिहासिक सामग्री की उपेक्षा क्यों कर रहा है ? इन प्रश्नों के उत्तर पाने के लिए मूलभूत बातें स्पष्ट करना आवश्यक है। जैसा कि आरंभ में बताया गया है, हमारे यहाँ विशुद्ध इतिहास-लेखन की परंपरा मुसलमान आक्रमणकारियों और शासकों के यहाँ तुर्की और फारसी में लिखित इतिहास ग्रंथों के संपर्क से आरंभ हुई थी। हिन्दू राजाओं के यहाँ उस परंपरा का अनुपालन क्षेत्रीय भाषाओं के मुख्यतया पद्य और गौणतया गद्य में इतिहास गाथाओं के रूप में किया गया। मुगल दरबारों में फारसी गद्य प्रचलित था और राजपूती राजसभा में डिंगल (राजस्थान) और पिंगल (ब्रजभाषा) कविता चल रही थी। इतिहास गद्य में जितनी सरलता, स्पष्टता और व्याख्यात्मक ढंग से लिखा जा सकता है, उतना कविता में नहीं। इसीलिए स्पष्टतया फारसी में लिखित मुगल इतिहास में तथ्यात्मकता और प्रामाणिकता हिन्दी में लिखित ऐतिहासिक काव्यों की अपेक्षा अधिक है।

मुगल काल में राजपूत-मराठा इतिहास को समझने के लिए फारसी, हिन्दी और मराठी भाषाओं का ज्ञान आवश्यक है। मध्यकाल में हिन्दी भाषा के दो रूप प्रचलित थे—डिंगल और पिंगल। डिंगल भाषा अनेक प्रकार की थी—मारवाड़ी (जोधपुर, बीकानेर), मेवाड़ी (चित्तौड़, उदयपुर तथा ढूँढाड़ी), आमेर (जयपुर, कोटा-बूंदी), जिन्हें मोटे तौर पर राजस्थानी कहते हैं। पिंगल ब्रजभाषा को कहा गया । इस प्रकार राजस्थानी और ब्रजभाषा में ऐतिहासिक काव्य लिखे हुए मिलते हैं, जिनमें राजस्थानी में लिखित काव्यों की संख्या अधिक है, क्योंकि राजस्थान के विशाल क्षेत्र में रजवाड़ों

की संख्या जितनी अधिक थी उतनी ब्रजप्रदेश में नहीं रही। राजस्थान के अधिसंख्य राजपूत बाबर से लेकर बहादुरशाह जफर के शासनकाल तक मुगलों से सन्धि-विग्रह करते रहे। मुगलों की राजधानियाँ दिल्ली और आगरा ब्रजप्रदेश में हैं, इसलिए इस क्षेत्र में कोई हिन्दू राजा उभर नहीं सका। अकबर से लेकर बहादुरशाह प्रथम तक बुंदेलखंड में ब्रजभाषा में ऐतिहासिक काव्य लिखा गया मिलता है। मुगल काल के संध्याकाल में डींग और भरतपुर में जाट राजा बन पाए। वे भी अब्दाली और मराठों से दबे-घबड़ाए रहे, इसलिए ब्रजभाषा में ऐतिहासिक काव्यों की संख्या राजस्थानी की तुलना में कम है। पंजाब में गुरुघर में ब्रजभाषा में भक्ति के साथ इतिहासपरक काव्य लिखे गए मिलते हैं। गुरुओं का मुगलों से विरोध रहा और गुरु काल का इतिहास ब्रजभाषा काव्य में सुरक्षित है। रीति-साहित्य के अंतर्गत ब्रजभाषा के साहित्य की गणना की जाती है, जबकि उस काल के राजस्थानी के साहित्य को भी महत्त्व देना हिन्दी साहित्य को समग्रता से समझने के लिए आवश्यक है, क्योंकि रीतिकाल का अधिकांश ऐतिहासिक काव्य राजस्थानी में है।

दूसरी बात यह है कि भारतीय जनता को मुगल इतिहास की जानकारी देने के लिए अंग्रेजी सरकार और अंग्रेज अधिकारियों तथा विद्वानों ने आरंभिक प्रयत्न किए थे। अंग्रेजों ने मुगलों से शासनसत्ता हथियाई थी और मुगलों की शासन प्रणाली, भाषा, रिवाज आदि को उत्तराधिकार में प्राप्त किया था। उन्होंने सबसे पहले प्रचलित राजकाज की भाषा फारसी का गहन अध्ययन किया, बाद में संस्कृत, प्राकृत, अपभ्रंश तथा समकालीन भारतीय भाषाओं और साहित्य के अध्ययन के लिए कलकत्ता में फोर्ट विलियम कॉलेज और एशियाटिक सोसाइटी जैसी अध्ययन संस्थाओं की स्थापना की और उनमें विद्वानों तथा लेखकों को नियुक्त किया। मौलवियों और पंडितों से सहायता ली। उन्होंने सभी भारतीय विद्याओं को यहाँ की भाषाओं की जानकारी पाने के बाद सीखा और उनके बारे में गवेषणात्मक लेख लिखे-छापे और पुस्तकें तैयार कीं। जहाँ तक मुगल इतिहासलेखन के लिए सामग्री-संकलन का प्रश्न है, केवल फारसी सीखकर वह कार्य किया जा सकता था, इसलिए उन्होंने फारसी सीखी और केवल फारसी में उपलब्ध ऐतिहासिक सामग्री का संग्रह, अध्ययन तथा विश्लेषण किया, तब अपनी भाषा अंग्रेजी में लिखा। आरंभ में मुगल इतिहास जानने के लिए फारसी जानना आवश्यक था और लेखन के लिए अंग्रेजी को माध्यम बनाना स्वाभाविक और सुविधाप्रद था। आरंभिक डॉ. बूलर से लेकर आधुनिक यदुनाथ सरकार तक मुगल इतिहास के लेखकों ने फारसी स्रोतों की तुलना में हिन्दी स्रोतों को नगण्य समझा है, इसका एक ऐतिहासिक कारण है, जिसका संकेत पहले भी किया जा चुका है। इसका पहला कारण तो यह है कि जिस फारसी सामग्री का उपयोग उन सबने किया था, उसमें इतिहासदृष्टि बड़ी प्रखर है, जबकि हिन्दी के ऐतिहासिक काव्य में यह दृष्टि दुर्बल है। इतिहास और

ऐतिहासिक काव्य में जो अंतर होना चाहिए, उस अंतर के होने के कारण ही आरंभिक इतिहासशोधकों ने फारसी स्रोतों पर विश्वास कर लिया। लेकिन हिन्दी स्रोतों पर उनका विश्वासभंग तब हो गया, जब 'छत्र प्रकाश' जैसे प्रामाणिक काव्य को अंग्रेजी में बुंदेलों के इतिहास के रूप में अनूदित और प्रकाशित किया गया। उसके बाद डॉ. बूलर 'पृथ्वीराज रासो' की उपलब्ध प्रतियों के आधार पर पृथ्वीराज चौहान का इतिहास लिखने और छापने बैठे तो उनके एक शिष्य ने कश्मीर से संस्कृत में रचित 'पृथ्वीराज विजय' नामक काव्य लाकर दे दिया, जिसका हिन्दी के 'पृथ्वीराज रासो' से मिलान करने पर रासो की भाषा और उसमें निहित तथ्यों को अप्रामाणिक पाया गया तो उन्होंने एशियाटिक सोसाइटी को 'पृथ्वीराज रासो' छापने से रोक दिया। 'पृथ्वीराज रासो' की इस अप्रामाणिकता ने अंग्रेज विद्वानों की ऐतिहासिक हिन्दी काव्यविषयक धारणा को बड़ा धक्का लगाया और उन्होंने सभी ऐतिहासिक हिन्दी काव्यों की उपेक्षा कर डाली। अंग्रेजी का अनुकरण करनेवाले आधुनिक भारतीय इतिहासकार अब तक उस धारणा से प्रभावित चले आ रहे हैं।

दूसरा कारण यह है कि आज के इतिहासकार देशभाषा और काव्यभाषा से परिचित नहीं हैं। काव्यभाषा और गद्यभाषा में अंतर होता है। गद्यभाषा सुबोध होती है, काव्यभाषा नहीं, इसलिए आज के इतिहासकार काव्यभाषा की दुरूह पगडंडियों पर चलकर उन काव्यों में निहित इतिहास की खोज से बचना चाहते हैं।

मुगल इतिहास के लिए हिन्दी के ऐतिहासिक काव्यों की उपेक्षा का तीसरा कारण इनका काव्यरूप है। काव्यरूप होने के कारण इतिहासकार यह मान लेते हैं कि इन काव्यों में काव्यरूढ़ियों का पालन अवश्य होगा और इसलिए इनमें कल्पना-विलास भी अधिक होगा। यह धारणा गलत है। वास्तविकता यह है कि आरंभिक अंग्रेज इतिहासकारों को फारसी में ही इतनी इतिहास-सामग्री मिल गई थी कि देशभाषा की सामग्री का संग्रहण, शोधन और विवेचन करने के लिए उनके पास समयाभाव था। भारतीय इतिहासकारों को अंग्रेजी में इतनी इतिहास-सामग्री मिल गई कि उन्हें देशभाषा काव्य की उपयोगिता नहीं लगी, जबकि ये रीतिकाव्य शुद्ध रूप से काव्य की रूढ़ियों और कोरी कल्पना के सहारे नहीं लिखे गए हैं। इनमें भी इतिहास सुरक्षित है, भले ही फारसी की तुलना में इसकी इतिहासभूमि व्यापक नहीं है। रीतिकालीन ऐतिहासिक काव्य दो प्रकार के हैं—एक पूर्वकालीन घटनाश्रित और दूसरे समकालीन घटनाश्रित। पहले वर्ग में वे काव्य आते हैं जो कवि के द्वारा लोकप्रसिद्ध पूर्ववर्ती व्यक्तियों और घटनाओं के बारे में सुनकर पढ़कर या जानकर लिखे गए हैं। 'पृथ्वीराज रासो' का वर्तमान रूप इसी प्रकार का है। चंदबरदायी ने जिस भाषा और सामग्री की सहायता से यह काव्य लिखा होगा, वह आज उपलब्ध 'पृथ्वीराज रासो' में नहीं है। भाषा अर्वाचीन हो गई है, तिथियाँ बदल गई हैं और कुछ ऐसी घटनाएं प्रवेश कर गई हैं, जो पृथ्वीराज के सैकड़ों वर्षों बाद घटित हुई थीं। यही

स्थिति हम्मीर पर लिखे गए काव्यों की है। ये और इस प्रकार के अनेक इतिहास आधारित काव्य मूल रूप में कभी लिखे गए थे, लेकिन इनको मौखिक परंपरा से आए भाषा और सामग्री के बदलावों के साथ भक्तिकाल से रीतिकाल तक लिखा जाता रहा। कुछ मौखिक परंपरा और कुछ स्मरणशक्ति और कुछ काव्यरूढ़ियों के कारणों से इनके कथानक, घटनाएँ और तिथियाँ अस्त-व्यस्त हो गई हैं, इसलिए ये इतिहासकारों के कम काम की रह गई हैं।

दूसरे वर्ग अर्थात् समकालीन घटनाश्रित ऐतिहासिक काव्य कवियों के द्वारा कल्पना नहीं, यथार्थ घटनाओं के आधार पर लिखे गए हैं। इन काव्यों में कवि के द्वारा आँखोंदेखा और कानोंसुना वृत्तांत लिखा गया है। अपने आश्रयदाता के जीवन की घटनाओं के प्रत्यक्ष द्रष्टा होने के कारण इन कवियों को कल्पना की आवश्यकता भी नहीं थी। इन काव्यों से ऐसे संकेत मिलते हैं कि कविगण आश्रयदाताओं के साथ विचरते थे–राजमहल हो या युद्धभूमि, सर्वत्र उपस्थित रहकर इन्होंने जो अनुभव प्राप्त किए थे, जो देखा था, उसी को काव्यबद्ध कर दिया है। यही कारण है कि यदि एक राजसभा में दो कवि हैं तो उन्होंने अपने-अपने ढंग से व्यक्ति और घटनाओं पर अपनी प्रतिक्रिया प्रकट की है और एक ने आश्रयदाता का अधिक मान पाया है और दूसरे की उपेक्षा हुई है। जो सम्मानपूर्ण स्थिति अकबरी दरबार में शेख अबुल फजल की थी, वह बदायूँनी की नहीं थी।

इसी तरह पंजाब में लिखित रीतिकालीन हिन्दी साहित्य में वर्णित मुगलकाल के राजनैतिक, सामाजिक, पारिवारिक और वैयक्तिक घटनाचक्रों के अध्ययन से बड़े रोचक ऐतिहासिक तथ्य सामने आते हैं। अकबर, जहाँगीर और शाहजहाँकालीन पंजाब की एक विशेषता यह दिखलाई पड़ती है कि इन तीनों बादशाहों के समय में पंजाब में कोई हिन्दू राजा बचा हुआ दिखाई नहीं पड़ता है। या तो वे मुसलमान बन गए थे अथवा उनका वंशनाश हो चुका था और उनके स्थान पर मुगल बादशाहों के द्वारा नियुक्त सूबेदार या थानेदार आ गए थे, इसलिए उस काल में केवल गुरुओं के द्वारा लिखित, लिखवाया गया अथवा संकलित हिन्दी साहित्य उपलब्ध होता है, जिसमें ऐतिहासिक तथ्य बिखरे पड़े हैं। पंजाब में गुरु ही पूज्य रह गए थे और वे ही 'हिन्दूपति' तथा 'हिन्दूछत्र' थे। अंतिम गुरु गोविन्दसिंह तक आते-आते गुरु और राजा एकरूप हो गए थे और उनकी संगत 'दरबार' की संज्ञा पा गई थी। औरंगजेब ने उनके पिता गुरु तेगबहादुर, उनके बच्चों, उनके शिष्यों और अन्य हिन्दुओं के साथ जो दुराचरण किया अथवा करवाया था, उसका बड़ा दूरगामी प्रभाव पड़ा था। अकबर के द्वारा स्थापित स्वच्छ परंपराएँ जहाँगीर और शाहजहाँ के समय में धुँधली होती चली गई थीं और औरंगजेब के समय तक वे बिलकुल ध्वस्त हो गई थीं।

पंजाब के लोगों को अपनी ऐतिहासिक, धार्मिक और राजनैतिक परिस्थितियों

में निर्गुण में आस्था रखकर ही सुरक्षा मिल सकती थी और गुरु उनके मार्गदर्शक बनकर उभरे। पहले गुरुओं में निर्गुण भक्ति प्रबल थी लेकिन गुरु गोविन्दसिंह की भक्तिपद्धति अधिक व्यापक थी। उन्होंने चंडी, राम और कृष्ण पर भी बड़े सुंदर काव्य लिखे। संत और सिपाही के अतिरिक्त उनका काव्यसर्जक रूप भी प्रबल था। ऐतिहासिक कारणों से पंजाब में राजा का स्थान गुरु ने ले लिया था, इसलिए पंजाब में गुरु गोविन्दसिंह और उनके आश्रित कवियों द्वारा रचित हिन्दी साहित्य या तो राम और कृष्ण पर लिखित और अनूदित रूप में मिलता है या संकलित अथवा गुरुओं पर लिखित। मुगलकालीन इतिहास की दृष्टि से गुरुओं द्वारा लिखित और संकलित तथा गुरुओं पर लिखित साहित्य ही महत्त्वपूर्ण है। सभी गुरुओं में गुरु गोविन्दसिंह से पहले प्रायः धार्मिक साहित्य ही लिखा और संकलित किया गया था, जबकि गुरु गोविन्दसिंह उनके आश्रित तथा अन्य कवियों ने अधिकतर धार्मिक और गौणतः ऐतिहासिक काव्य लिखे। मुसलमानों के विरोध में हिन्दू राजनीति ने केवल गुरुओं में अपना रक्षक रूप देखा था, इसलिए पंजाब के धर्म में अनिवार्यतः राजनीति का प्रवेश हो गया और राजनीति में धर्म का। इसी के परिणामस्वरूप गुरु में राजा के व्यक्तित्व का समावेश होता गया और गुरु बादशाह तथा गुरुद्वारा महल का रूप लेते गए।

पंजाब में रचित जो रीतिकालीन हिन्दी साहित्य आज लिखित और मुद्रित रूप में उपलब्ध है, उनमें से अधिकांशतः धार्मिक हैं और कुछ में भरपूर इतिहास होते हुए भी उसे मात्र धार्मिक काव्य माना जा रहा है। उस ऐतिहासिक काव्य में गुरु इतिहास के साथ ही पंजाब का विविधमुखी इतिहास भी सुरक्षित है। फिर भी उसे केवल सिख काव्य मानकर पंजाब में उसका ऐतिहासिक दृष्टि से मूल्यांकन नहीं किया गया है, इसलिए पंजाब से बाहर उसके ऐतिहासिक मूल्य की जानकारी फैलना और भी असम्भव होगा।

केवल धार्मिक कारण से ही नहीं, लिपिभेद के कारण भी अब तक इस मूल्यवान सामग्री की उपेक्षा होती रही है। रीतिकाल के अंत तक पंजाब का अधिकांश हिन्दी साहित्य गुरुमुखी लिपि में लिखा गया था। जिस तरह दक्खिनी हिन्दी का काव्य फारसी लिपि में लिखा गया था और फारसी लिपि के कारण वह भी अभी तक विद्वानों तथा पाठकों का अपेक्षित ध्यान आकर्षित नहीं कर पाया है, वैसे ही पंजाब का गुरुमुखी लिपि में लिखित हिन्दी काव्य बहुत काल तक उपेक्षित ही रहा। जब पंजाब और पंजाब से बाहर के कुछ विद्वानों, भाषा विभागों तथा विश्वविद्यालयों ने 'गुरुमुखी में लिखित हिन्दी साहित्य' (डॉ. हरभजन सिंह) जैसे ग्रंथों से प्रेरणा लेकर गुरुमुखी लिपि में उपलब्ध हिन्दी काव्य का देवनागरी लिप्यंतर प्रकाशित कराया, तब पूरे देश के विद्वानों को पता चला कि रीतिकालीन पंजाब में कितना अधिक और हर दृष्टि से मूल्यवान हिन्दी साहित्य लिखा गया था। अभी तक गुरुमुखी में लिखित सारे हिन्दी

साहित्य का देवनागरीकरण नहीं हो पाया है, क्योंकि अब धार्मिक और क्षेत्रभाषायी कट्टरता के आधार पर करणीय और अकरणीय कार्य का निर्णय हो रहा है।

कुछ गुरुभक्तों ने अपने काव्यों में गुरुओं के जीवन और कार्यों को प्रभावित करनेवाले मुगल बादशाहों और उनके कारिंदों तथा समकालीन समाज पर गुरुओं के राजनीतिक, सामाजिक और धार्मिक प्रभाव के बारे में विस्तारपूर्वक लिखा है। उदाहरण के लिए विक्रमी संवत् 1900 तक कैथलनरेश के दरबारी कवि भाई संतोखसिंह ने बृहत्काव्य 'गुरु प्रताप सूरज' की रचना की थी। इस महान् काव्य में दसों गुरुओं के जीवन, विचारों और कार्यों पर कविताबद्ध प्रकाश डाला गया है और उनके समय में होनेवाले मुगल बादशाहों, उनके दरबारियों, राजाओं, महत्त्वपूर्ण व्यक्तियों, नगरों, कस्बों, गाँवों, अधिकारियों, संतों, परंपराओं, धर्मों, लोकविश्वासों आदि बीसियों विषयों के बारे में विस्तारपूर्वक लिखा गया है। यह ग्रंथ मध्यकालीन उत्तर भारतीय समाज का एक विराट शब्दछंदबद्ध दर्पण है। इसमें बाबर, हुमायूँ, अकबर से लेकर मुहम्मदशाह तक सभी मुगल बादशाहकालीन पंजाब और आसाम, काश्मीर से लेकर नांदेड़ तक के भौगोलिक, ऐतिहासिक, सामाजिक, पारिवारिक, वैयक्तिक, धार्मिक आदि-आदि संदर्भों और प्रसंगों के बारे में अनेक वास्तविक और कल्पित जानकारियाँ मिलती हैं। समस्या वहीं उत्पन्न होती है, जब इसमें वर्णित कल्पित अंशों को छाँट पाना कठिन हो जाता है, क्योंकि यह मुख्यतया धार्मिक काव्य है और धर्म के मामले में भावुक धर्मानुयायी धार्मिक काव्य के असत्य को भी असत्य मानने को तैयार नहीं होता, भले ही वह निजी जीवन में उस काव्य की असत्यता को क्यों न स्वीकारता हो। आज भी पंजाब के अनेक गुरुद्वारों में इस ग्रंथ का श्रद्धा और भक्ति से नियमित पाठ किया जाता है और इसकी कविता का अर्थ समझाया जाता है तथा भक्तगण इसके प्रत्येक शब्द को सत्य वचन मानकर सुनते हैं। शायद इसीलिए इसके समीक्षक विद्वानों ने अब तक इसकी ऐतिहासिकता पर विचार करने में संकोच दिखाया है और केवल इसके धर्म और काव्य पक्षों का ही पर्यालोचन किया है। ऐसे किसी काव्य की ऐतिहासिकता परखने के लिए सच और झूठ का दूध और पानी अलग-अलग करना पड़ता है। इस ग्रंथ में निहित इतिहास के सच और गलत को परखने में भक्तों की श्रद्धा आड़े आती है। फिर भी मुगलकालीन पंजाब और पंजाब की मुगलकालीन परिस्थितियों की जानकारी पाने तथा मुगलकालीन इतिहास के रिक्त कोष्ठ को भरने के लिए इस तरह के काव्यों को पढ़ना और इनके भीतर पैठना आवश्यक है, वरना मुगलकालीन इतिहास का अध्ययन एकांगी, पक्षपातपूर्ण, भ्रमात्मक और कोरा प्रशंसात्मक ही रह जाएगा तथा उसके निष्कर्ष आगामी प्रबुद्ध और निष्पक्ष पीढ़ियों के लिए अविश्वसनीय तथा उपेक्षणीय हो जाएँगे। आगे के पृष्ठों में 'गुरु प्रताप सूरज' की इतिहासविषयक सामग्री का यथास्थान उपयोग किया गया है। आशा करूँगा कि भावी इतिहासकार

मुगलकालीन इतिहास के लिए इस काव्य की महत्त्वपूर्ण सामग्री का अधिकतम लाभ उठाएँगे।

संदर्भ

1. इतिहास के बारे में भारतीय पुराणकार की यह मान्यता है :
धर्मार्थकाममोक्षाणामुपदेशसमन्वितम्। पूर्ववृत्तं कथायुक्तमितिहासं प्रचक्षते।।
2. कीन्हे प्राकृत जन गुनगाना। सिरधुनि गिरा लागि पछिताना।।—रामचरित मानस
3. अकबर, जो निरंतर सुलहकुल की नीति की ओर बढ़ता जा रहा था, अबुल फजल के इन विचारों से बहुत प्रभावित हुआ था। ऐसा अनुभव होता है कि इसके बाद ही उसने उलेमा वर्ग के नेताओं—शेख अब्दुलनबी व मखदूम उल-मुल्क को उनकी इच्छाओं के विरुद्ध मक्का भेज दिया।—मुगलकालीन इतिहासकार व इतिहास-लेखन, डॉ. आर.के. सक्सेना, डॉ. एल.पी. माथुर
4. अबुल फजल का उन सब इतिहासकारों से मतभेद था, जिन्होंने भारत के मुस्लिम विजेताओं अथवा यहाँ के शासकों की गतिविधियों के संबंध में लिखा है। इन लेखकों के लिए भारतीय इतिहास हिन्दू तथा इस्लाम धर्म के समर्थकों के बीच एक संघर्ष था, जो कि निर्मूल था। उनकी इसी व्याख्या ने लोगों को पथभ्रष्ट किया तथा भारतीय समाज को हानि पहुँचाई। अबुल फजल ने इन विवेकहीन इतिहासकारों के मत को अस्वीकारा है।—मुगलकालीन इतिहासकार व इतिहास-लेखन, पृ. 53-54
5. डॉ. राजमल बोरा के नाम डॉ. रघुवीरसिंह के पत्र सं. 36 में लिखा है—' 'पृथ्वीराज रासो' के संबंध में बीम्स, ग्राउज, ग्रियर्सन आदि के साथ हिन्दी साहित्य के अंग्रेज इतिहासकारों ने क्या कुछ लिखा है उस सबका भी गहराई तक अध्ययन कर लेना अत्यावश्यक है। 19 वीं शताब्दी में इन सभी विद्वानों के अध्ययन, विवेचन तथा सुझावों अथवा निष्कर्षों की कदापि अपेक्षा नहीं करो। उनके बिना न तो पृष्ठभूमि ही पूरी तौर से सही रूप में समझ सकोगे और न तुम्हारा अध्ययन ही पूरा हो सकेगा।'—महाराज कुमार डॉ. रघुवीरसिंह के पत्र राजमल बोरा के नाम, पृ. 41
6. कश्मीर से उपलब्ध संस्कृत ग्रंथ 'पृथ्वीराज विजय' की प्रामाणिकता सिद्ध होने और डिंगल ग्रंथ 'पृथ्वीराज रासो' के अप्रामाणिक सिद्ध होने पर डॉ. बूलर ने 1875 में इसका प्रकाशन रोक दिया था।
7. बंगाल आर्मी के कैप्टेन डब्ल्यू.आर. पाग्सन ने 'छत्रप्रकाश' का यह अंग्रेजी अनुवाद किया था, जो 1828 ई में प्रकाशित किया गया। एक वर्ष बाद मेजर प्राइस ने मूल 'छत्रप्रकाश' का प्रकाशन कलकत्ता के फोर्ट विलियम कॉलेज से करवाया था—छत्रप्रकाश (भूमिका)—संपादक-डॉ. महेंद्र प्रतापसिंह, पृ. 1
8. फर्रुखाबाद के अंग्रेज कलक्टर इलियट ने यदि अल्हैतों से 'आल्हा-ऊदल' न लिखवाया होता तो जगनिक का 'परमाल रासो' अब तक लुप्त हो चुका होता। कर्नल टॉड के डिंगल काव्य और राजस्थान के इतिहासविषयक अध्ययन को कौन भूल सकता है।

9. शोध साधना, वर्ष 1, 1980 में प्रकाशित
10. औरंगजेब, आजम, बहादुरशाह, फर्रूखसियर और मुहम्मदशाह के शासनकाल का प्रत्यक्ष द्रष्टा इतिहासकार मुहम्मद हादी कामवर खाँ ने मुहम्मदशाह के शासनकाल के तीसरे वर्ष में निश्चय किया था कि वह अब घमंडी व्यक्तियों की व्यर्थ खुशामद नहीं करेगा और अपना शेष समय संतों और बादशाहों के अध्ययन में व्यतीत करेगा।—मुगलकालीन इतिहासकार व इतिहास-लेखन, पृ. 150-151
11. ठाकुर, छंद 6 :
ठाकुर सो कवि भावत मोहि जु राजसभा में बड़प्पन पावै।
पंडित लोक प्रवीनन को जोइ चित्त हरै सो कबित्त कहावै।।
12. यहाँ तक कि अकबरी दरबार के इतिहासकार बदायूँनी ने अकबर की उदार धार्मिक नीति के बारे में जानते हुए भी अकबर द्वारा राणा प्रताप पर आक्रमण के समय, उसे चापलूसी द्वारा प्रसन्न करने के लिए, कहा था—"मैं स्वामिभक्ति के कारण अपनी काली दाढ़ी रक्त से रंगना चाहता हूँ।"—मुगलकालीन इतिहासकार और इतिहास-लेखन, पृ. 65
13. काव्यनिर्णय—भिखारीदास, संपादक जवाहरलाल चतुर्वेदी, प्रथम उल्लास
14. बरनत कवि सिंगार रस, छंद बड़े बिस्तारि।
मैं बरन्यौ दोहान बिच, यातैं सुघर बिचारि।।—हिततरंगिणी
15. यह बहस उन्नीसवीं सदी के तीसरे दशक में कलकत्ता की एशियाटिक सोसाइटी के डॉ. बूलर ने आरंभ की थी और आज तक चल रही है।
16. शृंगारिक और ऐतिहासिक काव्यों के द्वारा दान और मान प्राप्त करनेवाले कुछ रीतिकालीन कवियों की सूची मेरी पुस्तक 'रीतिकालीन शृंगार-भावना के स्रोत' के पृ. 22-23 पर देखी जा सकती है।
17. गंग ग्रंथावली : संपादक-सरयू प्रसाद अग्रवाल, पृ. 285-287
18. शिवसिंह सरोज, पृ. 53
19. देव कवि का वह दोहा है :
फाटी सी कथरी भली, साझौ भलौ न टाट।
राजा भयौ तौ का भयौ, रहूयौ जाट कौ जाट।।
20. रहीम ग्रंथावली, समय, छंद सं. 67, 70
21. कविवर गंग ग्रंथावली, पृ. सं. 26 पर उद्धृत।
22. निपट निरंजन की बानी : संपादक डॉ. राजमल बोरा
23. यदुनाथ सरकार ने 'शिवाजी' के पृ. 202 पर लिखा है—'हिन्दी में हमें भूषण ग्रंथावली मिलती है, परंतु ऐतिहासिक दृष्टि से वह किसी काम की नहीं है। इतिहासकारों ने खोज के बाद यह निश्चित कर दिया है कि शिवाजी की मृत्यु के कोई दो वर्ष बाद भूषण का जन्म हुआ था,' इस कथन की विश्वसनीयता संदिग्ध है। इस पर आगे विचार किया जाएगा।
24. शिव भूषण

25. छत्रप्रकाश
26. वे कविताएँ 'विद्याधर' में संगृहीत थीं जो किसी युद्ध की भगदड़ के दौरान नदी में डूब गया।
27. चंडी चरित्र, रामावतार, कृष्णावतार, जफरनामा (औरंगजेब के नाम पारसी में लिखित पत्र)
28. मुगलकालीन इतिहासकार व इतिहास-लेखन, पृ. 68
29. कुंभनदास की फतहपुर सीकरी यात्रा के समय गाया गया प्रसिद्ध पद है :
संतन कहा सीकरी सों काम। आवत जात पनहियाँ टूटीं बिसरि गयौ हरिनाम।।
30. लेखक—डॉ. सरयू प्रसाद अग्रवाल
31. उदाहरण के लिए—केशवदास : जहाँगीर जस चंद्रिका, छंद, 4-5; मंडन ग्रंथावली, पृ. 14 (भूमिका), पृ. 158
32. अकबर—राहुल सांकृत्यायन, पृ. 96-97, केशव ग्रंथावली, वीर चरित्र (केशव दास), पृ. 502-505
33. गंग ग्रंथावली (भूमिका), पृ. 10-11
34. रहीम ग्रंथावली, पृ. 189
35. वैराग्य शतक, जगदर्शन, पृ. 2
36. गंग ग्रंथावली, छंद सं. 422

2

अकबर काल

1. अकबरकालीन कवि और काव्य-प्रवृत्तियाँ

रीतिकालीन ऐतिहासिक काव्य-सर्जना का आरम्भ काल अकबर काल है। अकबर के दरबार में गंग कवि ने 'चंद छंद बरनन की महिमा' की रचना की, जिसमें हिन्दी के पहले ऐतिहासिक काव्यरचयिता कहे जानेवाले चंद कवि द्वारा अपने आश्रयदाता, दिल्ली के अंतिम हिंदू राजा पृथ्वीराज चौहान के जीवन और कृत्यों पर आधारित 'पृथ्वीराज रासो' का महत्त्व प्रतिपादित किया गया है। अकबर के समय में ही 'पृथ्वीराज रासो' को मौखिक परम्परा से उबार कर लिखित रूप देने का प्रयास उदयपुर के राजपूत घराने ने किया था। अकबर के रूप में भारत को भारत में जन्मा पहला मुगल बादशाह मिला था, जिसने अपनी उदार नीतियों से भारतीय जनता के मन से पहले के बादशाहों की अत्याचारभरी स्मृतियों को धो-पोंछकर सबको प्रभावित किया था। यद्यपि अकबर से पहले के मुसलमान शासकों की तरह राजपूत राजाओं ने भी भारतीय जनता को कुछ कम नहीं सताया था, क्योंकि जितने राजपूत राजा थे, उतने ही युद्ध थे और जितने राजा और युद्ध थे, उतने ही प्रजा पर अत्याचार थे। अकबर ने उन सब राजपूत राजाओं के पारस्परिक संघर्षों के तले रौंदी जाती प्रजा को अपने सुशासन और सुव्यवस्था से राहत की साँस दिलाई और धार्मिक भेदभाव दूर किया, इसलिए भी अकबर की लोकप्रियता बढ़ी।

यद्यपि अकबर के दरबारी हिन्दी साहित्यकारों ने अकबर के निजी गुणों और उसकी प्रशासनिक क्षमताओं को परखकर उसके जीवन और कृत्य पर कोई प्रबन्धकाव्य तो नहीं लिखा, लेकिन मुक्तकों में उसके बारे में जो कुछ भी लिखा, वह आज विभिन्न हस्तलिखित व प्रकाशित संग्रहों में उपलब्ध है।

वस्तुतः अकबर काल हिन्दी के रीतिकाल का उद्भवकाल था और तत्कालीन हिन्दी कवियों ने अकबर सम्बन्धी काव्य लिखने के लिए केवल मुक्तक शैली को

अपनाया था। उन मुक्तकों में अकबर की दानवीरता और युद्धवीरता पर ही विशेष प्रकाश डाला गया है। अकबर के जमने से पहले हिन्दी कवियों को केवल राजपूत राजाओं की प्रशस्ति करके दान और मान मिलते थे, अब अकबर के यहाँ भी उन कवियों को अपने आश्रयदाताओं के साथ प्रवेश, स्थान, दान और मान मिलने लगे थे। राजपूत राजाओं के गुणीजनों को मुगल दरबार में पहली बार प्रवेश मिला था और मुगलों की जीवनपद्धति, उनके धर्म, संस्कार, स्वभाव, रीतिरिवाज आदि से पहली बार उनका अंतरंग परिचय हो रहा था और वे अपनी परम्परागत शैली में अपनी संगीत, काव्य, चित्र, स्थापत्य कला का प्रदर्शन करके दान और मान पाने लगे थे। कविगण परम्पराप्राप्त शैली में अकबर के वंश और पूर्वजों की प्रशंसा करके 'वाह वाह' अथवा 'पसाव' पाने के लिए मुक्तकों की रचना करते थे।

यह उल्लेखनीय है कि रीतिकालीन ऐतिहासिक काव्यों में मुगल बादशाहों के बारे में राजसभाई हिन्दीकवियों ने जो कुछ भी लिखा है, वह आश्रयदाता के जीवन और कार्यों के वर्णन के दौरान आगत प्रसंग के रूप में है अर्थात् राजकवियों ने अपने सामने पहले आश्रयदाता राजा के वर्णन का लक्ष्य रखा और उसके जीवन को छूने और प्रभावित करनेवाले अन्य व्यक्तियों की तरह मुगल बादशाहों, उनकी सन्तानों और कार्यों का उतना ही वर्णन किया है, जितना उस आश्रयदाता राजा के सन्दर्भ में आवश्यक था। यही कारण है कि रीतिकालीन ऐतिहासिक काव्यकारों ने अपने आश्रयदाता राजा तथा उसके वंशधरों पर तो विपुल मात्रा में प्रबंध और मुक्तक लिखे हैं, लेकिन मुगल बादशाहों के बारे में केवल प्रासंगिक तौर पर लिखा है। इसका परिणाम यह हुआ है कि रीतिकालीन हिन्दी कविता में मुगल इतिहास खंड-खंड चित्रों के रूप में बिखरा मिलता है, जिनको बटोरकर तरतीब देने की आवश्यकता है।

यह सर्वविदित है कि अकबर ने राजस्थान के राजाओं को अपने प्रभावक्षेत्र में लेने का सर्वप्रथम प्रयास किया था और वहीं के प्रभावित और अधीन राजाओं ने अकबर के साम्राज्य को जमाने और शक्तिशाली बनाने में सर्वाधिक सहयोग दिया था। रीतिकालीन कवियों ने मुगल साम्राज्य के स्तम्भों—अकबर, जहाँगीर, शाहजहाँ, औरंगजेब आदि और उनसे प्रभावित राजाओं के जीवन और कार्यों के बारे में अधिकतर 'युद्ध' को आधार बनाकर लिखा है। एक इतिहासकार की भूमिका में उनके निजी जीवन और युद्धेतर कार्यों के बारे में नहीं लिखा है। कुछ काव्यों में, जैसे केशवदास के 'वीर चरित्र' में, अकबर और सलीम के बीच बढ़ते तनावों और उनके कारणों का वर्णन मिलता है, लेकिन उसमें भी ओडछा के वीरसिंह देव के सलीमपक्षीय कार्यों का उल्लेख करने की ओर विशेष दृष्टि रही है। लेकिन यह निश्चित है कि उससे अकबर और सलीम के बीच बढ़ते तनावों की पृष्ठभूमि की प्रत्यक्षदर्शी जानकारी मिल जाती है। मुगल और राजपूत राजनीति के प्रत्यक्षद्रष्टा केशव की ऐतिहासिक कविताओं[1] से दो बातें और ज्ञात होती हैं—एक तो यह कि मुगल साम्राज्य

के अवलम्ब बड़े और छोटे राजपूत राजा और सामन्त बादशाह के साथ स्वामी और सेवक का सम्बन्ध रखते थे, तो वृक्षलता न्याय से उनके दरबारी या राजसभाई कवि भी अपने आश्रयदाता की तरह स्वतः बादशाह के सेवक हो जाते थे। दूसरी यह कि वे कवि जिस तरह अपने आश्रयदाता की कमजोरियों को छिपाते थे, वैसे ही बादशाह की कमजोरियों को दबाते थे, जिससे कि वे अपने आश्रयदाता और बादशाह के बीच अपनी संतुलित स्थिति बना सकें।

हिंदी के कवियों ने अकबर और उसके काल के उन गुणीजनों का गुणगान किया है, जो अकबर काल की ऐतिहासिक घटनाओं के भागीदार रहे और जिन्होंने हिन्दी कवियों को प्रश्रय, दान और मान से प्रसन्न किया। गंग अकबर के दरबारी कवि थे और उनका दरबार के सभी व्यक्तियों से निकट का परिचय था, इसलिए उन्होंने दरबार के प्रायः सभी गुणीजनों पर छंद लिखे तथा केशव, मंडन और पुहकर जैसे हिन्दी कवियों ने अकबरी दरबार से बाहर रहकर जिन महत्त्वपूर्ण व्यक्तियों के बारे में जो देखा-सुना था, उसके आधार पर प्रशस्तिपरक काव्य या छंद लिख दिए। रीतिकाल के हिन्दी कवियों ने प्रशस्ति के लिए तीन ही विषय चुने हैं—युद्धवीरता, दान-मान वीरता तथा सदाशयता। गंग का परिचयक्षेत्र विस्तृत था, इसलिए उन्होंने अकबरी दरबार के रामदास, रामचंद्र बघेला, प्रताप साहि, जुझारसिंह हाड़ा, मधुकर सिंह, मंगदराय, मुकुटमणि, कीर्ति सिंह, भाव सिंह, जगन्नाथ, दानशाह, बीरबल, मानसिंह, अब्दुर्रहीम खानखाना, एलच बहादुर, दाराब खाँ, अकबर, सलीम और दानियाल पर विशेष रूप से लिखा है। इन उन्नीस विभूतियों में पहले तेरह तो अकबर के दरबारी थे, सलीम और दानियाल अकबर के पुत्र थे और एलच बहादुर तथा दाराब खाँ रहीम के पुत्र थे।

यहाँ एक विशेष बात यह उभरकर सामने आती है कि रीतिकाल के प्रायः सभी हिन्दी कवियों ने अकबर और सलीम के नाते-रिश्ते से जुड़े हुए मुसलमान पात्रों पर तथा अन्य दरबारियों में केवल हिन्दू राजाओं और मनसबदारों पर ही परिचायक या प्रशस्तिपरक छंद लिखे हैं। उन्होंने मुगल बादशाहों पर लिखते समय उनके पूर्व हुए बादशाहों तथा पूर्वजों पर संक्षिप्त प्रकाश डाल दिया है—केवल लक्ष्य पात्र की कुलीनता और महानता दिखाने के लिए। उस वर्णन में परम्परापालन अधिक है। जैसे केशवदास ने जहाँगीर की प्रशस्ति के लिए भारत के पूर्ववर्ती मुसलमान बादशाहों का नाम-परिगणन करके जहाँगीर को उन सबसे बढ़चढ़कर दर्शाया है।[2] उन्होंने अकबरी दरबार में दरबारियों के बैठने के क्रम और पद के बारे में भी संकेत दिए हैं। जहाँगीर का यशोविस्तार करनेवाले उनके काव्य 'जहाँगीर जस चंद्रिका' से ये सूचनाएँ प्राप्त की जा सकती हैं।

2. हिन्दी काव्य में अकबर

रीतिकालीन हिन्दी कवियों ने अकबरकालीन शासक और दरबारी लोगों के जीवन, स्वभाव, पहनावा, विश्वास, रहन-सहन आदि पर संक्षिप्त प्रकाश डाला है। मजेदार बात यह है कि रहीम ने अकबर तथा अकबरकालीन किसी भी व्यक्ति पर कुछ भी नहीं लिखा है, क्योंकि दरबार में उनकी भूमिका शासकीय थी, कविरूप में नहीं, इसलिए अकबर के बारे में रहीम के अतिरिक्त शेष सभी समकालीन और परवर्ती कवियों द्वारा लिखित काव्यों में ऐतिहासिक सन्दर्भ मिलते हैं।

रीतिकालीन कवियों के अनुसार अकबर हुमायूँ का पुत्र था, लेकिन पिता की जल्दी मृत्यु हो जाने के कारण उसका लालन-पालन पिता के स्थान पर बैरम खाँ ने किया था। छोटी आयु में ही बादशाह के रूप में उसका प्रभाव-विस्तार भारत के भीतर और बाहर सुदूर स्थानों तक हो गया था। उसमें शील और सत्य प्रचुर मात्रा में थे। उसने देश में पठानों (शेरशाह सूरी) के प्रभुत्व को जड़मूल से समाप्त कर दिया और पूरे मुगल क्षेत्र में प्रेम का प्रस्तार कर अपनी बादशाहत की जड़ें जमा दीं।[3] एक गीतकार दुरसा आढ़ा ने अकबर की प्रशंसा करते हुए लिखा है कि अकबर के आने की सूचना पाते ही दूसरे बादशाह काँप उठते हैं और राजा लोग छत्र धारण नहीं करते हैं। पूर्व, उत्तर और पश्चिम सीमाओं को जीतने के बाद जब वह दक्षिण की ओर चला, तो सभी डरकर भाग खड़े हुए।[4] ऐसा था युवा अकबर का प्रताप।

अकबर राजनीति में प्रवीण था। राजपूतों को विवाह, मान और लोभ के द्वारा वश में करके उसने सफलतापूर्वक युद्ध अभियान चलाए और बचे-खुचे शत्रुओं को भेद-नीति अथवा आक्रमणनीति से वश में कर लिया। यदि किसी भी प्रकार वह किसी को वश में नहीं कर पाया तो उसे जीते जी सुख से नहीं जीने दिया। राणा प्रताप के साथ उसका संघर्ष ऐसा ही था। काँटे से काँटा निकालने के लिए उसने राणा प्रताप के भाई शक्तिसिंह को अपने आश्रय में रखकर उसका उपयोग राणा प्रताप के विरुद्ध करना चाहा। आमेर के राजा और अपने साले मानसिंह कछवाहा के साथ उसे मेवाड़ पर आक्रमण करने के लिए भेज दिया, भले ही वह भ्रातृप्रेम के कारण विश्वस्त सेवक सिद्ध नहीं हुआ। इसी तरह शक्तिसिंह के पुत्र अचलदास को भी अकबर ने अपने यहाँ शरण दी, किन्तु वह भी महाराणा अमरसिंह के पक्ष में चला गया। राणा प्रताप के भाई अगर और सगर तथा शक्तिसिंह के कुछ अन्य पुत्र अवश्य अकबर की सेवा में स्थायी रूप से रहे।[5] ओड़छा के राजा मधुकरशाह ने हमेशा अकबर का विरोध किया, लेकिन उसके मरने के बाद उसके लगभग सभी आठ पुत्र अकबर की शरण में चले गए थे और उसके एक पुत्र रतनसेन के सिर पर स्वयं अकबर ने बाना

बाँधा था। बदले में रतनसेन ने गौड़ प्रदेश को जीतकर अकबर को सौंप दिया।[6]

इससे अकबर की सफल और बुद्धिमत्तापूर्ण राजपूत-नीति का ज्ञान होता है। राजपूत वंशों पर अकबर का इतना अधिक नियन्त्रण हो चुका था कि सीसोदिया वंश के अलावा सबने अपनी बहन-बेटियाँ अकबर और जहाँगीर को सौंपकर चैन की बंशी बजाई थी। राजपूती राजगद्दी पर कौन बैठेगा, इसका निर्णय करने का अधिकार बादशाह के हाथ में आ गया था। अकबर की अनुमति और स्वीकृति तथा उसके द्वारा स्वयं तिलक लगाने के बाद ही कोई राजपूत राव, रावत या राजा बन पाता था। जोधपुर के राव चंद्रसेन के मरने के बाद अकबर ने वास्तविक उत्तराधिकारी रायसिंह के स्थान पर मोटा राजा उदयसिंह को जोधपुर दिया।[7] अकबर की इस तरह की कृपा का परिणाम यह होता था कि गद्दी पानेवाला हर राव, रावत और राजा अकबर की आज्ञा का पालन करता था। अकबर की अधीनता में वह एक आज्ञाकारी सेवक की हैसियत से काम करता था।[8] आगे भी, आषाढ़ सुदी, पूर्णिमा, 1651 वि. को[9] उदयसिंह का देहान्त होने पर अकबर ने उसके पुत्र सूरसिंह को राजगद्दी सौंपी और उसका राजतिलक किया। बदले में सूरसिंह ने मुगल साम्राज्य की सेवा में मेवाड़ के राणा, दक्षिण के मलिक अम्बर तथा गुजरात पर विजय प्राप्त की और जब उसकी मृत्यु हुई तो उसके पुत्र गजसिंह को जहाँगीर ने जोधपुर का राजपाट सौंपा और उसका राजतिलक किया।[10] इस प्रकार अकबर ने अपने अधीन आए रावत, राव और राजाओं को राजगद्दी सौंपने या मान्यता देने की जिस परम्परा का सूत्रपात किया था, उसे आगे के मुगल बादशाहों ने भी चलाया। मुगल बाहर से आकर यहाँ के स्वामी हो गए और यहाँ के मूल निवासी उनके मुँहताज सेवक। बादशाह से राजतिलक करवाने वे मुगल राजधानी आते रहे[11] और बदले में मुगल क्षेत्र की रक्षा के लिए यहाँ से वहाँ तक दौड़ लगाते रहे। फिर तो शाहजहाँ तक स्थिति यह हो गई कि मुगल बादशाह आगरा, दिल्ली, लाहौर और कश्मीर के महलों में सुख भोगते रहे और राजपूत राव-राजा रूखे-सूखे या बर्फीले काबुल-कन्धार से लेकर भारत के धुर दक्षिण तक मुगल साम्राज्य का विस्तार और संरक्षण करते रहे। उनमें से अधिकांश की मृत्यु अपनी भूमि और अपने क्षेत्र में नहीं हुई।

उन राव-राजाओं को मुगल बादशाहों की अधीनता का एक लाभ अवश्य मिलता था, वह यह कि उनको अपना खर्च चलाने के लिए जो सूबे, शहर और गाँव दिए जाते थे, उसकी आमदनी का एक भाग वे जोड़-तोड़ करने के बाद मुगल खजाने को भेजते रहते थे और शेष धन का उपयोग निजी स्तर पर करते थे। अपने अधिकार क्षेत्र में वे चाहे जिसकी लूट, कूट या हत्या कर या करवा सकते थे, स्वयं ऐशो आराम का जीवन बिता सकते थे, सारी प्रजा उनकी अपनी सम्पत्ति होती थी, जिसका उपभोग वे मनमाने तौर पर कर सकते थे। प्रजा बादशाह, राजा, उनके प्रतिनिधियों तथा अधिकारियों की दुहरी-तिहरी मार सहती थी। जब-तब होते रहनेवाले अभियानों और

युद्धों के दुष्परिणाम प्रजाजन को सहते रहने पड़ते थे और वे भाग्य तथा ईश्वर को अपना जीवन सौंपने को विवश थे। बादशाह और राजा, राजप्रतिनिधि और अधिकारी तथा अपने शक्तिशाली स्वामी के बल पर उनके छोटे-से-छोटे कर्मचारी भी अपने अधिकार क्षेत्र के प्रत्येक जड़ और चेतन का शोषण और दोहन करने को स्वाधीन थे।

अकबर के समय में सर्वधर्म-समभाव की प्रवृत्ति विकसित होने के कारण हिन्दी कविता में सगुण भक्ति के अंतर्गत राम और कृष्ण से जुड़े काव्य, संगीत नृत्य, स्थापत्य और आराधना के प्रकारों का जैसा उत्कर्ष हुआ, वैसा आगे चलकर जहाँगीर के समय में दिखाई नहीं पड़ता है। अकबर के सामने ही हिन्दी में दो तरह का काव्य—प्रशस्तिकाव्य और शृंगारकाव्य-लेखन—का आरंभ हो चुका था। शृंगारकाव्य में राम और कृष्ण के स्थान पर कवियों के आश्रयदाता काव्यनायक बनने लगे थे। जहाँ कविता में कृष्ण-राधा को काव्यनायक बनाया भी गया, तो उनके रसिक और विलासी रूप को उभारकर ही, जिससे आश्रयदाता और दरबारियों का मनोविलास हो सके। रीति-कविता में इतिहास और शृंगार का समानान्तर प्रवेश जहाँगीर से आरम्भ और विकसित होता मिलता है। ऐसी कविता में वस्तुतः मुगलकालीन वैभव-विलासितापूर्ण राजकीय जीवन का प्रतिबिम्बन हुआ है। जहाँ तक रीतिकालीन ऐतिहासिक और प्रशस्तिपरक काव्यों का प्रश्न है, यह देखकर आश्चर्य होता है कि उनमें शृंगार लुप्त और इतिहास सुरक्षित है। आश्चर्य इसलिए होता है कि हिन्दी की आदिकालीन वीरकविता में शृंगार या रतिभाव इतिहास के साथ सम्मिश्रित कर प्रस्तुत किया गया था, जबकि रीतिकालीन राजकीय वैभव-विलासिता के वातावरण में रचित ऐतिहासिक काव्यों में शृंगार या रतिभाव लुप्त है। अगर है भी तो विलास के उपकरण के रूप में उसका विस्तृत वर्णन नहीं किया गया है। नितान्त आवश्यक होने पर उसका संकेत मात्र कर दिया गया है, जैसे अकबर के बारे में रचित ओड़छा की राजनर्तकी राय प्रवीण की कविता में[12] या जहाँगीर की गुमनाम प्रेमिकाओं और चार पत्नियों की चर्चा में[13] या युद्ध के लिए जाने से पूर्व राजा द्वारा अपनी पत्नियों के साथ विलास करने के उल्लेख में।[14] आश्चर्य इसलिए भी होता है कि उस काल में स्त्री को भोग्या रूप में ही देखा और समझा जाता था, इसलिए लूट के सामान में अन्य वस्तुओं के साथ उसका भी उल्लेख होता रहा। यही कारण है कि युद्धकाल या सेना के आगमन के समाचार से ही स्त्री-बच्चों को सबसे पहले छिपाया या मार दिया जाता था।

अकबर ने अपने युवाकाल में 'मीना बाजार' (केवल औरतों द्वारा लगाया जानेवाला बाजार) का शौक पाला था, जिसमें दरबारियों की स्त्रियों के अतिरिक्त अन्य सुन्दरियों का भी जमघट होता था। उसमें अकबर की रुचि बाजार में कम और सुन्दरियों में अधिक होती थी। ऐसे ही एक बाजार में जहाँगीर को नूरजहाँ

ने सम्मोहित किया था। जिस तरह राजाओं को अपने महल में सुन्दरियाँ बटोरने का शौक था, उसी तरह बादशाहों और नवाबों को भी था। उस समय संगीत और नृत्य द्वारा मनोरंजन की परिपाटी थी और नर्तकियाँ वेश्या या उपपत्नियाँ बन जाया करती थीं। विवाहिताओं के अलावा अविवाहिता भोग्याओं की भीड़ को महल या किले से बाहर कहीं स्थान नहीं मिलता था, इस कारण रीतिकाल के काव्यशास्त्र-रचयिताओं के सामने नायिका-भेद करते समय स्वकीया (निजी विवाहिता), परकीया (कन्या अथवा परविवाहिता) और सामान्या (वेश्या) वर्गों में महलों की इन भोग्याओं को समेट पाने की समस्या आ खड़ी हुई थी। उसको सुलझाने के लिए आचार्य भिखारीदास को यह व्यवस्था देनी पड़ी कि धनवान लोगों के यहाँ अनेक भोग्या स्त्रियाँ होती हैं, उनको स्वकीया (निजी विवाहिता) ही गिनना चाहिए।[15] ऐसी व्यवस्था देना आवश्यक हो गया था क्योंकि राजपूत राजाओं के मरने के बाद रानियों के साथ वे भोग्याएँ भी सती हुआ करती थीं। अकबरकाल में ओड़छा के वीरसिंह देव के भाई इन्द्रजीतसिंह के यहाँ अनेक सुंदरी नर्तकियाँ थीं। उनमें वरिष्ठ स्थान पर थी–राय प्रवीण। कवि केशवदास उसके काव्यगुरु थे। उसके सौंदर्य की महक अकबर तक जा पहुँची तो उसे दरबार में बुलाया गया। वह अकबर के सामने स्वयं गई या नहीं, यह स्पष्ट नहीं है, लेकिन आज उपलब्ध उसकी कविता इस बात की प्रमाण है कि अकबर को उसके शारीरिक सौंदर्य और संगीत को भोगने-सुनने की इच्छा थी। अपने आपको अकबर से बचाने के लिए राय प्रवीण ने सम्भवतः अपने अनुभवी काव्यगुरु केशव के परामर्श से अकबरी दरबार के प्रभावशाली अब्दुर्रहीम खानखाना के सामने यह फरियाद की थी कि आप इस शाह के परामर्शदाता हैं, इसलिए मैं आपके सामने उपाय पूछने आई हूँ। मैं प्राण दे दूँगी, लेकिन सुलतान की सेवा में नहीं आऊँगी। इससे मुझे नहीं, सुलतान को ही लज्जित होना पड़ेगा। आप मुझे विचारपूर्वक ऐसा उपाय बताइए, जिससे कि मेरी इच्छा पूरी हो और आपको पुण्य मिले, जिससे सुलतान का यश और मेरा पातिव्रत धर्म नष्ट न हो।[16] राय प्रवीण ने लिखा है कि हे सम्राट ! राय प्रवीण की विनती सुनिए। जूठी पत्तल दो ही खाते हैं–कौआ और कुत्ता।[17] राय प्रवीण के पातिव्रत धर्म और अपने 'जूठे' होने की आत्मस्वीकृति से अकबरकालीन राजसमाज में एक विशेष वर्ग की नारी की स्थिति और दशा का बोध होता है कि मुगल हरम और राजाओं के रनिवासों में विवाहिता-अविवाहिता स्त्रियों की भीड़ होती थी। उन स्त्रियों में अनेक राजनैतिक कारणों से ब्याही गई होती थीं और अनेक शारीरिक आवश्यकता की पूर्ति के लिए रख ली जाती थीं, कुछ स्त्रियाँ ब्याहताओं के साथ दासी रूप में, बहू के साथ ससुराल की सम्पत्ति के रूप में भेजी जाती थीं, उन ब्याहताओं और रखैलों का एक ही धर्म होता–अपने स्वामी को रिझाना, उसके न रहने पर आजीवन विधवा रूप में जीवन काटना अथवा सामाजिक

विवशतावश उसकी लाश के साथ चिता पर चढ़ जाना। कविता और स्त्री अधिपतियों के मनोरंजन का साधन बन गई थी। कविता उसके यश की वाहिका बनकर अब तक जीवित है लेकिन कौन और कितनी स्त्रियाँ अपने स्वामी के साथ नष्ट हुईं, यह आज कोई नहीं जानता।

3. अकबर और राणावंश

अकबर के शासनकाल में जिन राजपूतों ने मुगल शासन के आगे सिर नहीं झुकाया, उनमें चित्तौड़ के राणा प्रताप का नाम विशेष उल्लेखनीय है। राणा प्रताप मेवाड़ के प्रतापी सीसोदिया वंश का शिरोमणि था। हम्मीरदेव के समय से उस वंश की विशेष ख्याति बढ़ी थी और प्रतापसिंह से उसे चार चाँद लग गए थे। इसका विशेष कारण यह था कि अकबर के शासन काल में मेवाड़ के राणा प्रताप के अतिरिक्त सभी राजपूत राजा और सामन्त मुगल प्रभुत्व स्वीकार कर चुके थे। अकबर ने उन राजसेवक राजपूतों के सहयोग से राणा प्रताप को दबाने और वश में करने के जितने प्रयत्न किए थे, उसकी चर्चा ऐतिहासिक और साहित्यिक कृतियों में पर्याप्त विस्तार और पक्ष-विपक्ष की भावुकता से मंडित गिलती है। राणा प्रताप जीवन-भर राजसुख नहीं भोग सका। वह कवियों को दान और मान नहीं दे सकता था, इसलिए उसका कोई राजकवि भी नहीं था, जो उसके बारे में प्रशस्तिपरक प्रबन्धकाव्य लिख सके, लेकिन 'सगत रासो'[18] में राणा प्रताप के छोटे भाई शक्तिसिंह और उसके बंशजों का प्रशस्तिगान है। इसमें शक्तिसिंह के सन्दर्भ में राणा प्रताप तथा अकबर और अकबर के सामंतों-सेनापतियों के वर्णन मिलते हैं। कुछ फुटकर मुक्तक कविताओं में राणा प्रताप के सन्दर्भ में अकबर और उसके योद्धाओं के वर्णन अवश्य मिलते हैं।

'सगत रासो' में मेवाड़ के हिन्दुओं के छत्र[19] हम्मीर देव से उदयसिंह तक के नाम गिनाने के बाद उदयसिंह के 14 पुत्रों के नाम गिनाए गए हैं—1. प्रताप सिंह, 2. शक्तिसिंह, 3. बीरमदेव, 4. रुद्रसिंह, 5. शार्दूल सिंह, 6. अगर, 7. सगर, 8. साह, 9. जगमाल, 10. नगराज, 11. कान्ह, 12. जैतसिंह, 13. रायसिंह तथा 14. वैरीशाल।[20] कवि गिरधर ने इनमें केवल प्रताप को हिन्दू धर्म का उद्धारक कहा है।[21] इसका एकमात्र कारण यह रहा कि प्रताप ने अकबर का सामना किया और कभी हार नहीं मानी, जबकि उसके अन्य भाइयों ने कम या अधिक मात्रा में अकबर की सेवा में अपना जीवन लगाया था। प्रताप के भाई शक्तिसिंह को उसके पिता उदयसिंह ने राजमर्यादा तोड़ने के कारण दरबार से निकाल दिया तो वह अकबर से जा मिला। अकबर ने उसका अपने दरबार में बहुत सम्मान किया और उसे चित्तौड़गढ़ सौंप देने की घोषणा कर दी। भाई को भाई का शत्रु बनाकर मुगल शासन के हित में कूटनीतिवश लड़ाने की यह घोषणा राजनैतिक दृष्टि से बहुत महत्त्वपूर्ण

थी, लेकिन शक्तिसिंह केवल वीर योद्धा ही नहीं था, उसमें बुद्धि और मेवाड़ के राणावंश का गौरव भाव भी था, इसलिए उसने चतुराई के साथ उस प्रलोभन को नकार दिया। शक्ति ने उस कूट भेदनीति को पहचानकर अकबर के दरबार से चले जाने की तैयारी की तो बुद्धिमान अकबर ने दूसरा प्रस्ताव किया कि शक्तिसिंह उसके हरावल[22] में रहे जिससे कि अकबर उसके नेतृत्व में जाकर उदयपुर देख सके। शक्तिसिंह को दूसरे प्रस्ताव में निहित अकबर की चतुराई भी समझ में आ गई और वह पहले ही चुपचाप अकबर के पास से उदयपुर पहुँच गया, लेकिन वहाँ के सामन्त जयमल राठौड़, पता चूंडावत और साईंदास ने उसे गढ़ में नहीं घुसने दिया। इससे वह डूंगरपुर के महारावल सहसमल के पास चला गया। अपने उग्र और महत्वाकांक्षी स्वभाव के कारण वह वहाँ भी टिक न सका। वैणगढ़ में अपना अधिकार जमाकर वह धीरे-धीरे अपना प्रभाव-विस्तार करता रहा। राणा प्रताप जिन दिनों पहाड़ों में घूम रहे थे, शक्तिसिंह मैदान मार रहा था। वह भींडर के मुगल शासकों से भिड़ गया और जीत गया। अकबर तक यह बात पहुँची। अकबर ने जब मेवाड़ पर आक्रमण के लिए मानसिंह कछवाहा को सेनापति बनाया तो शक्तिसिंह को उसके साथ जाने के लिए कहा। अकबर और प्रताप की सेनाएँ खमणोर में परस्पर भिड़ गईं। उस युद्ध में ग्वालियर का राजा रामसिंह तोमर दस योद्धाओं के साथ मारा गया। उसके अलावा मेड़तिया रामसिंह राठौड़, मानसिंह सोनगरा, अपने दो भाइयों के साथ भीमसिंह डोडिया, मेर और चारण कवि राम भी उस लड़ाई में मारे गए।[23] राणा प्रताप जब युद्धक्षेत्र छोड़कर जा रहा था, उस समय शक्तिसिंह ने देखा कि दो मुगल सैनिक उसका पीछा कर रहे हैं, तो वह उसको बचाने के लिए गया।

यहाँ तीन बातें उल्लेखनीय हैं—कवि गिरधर आशिया ने एक ओर तो यह लिखा है कि महाराणा प्रताप ने रणक्षेत्र में युद्ध कर अकबर की अजेय सेनाओं पर विजय प्राप्त की[24] तो दूसरे ही छंद में प्रताप के रणक्षेत्र से जाने और दो मुगल सैनिकों के द्वारा पीछा करने की बात लिखी है, जो निश्चित ही प्रताप की पराजय की सूचक है।[25] ऐसा कवि के सीसोदिया वंश का प्रशंसक चारण होने के कारण हुआ है। प्रताप की पराजय की सूचना इस काव्य में ही अप्रत्यक्ष तौर पर दी गई है, जब अगले ही छंदों में शक्तिसिंह के साथ राजा मानसिंह कछवाहा का खमणोर से गोगुंदा जाकर महाराणा का महल देखने का वर्णन किया गया है। दूसरी बात यह कि दो मुगल सैनिकों के बारे में कवि ने यहाँ कुछ नहीं कहा है, लेकिन कवि पहले ही कह आया है कि बली शक्तिसिंह ने खुरासान और मुलतान के दो पठान मीरों को मारकर प्रताप की रक्षा की।[26] एक वर्णन में कहा गया है कि जगन्नाथ कछवाहा की विशाल सेना को देखकर राणा प्रताप मैदान छोड़कर पहाड़ों में जा रहा,[27] लेकिन राजपूत राजाओं ने कभी भी मन से राजाओं पर आक्रमण नहीं किया। इससे तीसरी बात निकलती है, जो इस काव्य में नहीं कही गई है, लेकिन एक अन्य कवि ने अपने मुक्तक में

कही है, वह यह कि कछवाहा राजा मानसिंह अकबर का रिश्तेदार होने तथा अपने राज्य को सुरक्षित रखने की मजबूरी से भले ही अकबर की आज्ञानुसार राणा प्रताप के विरुद्ध अभियान पर निकला हो, लेकिन वह मन से राणा प्रताप का सम्मान करता था।[28] इसी कारण इतने युद्ध अभियानों के बावजूद राणा प्रताप सुरक्षित और दीर्घायु रहा। शक्तिसिंह भी भले ही पिता के व्यवहार से नाराज होकर अकबर से जा मिला हो और राणा प्रताप के विरुद्ध अभियान में शामिल हुआ हो, लेकिन वह अपने बड़े भाई प्रताप की रक्षा का कोई अवसर नहीं चूका। राणा प्रताप की प्रशंसा में एक कवि-उक्ति है कि अकबर ने सब क्षत्रियों को अपने वश में कर लिया था, लेकिन राणा प्रताप को वश में नहीं कर पाया। वह किसी भी प्रलोभन अथवा धमकी में नहीं फँसा।[29] प्रलोभन अथवा धमकी में न फँसना राणा प्रताप की चारित्रिक विशेषता थी, जिसके कारण वह अकबर के अधीन नहीं हुआ, लेकिन यह भी निश्चित है कि अकबर के हिन्दू सेनापतियों ने राणा प्रताप की उसी तरह रक्षा की थी, जिस तरह आगे चलकर औरंगजेब के हिन्दू सेनापतियों ने शिवाजी की रक्षा की थी।

शक्तिसिंह की मृत्यु के बाद उसके दो पुत्र अचलदास और बलू जब अकबर की सेवा में गए तो आगरा के किलेदार रामसिंह कछवाहा ने उन दोनों से अकबर के सामने अपनी तलवार और कटारी डालने को कहा। उन्हें इस प्रकार हथियार डालना अकबर का स्वामित्व-स्वीकार और अपने स्वाभिमान के विरुद्ध लगा। उन्हें लगा कि ऐसा करके वे राणा वंश के ध्वज खुम्मान, हम्मीर और सांगा का अपमान करेंगे, इसलिए उन्होंने यह प्रस्ताव अस्वीकार कर दिया। उन दोनों के हठ की बात राणा प्रताप के कानों में पड़ी तो उसने उनको अपने पास बुला लिया और अचलदास को देसूरी का पट्टा दे दिया।[30] अचलदास के अन्य भाई प्रताप-प्रतिनिधि के रूप में अलग-अलग स्थानों के शासक बने, लेकिन अचलदास उन सबसे अधिक वीर और प्रताप-भक्त था। खैराड़ नामक स्थान का हाड़ा प्रताप न अकबर की आज्ञा मानता था और न राणा प्रताप का आदर करता था, बल्कि राणा प्रताप के विरुद्ध बोलता रहता था। एक बार वह अपने भाई उदयसिंह के साथ शक्तावतों के चारणों की गायें खोल लाया, जिन्हें छुड़ाने के लिए गए अनेक योद्धाओं के साथ शक्तावत मदू और चतुर्भुज मारे गए। अचलदास को इस बात का खेद हुआ कि महाराणा प्रताप के होते हुए भी उसके भाई मारे गए। राणा प्रताप को भी इस घटना से बहुत दुःख हुआ। जोधा शक्तावत ने उस हत्याकांड का बदला लेकर राणा प्रताप और शक्तावत अचलदास को प्रसन्न किया।[31] लेकिन अचलदास को तभी चैन पड़ा जब उसने अपने ताऊ और स्वामी राणा प्रताप की सहमति से अपने चार भाइयों जोधा, बलू, वाघा और राजसिंह के साथ पानगढ़ में हाड़ा प्रताप को सैयदों की सहायता से जा घेरा। हाड़ा प्रताप मोही का मैदान छोड़कर वसी में जा बसा। जब वसी के दुर्ग को शक्तावतों ने घेर लिया तो हाड़ा प्रताप गुप्त द्वार से निकल भागा और उसका भाई ऊदा (उदय

सिंह) स्त्रीवेश में निकल गया। फिर भी हाड़ा प्रताप बच नहीं सका। अगले युद्ध में वह अपने पक्ष के जयसिंह, देव और खीवर खरवड़ के साथ मारा गया।[32] इस प्रकार के जो भी युद्ध तथा अन्य कार्य शक्तिसिंह के पुत्र अचलदास ने किए, उनके पीछे राणा प्रताप की इच्छा और स्वीकृति होती थी। राणा प्रताप ही शक्तिसिंह के पुत्रों के राजकाज का संचालन करता था।[33]

राणा उदयसिंह के पुत्रों में बड़ा पुत्र प्रतापसिंह तो आजीवन अकबर-विरोधी रहा और दूसरा पुत्र शक्तिसिंह कभी अकबर पक्ष में तो कभी प्रताप पक्ष में चला जाता था लेकिन अन्य पुत्र अगर और सगर पूरी तरह से अकबर और जहाँगीर के पक्षधर रहे। दोनों शाही मनसबदार थे। माला सांदू नामक कवि ने अकबर की मृत्यु के पश्चात् हुए उत्तराधिकार युद्ध में मेवाड़ के राणा प्रताप के भाइयों सगर और अगर के द्वारा सलीम के पक्ष में युद्ध करने का उल्लेख किया है। उसने लिखा है कि अकबर के मरने के बाद आगरा नगर के बाहर शाहजादों की सेनाएँ उत्तराधिकार का निर्णय करने को आ पहुँचीं। सगर बादशाही का रक्षक था। बादशाह के मरने के बाद उसकी हिन्दू मंडली ने राणा सगर के नेतृत्व में हिन्दुस्तान (मुगल साम्राज्य) की रक्षा करने का बीड़ा उठाया था। सलीमशाह ने राणा सगर में अपने अधिकार और साम्राज्य का रक्षक रूप देखा था। सलीम द्वारा मुगल गद्दी हथियाने के प्रयत्न में राणा सगर ने पूरा सहयोग दिया था। उस गृहयुद्ध में पूरा सहयोग देने के बाद सगर ने सलीम के जहाँगीर बनने और उसके द्वारा शासन-प्रबन्ध को सुचारु रूप देने में भी सहायता की थी। उस युद्ध में सगर के बड़े भाई अगर ने भी बड़ी वीरता दिखाई थी, लेकिन जब वह बुरी तरह से घायल होकर गिर पड़ा तब सगर ने वेगपूर्वक आक्रमण करके सलीम के शत्रुपक्ष के छक्के छुड़ा दिए थे।[34] मेवाड़ के इतिहास में राणा प्रताप एक छोर पर रहा, तो उसका सगा भाई सगर दूसरे छोर पर और बीच का भाई शक्तिसिंह बीच में रहे। सगर आजीवन अकबर और सलीम का पक्षधर रहा और इसके लिए राणावंश बहुत शर्मिन्दा रहा। शक्तिसिंह ने तब भी अकबर पक्ष से प्रताप पक्ष की ओर आकर अपनी निन्दा को धो लिया था और राणा प्रताप ने उसके पुत्रों को उचित सम्मान देकर उन्हें सामाजिक प्रतिष्ठा दिलाई थी, इसी कारण कोई भी राणावंशी और शक्तावत अगर-सगर को अपना मानने और अपनी पंगत में बैठाने को तैयार नहीं था।

शक्तावतों में अचलदास की वीरता और वंशगर्व की भावना का क्रमशः विकास होता दीखता है। एक बार उसने सैयदों और राजपूतों के साथ संघर्ष में बेघम (बेगूँ) जीतनेवाले अपने भाई जोधा की मृत्यु का बदला लेने के लिए मंदसौर के सैयदों पर आक्रमण का विचार किया तो स्वयं महाराणा अमरसिंह उसकी सहायता को आया, लेकिन जब अमरसिंह ने जोधा की मृत्यु के लिए सैयदों को निर्दोष और देवलिया के सिंहा को उत्तरदायी बताया तो अचलदास ने सिंहा को महाराणा अमरसिंह के

सामने आत्मसमर्पण करने को मजबूर किया और देवलिया को लूट-कूट कर जला डाला। एक शासक व्यक्ति के अपराध का दंड उसकी निरीह प्रजा को भोगना पड़ा। यहाँ पर ही सूचना दी गई है कि राजपूतों ने शत्रुओं से बचने के लिए भी मुसलमानों को अपनी बेटियाँ ब्याही थीं और मुगल अधीनता स्वीकार की थी।[35] अकबर को अचलदास को दबाने के लिए शेखू (जहाँगीर) और मानसिंह कछवाहा के सेनापतित्व में सेना भेजनी पड़ी थी। अकबर की सेना ने कई थाने स्थापित किए और शत्रु की खोज और पीछा करने के लिए पहाड़ों में कई दल भेजे। महाराणा अमरसिंह ने ऊंठाला में अचलदास से अकबर के घेरे, प्रजा की भगदड़ और उसके भाइयों भांण, माल और बलू पर मेवाड़ की रक्षा का भार होने की सूचना देकर अचलदास और भांण को सेनापति बनाया। ऊंठाले में महाराणा अमरसिंह की सेना एकत्र थी और मोही में अकबर की सेना। अकबर की सेना ने पहल की। युद्ध में महाराणा अमरसिंह तथा शेखू, मानसिंह कछवाहा और राउत जैतसिंह तथा भांण, माल, दलपति और बलू पहले घोड़ों पर बैठकर, बाद में पैदल अपने समान वर्ग से तथा अन्य सैनिकों से युद्ध करने लगे। शेखू ने अकबर के पास इस युद्ध की सूचनाओं से युक्त पत्र भेजे तो अकबर ने रुकंदी मीर को निर्देश दिया कि अचलदास के आश्रयस्थलों पर नियन्त्रण कर लो।[36] उस युद्ध में अचलदास की ओर से उसके भाई भूपत और दलपत सेनानायक बनकर शाही सेना के आक्रमण झेल रहे थे। 'सगत रासो' में महाराणा पक्ष के अनेक योद्धाओं के नाम गिनाए गए हैं,[37] लेकिन अकबर पक्ष के कुछ ही योद्धाओं के नाम दिए हैं। स्वाभाविक है कि कवि को अपने पक्ष के लोगों की जितनी जानकारी है, उतनी शत्रु पक्ष के लोगों की नहीं है। ऊंठाले के उस युद्ध की निर्णायक घड़ी में महाराणा पक्ष के मारे गए योद्धाओं के नामों के बारे में भी यही स्थिति है। मारे गए योद्धाओं में भूपत, दलपत, वैरीशाल, गाहिलोत वाघा, वाघा का पुत्र अमरा, खान देवड़ा और आहीर दामोदर के नाम गिनाए गए हैं।[38] काव्य में दलबदल करनेवाले योद्धाओं की भी चर्चा है। अकबर पक्ष से रूठ कर अचलदास के पक्ष में आनेवाले खीची चौहान भाई सूजा और मांडण के विरुद्ध अकबर ने तुरत्ती मियाँ को नियुक्त किया था।[39]

शक्तिसिंह के स्वाभिमानी पुत्र अचलदास ने मुगलों के साथ युद्ध करने के साथ-साथ राणा अमरसिंह ने शत्रु राजपूतों के विरुद्ध भी मोर्चे खोल रखे थे। वह कभी अकबर की सेना से उलझता तो कभी शत्रु राजपूतों से। अकबर के द्वारा राणा अमरसिंह पर आक्रमण के लिए जब अब्दुल्ला, महावत खाँ और खुर्रम के सेनापतित्व में सेना भेजी गई तो राणा के विश्वस्त सहायक के रूप में अचलदास ही सामने आया। राणा ने पहले तो यह विचार किया कि इधर मुगल सेना आ गई है तो उधर आगरा पर हमला कर दिया जाए, जिससे मुगल सेना चित्तौड़ का घेरा छोड़कर वापस चली जाए, लेकिन दुबारा विचार करके वह मुगलों से भिड़ने के लिए चित्तौड़ की

ओर मुड़ गया। अचलदास ने मुगल और राणा की सेनाओं के बीच अपनी सेना अड़ा दी और राणा से पहले स्वयं मुगल सेना से भिड़ जाने का प्रस्ताव किया। इस पर राणा ने प्रसन्न और गौरवान्वित होकर अचलदास को 'सवाई सगर' कह दिया तो अचलदास लज्जा से गड़ गया, क्योंकि राणा प्रताप का भाई और अचलदास का चाचा सगर अकबर की ओर से मानसिंह कछवाहा के साथ चित्तौड़ दुर्ग के भीतर कब्जा किए बैठा था। अचलदास की दृष्टि में सगर कृतघ्न, वंशबोरक और अकबर का शुभचिन्तक था तथा अकबर की ओर से चित्तौड़ में बैठा था। राणा अमरसिंह ने तो इस अर्थ में 'सवाया सगर' कहा था कि अचलदास सगर से बढ़कर राणा वंश का वीर और चित्तौड़ का शुभचिन्तक है, लेकिन स्वाभिमानी और वंशगौरव से दृप्त अचलदास ने सगर के साथ किसी भी रूप में उपमित होने पर अपना अपमान अनुभव किया और उसने तुरन्त ही सबके सामने अपनी गर्दन काटकर आत्महत्या कर ली।

अचलदास के बाद उसका पुत्र नरहरि राणा अमरसिंह का सामन्त बना और उसने मुगल सेना से लोहा लिया। वह भी अपने पिता के समान वीर और स्वाभिमानी था। जहाँगीर काल में उसने मुगलों से लड़ते हुए प्राण दिए थे। उसके साथ जो प्रमुख राजपूत योद्धा मारे गए थे, उनके नाम 'सगत रासो' में उनके पूर्वजों/पिताओं के नाम के साथ दिए गए हैं। इस प्रकार 'सगत रासो' एक ऐसा प्रबन्धकाव्य है, जिसमें राणा वंश के राणा प्रताप, शक्तिसिंह, शक्तिसिंह के पुत्रों और पौत्रों के साथ उनके स्वनामधन्य सहायकों की युद्धवीरता के विवरण मुगलकालीन इतिहास को नई जानकारियाँ प्रदान कर सकते हैं।

कोई भी इतिहास अन्तिम नहीं होता है। नए साक्ष्य इतिहास में कुछ जोड़ने और कुछ हटाने की सामग्री प्रदान करते हैं, इसलिए किसी भी तरह का इतिहास कभी अन्तिम रूप नहीं ले सकता है। 'सगत रासो' के रूप में एक ऐसा साक्ष्य सामने आया है, जो अकबरकालीन राजस्थान की कई नई घटनाओं, घटना-नायकों और विचित्र स्थितियों की जानकारी प्रदान करता है। टॉड और ओझा ने जब राजस्थान का इतिहास लिखा था, तब उन्हें 'सगत रासो' उपलब्ध नहीं हुआ था, इसलिए मुगलकालीन इतिहास ग्रंथों में मेवाड़ के महाराणा प्रताप के बारे में जितनी अधिक मात्रा में सामग्री सामने आई है, उतनी उसके भाई शक्तिसिंह और उसके वंशजों के बारे में नहीं मिलती है। यहाँ तक कि प्रताप के अगर और सगर जैसे भाइयों के बारे में भी इतिहास कुछ अधिक नहीं बताता है, लेकिन 'सगत रासो' ने महाराणा उदयसिंह, प्रतापसिंह, अमरसिंह तथा शक्तिसिंह और उसके पुत्रों-पौत्रों के बारे में बहुत सारी नई जानकारी उपलब्ध कराकर राजस्थानी इतिहासकारों को अपना मत बदलने का एक सशक्त आधार प्रदान किया है। डॉ. कृष्णचंद्र श्रोत्रिय ने 'सगत रासो' की विद्वत्तापूर्ण प्रस्तावना में विभिन्न नई बातों का संकेत करते हुए इसकी कई विशेषताएँ स्पष्ट की हैं, जिनमें से कुछ ये हैं—[40]

गिरधर आसियाकृत 'सगत रासो' की केवल दो प्रतियाँ अब जाकर उपलब्ध हुई हैं और 1976 ई. में सम्पादित होकर यह ग्रंथ 1987 ई. में पहली बार प्रकाशित हुआ है, इसलिए पं. गौरी शंकर हीराचंद ओझा मेवाड़ का इतिहास लिखते समय इसका उपयोग नहीं कर पाए थे। ओझाजी ने बीठू सूजाकृत 'राउ जइतसी रौ' तथा किसना आढ़ा कृत 'भीम विलास' को आधार बनाकर बीकानेर व उदयपुर के इतिहास के लिए सामग्री ली थी, जो कि केवल दो राजाओं की जीवनगाथा प्रस्तुत करते हैं, जबकि 'सगत रासो' महाराणा उदयसिंह, प्रतापसिंह और अमरसिंह के समय की घटनाओं का महत्त्वपूर्ण वृत्तान्त प्रस्तुत करता है। ऐतिहासिक दृष्टि से उपर्युक्त दोनों ग्रंथों की तुलना में उसकी उपादेयता अधिक है। 'सगत रासो' आधार ग्रंथ है और उसके आधार पर इतिहास-ग्रंथ का निर्माण होना चाहिए।

'सगत रासो' में उल्लेख है कि महाराणा प्रताप के भाई शक्तिसिंह को अकबर ने चित्तौड़ का राज्य देने का प्रलोभन दिया था, किन्तु शक्तिसिंह ने उस प्रस्ताव को स्वीकार नहीं किया। इतिहास में इसका उल्लेख नहीं है।

'सगत रासो' का कहना है कि अकबर द्वारा शक्तिसिंह को साथ लेकर चित्तौड़ पर आक्रमण करने को जाते समय शक्तिसिंह धौलपुर से सीधा चित्तौड जा पहुँचा था, ताकि अपने पिता उदयसिंह को उस आक्रमण की सूचना दी जा सके और पिताद्रोह का प्रायश्चित्त कर सके, पर जैमल, पत्ता और साईंदास ने उसे चित्तौड़ के दुर्ग में प्रविष्ट नहीं होने दिया, तब वह डूँगरपुर के सहस्रमल के यहाँ चला गया। वहाँ जगमाल नामक किसी व्यक्ति को मार देने के कारण उसे डूँगरपुर छोड़ना पड़ा और वह वैणागढ़ चला गया। इतिहास में ऐसा कोई उल्लेख नहीं मिलता है।

मेवाड़ के इतिहास में हल्दी घाटी के युद्ध के पश्चात् शक्तिसिंह तथा उसके पुत्रों का कोई उल्लेख नहीं मिलता है। हल्दी घाटी के युद्ध के पश्चात् शक्तावतों का प्रथम उल्लेख राणा सगर तथा ऊँटाले के युद्ध में हुआ। हल्दी घाटी का युद्ध वि.सं. 1633 में[41] तथा ऊँटाले का युद्ध वि.सं. 1657 में[42] हुआ था। इन 25 वर्षों में शक्तावतों ने वीरता के कार्य अवश्य किए होंगे, क्योंकि मेवाड़ से लुप्त होकर 25 वर्षों के बाद वे पुनः मेवाड़ के इतिहास में चमक उठते हैं। ऊँटाले का युद्ध ऐतिहासिक घटना है। 'सगत रासो' में दिया हुआ ऊँटाले के युद्ध का वर्णन पूर्णतया इतिहाससम्मत है। इस युद्ध में बादशाह की ओर से शाहजादा शेखू और मानसिंह कछवाहा लड़े थे। इस युद्ध में शक्तिसिंह के पुत्र भूपत और दलपत भी सम्मिलित थे। उन्होंने बादशाह की सेनाओं का खूब संहार किया, जिसका विवरण शाहजादा शेखू ने अकबर के पास लिख भेजा, तो अकबर ने मीर रुकन्दी को उनसे लड़ने के लिए भेजा और उस युद्ध में दोनों भाई मारे गए। इतिहासग्रंथों में उस युद्ध का कोई उल्लेख नहीं मिलता है।

चौहानों की खींची शाखा के दो सहोदर भाई थे—सूजा और मांडल। अचलदास

शक्तावत के अधीन उनका युद्ध अकबर के सेनापति मीर तुरन्ती से कांठल में हुआ, जिसमें मीर पराजित होकर भागा। इतिहासग्रन्थों में इसका उल्लेख सम्भवतः उस युद्ध के गौण महत्त्व का होने के कारण नहीं हुआ है।

बादशाह जहाँगीर का महाराणा अमरसिंह के साथ हुए युद्ध का वर्णन इतिहासग्रन्थों में पाया जाता है, लेकिन 'सगत रासो' में उसका वर्णन विस्तारपूर्वक दिया गया है। उस युद्ध में बादशाह की ओर से शाहजादा परवेज, राजा जगन्नाथ कछवाहा, महावत खाँ, अब्दुल्ला खाँ और शाहजादा खुर्रम को भेजा गया था। उस युद्ध में महाराणा की ओर से कई योद्धा सम्मिलित हुए थे। 'सगत रासो' में उस युद्ध में सम्मिलित होनेवाले योद्धाओं की एक दीर्घ सूची दी हुई है, जिनमें से अनेक नाम मेवाड़ के इतिहास में पाए जाते हैं, अनेक नहीं। शक्तिसिंह के कई पुत्र और पौत्रों तथा क्षत्रियेतर जाति के योद्धाओं के नाम भी मिलते हैं। अनुसन्धान करने पर इन अन्य नामों की भी प्रामाणिकता सिद्ध हो सकती है। वे ऐतिहासिक व्यक्ति हैं। यदि उनके नाम इतिहास में नहीं मिलते हैं तो यह दोष इतिहासग्रन्थों का है, क्योंकि उनके प्रणेताओं ने इतिहास के 'सगत रासो' जैसे आधारग्रन्थों का पूर्ण अध्ययन नहीं किया था। इसमें कोई सन्देह नहीं कि 'सगत रासो' इतिहास का आधार ग्रन्थ है।

इसी तरह बादशाही दल द्वारा महिनाल (मैनाल) में महाराणा अमरसिंह से युद्ध किया गया था, जिसका मेवाड़ के इतिहासग्रन्थों में कोई उल्लेख नहीं पाया जाता है। महिनाल में शाहजादा खुर्रम के साथ नरहरि (अचलसिंह का पुत्र) का युद्ध हुआ था। उस युद्ध में नरहरि की मृत्यु हुई थी और उसके साथ पाँच रानियाँ सती हुई थीं। नरहरि के उस युद्ध का कई ऐतिहासिक कारणों से महत्त्व है। एक तो वि. स. 1624 में[43] पहली बार अकबर द्वारा चित्तौड़ पर किए गए आक्रमण से लेकर नरहरि के साथ हुए युद्ध तक 50 वर्षों के भीतर हुए मेवाड़ के युद्धों का वर्णन है, जिनमें से अनेक का उल्लेख इतिहासग्रन्थों में नहीं हुआ है। दूसरी बात, राणा वंश में महाराणा प्रताप और अमरसिंह की सेवा में शक्तिसिंह के वंशजों ने महान् त्याग दिखाया था और तीसरी बात, उस काल में क्षत्रियों ने ही नहीं, सभी जातियों ने मेवाड़ के युद्ध में भाग लिया था। इन सूचनाओं के साथ उस युद्ध में किस राजपूत को कौन-सा घोड़ा दिया गया था, उसकी लम्बी सूची भी दी गई है। उस सूची से योद्धाओं तथा उनके पूर्वजों और उनके वीर कृत्यों की सूचनाएँ भी मिलती हैं, जैसे कल्याण झाला का पिता साँवल दास था और उसका पूर्वज अज्जा खानवा के युद्ध में महाराणा साँगा के लिए वीरगति को प्राप्त हुआ था; बाघा और राउ भाण सांखला, जिसके दादा वैणा तथा क्रिसना चहूवाँण, जिसके पिता वांकडा ने महाराणा उदयसिंह को चित्तौड़ से बाहर निकालते समय वीरगति प्राप्त की। इतिहासग्रन्थ बताते हैं कि अकबर द्वारा चित्तौड़ दुर्ग को घेरने से पहले ही महाराणा उदयसिंह ने दुर्ग छोड़ दिया

था, लेकिन 'सगत रासो' का कहना है कि उदयसिंह चित्तौड़ के घेरे के बाद अपने वीरों के घेरे में लड़ता हुआ दुर्ग से बाहर निकल गया था। 'राणा रासो' तथा 'खुमाण रासो' से भी इसी बात की पुष्टि होती है। गिरधर आसिया के पूर्वज कर्मसी उदयसिंह के दरबारी और समकालीन थे तथा उन्होंने उस समय जो कुछ देखा था उसी को लिखा था और गिरधर आसिया ने उस लिखे हुए को पढ़कर अपना यह ऐतिहासिक काव्य तैयार किया था। आसिया की पिछली तीन पीढ़ियों ने महाराणा वंश के यहाँ रहकर जो ऐतिहासिक सामग्री तैयार और संकलित की थी, उसके आधार पर गिरधर आसिया ने महाराणा उदयसिंह, प्रतापसिंह, अमरसिंह, शक्तिसिंह, अचलदास, नरहरि, दलपत आदि वंशधरों तथा उनके सहायकों के युद्धों का प्रामाणिक वर्णन प्रस्तुत किया है।

शक्तिसिंह और उसके पुत्रों एवं पौत्रों के वीरतापूर्ण कार्यों का वर्णन करनेवाले ऐतिहासिक महाकाव्य 'सगत रासो' में शक्तिसिंह के जीवन की प्रमुख घटनाओं का स्पष्ट उल्लेख मिलता है। चूँकि इस ग्रन्थ की रचना महाराणा प्रताप की मृत्यु के 60-70 वर्षों के बाद अर्थात् 'राजप्रशस्ति महाकाव्यम्' से कुछ वर्षों पूर्व की गई, उसमें वर्णित इस घटना को कोरी कपोलकल्पित नहीं माना जा सकता। यह ज्ञातव्य है कि 'सगत रासो' में हल्दी घाटी युद्ध में मारे गए मेवाड़ी योद्धाओं के जो नाम दिए गए हैं, वे सभी फारसी तवारीखों अथवा अन्य ऐतिहासिक प्रमाणों से प्राप्त नामों से मेल खाते हैं। इसी भाँति 'सगत रासो' में वर्णित अन्य घटनाएँ भी ऐतिहासिक तथ्यों के अनुरूप हैं।[44]

'सगत रासो' के सम्पादक श्री देवेन्द्रसिंह शक्तावत ने अपने पिता से सुने एक रोचक प्रसंग का उल्लेख अपने लेख में किया है, जिससे यह रहस्य खुलता है कि शक्तावतों का इतिहास तलाशते हुए पं. गौरी शंकर हीराचंद्र ओझा शक्तावतों के मुख्य ठिकाने भींडर गए तो वहाँ न उनकी उचित आवभगत की गई और न शक्तावत–विषयक जानकारी दी गई, इसलिए शक्तावतों का इतिहास उपेक्षित रह गया। शक्तावतों के इतिहास की आधार-सामग्री 'सगत रासो' की दुर्लभ प्रति स्वयं देवेन्द्रजी ने अथक प्रयास के बाद 1964 ई. में भींडर ठिकाने से प्राप्त की[45] और जैसाकि पहले बताया जा चुका है, इसका प्रकाशन 1987 ई. में पहली बार हुआ है। अब इसके आधार पर मेवाड़ के इतिहास में संशोधन और संवर्धन किए जाने चाहिए। इससे अकबरकालीन मुगल इतिहास की अनेक टूटी कड़ियों को जोड़ा जा सकेगा।

इस रोचक प्रसंग के उल्लेख से यह रोचक निष्कर्ष सामने आता है कि इतिहासलेखन से पूर्व और लेखन के दौरान इतिहासलेखक को न जाने कितनी बातें प्रभावित और प्रेरित करती हैं, इसलिए किसी इतिहास की प्रस्तुति और उसके निष्कर्षों को अन्तिम नहीं मानना चाहिए।

4. अकबर और राठौड़ वंश

अकबर के आगे सिर झुकानेवाले राजवंशों में जोधपुर के राजवंश का मुगल साम्राज्य के विकास में योगदान आमेर के राजवंश की तरह दीर्घकालीन रहा। उसके शासक राव कहलाते थे, लेकिन अकबर ने उसे 'राजा' बनाकर सम्मानित किया। उस राजवंश ने मुगल सत्ता के अन्तिम दौर तक स्वामिभक्ति प्रदर्शित की और उसकी रक्षा की। 'अजीत विलास' से सूचना मिलती है कि पुराने समय में मेवाड़ के सीसोदिया और मंडोवर के राठौड़ों के बीच पारस्परिक युद्ध का आरम्भ इस एक घटना से हुआ था कि सात सौ सीसोदिया बेटियों का विवाह जोरजबरदस्ती से राठौड़ों के साथ कर दिया गया था। इस जातीय संघर्ष में चित्तौड़ के राणा कुम्भा और मंडोवर के राठौड़ रणमल में युद्ध हुआ।[46]

राव मालदेव के समय में दिल्ली के अफगान सुलतान शेरशाह सूरी ने पूर्व दिशा से आकर मारवाड़ पर आक्रमण किया। संवत् 1600 में अजमेर के पास गाँव समेल में मालदेव शेरशाह सूरी के हाथों पराजित हुआ तो वह भागकर पहाड़ियों में जा छिपा। शेरशाह सूरी जोधपुर पहुँचा और उसने गढ़ में उपस्थित लोगों को पराजित कर भगा दिया। जोधपुर पर शेरशाह सूरी का नियन्त्रण हो गया। दो वर्ष तक जोधपुर में रहने के बाद शेरशाह को किसी कारणवश दिल्ली जाना पड़ा। अनुकूल अवसर पाकर राव मालदेव पहाड़ियों से उतरकर जोधपुर आया और उसने शाही थानों पर नियन्त्रण करके जोधपुर पर फिर नियन्त्रण कर लिया।

संवत् 1610 के वैशाख कृष्ण पक्ष की द्वितीया तिथि[47] को राव मालदेव ने मेड़ता जाकर जैमल के साथ युद्ध किया। अनेक राजपूतों के साथ पं. अभो मारा गया। युद्ध के बाद राव जोधपुर लौटा और अपनी फौजों को मेड़ता पर आक्रमण के लिए विदा कर दिया। सं. 1613, फागुन, शुक्ल पक्ष की द्वितीया[48] को फौजें मेड़ता पहुँचीं। मेड़ता पर मालदेव का राज हो गया। तभी अकबर ने मेड़ता पर आक्रमण कर दिया। मालदेव और अकबर की सेनाएँ परस्पर टकरा गईं। सं. 1617 में[49] मेड़ता पर अकबर का नियन्त्रण हो गया। संवत् 1619 कार्तिक, शुक्ल पक्ष, द्वादशी को[50] राव मालदेव का देहान्त हो गया।

राव मालदेव की मृत्यु के बाद चंद्रसेन जोधपुर का शासक बन बैठा, तो उसका भाई राम अकबर की शरण में पहुँच गया, ताकि वह उसकी सहायता से जोधपुर का राज हथिया सके। अकबर ने उसकी सहायता के लिए मुगल फौजें भेज दीं। आठ मास तक जोधपुर का घेरा रहा। उसके बाद राव चंद्रसेन ने सं. 1622 में[51] गढ़ खाली कर दिया और पहले समीयाण, फिर पीपलाण पहाड़ियों में सोलह वर्ष तक मारा-मारा फिरता रहा, क्योंकि अकबर ने जोधपुर पर नियन्त्रण करने के बाद कलाखान को उसके पीछे लगा रखा था। इसी भागदौड़ के दौरान राव चंद्रसेन की

मृत्यु माघ, शुक्ल पक्ष की सप्तमी तिथि, 1637 वि. को[52] गाँव सारण में हो गई। उसके दो लड़के थे—एक उग्रसेन, जो किसी लड़ाई में मारा गया और दूसरा रायसिंह जो अकबर की सेवा में पहुँच गया, लेकिन अकबर ने जोधपुर की राजगद्दी पर रायसिंह की बजाय मालदेव की अगली पीढ़ी के मोटा राजा उदयसिंह को बैठा दिया।[53] जोधपुर राज्य का वास्तविक उत्तराधिकारी रायसिंह सिरोही के एक युद्ध में मारा गया। मोटा राजा को अकबर द्वारा जोधपुर की गद्दी पर सं. 1640 की कार्तिक, बदी, नवमी (रविवार, सितम्बर 29, 1583 ई.) को बैठाया गया था और उसके अगले महीने ही रायसिंह की मृत्यु हो गई थी।

अब से पहले तक जोधपुर के सिंहासन पर राठौड़ राजा पैतृक परम्परा और सामन्तों की सलाह से बैठा करता था, लेकिन राजकीय स्वार्थवश राठौड़ों की आपसी टकराहट के कारण उत्तराधिकारी या मनोवांछित व्यक्ति को जोधपुर के सिंहासन पर बैठाने का काम अकबर के हाथ में आ गया। राजस्थान के अन्य राजपूत राजा भी इसी तरह अकबर की स्वीकृति से ही गद्दी पर बैठने लगे। अकबर के द्वारा आरम्भ की गई इस शाही स्वीकृति-परम्परा ने राजपूत शासकों को आगे के लिए भी मुगलों के कदमों में ला दिया।

मोटा राजा उदयसिंह का काल राठौड़ों की मुगल अधीनता के स्थायित्व का काल सिद्ध हुआ। उसने अकबर की कृपा से राज्य पाया था, इसलिए उसने अपनी बुद्धि से नहीं, अकबर की आज्ञानुसार शासनकार्य किया। उसने पैतृक शक्ति और सम्पत्ति पाने के लालच में राठौड़ वंश की अगली पीढ़ियों के द्वारा भी मुगल शासकों की हर आज्ञा का मन-बेमन से पालन करने की परम्परा का सूत्रपात कर दिया था।

आगे चलकर उदयसिंह राठौड़ ने अकबर की आज्ञा से गुजरात के मुजफ्फर खाँ पर आक्रमण में सहायता की। मुजफ्फर खाँ के द्वारा प्रबल प्रतिरोध के परिणामस्वरूप जब अकबर की एक लाख सेना में घबड़ाहट फैल गई तब उदयसिंह ने बड़ी वीरता दिखाई और दो हजार शत्रु सेना मार दी।[54] उस युद्ध में मुजफ्फर खाँ भी मारा गया।[55] उसके बाद मोटा राजा ने सीवाणा दुर्ग पर छलपूर्वक कब्जा कर दिया। संवत् 1651 के आषाढ़ मास के शुक्ल पक्ष की पूर्णिमा[56] को उदयसिंह का देहान्त होने के बाद अकबर ने उसके पुत्र सूरसिंह को जोधपुर की गद्दी पर बैठाया और उसका टीका किया।[57] सूरसिंह ने राजा बनने के बाद सबसे पहले सिरोही के देवड़ा शासक द्वारा अपने वंश के रायसिंह को मारने का बदला लिया, फिर मेवाड़ के राणा को परास्त कर भगाया और अपने राज्य के सभी थानों पर कब्जा कर लिया। मुगल शासन के विरोध में दक्षिण (महाराष्ट्र) में मलिक अम्बर ने सिर उठा रखा था, उससे घनघोर युद्ध करके उसने उसकी नोबत और पताका छीन ली। उसके बाद उसने गुजरात पर विजय प्राप्त की।[58] कुछ समय बाद राठौड़ भाइयों में आपसी संघर्ष शुरू हो गया, तो उसने अजमेर तथा किशनगढ़ पर भी

नियन्त्रण कर लिया। अकबर को इससे बड़ी चिन्ता हुई कि सूरसिंह अब मुगल शासन के विरुद्ध स्वतन्त्र कदम उठा रहा था और मुगलसमर्थक राठौड़ भाइयों तथा अन्य शुभचिन्तकों को भी सता रहा था। उसका मन्त्री गोविन्द दास भाटी उसकी ओर से युद्धों की कमान सँभाले हुए था। बाद में सूरसिंह को सात हजारी मनसब देकर दानियाल के साथ दक्षिण में निजामुल्मुल्क से लड़ने के लिए भेजा गया था। दानियाल तो युद्ध से भाग आया, लेकिन सूरसिंह ने प्रबल वीरता दिखाई, जिससे निजामुल्युल्क का सेनापति मलिक अम्बर हारकर भाग गया। सूरशाह ने बहुत लूट की और लूट का माल अकबर के पास भिजवा दिया। उधर दक्षिण का अभियान समाप्त हुआ और इधर अकबर की मृत्यु हो गई। सम्भवतः उत्तराधिकार के भावी संघर्ष को देखते हुए ही दानियाल दक्षिण अभियान को बीच में छोड़कर लौटा था और सूरसिंह 'कोउ नृप होइ हमें का हानी, चेरी छाँड़ि न होउब रानी' की मनोवृत्ति से मुगल शासन के लिए वियज-प्राप्ति तक दक्षिण अभियान में लगा रहा। सूरसिंह को इसका पुरस्कार बड़े पुत्र गजसिंह को जहाँगीरी दरबार में प्रवेश, मनसब और जालौर का परगना के रूप में मिला।[59]

सूरसिंह ने मुगल शासन के नियन्त्रण से बाहर स्वतन्त्र कदम उठाने की शुरूआत तब की थी, जब अकबर अपनी वृद्धावस्था में सलीम विद्रोह के दुर्दिन देख रहा था और आगरा के किले में जीवन की अन्तिम घड़ियाँ गिन रहा था। उन दिनों में सूरसिंह ही क्या, अन्य राजा और सामन्त भी मुगल महल की कलह का लाभ उठाते हुए अपने स्वतन्त्र भविष्य के स्वप्न देखने लगे थे। केशवदास ने अपने काव्यों—वीर चरित्र और जहाँगीर जस चन्द्रिका—में उन दिनों के ऐतिहासिक और राजनैतिक परिप्रेक्ष्य का आँखों देखा वर्णन किया है।

5. अकबर-सलीम द्वन्द्व में बुन्देला वीरसिंह देव की भूमिका

मुगलकालीन 'हिन्दुस्तान' में राजपूतों के अनेक वंश थे। राजपूतों के छत्तीस कुल गिनाए जाते हैं। इन वंशों में सीसोदिया वंश के उदयसिंह, प्रतापसिंह और अमरसिंह के अतिरिक्त सबने मुगल शासन की प्रभुसत्ता स्वीकार कर ली थी और उनको मुगल दरबार में अलग-अलग तरह के काम सौंपे गए थे। जिन राजपूतों ने अपनी बहन-बेटियाँ मुगलों को ब्याह दी थीं, उनका रिश्ता अधिक मजबूत हो गया था, इसलिए उनको मुगल शासन में सुरक्षा-सम्बन्धी दायित्व सौंपे गए थे। उन रिश्तेदार राजपूत घरानों में आमेर (जयपुर) के कछवाहे और जोधपुर के राठौड़ राजपूत विशेष रूप से मुगल शासकों की निजी सेवा में नियुक्त किए गए थे। लेकिन कुछ राजपूत वंश ऐसे भी थे, जो निजी भू-सम्पत्ति की सुरक्षा को ध्यान में रखकर मुगल शासकों की सेवा में थे। निजी स्वार्थ की पूर्ति के लिए वे मुगलों के रिश्तेदार तथा गैररिश्तेदार

राजपूत कभी मुगल शासन के पक्ष में चले जाते थे और कभी विपक्ष में। ऐसा भी देखा गया कि अधिकांश राजपूत भूस्वामी मुगल शासक के गृहकलह के दौरान शासक पिता और उत्तराधिकारी पुत्र के बीच चुनाव का निर्णय निजी स्वार्थपूर्ति पर दूरगामी प्रभाव के बारे में सोचकर करते थे। बाबर और हुमायूँ के आक्रमणों और मुगल शासन के फैलाव के दौरान राजपूतों के सामने ऐसे चुनाव की स्थितियाँ उत्पन्न नहीं हुई थीं। लेकिन अकबर के सुदृढ़ शासन काल में स्थितियाँ पूरी तरह से बदल चुकी थीं। अकबर की राजपूत नीति ने मुगल शासन की नींव मजबूत कर दी थी। राजा बादशाह के समझदार जीहुजूर बन गए थे। अक्लमन्द बादशाह अकबर ने अपने दरबार में अक्लमन्द गुणीजनों का संग्रह कर लिया था और उनकी सलाह से वह शासन चलाया करता था। अपनी अक्लमन्दी के कारण किशारोवस्था में बादशाह बनने के बाद युवाकाल तक अकबर ने सबके साथ मिलकर शासन सम्बन्धी निर्णय लिए थे, लेकिन युवाकाल के बाद अकबर को अपने नवयुवा पुत्रों के महत्त्वाकांक्षाजन्य तनावों को झेलना पड़ा था। विशेषकर तब, जब अकबर और मानमती (आमेर नरेश मानसिंह की बुआ) के पुत्र और मानसिंह के भांजे 'शेखू' (सलीम) ने अपने पिता के विरुद्ध विद्रोह का झंडा इलाहाबाद में जाकर गाड़ दिया। उस समय बुंदेलखंड का ओड़छा राजा बीरसिंह उसका सबसे बड़ा चापलूस समर्थक बना। उसे विश्वास था कि अकबर के बाद सलीम को ही मुगल सत्ता मिलने वाली है, इसलिए उसने विद्रोहकाल में सलीम के हर आदेश का पालन करने की तत्परता दिखलाई थी, जिससे उसका अपना भविष्य उज्ज्वल हो सके।

अकबर और वीरसिंह बुन्देला के बीच सम्बन्ध खराब होने का कारण बुन्देलाओं की घरेलू राजनीति थी। राजवंश में अनेक पुत्रों की भीड़ को सन्तुष्ट करने के लिए बुन्देलखंड के अनेक टुकड़े राजपुत्रों में बाँट दिए गए थे। वीरसिंह को अपने पिता की टक्कर का राजा बनना था और उस कारण उसके कुछ अकबरभक्त भाई उससे नाराज थे। वे अकबर की सहायता से वीरसिंह के पर कतर देना चाहते थे, इसलिए वीरसिंह ने सलीम को प्रसन्न करने के लिए अपने नगर (ओड़छा) का नाम बदलकर भावी बादशाह जहाँगीर के नाम पर 'जहाँगीरपुर' रख लिया था[60] और ओड़छा के महल में 'जहाँगीर महल' भी बनवाया था, जिसमें रहने के लिए जहाँगीर कभी नहीं गया। वीरसिंह ने ओड़छा का राज्य पाने के लिए अपनी स्वामिभक्ति सलीम के युवाकाल में प्रदर्शित की थी। वीरसिंह ने ओड़छा का राजा बनने से पहले सलीम को क्यों प्रसन्न करना चाहा, उसे प्रसन्न करने के लिए उसने बादशाह जलालुद्दीन अकबर का कलेजा किस प्रकार जलाया था, उसकी कथा 'वीर चरित्र' में ओड़छा नरेश वीरसिंह के राजकवि केशवदास ने विस्तार से लिखी है।

'वीर चरित्र' से ज्ञात होता है कि बुन्देला राजा मधुकरशाह ने अपने पुत्र वीरसिंह को जीविका चलाने के लिए बड़ौन की जागीर दी थी, पर महत्त्वाकांक्षी वीरसिंह इस

छोटी-सी जागीर से सन्तुष्ट नहीं हुआ और उसने शक्ति अर्जित कर आसपास के नगरों और कस्बों को बलपूर्वक हथिया लिया। उसके द्वारा ग्वालियर की सीमा तक के मुगल क्षेत्र पर कब्जा कर लेने के कारण अकबर का क्रुद्ध होना स्वाभाविक था। अकबर ने आसकरन को बुलाकर आदेश दिया कि वह बुन्देलावंशी भाई राम शाह[61] के साथ जाकर वीरसिंह का मानमर्दन करे। आसकरन मुगलवाहिनी लेकर चाँदपुर नामक गाँव में पहुँचा। वहीं उसके साथ रामशाह ने भेंट की। राजा रामशाह जगमणि से आतंकित था। अपनी जान और अपना राज्य बचाने के लिए रामशाह को अकबर पक्ष में मिल जाना अधिक लाभकर लगा था। उसकी सेना में मीणा, जाट, नाहटा, गूजर आदि जातियों के लोग आ मिले और हसन खाँ पठान तथा राजा राम पँवार भी आसकरन की सहायता करने के लिए आ गए। इन लोगों ने वीरसिंह को पूर्व दिशा से घेरा, तो कर्ण और जगमणि ने उत्तर की ओर से। वीरसिंह के साथ उसके भाई इन्द्रजीत और राव प्रताप थे। रामशाह भी उनके भाई थे, इसलिए जगमणि ने मुगलसेना नायक आसकरन के सामने रामशाह के द्वारा वीरसिंह आदि अपने भाइयों के प्रति उदार रवैया रखने की आशंका प्रकट की। आसकरन को इस बात पर क्रोध आया और इस बारे में स्पष्टीकरण माँगने के लिए वह रामशाह के डेरे पर पहुँचा। वहाँ हसन खाँ और कर्ण उपस्थित थे। उन सबके सामने रामशाह ने अकबर के प्रति अपनी निष्ठा प्रदर्शित की और अपनी निष्ठा का प्रमाण देने के लिए उसने स्वयं युद्ध आरम्भ कर दिया, जिसमें उसका भाई मयाराम मारा गया। उस युद्ध में वीरसिंह का पलड़ा भारी पड़ा।

उन्हीं दिनों आगरा से अब्दुर्रहीम खानखाना जगन्नाथ और राव दुर्गा तथा अनेक उमरावों के साथ दक्षिण अभियान पर निकले थे। वे ओड़छा के रास्ते जा रहे थे, इसलिए उन्हें प्रसन्न करने के लिए रामशाह ने उनकी आगवानी की। रामशाह की समस्या अपने वंश के विद्रोही वीरसिंह तथा मुगल शासक अकबर और सेनापति अब्दुर्रहीम खानखाना के बीच अपने सम्बन्ध और स्वत्व का सन्तुलन बनाए रखने की थी। रामशाह को अकबर ने जानबूझकर रहीम के साथ जोड़ दिया था ताकि वह वीरसिंह को वश में कर सके। इस वशीकरण के लिए ब्राह्मण गोविन्ददास को मध्यस्थ बनाया गया, जिसने राजनीति के उपकरण—दान, मान और भय की नीति से भयभीत रामशाह को वश में कर लिया। रामशाह दौलत खाँ पठान से सैमरी नामक स्थान पर मिलकर भयमुक्त हुआ। गोविन्द दास ने वीरसिंह के सामने रहीम और दौलत खाँ के कारण रामशाह की मजबूरी स्पष्ट की कि वह क्यों अकबर की आज्ञा मानकर वीरसिंह का विरोध करने को मजबूर है। इस पर वीरसिंह ने दौलत खाँ को खूब छकाया। दौलत खाँ ने वीरसिंह को घेरने का बहुत प्रयत्न किया। उसकी दिन-रात की नींद उड़ गई। तब रहीम ने बुद्धिबल से उसे वश में करने का प्रयत्न किया। राजनीति के दाँवपेचों में कुशल और राजपूतों की स्वार्थनीति से सुपरिचित एक

प्रशंसात्मक पत्र लिखकर समझाया कि यदि वह उनके साथ मिल जाए, तो वे उसकी उन्नति में बहुत सहायक होंगे। वीरसिंह पर उस पत्र का प्रभाव पड़ा। वह रहीम से आकर मिला तो सबसे पहले दौलत खाँ ने उसका स्वागत किया और रहीम ने उसकी आवभगत की। पूरा सम्मान दिया। उसे अपनी मुट्ठी में आया समझकर रहीम ने उसको साथ लेकर दक्षिण की ओर प्रयाण किया। रास्ते के विन्ध्य और तेलंगाना क्षेत्रों को जीतने के बाद जब रहीम बरार के निकट पहुँचे, तब वीरसिंह ने निवेदन किया कि उसे अपने राज्यक्षेत्र बड़ौन वापस जाने की अनुमति दे दी जाए, ताकि वह अपने राजपूत साथियों को विश्वास में लेकर मुगल राज्य की सेवा कर सके। रहीम जानते थे कि वीरसिंह को उसके क्षेत्र में लौटने देने का अर्थ होगा—बुन्देलखंड में पुनः विद्रोह को पनपने देना। वीरसिंह को उसके क्षेत्र से दूर रखने से ही मुगल क्षेत्र में शान्ति बनी रह सकती थी। उन्होंने वीरसिंह को बुन्देलखंड से दूर और अपनी सूबेदारी के दक्षिणी प्रदेश में रखना मुगल साम्राज्य के हित में समझा, इसलिए प्रस्ताव किया कि वे वीरसिंह को दक्षिण में मुँहमाँगा क्षेत्र और अपने बराबर का स्तर देने को तैयार हैं, लेकिन वीरसिंह जानता था कि रहीम की अधीनता में दक्षिण में रहना अपनी स्वतन्त्रता को गिरवी रखना है। वह बड़ौन लौटने की इच्छा को दबाए रहा और एक रात अवसर पाकर अपने शुभचिन्तक संग्रामसिंह के साथ डेरे से भाग खड़ा हुआ और अपने देश में पहुँच गया। उसके आते ही बड़ौन क्षेत्र के मुगल थाने खाली हो गए। रहीम ने वीरसिंह को दबाने के लिए रामसिंह के पुत्र को पत्र देकर दौलत खाँ के साथ भेजा, लेकिन दौलत खाँ कुछ कर न सका और पुनः दक्षिण की ओर लौट आया। इस विजय में वीरसिंह का साथ उसके भाई भूपाल, इन्द्रजीत और प्रताप ने दिया था।

ओड़छा राजवंश का दूलह राम एक ओर वीरसिंह का भाई होने के नाते उसका हितचिन्तक था तो दूसरी ओर वह अकबर का सेवक भी था, इसलिए उसने इन्द्रजीत के सामने वीरसिंह से कहा कि तुम मेरी रक्षा करो और मैं शाह अकबर की सेवा करता हुआ तुम्हारी रक्षा करूँगा। कुछ समय बाद अकबर ने दक्षिण की ओर प्रयाण किया। इसी बीच उसको अपने पुत्र मुराद की मृत्यु की सूचना मिली। वह शोकपूर्ण मनःस्थिति में धौलपुर पहुँचा। वीरसिंह के भाई राजाराम को अकबर के आने की इस सूचना से घबड़ाहट हुई। वह बड़ौन पहुँचा, ताकि वीरसिंह को सावधान किया जा सके। फिर उसने ग्वालियर के किले में अकबर से भेंट की। राजा रामसिंह कछवाहा के प्रयत्न से वीरसिंह आया। रामसिंह ने उसके प्रति अपना प्रेम और अपनी चिन्ता प्रकट करते हुए उसे पटाने का प्रयत्न किया। रामसिंह ने अकबर द्वारा वीरसिंह को क्षमा दिलाने का वचन दिया और वीरसिंह ने उसका भरपूर सम्मान किया।

अकबर की दक्षिण यात्रा के समय अनेक राजा तथा मुगल और पठान सामन्त साथ में थे। अकबर दल में सभी प्रकार के उपयोगी पशु थे, जिन पर योद्धा अथवा

सामान लादे हुए थे। जहाँ डेरा लगाना होता था, वहाँ तम्बू खड़े कर दिए जाते थे। साथ में बनिए भी थे, जो डेरे के पास अपना बाजार लगा देते थे।[62] सेना इतनी विशाल थी कि उसका कौन-सा हिस्सा प्रयाण कर रहा है और कौन-सा विश्राम, यह एक साथ देख पाना कठिन था। इस तरह अकबर दल नरवर पहुँच गया। अकबर को जब पता चला कि पास का बड़ौन क्षेत्र वीरसिंह का है, तो वह सेना के साथ घाटी में उतर गया। लेकिन उसने बड़ौन को उजाड़ पाया, क्योंकि अकबर के आने की सूचना से सभी नागरिक परिवार और सामान सहित सुरक्षित स्थानों की ओर चले गए थे। वीरसिंह अपने भाई इन्द्रजीत के पास चला गया है, यह सुनकर अकबर को क्रोध आया। रामशाह ने अपने बन्धुजनों को बचाने के लिए अकबर से निवेदन किया कि वे अब दक्षिण की ओर कूच करें। रामशाह ने बादशाह को आश्वासन दिया कि वह वीरसिंह देव तथा इन्द्रजीतसिंह को या तो राज्य से भगा देगा या दोनों को मार देगा या उनकी सेवा में आने को बाध्य कर देगा। बादशाह ने इस काम की पूर्ति होने पर रामशाह को पाँच हजारी मनसब देने का वायदा किया, लेकिन साथ में यह धमकी भी दी कि यदि रामशाह ने दोनों भाइयों को बचाने की कोशिश की तो पूरे बुन्देलखंड को निर्जीव कर दिया जाएगा। अकबर ने राजसिंह और दूसरे युवराजों को रामशाह के साथ वीरसिंह देव और इन्द्रजीतसिंह के दमन के लिए भेजकर दक्षिण की ओर यात्रा आरम्भ कर दी।

रामशाह और राजसिंह राजनैतिक विवशतावश अकबर के साथ थे, लेकिन वे अकबर के लिए अपने भाई-बन्धुओं से लड़कर अपयश मोल नहीं लेना चाहते थे, इसलिए रामशाह ने राजसिंह को वीरसिंह के क्षेत्र में लड़ने को भेजा, स्वयं नहीं गया। एक मीणा जासूस से राजसिंह को पता चला कि वीरसिंह के पास पचास से अधिक योद्धा नहीं हैं और रात में हमला करके उसे खत्म किया जा सकता है, फिर भी राजसिंह ने स्वयं युद्ध के लिए जाने की बजाय दामोदर और युवराज को भेज दिया, जिन्होंने रात को आक्रमण किया। शोरगुल से वीरसिंह की नींद उचट गई। उसके उठते ही मुगल दल में भगदड़ मच गई और राजसिंह पक्ष के भदौरिया, जगरा, यादव, बड़गूजर भाग खड़े हुए। कोई टीलों से कूदा, कुछ नदी में कूदकर डूब मरे, कुछ को हाथियों ने कुचल दिया और कुछ भय से काँपकर मर गए। बचे-खुचों ने भागकर ग्वालियर क्षेत्र में शरण ली। इस प्रकार मुगल सेना के राजपूतों ने बेमन से लड़कर प्राण बचाए और वीरसिंह देव विजयी हुआ। यह विजय उसके जाति भाइयों ने स्वयं भेंट की थी।

अकबर अभी मेवाड़ क्षेत्र में पहुँचा ही था कि उसे रामसिंह और राजसिंह के व्यवहार की सूचना के साथ यह भी सूचना मिली कि चित्तौड़ के राणा प्रतापसिंह के विरुद्ध अभियान पर भेजे गए मानसिंह और जहाँगीर अपने लक्ष्य को पूरा किए बिना आगरा की ओर चल पड़े हैं। इन सूचनाओं से अकबर बहुत क्षुब्ध हुआ, उसने

तुरन्त आगरा लौटने का निर्णय किया। अकबर के जीवन और घर में द्वन्द्व की चरम अवस्था चल रही थी। वीरसिंह के शुभचिन्तक मिर्जा गोविन्द दास, यादव गौड़, मुकुट गौड़ आदि ने उसे सलाह दी : 'बादशाह अकबर और आपके घर के लोग आपके शत्रु हैं। स्वयं अकबर राणा प्रताप के शत्रु हैं, तथा मानसिंह से क्षुब्ध हो रहे हैं और इन्द्रजीतसिंह से भी नाराज हैं। ऐसी विपरीत स्थिति में विद्रोही सलीमशाह के पास इलाहाबाद जाना उचित रहेगा।' शत्रु का शत्रु अपना मित्र होता है, राजनीति के इस सूत्रवाक्य का अनुसरण करता हुआ वीरसिंह देव अपने शुभचिन्तकों के साथ इलाहाबाद की ओर चल पड़ा। बरेली के पास अहिछत्र (महाभारतकालीन अहिक्षेत्र) में वीरसिंह की भेंट सलीम के शुभचिन्तक सैयद मुजफ्फर खाँ से हुई। वीरसिंह देव को सलीम की मित्रता के लिए जाने के समाचार से सैयद बड़ा प्रसन्न हुआ, क्योंकि अब सलीम का पक्ष मजबूत हो रहा था। सैयद ने वीरसिंह से कहा कि वह सलीम को स्वामी और अपने को उसका सेवक मानकर मिले तो अच्छा रहेगा। वीरसिंह ने ऐसा ही किया। इलाहाबाद पहुँचकर वीरसिंह ने सबसे पहले गंगास्नान, पूजा और दान किए। बाद में उसने शरीफ खाँ के साथ स्वघोषित बादशाह सलीम के पास पहुँचकर हिन्दू परम्परा के अनुसार उसके चरणस्पर्श किए। सलीम ने उसके द्वारा सब कुछ छोड़कर शरण में आने पर प्रसन्नता प्रकट की। बादशाह की तरह उसे सिरोपाव, हाथी, घोड़े तथा हथियार देकर सम्मानित किया। शरीफ खाँ सलीम का प्रमुख परामर्शदाता था। उसी के परामर्श पर सलीम और वीरसिंह देव के सम्बन्ध प्रगाढ़ हुए थे।

अकबर और सलीम के सम्बन्धों में दरार क्यों पड़ी और उसका सूत्रधार कौन था ? 'वीर चरित्र' (केशवदास) से यह ज्ञात होता है कि सलीम अकबर के अंतरंग मित्र अबुल फजल को इस दरार का एकमात्र कारण मानता था।[63] शेख अबुल फजल अकबर के जीवनीलेखक और राजकाज के सलाहकार थे। सलीम का विचार था कि वही उसके एकमात्र शत्रु थे। उसके अनुसार सभी हिन्दू-मुसलमान-उमराव उसे चाहते थे, केवल अबुल फजल उसको नापसन्द करता था। उसको तिनके के बराबर भी मान्यता नहीं देता था। अकबर स्वयं सलीम को चाहते थे, लेकिन अबुल फजल ने उनको सलीम के विरुद्ध कर रखा था। सलीम ने ये सब बातें वीरसिंह को बताते हुए निर्देश दिया कि अकबर ने मेरे बारे में सलाह करने के लिए अबुल फजल को दक्षिण से बुलाया है। तुम जल्दी से जाकर उसको रास्ते में पकड़ लो या मार डालो। वीरसिंह ने उस प्रस्ताव को राजनैतिक लाभ की दृष्टि से प्रकट रूप से स्वीकार तो कर लिया, लेकिन उसकी अन्तरात्मा ने उस विषम परिस्थिति से बचने के लिए सलीम से इतना क्रोध न करने और अबुल फजल को क्षमा करने के लिए कहा, लेकिन सलीम की दृष्टि में आगरा किले के भीतर पिता-पुत्र के तनाव को दूर करने का एक ही उपाय था कि अबुल फजल को समाप्त कर दिया जाए। विवश होकर वीरसिंह

को सलीम की आज्ञा माननी पड़ी। वह केवल सैयद मुजफ्फर खाँ को साथ लेकर अविराम गति से इलाहाबाद से बड़ौनी पहुँचा और उसने दक्षिण से आगरा की ओर जाते समय अपने क्षेत्र से गुजरनेवाले अबुल फजल को टोहने के लिए अपने लोग लगा दिए। एक चारण जासूस ने आकर वीरसिंह को सूचना दी कि शेख अबुल फजल नरवर पहुँच चुके हैं और पराइछपुर में डेरा डाले हुए हैं। सलीम के षड्यन्त्र और वीरसिंह बुन्देला की नीयत से अनभिज्ञ अबुल फजल ने प्रातः काल अपनी रसद और सेना आगे भेज दी और बाद में स्वयं चले। अनुकूल अवसर पाकर वीरसिंह ने अबुल फजल पर हमला कर दिया। वीरसिंह के इस अप्रत्याशित आक्रमण से भय के स्थान पर अबुल फजल का क्रोध जाग उठा। अबुल फजल ने अपना घोड़ा वीरसिंह की ओर मोड़ दिया, लेकिन उनकी सुरक्षा के लिए साथ चल रहे एक पठान ने उनके घोड़े की लगाम थाम ली और उनसे प्रार्थना की कि जैसे भी हो उन्हें वहाँ से सुरक्षित भाग जाना चाहिए, क्योंकि बादशाह अकबर को इस संकट की घड़ी में उनकी बहुत जरूरत है। पठान ने उनको समझाया कि निश्चित ही सलीम के उकसाने पर ही वीरसिंह ने हमला किया है। आप बचेंगे, तभी शाह अकबर सलीम को नियन्त्रित कर पाएँगे, लेकिन शेख नहीं माने। दक्षिण के अनेक राजाओं को परास्त करके लौटनेवाले शेख को गर्व था कि मुराद की मृत्यु के बाद अकबर ने उनको ही दक्षिण का भार सौंपा था। उन पर ही शाह का सर्वाधिक विश्वास था। अगर अकबर के विश्वस्त वही वीरसिंह जैसे तुच्छ हिन्दू आक्रमणकारी के सामने से भाग खड़े हुए तो उनका सम्मान कौन करेगा ?[64] पठान ने बहुत समझाया कि अगर लड़ना ही है तो अकबर की इच्छानुसार सलीम से लड़ना, पर लोकलाज का वास्ता देकर शेख अबुल फजल ने अपनी तलवार निकाल ली और वीरसिंह के सैनिकों से लड़ने लगे। लड़ाई के दौरान शेख की छाती पर एक गोला लगा और वे धराशायी हो गए। मृत अबुल फजल को धूल में पड़ा देखकर वीरसिंह देव को दुख हुआ, लेकिन अपने स्वामी सलीम की इच्छा पूरी करके सुख भी हुआ। वह शेख का सिर लेकर बड़ौनी को चला गया। उस सिर को लेकर बड़गूजर का बेटा चंपतिराय सलीम के दरबार में गया और सलीम के सामने रख दिया। सलीम उस सिर को देखकर परम प्रसन्न हो गया, क्योंकि अब उसके बादशाह बनने का रास्ता निष्कंटक हो गया था। उसने चंपतिराय को विशेष सम्मान देकर विदा किया और वीरसिंह देव को ओड़छा के राजा के रूप में प्रतिष्ठित कर दिया। जिस प्रकार अकबर के बादशाह होते हुए सलीम ने अपने को बादशाह घोषित कर दिया था, उसी परम्परा में उसने अपने आज्ञाकारी सेवक राजकुमार वीरसिंह को रामशाह के राजा होते हुए भी ओड़छा का राजा घोषित कर दिया। हरिसिंह देव छड़ीबरदार बना। इस प्रकार सलीम ने ओड़छा के राजपरिवार में भी विरोध भाव और गहरा कर दिया।

अकबर को रामदास से सूचना मिली कि सलीम के कहने पर वीरसिंह बुन्देला

ने शेख की हत्या कर दी है। यह सुनकर अकबर शोकग्रस्त हो गया और बेहोश हो गया। मुगल महल में रोना-पीटना मच गया। अकबर के शुभचिन्तक नाजिम खाँ, राम कछवाहा, शेख फरीद, राव भोज, राव दुर्गा, जगन्नाथ आदि उमराव अकबर को सान्त्वना देने पहुँचे। जब अकबर ने उनके सामने शेख के अभाव में आँसू बहाते हुए सांसारिक निस्सारता की बात कही, तो आजम खाँ ने अकबर के प्रियजनों में भारामल, भगवंत दास, खानजहाँ, कुतुबुद्दीन खाँ, आलम खाँ, मुजफ्फर खाँ, राजा गोपाल और टोडरमल के स्वर्गवासी हो जाने और इनमें से किसी की भी मृत्यु न टाल पाने की बात कहकर धीरज बँधाया। फिर भी अकबर का रुदन रुका नहीं।

रुदन थमने पर अकबर ने दरबारियों को वीरसिंह को पकड़ लाने का आदेश दिया। सुनकर दरबारी स्तब्ध रह गए, क्योंकि वीरसिंह के विरुद्ध अभियान का अर्थ था सलीम का विरोध करना और सलीम मुगल सिंहासन का सम्भावित उत्तराधिकारी था। अपने भविष्य को सुरक्षित करने के लिए कोई भी सलीम को नाराज नहीं करना चाहता था। तब अकबर ने वीरसिंह के परिवारजन संग्रामसिंह के सामने प्रस्ताव किया कि यदि वह वीरसिंह को पकड़ लाएगा, तो उसे इन्द्रजीत और वीरसिंह के राज्य कछौवा और बड़ौन सौंपकर ओड़छा का राजा बना दिया जाएगा। अकबर ने संग्राम का राजतिलक कर उसे बीड़ा भी खिला दिया और लड़ाई के लिए उसके साथ में राजसिंह और तुलसीदास को भी भेज दिया। उन सबने ग्वालियर के मेले में जाकर सभी जातियों और धर्मों के लोगों की भर्ती की।[65] उनकी सहायता के लिए बेरछा के पँवार प्रताप राय और सुजानशाह स्वयं आ मिले। सलीम को जब पता चला कि वीरसिंह को खोजती हुई अकबर की सेना आ रही है, तो उसने वीरसिंह को भूमिगत हो जाने को कहा। वीरसिंह बड़ौनी छोड़कर चला गया। कई बार झड़पें भी हुईं, पर वीरसिंह बचकर निकल भागता था। वीरसिंह को बचाने में इन्द्रजीत और हरिसिंह देव नामक भाई पूरा सहयोग दे रहे थे, लेकिन बाद में जब वीरसिंह के बड़े भाई राजा रामसिंह और विक्रमाजीत एक हो गए तब वीरसिंह ऐरछ चला गया। तिपुर (विक्रमाजीत) ने ऐरछगढ़ को घेर लिया और उसकी पठान सेना ने आक्रमण किया। वीरसिंह देव के भाई हरिसिंह देव ने आक्रमण का सामना किया। सारे दिन युद्ध होता रहा। आधी रात की चाँदनी में मीर सैयद मुजफ्फर खाँ की अगुवाई में वीरसिंह दुर्ग से बाहर निकला और सबके देखते-देखते वह रामसिंह कछवाहा तथा तिपुर (विक्रमाजीत) के तम्बुओं के बीच से भाग गया। वह दतिया के रास्ते सलीम के पास पहुँचा। उधर इन्द्रजीत ने तिपुर के भय से अपने मन्त्री और कवि केशवदास को आगरा भेजा, जिनकी सहायता से इन्द्रजीत ने अकबर की शरण प्राप्त की और अपने प्राण बचाए।

तिपुर का आतंक सब ओर छा गया। दतिया के बुन्देल घराने में भाई-भाई के बीच द्वन्द्व बढ़ गया। दतिया में वीरसिंह देव जा बसा और उसका भाई हरिसिंह

देव भसनेहा में। अकबर के समर्थक खड्ग राय और हरिसिंह के बीच एक बार लड़ाई छिड़ गई तो वीरसिंह क्रुद्ध हुआ। ऐसे समय में वीरसिंह और संग्रामसिंह में प्रेमभाव बढ़ गया और संग्रामसिंह ने वीरसिंह को भांडेर सौंप दिया। इसके बीच खड्ग राय ने कुछ दुष्ट व्यवहार किया तो वीरसिंह ने उस पर चढ़ाई कर दी। वीरसिंह लचूरा से अमलौटा गाँव पहुँचा। वहीं खड्ग राय से उसकी लड़ाई हो गई। लड़ाई में खड्ग राय अपने परिवार सहित मारा गया। वीरसिंह ने सबके सिर काट लिए, लचूरा को जीतकर संग्रामशाह को सौंप दिया और सारे कटे सिर सलीमशाह के पास भिजवा दिए। अकबर के पास जब यह सूचना पहुँची तो उसे बड़ा क्रोध आया। सलीम की शह पर वीरसिंह के उन अकबरविरोधी कार्यों से अकबर का क्षुब्ध होना स्वाभाविक था। उसने कछवाहा राम दास को सलीम के पास भेजा, ताकि वह सलीम को भावी बादशाहत का आश्वासन देकर वीरसिंह के विरुद्ध कर सके, लेकिन सलीम ने राम दास की बात हँसकर टाल दी और उसे धमकाया कि तुम मेरे शुभचिन्तक हो, इसलिए तुम्हें छोड़ रहा हूँ। यदि अपना भला चाहते हो तो मेरे सामने से जल्दी चले जाओ। राम दास सलीम के हिंसक और तुनुकमिजाज स्वभाव से परिचित था, इसलिए वह इलाहाबाद से आगरा लौट आया और अकबर को सारा वृत्तान्त सुना दिया। अकबर घुटकर रह गया। तभी मृत खड्ग राय का छोटा भाई अकबर के सामने अपनी वेदना सुनाने आ गया कि कैसे दक्षिण अभियान के समय उसने खड्ग राय और रामशाह के नेतृत्व में शाह मुराद से कृपा चाही थी, तब शाह मुराद ने खड्ग राय को राजा बनाया था। वीरसिंह देव ने खड्ग राय और अन्य बान्धवों को मार डाला है। वीरसिंह देव और संग्रामशाह हमारे शत्रु हैं। हमें मारकर वीरसिंह अब इलाहाबाद चला गया है।

अकबर ने तिपुर को आदेश दिया कि खड्ग राय के भाई को भोजन-वस्त्र से सम्मानित किया जाए और राम दास से कहा कि ओड़छा जाकर संग्रामशाह को बुला लाओ। अब बुन्देलों के प्रभाव को कम करना है। अकबर के दरबारी अशरफ खाँ ने सलाह दी कि वीरसिंह देव के छोटे भाई इन्द्रजीतसिंह को ओड़छा का राज्य सौंप दिया जाए। अकबर ने राम दास को आदेश दिया कि इन्द्रजीत को बुलाकर दीने इलाही में दीक्षित करके चेला बनाया जाए, बाद में ओड़छा का राजा बनाया जाए। इन्द्रजीत ने भावी बादशाह सलीम और अपने भाई वीरसिंह के भय से आतंकित होकर ओड़छा का राजा बनने का प्रस्ताव नहीं माना।[66] इस अवज्ञा से अकबर खिन्न मन होकर रह गया। उसने तुरन्त तिपुर को बुलाकर 'विक्रमाजीत' की उपाधि प्रदान की और उसे ओड़छा जाकर सलीम को वश में करने का आदेश दिया। तिपुर (विक्रमाजीत) ने सलीम के पास जाकर उसकी लाड़ली दादी बेगम खाँ (मरियम) के देहान्त की सूचना दी और कहा कि बादशाह अकबर के मातृशोक को केवल आप ही दूर कर सकते हैं और आप इतनी दूर बैठे हैं। इतना सुनकर सलीम शोकविह्वल

हो गया। उसको अपनी दादी से बहुत प्यार था। कुछ दिन बाद शरीफ खाँ, वीर सिंह, राजा वासुकि और मारवाड़ के राजा केशव दास के सामने सलीम ने अपने मन की बात कही कि मैं अपनी दादी का शोक सह नहीं पा रहा हूँ। सुखभोग की लालसा समाप्त हो गई है। अब मैं बादशाह की शरण में जाना चाहता हूँ। इस पर राजा वासुकि और राजा केशव राय ने सलीम को बादशाह के पास न जाने की सलाह दी और बताया कि वह पहले भी अकबर के पास गया था, फिर भी सलीम के प्रति अकबर का क्षोभ शान्त नहीं हुआ था। लेकिन वीरसिंह को सलीम का बेगम खाँ के शोक के अवसर पर बादशाह के पास जाना ठीक लगा। वीरसिंह ने प्रस्ताव किया कि यदि मुगल वंश के गृहकलह का एकमात्र कारण वीरसिंह है, तो सलीम वीरसिंह को अकबर के हाथों में सौंप सकता है, जिससे अकबर और सलीम का मनमुटाव दूर हो सके। वीरसिंह के इस आत्मत्याग का शरीफ खाँ ने विरोध किया और सलीम ने भी आश्वासन दिया कि वह वीरसिंह के अहसानात से दबा हुआ है, इसलिए वीरसिंह सुरक्षित और निश्चित होकर ओड़छा का राजा बना रहेगा।

सलीम आगरा पहुँच गया और जैसाकि उसके शुभचिन्तकों का अन्दाजा था—अकबर ने सलीम को बहुत कष्ट पहुँचाया। शरीफ खाँ अपनी दुर्दशा होने की सम्भावना से गायब हो गया और वीरसिंह ओड़छा पहुँच गया।

अकबर ने विक्रमाजीत को दतिया और इन्द्रसिंह को उसके अपने राज्य में भेज दिया। विक्रमाजीत ने सुजानशाह के सामने दतिया और ओड़छा के बेतवा नदीवाले बेहड़ क्षेत्रों को अपने हाथ में लेने का प्रस्ताव रखा। वे सब ख़म्हरौली गाँव पहुँचे, जहाँ इन्द्रजीतसिंह और वीरसिंह की सम्मिलित सेना सामना करने आ खड़ी हुई। रामसिंह ने रात्रिकालीन विचारसभा में अकबर पक्ष में ओड़छा पर आक्रमण के बारे में ढीलढाल देखी तो बिगड़ उठा और कहा कि सवेरा होते ही वह ओड़छा पर आक्रमण कर देगा और उसे जला डालेगा। मारवाड़ के राजा केशव दास आदि इससे सहमत हुए और अगले दिन अकबर पक्ष तथा वीरसिंह पक्ष में भयंकर युद्ध हुआ। अनेक योद्धा मारे गए, लेकिन कवि केशव के अनुसार अकबर पक्ष पराजित हो गया। ओड़छा के कवि केशव दास ने 'वीर चरित्र' में अकबर और वीरसिंह पक्ष के अनेक योद्धाओं का नामोल्लेख किया है, जिससे ज्ञात होता है कि अकबर और सलीम के झगड़े में राजपूत ही परस्पर मारे गए थे।

6. अकबर की मृत्यु और बुन्देलों का चढ़ाव-उतार

राजसिंह कछवाहा और केशव दास की इस पराजय को अकबर ने अपनी पराजय माना। उसको वीरसिंह जैसे मामूली राजा के हाथों मुगल सेना के राजपूत सैनिकों की पराजय, अपने मुसलमान उमरावों की शुतुरमुर्गी नीति तथा सलीम के निरन्तर

विरोधभाव से इतना अधिक झटका लगा कि उसका स्वास्थ्य जवाब दे गया और कुछ समय बाद उसका प्राणान्त हो गया। अब तो वीरसिंह और भी शेर हो गया। ओड़छा के आसपास के मुगल थानों पर उसका कब्जा हो गया। जहाँगीर बादशाह बन गया। राजसिंह अब जहाँगीर की सेवा करने लगा। जहाँगीर ने घोड़ा तथा सिरोपाव से वीरसिंह का सम्मान करने का विचार किया। जहाँगीर ने अपने हाथों फरमान लिखकर डाक-चौकियों के माध्यम से वीरसिंह तक पहुँचाया। वीरसिंह अपने परिवार के भारत शाह, राजा रामशाह और इन्द्रजीत को लेकर प्रसन्नतापूर्वक आगरा पहुँचा। दरबार में पहुँचकर वीरसिंह देव ने जहाँगीर को साष्टांग प्रणाम किया, तो जहाँगीर ने उसे उठाकर गले से लगा लिया। उसे हाथी, घोड़ा, हीरे, वस्त्र और हथियार सौंपकर सम्मानित किया।

कुछ दिनों के बाद वीरसिंह देव को विदा करते समय जहाँगीर ने सारा बुन्देलखंड तथा और भी जो भूमि चाहिए, उसे देने तथा वीरसिंह के विरोधी को नष्ट कर डालने का वचन दे दिया। वीरसिंह ने इन्द्रजीत के साथ अपने डेरे में लौटकर मन्त्रणा की कि कौन-सी भूमि और माँगी जाए। शरीफ खाँ ने उसे समझाया कि जहाँगीर ने भावुकता में भरकर मनोवांछित भूमि देने का वायदा तो कर लिया है, लेकिन अगर तुमने मुगल क्षेत्र माँग लिया तो कठिनाई में फँस जाओगे, इसलिए अपने बुन्देलखंड क्षेत्र का ही शासन सँभाल लो। वीरसिंह की समझ में बात आ गई। वह जहाँगीर से विदा लेकर ऐरछगढ़ लौट गया। राम देव भी वहाँ पहुँचे। जहाँगीर द्वारा दिए गए परगनों के पट्टे वीरसिंह ने राम देव के आगे रख दिए। परगनों को लेकर राम देव और वीरसिंह में मनमुटाव हो गया तो वह ऐरछ से चल पड़ा। रास्ते में पिपरहा नामक स्थान पर अबुल्ला खाँ और लचूरा नामक स्थान से आगे दारियाखाँ मिल गए। बुन्देलों का गृहकलह राज्य के बँटवारे को लेकर बढ़ता गया। रानियाँ अपने-अपने पुत्रों को राजा बनाना चाहती थीं, लेकिन राम देव ने किसी से सलाह नहीं ली। मनमाने ढंग से राज्य का बँटवारा कर दिया और वीरसिंह के स्थान पर इन्द्रजीत को राजा बना दिया। राम देव ने इन्द्रजीत को अपने पुत्र का स्थान दिया था और अन्य से अधिक राजापद का अधिकारी माना था।[67]

ओड़छा के राजपरिवार में राजा राम और वीरसिंह देव के बीच राजसत्ता के उत्तराधिकार के प्रश्न पर जो मनोमालिन्य आरम्भ हुआ, उसे दूर करने में कवि केशव मिश्र ('वीर चरित्र' के रचयिता) की विशेष भूमिका रही, क्योंकि वह कुलगुरु थे। केशव ने वीरसिंह की सभा में, ओड़छा का राजा कौन है, इस प्रश्न पर ईश्वर और जहाँगीर की इच्छा को देखते हुए वीरसिंह को ही राजा पद का अधिकारी माना, हालाँकि केशव इन्द्रजीत के राजकवि थे। केशव ने वीरसिंह को समझाया कि राज्यप्राप्ति के लिए इन्द्रजीतसिंह से लड़ना और ओड़छा में खून बहाना ठीक नहीं रहेगा। मध्यकालीन समाज में ब्राह्मणों का सम्मान्य स्थान था, उसका लाभ उठाते

हुए केशव मिश्र ने वीरसिंह को समझाया कि बुन्देला राजधानी ओड़छा नगर को जलाने या नष्ट करने से ब्राह्मण भी नष्ट होंगे और लोकनिन्दा होगी, सो अलग, इसलिए अच्छा यह रहेगा कि जब तक बूढ़े और अशक्त राजा रामशाह जीवित हैं, तब तक उनकी सेवा करो और अपने भाइयों तथा भतीजों को पालो। वीरसिंह इस बात पर सहमत हो गया, लेकिन रानी कल्यान दे अपने दिवंगत बड़े पुत्र संग्रामशाह के पुत्र भारतशाह को राजगद्दी देना चाहती थी। इससे केशव मिश्र के प्रयत्न और वीरसिंह की सहमति से जो समझौता हुआ था, वह भंग हो गया। परिणामस्वरूप इन्द्रजीत और मुगल समर्पित वीरसिंह के बीच युद्ध हुआ, जिसमें इन्द्रजीत घायल हुआ और परास्त हो गया। उसके योद्धा युद्धक्षेत्र से उसे उठा ले गए, ताकि वह मुगलों के हाथ न पड़ जाए। रामशाह के भाई रत्नसेन का पुत्र राव भूपाल अपने चाचा इन्द्रजीत के चरित्र को जानता था। वह अपने चाचा के साथ लड़ा था। उसने अपने चाचा का भोगभरा जीवन देखा था। इन्द्रजीत को युद्ध का अभ्यास भी नहीं था। जीवन भर तो वह अवसरवादी बना रहा, नकली वीरता दिखाता रहा, राजकोष विलासिता में लुटाता रहा, स्त्रियों के बीच रात-दिन बिताता रहा, सुख में डूबा रहा। ऐसे राजा को युद्ध के नाम से ही कँपकँपी आती है। उसका जीवन तो युवतियों के निमित्त प्राप्त हुआ होता है। चाचा राजा इन्द्रजीत के बारे में कुँवर भूपाल के ये शब्द उतने ही सच हैं, जितने ओड़छा के चाचा राजा रामशाह के बारे में।[68] बुन्देला राजा रामशाह बूढ़ा, अन्धा और अशक्त था। उसका राज कुँवर भूपाल जैसे युवा बन्धु-पुत्र-पौत्रों के सहारे चल रहा था। बुन्देला परिवार में भूपाल जैसे कुछ ही युवा थे, जो युद्ध, कर्म, धर्म और सत्य के रास्ते पर निर्भीक भाव से चलते थे, वरना उस परिवार में अवसरवादी, नपुंसक और भगोड़े योद्धाओं की कमी नहीं थी।

मुगल और बुन्देला परिवार में एक स्पष्ट मनोवृत्तिगत अन्तर दिखाई देता है। वह यह कि युवा सलीम अपने बूढ़े पिता को नेस्तनाबूद करके राजगद्दी प्राप्त करना चाहता था। अबुल फजल जैसे अकबर के मित्र तथा मुगल साम्राज्य के हितचिन्तक का वध करवाने में उसे तनिक भी हिचक नहीं हुई, जबकि उसके युवा साथी वीरसिंह देव ने जहाँगीर द्वारा समस्त ओड़छा का राजा घोषित किए जाने और पूरी मुगल सहायता प्राप्त होने पर भी अपने बड़ेबूढ़े और अन्धे भाई रामशाह को गद्दी से उतारकर स्वयं उस पर बैठ जाने की इच्छा नहीं की और न अपने भाई इन्द्रजीत को मरवाने का प्रयत्न किया। मुगल और राजपूत शासकों के संस्कारों का यह अन्तर उल्लेखनीय है। वीरसिंह के भतीजे कुंवर भूपाल ने अपने शक्तिसम्पन्न और समर्थ, लेकिन मुगल समर्थक चाचा वीरसिंह देव का साथ न देकर दुर्गुणसम्पन्न चाचा इन्द्रजीत का साथ दिया, क्योंकि राजा रामशाह ने उसे ही अपना उत्तराधिकारी बनाया था। भूपाल सब कुछ दे सकता था, लेकिन वीरसिंह की तरह अपना राजपूती स्वामिधर्म नहीं दे सकता।[69] एक ही परिबार में दो विपरीत प्रकार

के राजपूती चरित्र दिखाई पड़ते हैं।

वीरसिंह के चरित्र में द्वन्द्वात्मक विशेषताएँ मिलती हैं। वह मधुकरशाह का सबसे छोटा पुत्र था, लेकिन उसकी महत्त्वाकांक्षा उसके सिर पर चढ़कर बोलती थी। अपने सबसे बड़े भाई रामशाह के प्रति उसका शत्रुभाव सलीम के कारण था। रामशाह अकबर के पक्ष में था, तो वीरसिंह देव सलीम पक्ष में। वीरसिंह देव ने अबुल फजल की हत्या बेमन से केवल सलीम को खुश करने के लिए की थी। हत्या के समय उसका मन रो रहा था। इसी तरह जहाँगीर के बादशाह बन जाने के बाद खोजा अब्दुल्ला खाँ की सहायता से उसने ओड़छा पर हमला किया, लेकिन ओड़छा को जलते, युवतियों को लुटते, बड़े भाई राजा रामशाह को फँसते और भतीजे भूपाल को मृत्युमुख में जाते देखकर उसका मन रो उठा और उसने युद्ध रोकने की आज्ञा दी।[70] उसकी आज्ञा का पालन उसने सैनिकों ने तो किया, लेकिन अब्दुल्ला खाँ की सेना तो लूट, कूट और हत्या पर उतारू थी, इसलिए वीरसिंह को बचाव का एक ही रास्ता सूझा कि अपने राजा भाई को अब्दुल्ला खाँ के हाथों गिरफ्तार करा दे, फिर बादशाह जहाँगीर से प्रार्थना करके छुड़वा दे। इस प्रकार वीरसिंह के ओड़छा- विरोधी कामों के पीछे कभी अपनी महत्त्वाकांक्षा, तो कभी मुगल शासक और कभी अपना परिवारप्रेम प्रेरक दिखाई पड़ते हैं। जहाँगीर द्वारा रामशाह को क्षमादान के साथ वीरसिंह देव को ओड़छादान का फरमान दिया गया तो वीरसिंह ने कृतज्ञताज्ञापन के लिए ओड़छा का नया नामकरण कर डाला—जहाँगीरपुर, जो शायद वीरसिंह के प्रति जनरोष के कारण चल नहीं पाया। यदि वीरसिंह ने अपने परिवार और राजपूती धर्म की मर्यादा रखी होती तो उसे जनसमर्थन मिल पाता। केवल स्वार्थ के पोषक राजपुरुष की यही नियति होती है।

वीरसिंह देव को अपनी राजधानी ओड़छा को नए सिरे से स्थापित करना पड़ा और नए राजपुरुषों को नए दायित्व सौंपने पड़े। 'वीर चरित्र' के लेखक और कुल पुरोहित केशव दास मिश्र को मन्त्री रूप में प्रतिष्ठित किया गया। कवि केशव ने ओड़छा राज्य और राजपतियों के जो उतार-चढ़ाव देखे थे, उनको उन्होंने भले ही पूरी तरह से अपनी कविता में न उतारा हो लेकिन जो कुछ लिखा है, उसमें प्रत्यक्ष द्रष्टा का वृत्तान्त और प्रतिक्रियाएँ सुरक्षित हैं।

अकबर ने पचास वर्ष तक शासन किया था और उसकी टक्कर का बढ़िया शासक पूरे मध्यकालीन भारतीय इतिहास में अनुपलब्ध है। उसके चरित्र में जो विशेषताएँ थीं, वे अनेक बादशाहों के समूह में नहीं थीं। उसके युद्ध-अभियान पूरे भारत में दूर-दूर तक हुए थे। गुणीजन उसके दरबार में भरे पड़े थे। अकबर से वृत्ति पानेवाले बीसियों हिन्दी कवियों की सूची 'आइने अकबरी' में है। स्थायी रूप से अकबरी दरबार में काव्यसाधना करनेवाले रहीम, बीरबल 'ब्रह्म', गंग, नरहरि आदि

के होते हुए भी उनके द्वारा अकबर पर एक भी प्रबन्ध काव्य न लिखे जाने, प्रबन्ध तो क्या ढंग के मुक्तक भी न लिखे जाने पर आश्चर्य होना स्वाभाविक है। माना कि रीतिकालीन कवियों में से किसी ने भी किसी मुसलमान बादशाह पर प्रबन्ध काव्य नहीं लिखा, भले ही वह उनके आश्रयदाता की तुलना में श्रेष्ठ काव्यनायक होने योग्य क्यों न हो। अकबर पर तो बहुत अधिक लिखे जाने की सम्भावना थी।

इस अभाव का सबसे प्रबल कारण यह रहा कि पहले हिन्दू कवियों ने मुसलमान बादशाहों को अभारतीय मानकर उन पर नहीं लिखा, क्योंकि उनकी दृष्टि में वे हमलावर थे। उनकी परम्परागत सहानुभूति हिन्दू राजाओं के साथ थी जो उनके परम्परागत आश्रयदाता थे। वंशागत हिन्दू कवियों ने हिन्दू राजाओं का नमक खाकर उनके पक्ष में ही गाया-बजाया। तत्कालीन हिन्दू राजाओं के सभाई कवियों के काव्यों से इस कथन के प्रमाण खोजे जा सकते हैं। अकबर ने जिन हिन्दू राजाओं पर आक्रमण किए थे, उनमें से चित्तौड़ का प्रमुख स्थान है। चित्तौड़ के शासक हमेशा मुसलमान बादशाह की प्रतिरोधी शक्ति के रूप में पूजे जाते रहे। बाबर और हुमायूँ के पहले से ही चित्तौड़ के शासक सब राजपूत राजाओं और हिन्दू कवियों के आदर्श रहे, इसलिए उन पर लिखना सब कवियों को गौरवान्वित करता था। अकबर कितना ही लोकप्रिय बादशाह था, लेकिन एक तो उसने चित्तौड़ पर बार-बार हमले किए और दूसरे, वह आमेर के राजपूतों से वैवाहिक सम्बन्ध-स्थापना की परम्परा शुरू करने का दोषी था, इसलिए सर्वसाधारण और प्रजा के प्रवक्ता कवियों ने उस नई परम्परा को रक्त-पवित्रता पर कलंक माना था। वे खुलकर तो ये बातें लिख नहीं सकते थे, क्योंकि चित्तौड़ के राजवंश के अलावा अन्य राजवंशों ने अकबर और उसके वंशजों को बहन-बेटी देकर अपने राज्याधिकार को सुरक्षित कर लिया था और उनकी खुली आलोचना से उनके आश्रयदाता राजा और आश्रयदाता राजाओं के आश्रयदाता बादशाह नाराज हो सकते थे। लेकिन उनके काव्य में अकबर के लिए तुर्क, मुगल, यवन, म्लेच्छ जैसे हिकारतभरे शब्द-प्रयोग देखकर उनकी भावना को भलीभाँति समझा जा सकता है। 'रतन रासो' में अकबर की विस्तृत चर्चा हो सकती थी, नहीं की गई। 'वीर चरित्र' और 'जहाँगीर जस चन्द्रिका' में भी प्रासंगिक तौर पर की गई है। अकबर आमेर का दामाद था, उसका पुत्र जहाँगीर भी आमेर का दामाद था और अकबर का साला मानसिंह अकबर के चहेते सरदारों में था, फिर भी आमेर के राजकवियों ने अकबर और जहाँगीर के बारे में प्रशस्तिकाव्य नहीं लिखे हैं। इन सबसे क्या इंगित होता है ? यही कि अकबरकालीन हिन्दू कवियों ने हिन्दी में अकबर और उसके वंशजों के बारे में केवल उतना ही लिखा है, जितने से दान-मान का लाभ मिल सकता था और उनके आश्रयदाताओं के प्रसंग में आवश्यक था, इसलिए अकबरकालीन हिन्दी काव्यों में मुगल इतिहास में कुछ जोड़ने के योग्य बहुत कम सामग्री उपलब्ध होती है।

संदर्भ

1. केशव के ऐतिहासिक काव्य हैं : (1) वीर चरित्र (2) जहाँगीर जस चन्द्रिका (3) रतन रासो।
2. जहाँगीर जस चन्द्रिका, छंद सं. 37-38
3. वही, छंद सं. 3
4. राजस्थानी वीरगीत संग्रह, भाग-2, छंद सं. 105-6
5. सगतरासो, पृ. सं. 7, 14, 24-26, 33, 40
6. वीरचरित्र, 2/42, 43
7. चन्द्रसेण मुंवा पछै अकबर पातस्याह जोधपुर मोटा राजा उदैसींघ नु दीयो। (चैत्र सुदी 3, 1638 वि. सोमवार, मार्च 26, 1582 ई.)—अजीत विलास, पृ. 15
8. (क) उदैसिंघजी गुजरात की तरफ पातस्याह री चाकरी आछी कीनी।—वही, पृ. 16 (ख) सूरज प्रकास, 3/157
9. रविवार, जुलाई 12, 1595 ई.
10. आश्विन, 1676 वि., अक्टूबर 6, 1619
11. राव मालदे कैं राजा उदैसिंघ अभिनब आदीत। अहनिस अभीत।...अकबर जलालदीन साहिब किराँन। हजूर बुलाए भेज फरमाँन। मुख ज़बाँ फुरमाया। 'मोटा राजा' कहि बतलाया। बौहत सनमाँन कीया। देस मुरधर गढ़ जोधपुर दीया।।21।।—बचनिका अथवा रूपसिंह की वार्तावृंद
12. दिग्विजय भूषण, पृ. 108, छंद सं. 170, पृ. 350, छंद सं. 388
13. जहाँगीर जस चंद्रिका, छंद सं. 34, रसरतन, छंद सं. 31
14. सूरज प्रकास, भाग-1, पृ. 269, छंद सं. 162
15. श्रीमाननि के भौन में भोग्य भामिनी और।
    तिनहूँ को सुकियाहि में गनत सुकवि सिरमौर।।—शृंगार निर्णय (भिखारीदास)
16. दिग्विजय भूषण, पृ. 108, छंद सं. 170
17. वही, पृ. 350, छंद सं. 388
18. सगत रासो—गिरधर आसिया। इस काव्य में राणा शक्तिसिंह और उसके वंशजों से जुड़ी ऐतिहासिक घटनाओं के वर्णन हैं, लेकिन घटना-तिथियाँ नहीं दी गई हैं। यहाँ तक कि कवि ने इसका रचनाकाल भी नहीं दिया है।
19. सगत रासो, पृ. 2, छंद सं. 5
20. वही, पृ. 7, छंद सं. 18
21. वही, पृ. 6, छंद सं. 16
22. सेना का अग्रभाग
23. सगत रासो, पृ. 29, छंद सं. 73
24. वही, पृ. 7, छंद सं. 17, तथा पृ. 29, छंद सं. 73
25. वही, पृ. 30, छंद सं. 75

26. वही, पृ. 12, छंद सं. 32
27. राजस्थानी वीर गीत संग्रह, भाग-3, छंद सं. 7
28. वही, भाग-4, छंद सं. 122
29. वही, भाग-1, छंद सं. 8
30. सगत रासो, पृ. 43, छंद सं. 116-118
31. वही, पृ. 56-58, छंद सं. 126-133
32. वही, पृ. 89, छंद सं. 226
33. वही, पृ. 96, छंद सं. 244, 252, 253
34. राजस्थानी वीरगीत संग्रह, भाग-4, गीत संख्या 110-111
35. सगत रासो, पृ. 146, छंद सं. 334-336, 339, 340
36. वही, पृ. 181, छंद सं. 9,10
37. वही, पृ. 190-191, छंद सं. 38-41
38. वही, पृ. 193, छंद सं. 426
39. वही, पृ. 194, छंद सं. 429-430
40. देखिए—सगत रासो, प्रस्तावना, पृ. सं. 23-35 तथा 78-80 तथा परिशिष्ट-2 : शक्तिसिंह और उसके वंशज : डॉ. हुकमसिंह भाटी, पृ. सं. 572-607
41. 1577 ई.
42. 1601 ई.
43. 1567 ई.
44. सगत रासो, परिशिष्ट-5, महाराज शक्तिसिंह : देवेन्द्रसिंह शक्तावत, पृ. 627-8
45. वही, पृ. 629
46. अजीत विलास (महाराजा अजीत सिंह जी री ख्यात)—चारण वणसूर महादान
47. बुधवार, मार्च 21, 1554 ई.
48. सोमवार, फरवरी 1, 1557 ई.
49. चैत्र, शुक्लपक्ष 2, शनिवार, मार्च 7, 1562 ई.
50. नवम्बर 7, 1562 ई.
51. माघ, शुक्लपक्ष, दसवीं तिथि, 1622 वि., रविवार, दिस. 2, 1565 ई.
52. बुधवार, जनवरी 11, 1581 ई.
53. (क) अजीत विलास, पृ. 15-16
    (ख) बचनिका अथवा रूपसिंह की वार्ता, छंद सं. 21
54. राजस्थानी वीरगीत-संग्रह, भाग-4, छंद सं. 1
55. अजीत विलास, पृ. 16
56. रविवार, जुलाई 12, 1595
57. बचनिका अथवा रूपसिंह की वार्ता (वृन्द) में सूरसिंह के स्थान पर सूरजसिंह नाम मिलता है, लेकिन 'सूरज प्रकास' के 'महाराजा सूरसिंह रौ वरणण' में सूरसिंह नाम देकर भी कवि करणी दान ने अपने प्रबन्ध काव्य का नाम 'सूरज प्रकास' ही रखा है और काव्य

में सूरजसिंह नाम का अनेक बार प्रयोग किया है।

58. सूरज प्रकास, पृ. 263-280, छंद सं. 146-199
59. वही, पृ. 282-285, छंद सं. 203-212
60. वीर चरित्र (केशव दास)—संपादक—आ. विश्वनाथ प्रसाद मिश्र, पृ. 476
61. वास्तविक नाम रामसिंह, लेकिन अकबर काल से ही राजपूत शासकों ने बादशाहों को प्रसन्न करने के लिए अथवा अपना मान बढ़ाने के लिए 'सिंह' के स्थान पर 'शाह' शब्द स्वीकार कर लिया था।
62. वीर चरित्र, पृ. 495
63. वही, पृ. 502
64. घर को मेरे पाइन परै। मेरे आगे हिन्दू लरै।। 531।।—वीर चरित्र, पृ. 504
65. गोपाचल गढ़ मेले जाय। जोर्यो अधिकौ कटक बनाय।। 35।।
सिकरवार जादौ जाग रे। तोंवर हाड़ा खीची खरे।
गूजर मैना जाट अहीर। मुगल पठाननि की अति भीर।।36।।—वीर चरित्र, पृ. 508
66. जौ कछु साहि कहेंगे आज। सबै करौं पे लेहुँ न राज।—वीर चरित्र, पृ. 514
67. वीर चरित्र, पृ. 526
68. वही, पृ. 537-38
69. वही, पृ. 539-541
70. वीर सिंघ तब देखत भए। करुनामय तबहीं ह्वै गए।
कोऊ जनि काहू कौं हनौ। बरज्यौ लोग सबै आपनौ।।18।।—वीर चरित्र, पृ. 542

3

जहाँगीर काल

1. शाहजादा सलीम

जैसा कि पीछे बताया जा चुका है, रीतिकाल में अकबर पर लिखित कोई लम्बी कविता नहीं मिलती। जो मिलती है, वह मुक्तकों के रूप में है। अकबर के दरबारी कवियों ने अकबर का जो रूप देखा था या उसके जिस रूप का वर्णन कर वे पुरस्कार अथवा जीविका पा सकते थे, उसी का वर्णन उन्होंने किया है। ऐसे कवियों में अकबर के दरबारी गंग, वीरबल 'ब्रह्म', नरहरि और रहीम थे। रहीम के अलावा सभी ने अकबर की दानवीरता, मानवीरता और युद्धवीरता के वर्णन परम्परागत ढंग से किए हैं, जिनमें उन्हीं पौराणिक दानवीरों के साथ अकबर की समता दिखाई गई है, जिनके नाम उन कवियों को परम्परा से मिले थे, जैसे कर्ण, भोज, विक्रम आदि। अकबर ने मुगल साम्राज्य के विस्तार और विकास के जो कार्य किए और व्यक्ति तथा बादशाह के रूप में उसने जो विशेष प्रतिभा दिखाई थी, उस बारे में रीतिकवियों ने कुछ नहीं लिखा है। केवल ओड़छा नरेश वीरसिंह देव और उसके भाई इन्द्रजीतसिंह के कुलपुरोहित, मन्त्री और कवि केशव दास ने अकबर के अन्तिम दिनों में मुगल महल में घटित सलीम-विद्रोह को लेकर जो काव्य लिखा था, उसमें अकबर और सलीम का थोड़ा-सा तथा अपने आश्रयदाता वीरसिंह का विस्तृत वर्णन किया है। काव्य का नाम है—'वीर चरित्र', जिसका परिचय पिछले पृष्ठों में दिया जा चुका है। सलीम जब अकबर-मृत्यु के बाद 'जहाँगीर' नाम धारण कर बादशाह बन गया तो केशवदास ने दूसरा काव्य लिखा—'जहाँगीर जस चन्द्रिका'। इसी काव्य को उन्होंने संस्कृत में 'जहाँगीर यशश्चन्द्रिका' नाम देकर लिख डाला था। 'वीर चरित्र' में वीरसिंह और सलीम की मित्रता और वीरसिंह के द्वारा सलीम की आज्ञापालकता का वर्णन किया गया है। इसमें वीरसिंह का चरित्र-वर्णन करना कवि का प्रमुख लक्ष्य है। दूसरे काव्य में जहाँगीर के चरित्र और गुणों का विशेष आख्यान किया गया है। यह आख्यान

बादशाह जहाँगीर के आरम्भिक दिनों का है और इससे अकबर महल की भीतरी स्थिति, परम्पराओं और व्यक्तियों का परिचय मिलता है।

अकबरी दरबार के कवि गंग ने कुछ छन्द सलीम की प्रशंसा में लिखे थे, लेकिन उनकी मृत्यु को लेकर जो विवाद उठ खड़ा हुआ था, उससे सम्बन्धित अनेक कवियों के अनेक छन्द मुक्तक रूप में बिखरे मिलते हैं, जिनसे जहाँगीर के चरित्र के कुछ नए पहलू सामने आते हैं। राठौड़ वंशी अनेक राजाओं के कवियों ने भी जहाँगीर के बारे में अनेक सूचनाएँ दी हैं। जहाँगीर के दरबारी जोधपुरनरेश गजसिंह और उसके पुत्र जसवन्तसिंह के दरबारी कवियों ने भी अपने-अपने आश्रयदाताओं के वर्णनों में अकबर और जहाँगीर के बारे में लिखा है। उन सब काव्यों के आधार पर सलीम उर्फ जहाँगीर के जीवन और कार्यों का वृत्त अगले पृष्ठों पर दिया जा रहा है।

पिछले अध्याय में बताया जा चुका है कि सलीम युवाकाल में अकबर के अनुशासन से विद्रोह कर इलाहाबाद में जा बसा था। वहाँ उसके संगी-साथियों ने उसकी सहायता की थी। उन साथियों में ओड़छा का वीरसिंह बुन्देला सबसे बड़ा सहायक था, जिसने सलीम की हर गलत-सही बात का अनुमोदन किया और उसकी हर आज्ञा को कार्यरूप दिया। सलीम का विचार था कि उसके पिता अकबर की उसके प्रति नाराजगी का सबसे प्रधान कारण अकबर का मित्र और इतिहास लेखक अबुल फजल था, इसलिए उसने वीरसिंह की मार्फत उसकी हत्या करवा दी। इस घटना से सलीम के स्वार्थ, उसकी निर्दयता और दुःशीलता का पता लगता है। अपने पिता को ही नहीं, अपनी दादी तथा परिवार के अन्य लोगों को सताकर मार डालने में उसने कोई कसर नहीं छोड़ी थी। उसके दुर्व्यवहार और छलकपट के कारण ही उसकी दादी और उसके पिता का जल्दी देहान्त हो गया था।

2. बादशाह जहाँगीर और उसके दरबारी

केशव-काव्य से पता चलता है कि सलीम उर्फ जहाँगीर फतहपुर सीकरी के शेख सलीम के आशीर्वाद से अकबर को प्राप्त हुआ था, इसलिए वह शेख सलीम की यादगार के रूप में युवावस्था तक शेखू और सलीम के नाम से पुकारा जाता था। वह आमेर के राजघराने से रक्त और विवाह-सम्बन्ध के कारण जुड़ा हुआ था, इसलिए हिन्दू और इस्लाम धर्मों के बारे में उसकी अच्छी जानकारी थी।[1] केशवदास की कविता से ज्ञात होता है कि आगरा की राजगद्दी पर बैठने के बाद वह राजकीय वेश और व्यवहार में हिन्दू तौरतरीकों का पालन करता था। वह माथे पर चन्दन का तिलक लगाता था।[2] उसका मुकुट सफेद मोतियों की लड़ों से युक्त सफेद रंग का होता था। उसके ऊपर चँवर डुलाया जाता था। वह स्वयं जब अपने पिता अकबर के

सामने आता था तो उसके चरण स्पर्श करता था और जब जहाँगीर के सामने दरबारी लोग आते थे तो वे उसे साष्टांग प्रणाम करते थे।[3] ब्राह्मण और भाट तथा कविगणों पर जहाँगीर की कृपा उसके द्वारा उनको दिये गये आदर और दान के द्वारा प्रकट होती थी। कवियों का वह विशेष मान करता था। उसे पता था कि उनको मान और दान देकर वह अपने प्रचारक तैयार कर रहा है।[4] ब्राह्मणों का वह विशेष आदर अपना आसन सौंपकर तथा उनकी पूजा के द्वारा करता था।[5] बदले में ब्राह्मण उसे दिग्विजयी सम्राट होने का आशीर्वाद देते थे। उसके दरबार में सेनापति, कुशल और कलानिधि जैसे अनेक हिन्दी कवियों का जमघट था। वे अपनी कविता से जहाँगीर को बताते रहते थे कि आपसे दान और मान पाकर हम कवि लोग कपूर की तरह चारों दिशाओं में आपके यश बिखेरते हैं और आपकी अमिट शक्ति का बखान करते हैं। राजा लोग हमारी सहायता से ही आपके चरणों में आकर गिरते रहते हैं।[6] इस तरह जहाँगीर से दान-मान प्राप्त ब्राह्मण, भाट और कवि बिचौलिए बनकर बादशाह और राजाओं के बीच सेतु का काम करते थे। स्वयं केशव ओड़छा और आगरा के बीच के सेतु थे। उन्होंने भी जहाँगीर के सामने प्रशंसात्मक उक्तियाँ कहकर उसकी कृपा, दान और मान पाने के लिए दीन ब्राह्मण होने की दुहाई दी थी और उसको प्रसन्न करने के लिए चतुराईपूर्वक कहा था कि मुझे आप इतना दे दीजिए कि मैं गंगातट पर बैठकर दरिद्रों की दरिद्रता दूर करूँ। वेद-पुराणों का शोधन करूँ और जगत् को मिथ्या मानकर नित्य निर्गुण ब्रह्म की आराधना करूँ। मेरे गुलाम आपको सलाम करते हैं और मैं आपकी सलामती चाहता हूँ।[7] केशव के इस कथन में अपने लिए वैभव बटोरने तथा जहाँगीर की इस्लामी विचारधारा के अनुकूल निर्गुण की आराधना की बात कहकर उसे प्रसन्न करने की नीयत निहित है।

जहाँगीर को अपने दरबारियों के बीच बैठकर मनोरंजन के लिए पशुओं और मल्लों का द्वन्द्वयुद्ध देखना अच्छा लगता था। पशुओं में भैंसा, मेढ़ा, हिरन, बकरा, हाथी और मल्लों के युद्ध के साथ नर्तकों और नटों की कलाएँ भी उसका दिल बहलाती थीं। उसके दिलबहलाव के लिए विशेष अवसरों पर दुंदुभी और कर्नाल (बड़ा ढोल) बजते थे, सुन्दरियाँ बाँसुरी और वीणा बजाती गातीं तथा नाचती थीं। भाँड़ अपनी लीलाओं से सबको हँसाते थे और भाट अपना भाटपना दिखाकर पुरस्कार पाते थे। सुन्दरी बेड़िनियाँ गीत सुनाती थीं।[8]

जहाँगीर के दरबारियों में पद, मान और जाति के अनुसार सबके बैठने के स्थान निर्धारित थे। हिन्दू और मुसलमान राजा और सूबेदार आदि की अलग-अलग पंक्तियाँ होती थीं। सबसे पहले जहाँगीर का बड़ा पुत्र खुसरू बैठता था। उसमें हिन्दू रक्त और प्रभाव अधिक था, क्योंकि उसकी माँ आमेर घराने की थी। अकबर का साला मानसिंह उसका मामा था। इन सभी बातों का उसमें समावेश होने के कारण वह राजाओं और कवियों का विशेष प्रिय था। उसमें गौ और ब्राह्मण के प्रति अधिक

आदरभाव था। जहाँगीर का दूसरा पुत्र परवेज था और तीसरा खुर्रम। खुसरू और परवेज र्क तुलना में खुर्रम जहाँगीर को अधिक प्रिय था। इसके अनेक अन्तःपुरीय कारण थे। साथ ही वह वीर योद्धा था और वह वर्तमान अफगानिस्तान से आगे उजबेकिस्तान तक मार कर आया था। अकबर खुसरू को मुगल सिंहासन का भावी उत्तराधिकारी मानता था, उसके बाद परवेज को स्थान देता था, लेकिन जहाँगीर खुर्रम को अधिक लाड़ला तथा योद्धा के गुणों से सम्पन्न होने के कारण अपना उत्तराधिकारी मानता था।[9]

जहाँगीर के सलाहकारों में सबसे पहला स्थान आजम खाँ का था, जो अकबर के समय में दमन-दीव और गुजरात जीतकर प्रसिद्ध हुआ था। जहाँगीर न्याय करते समय उसकी विशेष सलाह लिया करता था। उसके बाद अकबर के प्रिय सेनापति अब्दुर्रहीम खानखाना और मानसिंह का सम्मान होता था। अन्य उमरावों में आजम खाँ के पुत्र मिर्ज़ा सम्मनदीन, खानखाना के पुत्र नवाब एलच बहादुर और मानसिंह के पुत्रों का स्थान था, फिर बादशाह अकबर के दीने इलाही का चेला बना बुन्देला राजपूत दूलहराम चन्द्रावत, राजपूत राव दुर्गभान का बेटा रायजादा राव चन्द्रसेन, भोजराज का बेटा रतन और विक्रम के आसन थे। उसके उपरान्त रामदेव का आसन था, जिसने जहाँगीर को बादशाही कर्म और धर्म का रास्ता दिखाया था। उस सभा में जहाँगीर के ही उमराव ही नहीं होते थे, दरबारियों और उमरावों के सहायक भी खड़े होते थे। जैसे एलच बहादुर के पास पठान दौलत खाँ का बेटा खानजहाँ उपस्थित रहता था।[10]

जहाँगीर की सभा में अकबर के समय के दरबारियों में जिस तरह खानखाना और मानसिंह को स्थान मिला हुआ था, उसी तरह राजा गोपाल के बेटे तुलसी बहादुर को मिला था। अकबर के प्रिय राजा बीरबल के पुत्र धीरधर को भी जहाँगीरी दरबार में स्थान दिया गया था। एक और उमराव दरबार में था—विक्रमाजीत भदौरिया। दरबार में उसका प्रवेश सलीमकाल में वीरसिंह देव के साथ उसकी भूमिका के कारण दिया गया था। जहाँगीर के अन्य दरबारी थे—जहाँगीर का विश्वासपात्र इतवार खाँ, हसनबेग, मिर्जा शम्शुद्दीन, ग्वालियर का राजा श्यामसिंह जो जहाँगीर की हिन्दू सेना का नायक था तथा मारवाड़ का राजा सूरतसिंह।[11] केशव ने अन्य दरबारियों के नाम न गिनाकर लगभग 106 उन देशों (क्षेत्रों) के नाम गिना दिए हैं, जहाँ के अधिपति वहाँ उपस्थित रहते थे, जैसे गौड़, गुजरात, गया, गोंडवाना, ग्वालियर, कन्धार, गक्खर, अरब, ईरान आदि। निश्चित रूप से उन सबकी गणना का उद्देश्य जहाँगीर के विस्तृत शासनक्षेत्र और उसके प्रभावविस्तार को दर्शाना है।[12] लेकिन कवि की दृष्टि इस एक विशेष उल्लेखनीय बात की ओर भी गई है कि जहाँगीर के दरबार में संत और असंत सभी तरह के दरबारियों का जमघट होता था और जब जहाँगीर दरबार में उपस्थित होता था, तब स्वामिभक्त दरबारियों में प्रसन्नता की लहर दौड़ जाती थी,

लेकिन दुष्ट लोगों के चेहरों पर भय की रेखाएँ खिंच जाती थीं। राजनीति में हर तरह के लोगों को साथ रखकर चलना पड़ता है, इसलिए जहाँगीर के यहाँ दुष्टों से भी निभाकर चलने की कोशिश रहती थी।[13]

जहाँगीर ने जो विशाल साम्राज्य और राजसेवकों का समूह प्राप्त किया था, वह उसकी मेहनत का परिणाम नहीं था। उसके पिता अकबर ने अपनी बुद्धि और श्रम तथा अपने शुभचिन्तक मुसलमान और हिन्दू रिश्तेदारों और सहायकों की सहायता से अर्जित और संचित किया था। अकबर ने जो कुछ अर्जित और संचित किया था, उसको खूब भोगा भी था। धर्म, अर्थ, काम और मोक्ष के सभी साधन उसने एकत्र किए थे। जहाँगीर को उसी के श्रम से पकी-पकाई खीर खाने को मिल गई थी। उसका जैसा उच्छृंखल और सुखभोगी स्वभाव था, शाहजादा अवस्था की तरह बादशाह अवस्था में भी उसके चारों ओर ऐसे ही लोगों का वृत्त बन गया था, जो मुगल साम्राज्य का सुख-रसपान कर सकें। ऐसी अवस्था में अकबर के मित्र, सलाहकार, योद्धा और मुगल साम्राज्य के शुभचिन्तकों का जहाँगीर और उसके चूसकों के व्यवहार से क्षुब्ध होना स्वाभाविक था। ऐसे शुभचिन्तकों में जीवित थे—रहीम और गंग।

3. अब्दुर्रहीम खानखाना और गंग

हुमायूँ की मृत्यु के बाद अकबर के पालन-पोषणकर्ता और मुगल साम्राज्य के संरक्षक बैरम खाँ का पुत्र अब्दुर्रहीम था जो बाद में खानखाना के नाम से प्रसिद्ध हुआ। रहीम और अकबर दोनों का पालन-पोषण एक साथ हुआ था। आयु में रहीम बड़े थे, इसलिए उन्होंने एक प्रकार से अकबर के बड़े भाई के रूप में अकबर की देखभाल की थी। वे बड़े उदार और अत्यन्त पवित्र विचारवाले व्यक्ति थे। अकबरी शासन में उन्होंने शत्रुओं के विरुद्ध कई अभियानों का नेतृत्व किया था और प्रजा के पालन में बहुत मन लगाया था।[14] हिन्दी कविता में उनका नीति-विशारद और योद्धा रूप ही अधिक चर्चित रहा है। युवा रहीम ने मुगल साम्राज्य को फैलाने और उसकी रक्षा करने में अपनी पूरी शक्ति लगा दी थी। उत्तर में वर्तमान अफगानिस्तान और मुल्तान से लेकर धुर दक्षिण के दौलताबाद तक तथा पूर्व में आसाम से लेकर पश्चिम में मेवाड़ और गुजरात तक रहीम ने मुगल पताका फहराई थी।[15] रहीम को अकबर की बादशाहत का रक्षक, बादशाह का विश्वस्त सलाहकार, मित्र, उसके वैभव का कारण और शत्रुओं के विनाशक का सम्मान प्राप्त था।

केशवदास ने वीरसिंह देव और इन्द्रजीतसिंह के आश्रित कवि के रूप में अपनी आँखें और कान खुले रखकर अकबर और रहीम की निजी, पारिवारिक और राजनीतिक स्थितियों का अच्छा ज्ञान प्राप्त किया था। ओड़छा राज्य के कवि,

कुलपुरोहित, मन्त्री और दूत के रूप में उनका आगरा-दरबार में जाना-आना होता रहता था और रहीम उनके मध्यस्थ थे। रहीम के सम्पर्क का लाभ उठाकर वे अकबरी दरबार से ओड़छा का हितसाधन करते रहते थे, इसलिए रहीम के बारे में उन्होंने जो प्रत्यक्ष अनुभव प्राप्त किए थे अथवा रहीम के जिन गुणों और उनके पुत्रों की भूमिका को उन्होंने स्वयं देखा-परखा था, उन्होंने उन पर 'वीर चरित्र'[16] और 'जहाँगीर जस चन्द्रिका' में पर्याप्त प्रकाश डाला है। उसकी चर्चा अन्यत्र की गई है।

रहीम केवल अकबर के ही बड़े सम्मान्य, सेनापति, सलाहकार, योद्धा, रक्षक और मित्र नहीं थे, हिन्दी कवियों के आदर्श और शुभचिन्तक भी थे। हिन्दी कवियों में तुलसी और गंग को अच्छे कवियों का सरदार माना जाता था।[17] रहीम उन दोनों के निजी मित्र थे। तुलसी गैरदरबारी और गंग अकबर के दरबारी कवि थे। तुलसी ने कभी दरबारी कवियों और कविता को मान्यता नहीं दी थी, क्योंकि उनके अनुसार कविता में लौकिक जन का गुणगान करने से सरस्वती सिर धुनने और पछताने लगती है।[18] इसी कारण केशव और गंग लुकेछिपे तुलसी के आलोचक थे, लेकिन रहीम ने तुलसी को और तुलसी ने रहीम को कितना आदर दिया था, इसके बारे में उनके समकालीन और परवर्ती हिन्दी कवियों की श्रद्धांजलि-कविताओं और हिन्दी साहित्य के इतिहास-ग्रन्थों में पर्याप्त प्रमाण मिल जाते हैं। 'वीर चरित्र' में केशव ने रहीम की कूटनैतिक चातुरी का बड़ा अच्छा वर्णन किया है। अकबर द्वारा प्रेरित रहीम ने वीरसिंह की महत्त्वाकांक्षा को ताड़कर उसके सामने ओड़छा की बड़ौन जागीर छोड़कर दक्षिण के किसी भी क्षेत्र में जागीर देने का प्रस्ताव किया था, ताकि उसे मुगल क्षेत्र से दूर हटाकर मुगल साम्राज्य में शान्ति और विद्रोही सलीम से उसकी दूरी लाई जा सके। यह अलग बात है कि वीरसिंह देव ने बड़ौन में रहकर अपनी महत्त्वाकांक्षा की पूर्ति और सुरक्षा की निश्चितता अनुभव की थी और वह रहीम से आँख बचाकर दक्षिण से अपनी पुश्तैनी भूमि में लौट आया था।

लेकिन जहाँगीर के शासनकाल में अकबर के प्रियजनों को बहुत कष्ट झेलने पड़े थे। शाहजादा सलीम के रूप में जहाँगीर ने अपने बादशाह पिता अकबर को वृद्धावस्था में कितना सताया था और किस तरह उसके अंतरंग मित्र अबुल फजल की हत्या करवाई थी, इसकी विस्तृत चर्चा केशवदास के 'वीर चरित्र' में आँखोंदेखी घटना के रूप में पढ़ी जा सकती है तथा मुगल साम्राज्य के स्तम्भ अब्दुर्रहीम खानखाना और कविवर गंग की लिखी कविताओं से उनकी जहाँगीरकालीन आपबीती और उनके प्रति जहाँगीर के हृदयहीन व्यवहार के प्रमाण प्राप्त किए जा सकते हैं।

सबसे पहले अब्दुर्रहीम खानखाना को लीजिए। उनके द्वारा लिखित हिन्दी कविता में उनके निजी जीवन के अनेक चित्र हैं। उन कुल चित्रों को मिलाकर देखने से पता चलता है कि जीवन भर औरों पर दोनों हाथों से धन उलीचनेवाले रहीम वृद्धावस्था में बाजूटूटे बाज हो गए थे और उनको जीविका के लिए बादशाह जहाँगीर

पर निर्भर हो जाना पड़ा था।[19] देशनिकाले की अवस्था में उन्हें चित्रकूट में जाकर रहना पड़ा था। उन्होंने अनेक बार अपने बढ़ते खर्च, घटती शक्ति और बादशाह की निष्ठुरता के बीच जीवन जीने की विषम समस्या का दर्दभरा संकेत किया है।[20] उन्होंने कई दोहों में अपने सुख के साथियों द्वारा विपत्ति काल में आँखें फेर लेने का दर्द भी व्यक्त किया है। उनके लोकानुभव ने उन्हें सिखा दिया था कि राजा को पलटते देर नहीं लगती। वह न अर्ज मानता है, न गर्ज और उसके पास निरन्तर रहने से व्यक्ति का मान घटता है। दम्भ के कारण राजा गुणीजन का उचित मान नहीं करता और इसी कारण गुणीजन उसे उपेक्षणीय मानते हैं। रहीम का मानना है कि राजा को ऐसे चन्द्रमा की तरह होना चाहिए, जो तारों की झिलमिल के बीच अपनी शीतल किरणों से सबको सुख देता है, न कि सूर्य की तरह, जिसकी प्रखरता के सामने तारे एकदम लुप्त हो जाते हैं। राजनीति में चुगलखोर सबसे अधिक खराब होते हैं, क्योंकि वे राजा और सरदार के कान भर-भर कर उनकी चाल को बिगाड़ देते हैं।[21] इतिहास के अध्येता जानते हैं कि रहीम की इस वेदना के पीछे उनके जीवन की कौन-कौन सी घटनाएँ हैं। अकबर काल में शक्ति, धन, मान और अनुभव का जितना खजाना रहीम के पास था, उतना ही दर्द भी उनकी वृद्धावस्था तक संचित हो गया था और उसका सबसे बड़ा कारण था—उनके प्रति जहाँगीर का निष्ठुर और अपमानकारी व्यवहार। अकबर के दरबार में सभी गुणीजन गर्व, मान और शान के साथ रहे थे और अकबर के बाद भी रहीम का स्वभाव वैसा ही मान और शानभरा रहा। अकबर के दरबार में सबकी खरी बात सुनी और पसन्द की जाती थी, लेकिन गर्वीले, तुनुकमिजाज और नशेबाज यानी कि हर तरह के मद से मत्त जहाँगीर को वह सब पसन्द नहीं था और न ऐसे लोग पसन्द थे। इतिहास के पन्नों में दर्ज है कि रहीम के पुत्र दाराब खाँ का सिर जहाँगीर की आज्ञा से काट कारागार में बन्द रहीम को 'तरबूज' कहकर भेंट किया गया था। वृद्ध खानखाना ने अपने बेटे का कटा सिर देखा और आँखों में आँसू पीकर केवल इतना कहा था—तरबूज शहीदी है।[22]

अब अकबर के आदरास्पद कविवर गंग को लीजिए। अकबरी दरबार के हिन्दी के कवियों में गंग का बहुत मान था। जैसा कि पिछले पृष्ठों में बताया गया है, अकबर के समय में तुलसी और गंग को सुकवियों का सरदार माना जाता था। तुलसी दरबार से बाहर के सम्मानित कवि थे और गंग दरबार के अन्दर के। जहाँगीर काल में रहीम से बढ़कर गंग के साथ बहुत बुरी बीती। उन्होंने अकबर के समय में वैभवपूर्ण दिन देखे थे, किन्तु जहाँगीर के समय में वह वृद्ध, जनेऊधारी, स्वाभिमानी, ब्राह्मण एक ताँबे के पैसे के लिए भी तरस गया था। एक-एक दिन काटना भारी हो गया था। रहीम की तरह उनको भी निर्धनता और साहूकारों ने घेर लिया था।[23]

जहाँगीर ने संवत् 1662 में[24] आगरा का राजसिंहासन सँभाला था। विलासिता

में डूबकर उसने सं. 1669 में[25] मुगल साम्राज्य की बागडोर नूरजहाँ के हाथों में सौंप दी थी और नूरजहाँ ने अपने भाई आसफ खाँ को इतने बड़े मुगल साम्राज्य को सँभालने के लिए मन्त्री नियुक्त कर दिया था। फिर तो दरबार में अयोग्य व्यक्तियों के हाथ में मुगल साम्राज्य का शासनतन्त्र आ गया। 'दरबारे अकबरी' और 'तुजुक जहाँगीरी' में जहाँगीर के युवराज काल और राजत्व काल के दौरान उसकी तथा उसके निकट सम्बन्धियों और ओहदेदारों की निरंकुशता की कई कहानियाँ अंकित हैं। गंग कवि के बारे में अनेक किंवदन्तियाँ और प्रमाण मिलते हैं, जिनसे पता चलता है कि गंग को हाथी के पैरों तले रौंदवा दिया गया था।[26] युवराजकाल में अबुल फजल का सिर कटवाकर पाखाने में फेंकने और बादशाही काल में रहीम को गधे की खाल में सिलवानेवाले जहाँगीर के द्वारा गंग कवि को हाथी के पैरों तले कुचलवाने की बात से आश्चर्य नहीं होना चाहिए। गंग को वह दंड क्यों और किसने दिया तथा उस दंड की सामाजिक प्रतिक्रिया क्या हुई, इसे समझ लीजिए।

गंग को प्राणदंड उनके स्वाभिमान और सत्यकथन के कारण मिला था।

अकबर काल में स्वतन्त्र तर्क-वितर्क और निर्भीक खंडन-मंडन की दरबारी परम्परा थी। शेख सलीम चिश्ती के आशीर्वाद से प्राप्त पुत्र शेखू उर्फ सलीम की प्राप्ति के कारण अकबर द्वारा कृतज्ञताज्ञापन के लिए आगरा के पास निर्मित फतहपुर सीकरी में वह परम्परा खूब चली और आगरा के महल में भी चलती रही, इसलिए अकबर को अपनी प्रशंसा के साथ अपनी गलतियों को सुनने और उन्हें सुधारने का अभ्यास था, इसलिए रहीम के नीतिवचनों और गंग की खरी वाणी से अकबर विचलित नहीं होता था। विशेषतः गुणीजनों की बात गले के नीचे न उतर पाने की स्थिति में भी वह विशाल हृदय बादशाह उनकी मानरक्षा के लिए चुप्पी साध जाता था, लेकिन जहाँगीर का ऐसा स्वभाव नहीं था। वह अपने पिता का विलोम था। अकबर उससे दक्षिण जाने को कहता, तो वह उत्तर की ओर जाता था। पश्चिम की ओर जाने के लिए कहा जाता तो वह पूर्व की ओर चल पड़ता था। वह युद्धभीरु विशेष रूप से युद्ध अभियानों में भेजे जाते समय अक्सर ऐसा करता था। उसे मानसिंह और अब्दुर्रहीम खानखाना के साथ कई बार युद्धक्षेत्र में भेजा गया, तो या तो पीछे रहा या वहाँ से खिसक लिया। उसको प्रसन्न रखने का जितना प्रयत्न अकबर करता था, उतना ही उसके दरबारी करते थे, लेकिन मर्ज बढ़ता गया, ज्यों-ज्यों दवा की। क्रोधी और जिद्दी वह अपनी कमजोरियों पर पर्दा डालने के लिए विद्रोही होता चला गया था। गंग कवि ने उसे प्रसन्न करने के लिए उसके सलीम और जहाँगीर काल में उस पर अनेक 'गंग चाहै नजर सलेम सुलतान की' जैसे चापलूसी और अतिशयोक्तिपूर्ण मुक्तक लिखे थे, क्योंकि तब जीविका का प्रश्न था। यह स्थिति अकबर की मृत्यु के बाद नहीं रही। कवि को अपनी वृद्धावस्था में अपने गाँव इकनौर में जाकर रहना पड़ा। इकनौर में सादा जीवन, उच्च विचारवाले जुनारदार (जनेऊधारी),

निर्लोभी, पूजापाठ और परहित में लीन ब्राह्मण परिवार रहते थे। एक बार किसी बात पर जहाँगीर और उसकी बेगम नूरजहाँ के रिश्तेदार भाई जैन खाँ ने इकनौर के उन जुनारदार ब्राह्मणों का बर्बरतापूर्ण वध कर डाला तो कवि का दमित आक्रोश उस अत्याचार के विरोधस्वरूप फूट पड़ा, जिसमें पहले से लेकर अब तक के, अकबर काल तक के, हिन्दू और मुसलमान सेनापतियों तक को लपेट लिया गया। जैन खाँ ने इकनौर में जो हत्याकांड किया, उसको आधार बनाकर गंग ने दो छन्द रच डाले, जिनकी अन्तिम पंक्ति है—जैन खाँ जुनारदार मारे इकनौर के।[27]

गंग की ऐसी स्पष्टोक्ति और पहले की आलोचनाओं से जहाँगीर रुष्ट तो रहता ही था। अपने रिश्तेदार जैन खाँ के कुकर्म की इस प्रत्यक्ष और कटु आलोचना से रूप और अधिकारगर्विता नूरजहाँ के क्रोध का पारावार लहरा गया। अपनी प्रिय पत्नी के आदेश का पालन मदिरोन्मत्त जहाँगीर क्यों न करता। तुरन्त ही गंग को हाथी के पैरोंतले कुचलने का आदेश हुआ। इस दंड में नूरजहाँ की प्रमुख भूमिका थी, इसका यह प्रमाण उपलब्ध है :

भाख्यो कछुक अजोग्य पाठि राज्ञि उर आयो।
बेगम करि अति क्रोध तुरत गज तरे देवायो।।[28]

गंग की काव्यपंक्ति 'जैन खाँ जुनारदार मारे इकनौर के' तथा गंग को हाथी के पैरोंतले रौंदे जाने की घटना को लेकर गंग के परवर्ती अनेक कवियों ने अपनी कविताओं में उल्लेख किए हैं और इस घटना पर अपनी मर्मान्तक वेदना व्यक्त की है। आचार्य रामचन्द्र शुक्ल ने अपने 'हिन्दी साहित्य का इतिहास' के पृष्ठ 246 पर यह छन्द उद्धृत किया है, जिसमें अकबर के द्वारा जीवन भर सम्मानित कवि गंग के विरुद्ध जहाँगीर के इस नृशंस कृत्य पर क्षोभ व्यक्त किया गया है :

शाह अकबर महाकवि नरहरि जी कों
दीनों महापात्र पद मरजात जाती में।
तापैं चौंर चोपदार चामीकर पग दीन्हों
पालकी में कन्ध केते पुर लिखि पाती में।
गंग कवि हेत घने तैसे गज ग्राम दीन्हें
आज लगि बान मान भोग अधिकाती में।
संगदिल शाह जहाँगीर से उमंग आज
देत है मतंग पद सोई गंग छाती में।।

कहाँ शाह अकबर की गुणग्राहकता कि नरहरि कवि का सम्मान करने के लिए उसने उन्हें महापात्र की पदवी दी और चँवर डुलाते चोबदारों के सामने उनके चरण-स्पर्श करने के बाद उनकी पालकी में स्वयं कन्धा लगाया। जिन कवि गंग

का सम्मान करने के लिए अकबर ने हाथी और गाँव भेंट किए थे, उसके संगदिल बेटे जहाँगीर ने उसी गंग की छाती पर हाथी का पैर रखवाया। उसके इतने क्रोध का कारण नूरजहाँ का क्रोध तो था ही, यह भी था कि गंग ने अकबर के नालायक और कायर बेटे के बारे में यह धारणा पाल रखी थी कि वह युद्धभीरु होने के कारण युद्ध भूमि में जाने से जानबूझ कर कतराता था। मृत्यु के समय गंग ने अपनी वह धारणा स्पष्ट शब्दों में लिखकर छोड़ दी कि भड़ुआ लोग कभी युद्ध नहीं कर सकते :

कबहु न भड़ुआ रन चढ़ें कबहु न बाजी बंब।
सकल सभाहि प्रनाम करि विदा होत कवि गंग।।[29]

जिस तरह जैन खाँ के बारे में इतिहास मौन है, उसी तरह गंग-सम्बन्धी इस घटना के बारे में भी इतिहास में कुछ नहीं मिलता है। कारण स्पष्ट है कि वर्तमान इतिहासकारों ने केवल दरबारी या दरबारों से जुड़े इतिहासकारों, यात्रियों, धर्माधिकारियों और बादशाहों, सामन्तों की लिखित जीवनियों और संस्मरणों आदि से इतिहास-सामग्री ली है। दरबार से बाहर के लोगों के जनकाव्य, लोक साहित्य, लोक प्रवाद और दरबार के कर्मचारियों द्वारा फैलाई गई, मौखिक परम्परा में प्रसारित बातों से नहीं। कुछ जनकाव्य और लोक-साहित्य भले ही लिखित रूप में मिल जाता है, लेकिन बहुत सारी प्रवादित और प्रसारित बातें मुख-परम्परा में लुप्त हो गई हैं। कुछ ही बातें प्रवाद के रूप में आज मिलती हैं और ऐसी सामग्री को इतिहासकार प्रामाणिक नहीं मानते। गंग के बारे में स्वोक्ति, परोक्ति और प्रवाद के रूप में जो सामग्री उपलब्ध है, उसे तो इतिहास में मान्यता मिलनी ही चाहिए।

एक बात और है। रहीम पर जो बीती, उसकी चर्चा तो फारसी इतिहासकारों और संस्मरण लेखकों ने कर दी थी, इसलिए आज के इतिहासकारों तक पहुँच गई, लेकिन एक बादशाह के विरुद्ध एक हिन्दू कुछ बोले और बादशाह कुछ गलत करे तो दरबारी इतिहासलेखक तथा उनके राजसेवकों के लेखक बादशाही अप्रसन्नता की सम्भावना के कारण उसके बारे में क्यों लिखें ? वर्तमान इतिहासकार स्वीकारते ही हैं कि हिन्दू के हाथों मुसलमान की हार की चर्चा दरबारी इतिहासकार नहीं करते थे। फिर गंग के द्वारा बादशाही शान में गुस्ताखी करने की बात को वे क्यों लिखते ? ऐसी बातें किंवदन्तियों में ही सुरक्षित चली आती हैं।

4. जहाँगीर और राजपूत घराने

अकबर काल के अन्तिम दिनों में अकबर और सलीम के बीच सम्बन्ध इतने अधिक खराब हो गए थे कि अकबर ने उसके स्थान पर उसके पुत्र खुसरू को उत्तराधिकार सौंपने का मन बना लिया था। खुसरू आमेरनरेश मानसिंह का भांजा था, इसलिए स्वाभाविक था कि मानसिंह खुसरू को भावी बादशाह के रूप में देखने लगा था और

इस कारण सलीम और मानसिंह के बीच भी सम्बन्ध तनावपूर्ण हो गया था। अकबर के शुभचिन्तक दरबारियों ने भी खुसरू में अनेक गुण देखकर उसके उत्तराधिकार का समर्थन कर दिया था। इन सब परिस्थितियों में सलीम ने विद्रोह किया था। वह विद्रोह केवल अकबर के विरुद्ध नहीं था, उसके शुभचिन्तकों और कृपापात्र खुसरू के विरुद्ध भी था। पिता और पुत्र के विरुद्ध सलीम के विद्रोह ने आगे चलकर अनेक कहर ढाए थे। उनमें से एक था–उसकी दादी और पिता की मृत्यु; दूसरा, अबुल फजल की हत्या; तीसरा, रहीम और गंग की अपमानपूर्ण स्थिति; चौथा, आमेर घराने से कटाव और पाँचवाँ, खुसरू के प्रति जहाँगीर का दुर्व्यवहार। खुसरू के कारण जहाँगीर हमेशा के लिए आमेर के राजपूत घराने से कट गया। अकबर के समय में जिस मानसिंह ने मुगल साम्राज्य को सुदृढ़ बनाने और राजकोष भरने के लिए सारी शक्ति लगाकर सम्मान कमाया था, उसी को जहाँगीर के शासनकाल में अपमानभरा जीवन जीना पड़ा। अब मुगल साम्राज्य के आधारस्तम्भ के रूप में आमेर के स्थान पर जोधपुर को विशेष महत्त्व मिलना आरम्भ हो गया। जिस जोधपुर के आरम्भिक शासक मुगलों के विरोधी थे, उसकी राजगद्दी पर राजा को बैठाने का दायित्व जब से अकबर ने सँभाल लिया था, तब से उसके भावी शासकों ने मुगलों की निष्ठापूर्वक सेवा करने का कोई अवसर नहीं खोया। जहाँगीर को उत्तराधिकार में जोधपुर के ऐसे आज्ञाकारी सेवक मिल गए, जिन्होंने आमेर द्वारा खाली किए गए स्थान को शीघ्र भर दिया। जहाँगीर काल जोधपुर का उत्कर्ष काल सिद्ध हुआ। बहुत बाद में जाकर जयसिंह के राजत्वकाल में आगरा और आमेर के सम्बन्ध सुधरना आरम्भ हुआ था। जयसिंह ने स्थिति को सँभालते हुए जहाँगीर का इतना विश्वास अर्जित कर लिया था कि आगरा से बाहर जाते समय वह उसे राजधानी आगरा का संरक्षक बना जाता था और खुर्रम-विद्रोह के समय भी वह गजसिंह की टक्कर का विश्वासपात्र हो गया था।

जिस प्रकार अकबर ने परस्पर या मुगलों से लड़नेवाले राजपूतों को अपने अधीन कर मुगल साम्राज्य के हित में भारत की एकमात्र लड़ाकू उस जाति को सेवक का रूप दे दिया था, उसी प्रकार जहाँगीर ने भी राजपूतों को परस्पर लड़ने की छूट देकर और स्वयं भी उनको लड़ाकर कमजोर करने में कोई कोर-कसर नहीं छोड़ी थी। आमेर और जोधपुर दोनों ही आगरा दरबार के सेवक थे, किन्तु मुगल दरबार में उनके रिश्ते और पद के कारण दोनों में परस्पर वैमनस्य रहता था। केवल राजवंशों की कुलागत कलह ही नहीं होती थी, राजसत्ता के लालच में भी भाई-भाई आपस में टकराकर मुगल बादशाह की कृपाकोर के लिए दौड़ते फिरते थे और बादशाह को यह स्थिति अपनी सत्ता और अपने साम्राज्य के हित में दिखाई देती थी। 'फूट डालो और राज करो' यह मुहावरा राजनीति के लिए बहुत पुराना है। मध्यकाल में भी यह खूब चलता था। उदाहरण के लिए, अकबर द्वारा राजा बनाए गए जोधपुर के

मोटा राजा उदयसिंह के दो पुत्र हुए एक सूर सिंह[30] जो बड़ा होने के नाते जोधपुर का राजा बनाया गया और दूसरा किसनसिंह, जिसने संवत् 1668 वि. (1611 ई.) में अपने नाम से किसनगढ़ की स्थापना की। वे दोनों भाई जहाँगीर के सेवक थे, लेकिन जहाँगीर को सूरसिंह, गजसिंह, किसनसिंह आदि राठौड़ों से अपने साम्राज्य को खतरा दिखाई पड़ने लगा था। वह आशंकित होकर उन्हें परस्पर लड़ाना चाहता था।[31] उसने बड़ी चतुराई से काम लेकर सूरसिंह और गजसिंह को किसनसिंह से लड़ा दिया। इतिहास में जहाँगीर की इस शंका और भेदनीति का वर्णन नहीं मिलता है।

वि. संवत् 1672 (1615 ई.) में जब जहाँगीर अजमेर गया तो सूरसिंह और किसनसिंह दोनों ने उससे भेंट की। सूरसिंह ने गुजरात और दक्षिण की विजय के कारण मनसब और जालौर की जागीर पाई और उसके पुत्र गजसिंह को दरबार में स्थान मिला। किसनसिंह को राणा पर विजय पाने के कारण सम्मानित किया गया, लेकिन उसे सूरसिंह के विश्वस्त सलाहकार गोविन्ददास भाटी को मारने का दायित्व सौंपा गया।[32] उधर जहाँगीर ने सूरसिंह और गजसिंह को ये तीन आदेश दिए–(1) जालौर पर तुरन्त कब्जा करो, (2) सिरोही पर आक्रमण करो और उससे पेशकश लो, तथा (3) राणा को वश में रखो।[33] सूरसिंह और गजसिंह ने उसके आदेशों का पालन किया। जालौर पर बिहारी पठानों का शासन था। गजसिंह ने उनको पत्र लिखकर जालौर खाली करने को कहा और ऐसा न करने पर तीन महीने की चढ़ाई के बाद उसे जीत लिया।[34] फिर सिरोही, आबू और मेवाड़ पर नियन्त्रण किया। राणा अमरसिंह के पुत्र कर्ण को अजमेर लाकर जहाँगीर के सामने पेश किया और ऐसा करके गजसिंह ने मुगल सत्ता की एकमात्र चुनौती को संमाप्त कर दिया।[35]

जहाँगीर को जोधपुर के राजपूतों की आपसी लड़ाई के कारण उन्हें एक-दूसरे से लड़ाने के अवसर मिलने में कठिनाई नहीं हुई। जोधपुर शासक सूरसिंह के वीर और बुद्धिमान मन्त्री गोविन्ददास भाटी ने सूरसिंह के छोटे भाई और किशनगढ़ के संस्थापक किशनसिंह के भतीजे गोपालदास को मार दिया था, क्योंकि गोपालदास ने उसके भाई को मार दिया था। जहाँगीर ने अपने दरबार में गजसिंह के सामने ही किसन को आदेश दिया कि वह अपने भतीजे की हत्या का बदला गोविन्ददास भाटी की हत्या करके ले।[36] इस तरह जहाँगीर ने अपने सामने ही चाचा किसनसिंह और भतीजे गजसिंह को उकसाकर नारद की भूमिका निभाई और उन्हें परस्पर शत्रु बना दिया। उधर खुर्रम ने भी इस काम के लिए किसनसिंह को उकसाया। किसनसिंह ने जोधपुर के वास्तविक उत्तराधिकारी कर्मसेन के साथ अगले दिन भोर के समय गोविन्ददास को घेर लिया और उसको उसके साथियों के साथ मार डाला।[37] गजसिंह को अपने विश्वस्त साथी गोविन्ददास भाटी पर इस आक्रमण और उसकी हत्या की सूचना मिली तो उसने जाकर किसनसिंह को उसके गोवर्धन आदि कई साथियों के

साथ मार डाला। कर्मसेन भाग निकला। 'सूरज प्रकास' में लिखा है कि गोविन्ददास भाटी पर किसनसिंह के आक्रमण की पूर्वसूचना मिलने पर गजसिंह ने अपने पिता से सलाह ली, तो उसके पिता ने धैर्य रखने को कहा था।[38] बादशाही आदेश से अपने स्वामिभक्त सेवक की हत्या को रोकने का प्रयास बादशाह को क्रुद्ध कर सकता था। एक ओर सेवक की रक्षा और दूसरी ओर स्वामी के आदेश का पालन, इन दोनों में से स्वामी के आदेश का आदर राठौड़ राजा को अपने भविष्य के लिए अधिक अनुकूल और आवश्यक लगा। इस घटना से मुगल बादशाह जहाँगीर और उसके उत्तराधिकारी खुर्रम के आगे राठौड़ राजा सूरसिंह और उसके उत्तराधिकारी गजसिंह की निरीह और असहाय दशा सामने आती है। जब मुगल स्वामी की इच्छा (गोविन्ददास की हत्या) पूरी हो गई, तब गजसिंह द्वारा अपने चाचा किसनसिंह को मार डालने[39] पर मुगल सम्राट को दुहरा लाभ मिला। दुहरा लाभ इस अर्थ में कि विश्वस्त और बुद्धिमान मन्त्री के मारे जाने से राठौड़ों की शक्ति कम हो गई और राठौड़ों में परस्पर वैमनस्य के बीज अंकुरित हो गए। इस तरह राजपूतों को आपस में लड़ाकर उन्हें राजनीतिक और सामाजिक दृष्टि से दुर्बल और हिकारतभरा बनाने की मुगलनीति सफल हो गई। कूटनीति से काम लेकर जहाँगीर ने राजपूतों को मुगलों पर और अधिक निर्भर होने को मजबूर कर दिया। जहाँगीर और खुर्रम ने सूरसिंह और गजसिंह को सम्मानपूर्वक अजमेर से विदा किया तो वे दोनों मंडोवर पहुँचे।[40] चातुर्मास (वर्षा ऋतु) बीत जाने के बाद दक्षिण में उपद्रव आरम्भ हो जाने पर सूरसिंह को उधर भेज दिया गया, किन्तु बुरहानपुर पहुँचने के कुछ दिन बाद सूरसिंह की मृत्यु को गई। 'सूरज प्रकास' में पिता-पुत्र का मंडोवर जाना लिखा है, किन्तु 'गजगुणरूपक बन्ध' में जोधपुर जाना। वास्तविकता यह है जिस प्रकार मुगल बादशाह आगरा में रहकर 'दिल्लीपति' कहलाते थे, उसी प्रकार जोधपुर के राजा 'मंडोवर' मूल स्थान के अधिपति के रूप में ही जाने जाते रहे। वे दोनों मंडोवर नहीं, जोधपुर ही गए थे।

जिन दिनों सूरसिंह दक्षिण अभियान पर था, उन्हीं दिनों बादशाह जहाँगीर जालौर के बिहारी पठान शासक पहाड़ खाँ से किसी बात पर नाराज हो गया था और उसने वह प्रदेश सूरसिंह को सौंप दिया था। सूरसिंह दक्षिण अभियान पर था, इसलिए गजसिंह ने जालौर पर नियन्त्रण के लिए आक्रमण कर दिया और विजय प्राप्त की। तभी गजसिंह को खबर मिली कि उसके पिता सूरसिंह का विक्रमी संवत् 1676 (1620 ई.) के भादों मास, शुक्ल पक्ष के वर्षाकाल में देहान्त हो गया है। सूरसिंह ने चौबीस वर्ष तक राज किया था और वह नौ गढ़ों का स्वामी था।[41] उसकी मृत्यु की सूचना पाकर उसकी चार कछवाही, पँवार, भटियाणी और यादव रानियाँ सती हुईं। गजसिंह दक्षिण की ओर बुरहानपुर गया। वहाँ विजयदशमी के दिन उसका राजतिलक किया गया। गजसिंह ने पिता सूरसिंह के छूटे हुए काम—दक्षिण विजय—को

पूरा करने का बीड़ा उठाया। दक्षिण के मालिक अम्बर को झुकाया और खिड़की, गोलकुंडा, दौलताबाद, कर्नाटक, कोंकण, विजयनगर, बरार, आमेर, सतारा आदि क्षेत्रों को जीतकर जहाँगीर को प्रसन्न किया, जिसके फलस्वरूप गजसिंह को 'दलथंभ' की उपाधि दी गई।[42] उन दिनों खिड़की दक्षिण की राजनीतिक उथलपुथल का मुख्य केन्द्र था, इसलिए गजसिंह ने उसके गढ़ और नगर को बिल्कुल मटियामेट कर दिया था। गजसिंह ने मुगल साम्राज्य के दक्षिणी, मेवाड़ी, अजमेरी और जालौरी शत्रुओं पर विजयें पाकर बादशाह जहाँगीर के हृदय में विशेष स्थान बना लिया।[43] गजसिंह को 'दलथंभ' की उपाधि दिलाने में अब्दुर्रहीम खानखाना का योगदान था, क्योंकि उनके द्वारा गजसिंह की युद्धवीरता और दक्षिण-विजय के बारे में प्रशंसात्मक पत्र लिखकर जहाँगीर को प्रसन्न किया गया था और जहाँगीर ने गजसिंह को उस पत्र के आधार पर यह उपाधि और पाँच हजारी मनसब का पुरस्कार दिया था।[44]

दक्षिण में बार-बार उपद्रव होते रहते थे और मुगल महल में, विशेषकर नूरजहाँ के महल में, षड्यन्त्रों का जोर था। खुसरू, परवेज और खुर्रम में से भावी उत्तराधिकारी के चुनाव के प्रश्न पर खुसरू का समर्थक पहले अकबर था और उसकी मृत्यु के बाद उसका मामा मानसिंह था। परवेज के पक्ष में नूरजहाँ थी और जहाँगीर नूरजहाँ के प्रभाव में था, इसलिए खुर्रम को बार-बार उत्तर या दक्षिण के अभियानों पर भेजा जाता था। खुर्रम में बादशाही महत्त्वाकांक्षा थी, जिसे कुछ मुगल दरबारी प्रत्यक्ष और अप्रत्यक्ष तौर पर समर्थन दे रहे थे। दक्षिण में पुनः उपद्रव आरम्भ होने पर जहाँगीर ने खुर्रम को उसे दबाने का दायित्व सौंपा। खुर्रम के मन में आक्रोश था कि उसे जान-बूझकर मुगल सत्ताकेन्द्र से दूर भेजा जा रहा है। उसके मन में विद्रोह का बीजांकुरण हो चुका था। बादशाह की आज्ञा मानकर उसने अपने समर्थन में शेर खाँ को माँग लिया[45]। वह पर्याप्त खजाना और सेना लेकर बारह-बारह कोस पर पड़ाव करता हुआ मांडव और वहाँ से नर्मदा पार कर बुरहानपुर पहुँच गया और बुरहानपुर में उसने अपनी बादशाहत घोषित कर दी।

बुरहानपुर में अब्दुर्रहीम खानखाना खुर्रम पक्ष में थे, फिर भी अपने पक्ष को सुदृढ़ बनाने के लिए खुर्रम की इच्छा थी कि मुगल साम्राज्य के स्तम्भ गजसिंह को भी पटा लिया जाए, इसीलिए उसने बुरहानपुर में बादशाहत घोषित की थी और गजसिंह को अपने पास बुलाया था। गजसिंह ने खुर्रम से भेंट की, पर समर्थन देने के लिए नहीं, केवल औपचारिकतावश। खुर्रम ने उसको बहुत मनाया और आदर दिया, पर गजसिंह मन से जहाँगीर का आज्ञाकारी सेवक था, इसलिए अवसर पाते ही वह जोधपुर लौट गया। खुर्रम ने शेर खाँ को मारकर मांडव में अपना डेरा जमा लिया। बुरहानपुर की अपेक्षा मांडव से मुगल साम्राज्य पर नियन्त्रण करना आसान था।[46] जिस समय खुर्रम ने विद्रोह कर मांडव में डेरा जमाया, उस समय जहाँगीर काश्मीर में विहार कर रहा था। जब वहाँ उसे उस विद्रोह की सूचना मिली तो उसने

तुरन्त वापसी की तैयारी की और अपनी सेना को तैयार रहने का आदेश भिजवाया।[47] उधर खुर्रम ने मुगल राजधानी को बादशाहविहीन देखकर तुरन्त उस पर नियन्त्रण करने के लिए ससैन्य प्रस्थान किया। मुगल राजधानी की रक्षा और खुर्रम से लड़ने के लिए आमेर-नरेश जयसिंह तो था ही। जोधपुर नरेश गजसिंह को भी आमन्त्रण भेज दिया गया था, इसलिए खुर्रम ने अपनी सहायता के लिए महाराणा अमरसिंह के पुत्र भीमसिंह को बुला भेजा। भीमसिंह अजमेर पर नियन्त्रण कर खुर्रम से आ मिला।[48] खुर्रम सीकरी तक आ पहुँचा और आगरा की ओर चल पड़ा। खुर्रम के साथ खानखाना भी चल रहे थे।[49] बादशाही सेना ने उन सबको रोकने की चेष्टा की तो, लेकिन एक विचित्र स्थिति उत्पन्न हो गई थी। शाही सेना के लिए जहाँगीर और खुर्रम दोनों अपने थे, इसलिए जहाँगीर के मन्त्रियों ने गजसिंह को बुलाने की राय दी, क्योंकि वही जहाँगीर का परम विश्वासपात्र और परखा हुआ सेवक-सेनापति था। दूसरी बात यह थी कि शाही सेना खुर्रम से लड़ने में हिचकिचा रही थी और वह कभी भी धोखा दे सकती थी, इसलिए गजसिंह और उसके सहायकों की राजपूती सेना पर विश्वास किया जा सकता था। जहाँगीर ने गजसिंह को बुलाने के लिए जो पत्र भेजा, उसमें उसे प्रसन्न करने के लिए उसके प्रति अपना प्रशंसाभाव जताते हुए उसके लिए 'गाजीशाह' तथा 'तूं खुरसांण हिन्दुवां आगल' जैसे शब्दों का प्रयोग किया।[50] जहाँगीर का फरमान पाकर गजसिंह ने अपनी राजसभा[51] और ज्योतिषियों से मन्त्रणा के बाद आगरा जाकर बादशाह से भेंट की और खुर्रम से युद्ध करने का बीड़ा उठाया। जब युद्ध आरम्भ हुआ तो सबसे पहले खानखाना को गिरफ्तार करके जंजीरों में जकड़ दिया गया।[52] अब तक जहाँगीर अपने पिता के समय के बुजुर्गों को बेमन से झेलता आ रहा था, लेकिन खुर्रम के विद्रोह ने उन बुजुर्गों को इस ओर या उस ओर होने को मजबूर कर दिया था। अन्य बुजुर्ग या तो दरबार छोड़कर इहलोक या परलोक जा चुके थे, पर अब्दुर्रहीम खानखाना का मुगल घर से ऐसा जुड़ाव था और आयु इतनी हो गई थी कि वे वहाँ से नाता नहीं तोड़ सकते थे। खुर्रम-विद्रोह ने उनके जहाँगीर-विरोध को खुले तौर पर बाहर ला दिया और परिणामस्वरूप बुढ़ापे में उनको जहालत और अपमानभरे दिन देखने पड़े।

जहाँगीर और खुर्रम की सेनाएँ खैरागढ़ के पास दो कोस के अन्तर पर आ खड़ी हुईं।[53] खुर्रम का एक ही सहारा राणा भीम सीसोदिया था, जिसे अपने राणा परिवार के पूर्वजों पर गर्व था, लेकिन जिसने राणा परम्परा के विरुद्ध पहली बार मुगलों की सेवा में जीवन समर्पित करने की सोच रखी थी। खुर्रम पक्ष में उसके अलावा अब्दुल्ला खाँ, दरियाब खाँ, पहाड़ खाँ, भीम राठौड़ आदि अनेक हिन्दू-मुसलमान योद्धा थे।[54] इसी प्रकार शाही पक्ष में बहुत से हिन्दू-मुसलमान योद्धा शामिल थे। खुर्रम की सेना के हरावल में भीम था। वैसे कहने को तो वह

युद्ध खुर्रम और परवेज के बीच हुआ था, लेकिन वास्तव में वे नहीं, जयसिंह-गजसिंह-भीमसिंह जैसे योद्धा उनकी ओर से लड़ रहे थे। जब दोनों पक्षों में भयंकर युद्ध हुआ तो खुर्रम पक्ष के उपर्युक्त योद्धाओं के साथ और भी कायर युद्धक्षेत्र छोड़कर भाग खड़े हुए। भीम के मरते ही खुर्रम भी मैदान छोड़कर भाग खड़ा हुआ। वह युद्ध विक्रमी संवत् 1681[55] के कार्तिक मास की पूर्णिमा, शनिवार के दिन हुआ था।[56]

जहाँगीर के विरुद्ध खुर्रम के उस युद्ध में मिर्जा जयसिंह और राणा भीमसिंह के बारे में कुछ सूचनाएँ कवि केसोदास गाडण ने 'गजगुण रूपक बन्ध' में प्रत्यक्षद्रष्टा के रूप में और कुछ सूचनाएँ श्रुत इतिहास के आधार पर दी हैं। अनेक सूचनाएँ करणीदान चारण के 'सूरज प्रकास' में और वृंद कवि के 'बचनिका अथवा रूपसिंह की वार्ता में' उपलब्ध हैं। पहली सूचना 'सूरज प्रकास' की लीजिए। इसमें लिखा है कि खुर्रम के विरुद्ध सेनापति का चुनाव करते समय जहाँगीर ने व्यवस्था दी कि दो बड़े राजा जयसिंह और गजसिंह टक्कर के हैं, लेकिन जयसिंह के पास अधिक सेना होने के कारण जयसिंह को शाही सेना के हरावल में रखा जाए। इस व्यवस्था से गजसिंह को रोष हुआ। बादशाह के सामने तो वह बोला नहीं, लेकिन युद्ध क्षेत्र में वह अपनी सेना के साथ शाही सेना की दाईं ओर रहा। जब भीम सीसोदिया के जोरदार आक्रमण से घबड़ाकर शाही सेना पीछे हटने लगी, तब गजसिंह ने भयंकर युद्ध किया और भीमसिंह को मार दिया। फिर तो युद्ध का पासा ही पलट गया। खुर्रम भाग गया और शाही सेना जीत गई। इस जीत का श्रेय गजसिंह को मिला।[57] 'गजगुणरूपक बन्ध' में जहाँगीर के द्वारा जयसिंह को दी गई वरीयता और गजसिंह के विरोधात्मक रोष का उल्लेख नहीं किया गया है। दूसरी सूचना वृन्द ने दी है कि खुर्रम की पराजय किसनगढ़ के संस्थापक किसनसिंह के पुत्र जगमाल के कारण हुई, क्योंकि उसने खुर्रम की भागती हुई सेना का पीछा करते हुए खुर्रम के हाथी के मस्तक पर साँगी का वार किया था, जिससे घायल होकर हाथी भागा और खुर्रम को भागता समझकर उसकी सारी सेना भाग खड़ी हुई तथा बादशाही सेना को विजय मिली।[58] वृन्द ने यहाँ न जयसिंह की चर्चा की है और न गजसिंह की, केवल अपने आश्रयदाता के वंश को खुर्रम की पराजय और जहाँगीर की विजय का श्रेय दिया है।

लेकिन जयसिंह के प्रशंसक किसी अज्ञातनाम कवि ने लिखा है कि हाजीपुर में विद्रोही खुर्रम का सामना करने के लिए आई शाही सेना में जयसिंह, गजसिंह, बहलोल खाँ, सैयद आदि एकत्र हुए। जब शाहजादे के धौंसा बजे तो उसकी धमक सुनकर भीमसिंह के भय से सैयद और गजसिंह जैसे योद्धा जयसिंह कछवाहा की ओट में हो गए। नगाड़े की आवाज से क्रुद्ध महासिंह के पुत्र जयसिंह ने हथियार चलाए, तो भीमसिंह से डरकर मंडोवर का गजसिंह रुक गया। जब खुर्रम उस युद्ध

से डगमगाया, तब अमरसिंह का पुत्र राणा भीमसिंह युद्ध के लिए आगे आया। तब युद्धवीर राजा जयसिंह ने सैयद और गजसिंह को निर्भय करके स्वयं युद्ध किया।[59] इसके विपरीत 'गजगुणरूपक बन्ध' कार ने गजसिंह के साथी योद्धाओं के बीच जगमाल का वैसा ही चलताऊ वर्णन कर दिया है, जैसा जयसिंह का किया है। चूँकि इन कवियों की प्रवृत्ति अपने-अपने आश्रयदाताओं को औरों से बढ़ा-चढ़ाकर दिखाने की रही, इसलिए इनके अपने-अपने आश्रयदाता राजाओं की प्रशंसा तथा उनके वंश के गौरवमान से भरे ऐतिहासिक काव्यों को पढ़कर ऐसा भ्रमात्मक निष्कर्ष निकलने का खतरा रहता है कि तत्कालीन ऐतिहासिक घटनाओं के बीच यदि इनका काव्यनायक उपस्थित न रहा होता तो पता नहीं युद्ध का क्या परिणाम निकलता। 'राजस्थानी वीर गीत संग्रह' के एक कवि ने अपने वीरगीत में लिखा है कि जिस समय खुर्रम ने विद्रोह किया था, उस समय जहाँगीर का पुत्र शहरयार उत्तर दिशा का सूबेदार था। खुर्रम का सामना करने के लिए उसके साथ जोधपुर के राजा गजसिंह और आमझरा के राव जगन्नाथ राठौड़ ने हिन्दू और मुसलमानों का नेतृत्व करते हुए पूर्व दिशा (हाजीपुर, पटना) में खुर्रम के साथ युद्ध किया। लाख मुगल सेना का नेतृत्व करते हुए उन्होंने विजय प्राप्त की, जिसके फलस्वरूप गजसिंह और जगन्नाथ को जीवित स्तम्भ की उपाधि दी गई।[60] इस गीत में जयसिंह की बिल्कुल उपेक्षा कर दी गई है।

'राजस्थानी वीर गीत संग्रह' के सम्पादक ने इस संग्रह के भाग-2 की भूमिका में खुर्रम पक्ष के दो मेवाड़ी योद्धाओं के बारे में एक रोचक सूचना दी है[61] कि शाहजादा खुर्रम ने अपने पिता बादशाह जहाँगीर के शासनकाल में राज्यप्राप्ति के लिए विद्रोह किया था। शाहजादे के पक्ष में तब मेवाड़ के महाराणा अमरसिंह प्रथम का द्वितीय राजकुमार राणा भीमसिंह सीसोदिया टोडा का शासक था। हाजीपुर (पटना) क्षेत्र में हथियार बँटते समय राणा भीम ने एक कवच अपने विश्वस्त सहयोगी मानसिंह सीसोदिया के लिए सुरक्षित रखा। मानसिंह हाजीपुर से एक सौ चालीस कोस की दूरी पर मेवाड़ में बैठा था और प्रातःकाल युद्ध होनेवाला था। जिस समय दोनों ओर की सेनाएँ शस्त्रसंघात के लिए घोड़ों की लगाम उठाने ही वाली थीं कि मानसिंह मेवाड़ से प्रस्थान कर सीधा रणक्षेत्र में पहुँचा और अपने लिए सुरक्षित रखा गया कवच धारण कर वह राणा भीम के साथ (शाही सेना से) जूझता हुआ धराशायी हुआ। इस प्रसंग का वर्णन दुरसा आढ़ा नामक कवि ने एक मुक्तक कविता में किया है। एक अन्य कवि ने खुर्रम पक्ष में लड़कर प्राण देनेवाले राजा गोपालदास गौड़ और उसके हाड़ा, दहिया तथा चालुक्य साथियों का उल्लेख किया है।[62] वह राजा गोगीदास गौड़ का पुत्र था और उसने तथा उसकी अगली पीढ़ियों ने उत्तर, दक्षिण, पूर्व और पश्चिम में शाहजहाँ की सेवा में प्राण देकर सेवा की थी। अपनी अगली पीढ़ियों के लिए गोपालदास गौड़ आदर्श स्वरूप हो गया था।

राजगढ़ (अजमेर) का महाराजा गोपालमल गौड़ जहाँगीर के दरबार में दीवान था। शाह उसका सम्मान करता था। जब खुर्रम ने विद्रोह किया, तब वह दक्षिण से गोपाल गौड़ के पास उसका सहयोग पाने के लिए आया। खुर्रम ने दक्षिण से अजमेर आते समय रास्ते के गाँव नष्ट कर दिए और अजमेर आकर उसने गढ़ को घेर लिया। उधर खुर्रम को नियन्त्रण में करने के लिए गोपालदास गौड़, बीजल और बांकी बेग को शाही आदेश मिला। बीजल और बांकी बेग ने मिलकर यह सोचा कि नवाब मुहब्बत खाँ को साथ लेकर खुर्रम से युद्ध किया जाए। पूरी तैयारी करने के बाद गोपालमल गौड़ और बांकीबेग खुर्रम से लड़ने लगे। गोपाल गौड़, बांकी बेग और बीजल की संयुक्त सेना ने रणथम्भौर के थाने पर नियन्त्रण कर अजमेर की ओर कूच किया और खुर्रम को हरा दिया। खुर्रम हारकर लौट गया। पिता से जीत नहीं पाया। जब खुर्रम दक्षिण की ओर भाग गया तो बादशाह जहाँगीर ने अपने सब योद्धाओं को अपने दरबार में बुलाकर आलिंगित किया। गोपाल गौड़ ने खुर्रम को उसका झंडा छीनकर भगा दिया था। खुर्रम आसेर गढ़ में जा छिपा। कुछ समय बाद जहाँगीर ने गोपाल गौड़ को आसेर दुर्ग लेने की आज्ञा दी तो वह अपने सामन्तों के साथ उधर गया। उसने आसेर गढ़ को घेर लिया। खुर्रम चारों ओर से घिर गया तो गौड़ों ने उसे धर्मद्वार (किले के पिछले द्वार) से निकल जाने दिया और किले को हथिया लिया। तब खुर्रम सदल-बल पूर्व की ओर चल दिया। गोपालमल ने आसेर गढ़ को सुदृढ़ किया और उसकी सुरक्षाव्यवस्था ठीक की। वह अजमेरपति आसेर का अधिपति बन गया। जब जहाँगीर उस किले में आया, तब उस पर गौड़ों का अधिकारसूचक लाल-सफेद-पीला झंडा लहरा रहा था।[63]

गोपालमल गौड़ जहाँगीर के पुत्र खुर्रम और परवेज के बीच द्वन्द्व में परवेज का पक्षधर था, क्योंकि मुगल हरम में नूरजहाँ के प्रभाववश परवेज बादशाहत का स्वप्न देख रहा था। जहाँगीर भी खुर्रम-विद्रोह और नूरजहाँ के कारण परवेज के पक्ष में था। आसेर गढ़ में उसने परवेज को रखकर गोपालमल गौड़ को उसकी आज्ञाएँ मानने का आदेश दिया।

गोपालमल गौड़ शक्तिशाली योद्धा था। उसने थोड़े समय में ही बड़े-बड़े काम कर डाले थे। उसने शाही सेना के साथ दक्षिण की विजययात्रा की। अनेक नगर और गाँव जीते। मांडो, उज्जैन, खीचीवाड़ा तथा रतलाम को वश में किया। बादशाह जहाँगीर उसको सभी हिन्दू-मुसलमानों से बढ़कर वीर योद्धा मानता था, क्योंकि वह जहाँगीर के सभी आदेशों का पालन करने को तैयार रहता था। इसी कारण बादशाह ने उसका बहुत सम्मान किया और उसके नाम कई पट्टे कर दिए। आसेर गढ़ उसे सौंप दिया और खुर्रम के विरुद्ध अभियान के लिए उसे भेजा। ऐसे ही एक युद्ध में उसकी मृत्यु हो गई।[64]

संवत् 1668 वि. (1612 ई.) में राठौड़ वंशी मोटा राजा उदयसिंह के पुत्र

किसनसिंह ने किशनगढ़ बसाया था। किसनसिंह जहाँगीर का सेवक था। जब जहाँगीर ने चित्तौड़ पर आक्रमण किया तो उसने राणा प्रताप के पुत्र अमरसिंह से युद्ध किया था और उसे परास्त कर भगा दिया था। अमरसिंह अपने पिता की तरह जंगल और पहाड़ों में भागता फिरा। उसका खजाना छिन गया और वह दाने-दाने को मुँहताज हो गया। किसनसिंह ने राणा की भूमि को रौंद डाला था।

सं. 1672 (1615 ई.) में जहाँगीर अजमेर गया। वह समय जहाँगीर की तूती का था, इसलिए उसकी शह पर बकरी भी शेर की तरह आचरण करने लगती थी। किसनसिंह में राणा से लड़ने का साहस जहाँगीर द्वारा उसकी पीठ थपथपाने से उमड़ा था। उस की आज्ञा से उसने अजमेर को घेरकर जीत लिया और वहाँ के प्रबन्धक गोविन्ददास भाटी[65] की हत्या कर दी।[66]

किसनसिंह के चार पुत्र हुए—(1) सहसमल, (2) जगमल, (3) भारमल और (4) हरी सिंह। किसनसिंह के बाद उसका बड़ा पुत्र सहसमल किसनगढ़ का शासक बना। दूसरा पुत्र जगमल जहाँगीर का विशेष कृपापात्र था। जहाँगीर की आज्ञा से वह मुगल शासन के अनेक शत्रुओं से भिड़ा था। यहाँ तक कि जब खुर्रम ने जहाँगीर के विरुद्ध विद्रोह का झंडा उठा लिया, तब जहाँगीर ने परवेज की अधीनता से मुगल सेना के साथ जगमल को भेजा था। वृन्द के अनुसार युद्ध के दौरान जगमल ने खुर्रम के हाथी के माथे पर अपनी सांग का जोरदार वार किया, जिससे घबड़ाकर हाथी भाग खड़ा हुआ और खुर्रम के सैनिक भी भाग खड़े हुए। जगमल के उस वार से शाही सेना को अचानक विजयश्री मिल गई।[67]

5. जहाँगीरी न्याय और व्यवस्था

जहाँगीर काल में जहाँगीर के अधीन राजाओं के कवियों ने जहाँगीर के न्याय और स्वच्छ प्रशासन की बड़ी प्रशंसा की है। जहाँगीर के विषय में परवर्ती कवियों ने भी श्रुति-परम्परा और कवि-परम्परा का अनुकरण कर ऐसी-ऐसी बातें भी लिख डाली हैं जो नितान्त कपोलकल्पित और अविश्वसनीय हैं। जहाँगीर काल में पुहकर कवि द्वारा 1035 हिजरी, 1673 विक्रमी (1616 ई.) में लिखित 'रसरतन' में उस समय के बादशाह जहाँगीर की प्रशंसा, उसके प्रशासन, सेना और साम्राज्य-विस्तार के बारे में संक्षिप्त विवरण मिलता है।[68] पुहकर ने लिखा है कि बादशाह जहाँगीर धर्मधुरन्धर, धीर, अपने दीन का नूर और बलवान था। वह तैमूर वंशी अकबर का पुत्र था। दीने इलाही के कारण अकबर को 'जगत् गुरु' कहने की परम्परा जहाँगीर को भी मिली। उसकी चार पत्नियाँ थीं। उसकी सेना में बीस लाख अश्वसेना, सत्तर हजार गजसेना, पाँच लाख रथ सेना और दो करोड़ पैदल सेना थी। उसकी सेना तीन लाख निशान (झंडे) लेकर चलती थी और उसका फैलाव आठ कोस के बीच था। उसके

साम्राज्य के उत्तर में अट्ठारह थाने थे। पूर्व, पश्चिम और दक्षिण में समुद्रपर्यंत लंका से लेकर खुरासान तक उसका साम्राज्य फैला हुआ था। उसके साम्राज्य की सीमा में ये क्षेत्र समाए हुए थे—लंका, अमरावती, आसाम, बदख्शां, हिन्दुस्तान, तुर्की, खुरासान, कर्नाटक, लाट, केरल, सिंहल। उसका प्रशासन न्यायपूर्ण, निर्भय, कड़ा और स्वच्छ था। उसके दृढ़ शासन में सब सीधे और अनुशासित ढंग से रहते थे। दरबार में दुर्बल और सशक्त राजा आदि पंक्तिबद्ध खड़े रहते थे। जहाँगीर का पुत्र शाहजहाँ गुणवान, निर्मल, नवयुवा और वीर था। जिस प्रकार अकबर का उत्तराधिकारी जहाँगीर था, वैसे ही जहाँगीर का उत्तराधिकारी शाहजहाँ था।

पुहकर कवि ने सच्ची बात कहने की शपथ लेकर ये सूचनाएँ दी हैं[69], लेकिन जहाँगीर की सेना-संख्या, झंडा-संख्या और प्रशासन की स्वच्छता के वर्णन में अतिशयोक्तिपूर्ण कल्पना अवश्य है। उसके झंडों की तीन लाख की संख्या और लम्बाई में आठ कोस तक फैलाव किसी सीमा तक सच मानकर भी उस चतुरंगिणी सेना की कुल संख्या दो करोड़ पिचानवे लाख को सही मानना दूरारूढ़ कल्पना को सच मानना होगा। पुहकर ने अपनी शपथ में कहा है कि उन्होंने कविविधि के अनुसार नहीं, सच्ची बात कही है। वास्तव में जहाँगीर की सेना संख्या के बारे में उनकी बात को कवि-विधि ही मानना चाहिए। यदि उन्होंने असीमित संख्या बताई होती, तो मानी जा सकती थी, क्योंकि उस काल की सैन्य व्यवस्था ऐसी थी कि नियमित शाही सेना के अलावा अधीन राजाओं और अन्य पदाधिकारियों की नियमित और अनियमित सेना आवश्यकता के समय बुला ली जाती थी और बहुत से लोग युद्धकाल में लूटमार के इरादे से भी आकर चाकर हो जाते थे। इस प्रकार सैनिकों और अन्य चाकरों की असीमित संख्या हो जाती थी। ऐसा भी होता था कि युद्ध अभियान के समय शाही कोष से धन और आयुध लेने के लिए सेनानायक अपने-अपने सैनिकों की संख्या बढ़ा-चढ़ाकर बताया करते थे और इसका परिणाम पुहकर की सेनागणना की तरह हो जाता था। जिस तरह काव्यों में शाही सेना में 'सत्तर मीर, बहत्तर उमराव' होने की बात बार-बार दुहराई गई है, जिस प्रकार कवियों ने अपने राजा और काव्यप्रेमियों से लाख-करोड़ पसाव या दाम पाने की बात बार-बार कही है, वैसा ही सेना-संख्या के मामले में किया गया लगता है।

जहाँ तक बादशाह जहाँगीर के सत्य, न्याय और स्वच्छ प्रशासन की बात है, वहाँ सच यह है कि पुहकर की इस बात को आँख मूँदकर मान लेना सच से आँख बचाना होगा। अकबर ने अपने योग्य सलाहकारों और पदाधिकारियों की सहायता से जिस न्याय, सत्य और स्वच्छ प्रशासन का भवन खड़ा किया था, जहाँगीर ने उसमें अपने दम्भ और सनक के क्षणों में न्यायघंटा लटकाने तथा शेर-बकरी को एक घाट पर पानी पिलाने का नाटक मात्र किया था। उस काल के पर्यटकों, सन्तों, मित्र और शत्रु इतिहासलेखकों, कवियों ने उसकी विलासिता, क्रोध, हिंसा, ईर्ष्या, मदपान, सनक

और अपमानकारी व्यवहार आदि दुर्गुणों के बारे में जो संकेत तथा प्रमाण दिए हैं, उनसे उपर्युक्त कवि के प्रशंसात्मक शब्दों की संगति नहीं बैठती है। सचाई तो यह है कि जहाँगीर काल में जो कुछ अच्छा था, वह अकबर और उसके साथियों के अनथक प्रयासों का दाय था और जो कुछ निन्दनीय घटित हुआ, वह उसकी अपनी, नूरजहाँ और उसकी शठमंडली का कृत्य था। अबुल फजल की हत्या, गंग और रहीम की दुर्दशा आदि के बारे में केशव तथा उनके स्वयं के कथन और अन्य कवियों द्वारा उनकी दुर्दशा पर लिखित कविताओं से जहाँगीर के सत्य, न्याय और स्वच्छ प्रशासन की पोल खुल जाती है।

पुहकर कवि द्वारा जहाँगीर के जिस सत्य, न्याय और स्वच्छ प्रशासन की प्रशंसा की गई है, उसके बारे में कुछ समर्थक और कुछ विरोधी तथ्य 'गुरु प्रताप सूरज' में दिए गए हैं। इस काव्य में कवि सन्तोखसिंह ने जहाँ गुरुओं के साथ बाबर, हुमायूँ, अकबर और जहाँगीर के बीच सम्बन्धों का आख्यान किया है, वहाँ उन बादशाहों को गुरुओं का आशीर्वाद पाते दिखाया है। बाबर और हुमायूँ ने गुरु नानक के आशीर्वाद से राज्य पाया, गुरु अंगद ने हुमायूँ को भारतविजयी होने का आशीर्वाद दिया, अकबर ने गुरु अमरदास के आशीर्वाद से चित्तौड़ पाया और जहाँगीर ने गुरु अर्जुन और हरगोविन्द के आशीर्वाद से स्वास्थ्य, सुरक्षा और विजयें प्राप्त कीं।[70] सन्तोखसिंह के ऐसे वर्णनों में गुरुभक्ति का प्रतिशत अधिक है। गुरुभक्ति से हटकर उन्होंने जहाँगीर के जीवन और कृत्यों के जो वर्णन किए हैं, उसमें अनेक तथ्य हैं, जो पुहकर के कथन के विरोध में जाते हैं। कवि सन्तोखसिंह ने जहाँगीर को न्यायप्रिय और दूरदर्शी बताया है। वह अपनी तथा अपने साम्राज्य की रक्षा के लिए सभी धर्मों के सन्तों का आदर करता था। उसके शासन में सुव्यवस्था थी। इतना कुछ बतलाकर[71] भी कवि ने उसकी अनेक दुर्बलताओं और खराबियों के प्रसंग दिखाए और गिनाए हैं।

जहाँगीर ने न्याय की गुहार के लिए घंटा लगवा रखा था, लेकिन उसके शासन में रिश्वतखोरी बहुत अधिक फैली हुई थी। जहाँगीर के पास अपना काम निकलवाने के लिए आनेवाले तथा अन्य व्यक्ति अनेक प्रकार की भेंटें लेकर आते थे। चोरियाँ आम बात थी। अकबर के विरुद्ध सलीम (जहाँगीर) ने जैसा आचरण किया था, वैसा ही आचरण जहाँगीर (सलीम) के विरुद्ध उसके पुत्र खुर्रम (शाहजहाँ) ने किया और गुरु अर्जुन द्वारा खुर्रम की रक्षा और सहायता करने पर जहाँगीर ने हिन्दूगुरु अर्जुन तथा गुरुपुत्र हरगोबिन्द को दंडित करने में कोई संकोच नहीं किया। जहाँगीर ने ग्वालियर के किले को कारागार बना रखा था, जिसमें बावन हिन्दू राजा बन्दी थे। गुरु हरगोविन्द को भी उनके साथ बन्द करवा दिया गया था। उस मुगल कैदखाने का दुर्गपाल हरिदास था, जिसकी सहानुभूति बन्दी हिन्दू राजाओं और हिन्दू गुरु के साथ थी। वह जब-तब शाही आदेशों का उल्लंघन कर उन सबकी भोजन-व्यवस्था

और सुरक्षा करता था। उसी के प्रयासों से गुरु समेत सभी राजा मुक्त हो पाए थे। गुरु की मुक्ति में जहाँगीर के बुजुर्ग सलाहकार वजीर खाँ का भी पूरा हाथ रहा। कवि ने बताया है कि जहाँगीर डरपोक, संशयशील, अपशकुनों और ज्योतिष में विश्वास करनेवाला था। उसके आसपास धूर्तमंडली रहती थी जो उसके आत्मविश्वास और निर्णय-शक्ति को डिगाती रहती थी।[72]

जहाँगीर की न्याय-व्यवस्था और स्वच्छ प्रशासन पर प्रश्नचिह्न लगानेवाला एक प्रसंग चन्दू का है जो जहाँगीर का दीवान बताया गया है। वह अपनी पुत्री का विवाह गुरु अर्जुन के पुत्र के साथ करना चाहता था, लेकिन गुरु ने वह प्रस्ताव स्वीकार नहीं किया तो उसने जहाँगीर के पदाधिकारियों और अपने पद का दुरुपयोग करते हुए गुरु तथा गुरुपुत्र को अनेक कष्ट दिए, मरवाने का प्रयत्न किया और कारावास में बन्द करवाया। उसने जहाँगीर को काश्मीर-यात्रा का प्रलोभन दिया और भेजा, ताकि पीछे से स्वच्छन्द होकर वह मनमानी कर सके, पर उसके दुर्भाग्य से जहाँगीर जब वसन्त मास बिताने के लिए काश्मीर गया हुआ था, तभी खुर्रम ने विद्रोह कर दिया और उसे लौट आना पड़ा। साम्राज्य की उस उथल-पुथल में चन्दू की इच्छा पूरी नहीं हो पाई, लेकिन मौका मिलते ही उसने गुरु अर्जुन को लाहौर में नजरबन्द करवा दिया और धमकी दी कि यदि उन्होंने उसकी पुत्री को अपनी पुत्रवधू नहीं बनाया तो वह उन्हें गोचर्म में मँढ़वा देगा। यह वही समय था जब जहाँगीर ने खुर्रम-समर्थक रहीम को लाहौर में गधे की खाल में मँढ़वाया था और रहीम के साथी को बैल की खाल में। जो काम मुसलमान जहाँगीर ने नहीं किया, वह काम हिन्दू चन्दू हिन्दूगुरु अर्जुन को गोचर्म में मँढ़वाकर करना चाहता था।[73] उन सब कुकृत्यों का परिणाम यह हुआ कि जहाँगीर के शासनकाल में अन्तिम दिनों में जब जहाँगीर लाहौर से दूर था, तब गुरुभक्तों ने चन्दू को पकड़कर सार्वजनिक रूप से अपमानित और दंडित किया। उसको जूते लगाए गए, गालियाँ दी गईं, उस पर गर्म रेत डाला गया, उसका मुँह काला कर घुमाया गया, उसके गर्म कड़छे मारे गए और उसका पेट फाड़ दिया गया। चन्दू शाह का दीवान था फिर भी कोई उसे बचाने नहीं आया।[74] जहाँगीर काल की न्याय और दंड-व्यवस्था का यह सटीक चित्रण है। ऐसी भयंकर दंडव्यवस्था के बारे में अनेक लेखकों ने विस्तारपूर्वक लिखा है। जहाँगीर भी ऐसे दंड देने में विश्वास करता था जो देखने और सुननेवालों के दिल दहला दें। रीतिकालीन साहित्य में उस बारे में कुछ नहीं मिलेगा, लेकिन अन्य देशी-विदेशी लेखकों की पुस्तकों में उसके प्रमाण भरे पड़े हैं।

बताया जा चुका है कि रीतिकालीन कवियों ने अपने आश्रयदाता और श्रद्धापात्रों पर काव्य लिखते समय मुगल बादशाहों के बारे में उतना ही लिखा है, जितना उनके आश्रयदाता और श्रद्धापात्र के सन्दर्भ में आवश्यक था। जहाँगीर के जीवन और कार्यों का जितना प्रभाव उनके काव्यनायक पर पड़ा था, उतने का ही

हिन्दी कवियों ने वर्णन किया है, शेष को छोड़ दिया है। शेष सामग्री के लिए आपको अन्य स्रोत तलाशने पड़ेंगे।

आपने देखा कि अकबर की तरह जहाँगीर पर भी रीतिसाहित्य में अधिक सामग्री नहीं मिलती है। हिन्दी कवियों में उन दिनों भक्ति-भावना का जोर था और वह राम-कृष्ण पर कविता लिखने का युग था। केशव ने ईश्वर-भक्ति की लीक से हटकर मुगल और राजपूत भक्ति पर कलम चलाई तो उन्हें तुलसीदास जैसे भक्त कवियों का विरोध सहना पड़ा था। हिन्दी में तब भक्तिकाल था। उस समय प्राकृत जनों पर काव्य लिखने की परम्परा का सूत्रपात केशवदास ने किया था, इसमें दो राय नहीं है। केशवदास ने जिस तरह भक्तिकाल में रीतिकाव्य की परम्परा को पुष्ट किया था, उसी तरह उन्होंने काव्य के धार्मिक पात्रों के स्थान पर भौतिक नायकों को स्थापित किया। आम प्रजा को जो लोग रात-दिन प्रभावित कर रहे थे और जिनके कारण सामान्य जन-जीवन में उथल-पुथल मची रहती थी, उनके बारे में जानने की जिज्ञासा को ऐसे काव्य ही शान्त कर सकते थे। राजमहलों के भीतर क्या घट रहा है और राजपुरुष क्या करते-सोचते हैं, यह बताने के लिए उनसे जुड़े कवियों ने अपने इतिहास-आधारित काव्य लिखे थे, जिनको पढ़कर जिज्ञासु लोग अपने बादशाह, सूबेदार, राजा और उनके परिवार के बारे में जानकारी प्राप्त कर सकते थे। धार्मिक नायक-नायिकाओं के बारे में तो वे पीढ़ी-दर-पीढ़ी सुनते-पढ़ते आ रहे थे, अब उनकी तकदीर को बनाने-बिगाड़नेवालों के बारे में सुनने-जानने का समय आ गया था। अकबर और उसके बाद की पीढ़ियों ने सारे देश को दूर-दूर तक हिला डाला था। उनके आक्रमण दूर-दूर तक हुए थे। रास्ते के गाँव-कस्बों में रहनेवाले लोग मित्र-शत्रु सेना के बार-बार के आवागमन और आक्रमणों को देखते और झेलते थे। सबसे अधिक वे ही पीड़ित थे। बादशाह, सूबेदारों तथा राजाओं को उनके कष्टों से नहीं, धन-दौलत और अन्य भोग्य सामग्री से मतलब था। अकबरी शासन की सुव्यवस्था से जहाँगीर को फूलों की शैया मिली थी। सम्भवतः उसकी शाहजादा और बादशाहकालीन खराब प्रतिष्ठा ने किसी भी हिन्दी कवि को दान, मान, वीरता आदि किसी भी परम्परागत वर्णन क्षेत्र में उसकी प्रशंसा करने की गुंजाइश नहीं पाई थी। मुगल खानदान के पुराने सेवकों और साहित्यकारों को जहाँगीर की पिताविरोधी हरकतों से अप्रसन्नता और उसमें उसके पिता बादशाह अकबर के गुणों का पासंग भी न मिलने के कारण घोर निराशा भी अवश्य व्याप्त रही होगी। उसके दरबारी इतिहासकारों ने उसके बारे में जो प्रशंसात्मक बातें लिखी हैं अथवा स्वयं उसने अपने बारे में जो बढ़ा-चढ़ाकर लिखा है, उसकी पुष्टि रीतिकालीन हिन्दी कविता से नहीं होती है। केशव और पुहकर ने जो कुछ प्रशंसात्मक लिखा है और जो कुछ छिपाया है, उसके पीछे उनकी इतिहासदृष्टि नहीं, स्वार्थवृत्ति प्रेरक थी। गंग जैसी खरी बात कहने-लिखनेवाले कवियों का लोप हो गया था। खरी बात लिखकर उन्हें हाथी के

पैरों तले रुँदना अथवा गर्म तेल की कढ़ाई में उबलना अथवा गर्दन तक मिट्टी में दबना अथवा बैल, गाय, गधे की खाल में सिलना अथवा तलवार से कटना थोड़े ही था।

संदर्भ

1. जहाँगीर जस चन्द्रिका, छन्द सं. 31
2. वही, छन्द सं. 111
3. वही, छन्द सं. 108-9
4. वही, छन्द सं. 119-124
5. वही, छन्द सं. 130-134
6. वही, छन्द सं. 148-150
7. वही, छन्द सं. 47-53
8. वही, छन्द सं. 56-61
9. वही, छन्द सं. 63-84
10. वही, छन्द सं. 85-95
11. वही, छन्द सं. 99-102
12. वही, छन्द सं. 103-105
13. वही, छन्द सं. 4-5
14. कविवर गंग ग्रन्थावली, छन्द सं. 402
15. (क) वही, छन्द सं. 393, (ख) जहाँगीर जस चन्द्रिका, छन्द सं. 5
16. तुलसी गंग दोऊ भये सुकबिन के सरदार।—काव्यनिर्णय—भिखारीदास, प्रथम उल्लास।
17. कीन्हे प्राकृत जन गुनगाना, सिर धुनि गिरा लागि पछिताना।—बालकांड, रामचरित मानस, तुलसीदास
18. रहीम ग्रन्थावली, सं. डॉ. सरयू प्रसाद अग्रवाल, दोहावली, दोहा सं. 8
19. वही, समय, दोहा सं. 70
20. वही, नृपति, दोहा सं. 57-63
21. यही वह दाराब खाँ था, जिसे जहाँगीर ने अपना सेनापति बनाकर खंडेला राज्य के मोहनदेव के मन्दिर को गिराने के लिए भेजा था और उस मन्दिर को बचाने के लिए छापोली के ठाकुर और टोडरमल के पौत्र सुजानसिंह शेखावत तथा उसके भतीजे भवानीसिंह ने घमासान युद्ध करके अपने प्राण दिए थे।—राजस्थानी वीरगीत संग्रह, भाग-2, पृ. 96-97, गीत सं. 66-67
22. कविवर गंग ग्रन्थावली, पृ. 8-9
23. 1605 ई.
24. 1612 ई.

25. कविवर गंग ग्रन्थावली, जीवनवृत्त, पृ. 9-21

26. 1. ठठा मार्यो खानखाना दच्छिन अजीम कोका,
ईसफ खाँ मारि मारे कसमीर ठौर के।
साहि के हरामखोर मारे साहि कुली खान,
कहाँ लौ गनाऊँ गुन उमराव और के।
रुस्तम नवाब मारि बाला घाट बार क्यों
फाजिल फिरंगी मारे टापनि सरौर के।
बस्ती के काम छह हजार असवार जोरे
जैन खाँ जुनारदार मारे इकनौर के।।336।।

2. बाकर खाँ बिरचि विदर्भ देस मार्यो गंग
दलखान मारे मीर कन्हरहु गोर के।
दाही मीर मारि के हड़िब देस पेस करी
खान देस खोदि चित्र मन्दिर मरोर के।
पूरब पछांह मरदाने मानसिंह मारि
कासिम खाँ खोदे हैं मवास ठौर ठौर के।
केसोदास मारू मारि हरम कमठ करी
जैन खाँ जुनारदार मारे इकनौर के।।337।।–कविवर गंग ग्रन्थावली नीति उपदेश।

27. वही, पृ. 17 पर आ. चन्द्रबली पांडेय की पुस्तक 'तुलसी की जन्मभूमि' की भूमिका के पृ. 7 से उद्धृत।

28. कविवर गंग ग्रन्थावली, छन्द सं. 443

29. काव्य और इतिहास में इसे सूरसिंह भी कहा गया है।

30. गजगुणरूपक बन्ध–केसोदास गाडण, पृ. 23, छन्द सं. 2

31. बचनिका अथवा रूपसिंह की वार्ता, पृ. 119, छन्द सं. 34

32. वही, छन्द सं. 34-35

33. सूरज प्रकास, पृ. 286, छन्द सं. 214

34. वही, पृ. 288-297, छन्द सं. 219-242

35. (क) सूरज प्रकास, भाग-1, पृ. 298, छन्द 243-244
(ख) गजगुणरूपक बन्ध, पृ. 24-25, छन्द सं. 1-2, 9

36. 'बचनिका' में लिखा है कि किशनसिंह ने उसी समय जाकर गोविन्द दास को मार डाला–बचनिका, पृ. 119, छन्द 34-35 (रूपसिंह की वार्ता)

37. सूरज प्रकास, भाग–1, पृ. 1, छन्द 252

38. सूरज प्रकास, पृ. 305, छन्द 264

39. वही, पृ. 309, छन्द 274

40. (क) वही, पृ. 310, छन्द 276
(ख) गजगुणरूपक बन्ध, पृ. 33, छन्द 4

41. गजगुणरूपक बन्ध, पृ. 54, छन्द 9

42. (क) वही, पृ. 63-67, छन्द 1-2; पृ. 83-89, छन्द 2
(ख) सूरज प्रकास, पृ. 2-3, छन्द 4-5
43. गजगुणरूपक बन्ध, पृ. 74, छन्द 5
44. वही, पृ. 93, छन्द 4; पृ. 97, छन्द 2-3
45. वही, पृ. 94-96, छन्द 56-18
46. (क) वही, पृ. 108-9, छन्द 3-11
(ख) सूरज प्रकास, भाग-2, पृ. 3-4, छन्द 6
47. गजगुणरूपक बन्ध, पृ. 113-114, छन्द 1-4
48. (क) सूरज प्रकास, भाग-2, पृ. 4, छन्द 8
(ख) गजगुणरूपक बन्ध, पृ. 112-124, छन्द 1-7
49. गजगुणरूपक बन्ध, पृ. 131, छन्द 4
50. वही, पृ. 145, छन्द 1
51. 'गजगुणरूपक बन्ध' में गजसिंह के सामन्तों की विस्तृत नाम सूची दी गई है, पृ. 146-158
52. गजगुणरूपक बन्ध, पृ. 186, छन्द 1
53. गजगुणरूपक बन्ध, पृ. 191, छन्द 2
54. वही, पृ. 198-200, छन्द 11-26
55. ई. सन् 1624
56. गजगुणरूपक बन्ध, पृ. 240, छन्द 12, पृ. 242, छन्द 17 तथा पृ. 243, छन्द 20
57. (क) गजगुणरूपक बन्ध, पृ. 239, 241-243, छन्द सं. 8, 12, 17, 18
(ख) वही, अन्य प्रमाणों के लिए देखिए—सम्पादक श्री सीताराम लालस द्वारा लिखित भूमिका, पृ. 57-67
(ग) सूरज प्रकास, भाग-1, पृ. 5-7, छन्द 10-14
58. बचनिका अथवा रूपसिंह की वार्ता, पृ. 120, छन्द 36
59. राजस्थानी वीर गीत संग्रह, भाग-3, पृ. 20, गीत 12
60. वही, भाग-2, पृ. 61, गीत सं. 61
61. राजस्थानी वीरगीत संग्रह, भूमिका, लेखक डॉ. फतहसिंह, पृ. 5
62. वही, भाग-1, पृ. 193, गीत सं. 180
63. बिन्है रासो, परिशिष्ट—बंसावली गौड़ां की, पृ. 210-214, छन्द 21-30
64. वही, परिशिष्ट 1, पृ. 215
65. वह जोधपुर के राजा सूरजसिंह का मन्त्री और जहाँगीर का विरोधी था, इसलिए जहाँगीर ने उसे किसनसिंह द्वारा मरवा दिया था।
66. रूपसिंह की वार्ता, छन्द 33-35
67. वही, छन्द सं. 36, 38
68. रस रतन—पुहकर
69. मैं न कछू कविविधि कही, साचि कही सब बात।

सरल सिंह निर्विस उरग साहि तेज बिख्यात।।48।।—रस रतन, आदि खंड

70. (क) गुरु प्रताप सूरज—सन्तोख सिंह, भाग-2, पृ. 459, छन्द 27-28; पृ. 460, छन्द 30; पृ.622, छन्द 8-24, पृ. 624, छन्द 34-39
(ख) वही, भाग-4, पृ. 252, छन्द 22-25; पृ. 422, छन्द 18-20
71. वही, पृ. 137-38, छन्द 25-29; पृ. 46, छन्द 15
72. (क) गुरु प्रताप सूरज, पृ. 131, छन्द 21-26; पृ. 459, छन्द 23-24; पृ. 427, छन्द 35; पृ. 482-486, छन्द 2-3; पृ. 499, छन्द 10; पृ. 559-560, छन्द 5-20; पृ. 565, छन्द 32-35; पृ. 604-618, छन्द 9-20; पृ. 625, छन्द 43
(ख) वही, भाग-3, पृ. 4, छन्द 17-35
73. गुरु प्रताप सूरज, भाग-2, पृ. 422, छन्द 17; पृ. 429, छन्द 9; पृ. 457-458, छन्द 13-19; पृ. 464-466, छन्द 27-39; पृ. 482-86, छन्द 2-33; पृ. 501, छन्द 36; पृ. 516, छन्द 2-13
74. वही, भाग-3, पृ. 44, छन्द 11-39

4

शाहजहाँ काल

1. शाहजहाँ : जीवन-शैली और प्रभाव

जहाँगीर की मृत्यु के बाद खुर्रम ने शाहजहाँ नाम धारण कर भारत की बादशाहत सँभाली थी। बादशाह बनने के बाद उसने हिन्दू और इस्लामी प्रभाववश अनेक हिन्दू परम्पराओं को और अनेक इस्लामी आदेशों का पालन किया। हिन्दू परम्पराओं का अनुसरण करते हुए वह अपने जन्मदिन पर तुलादान, हाथी-घोड़ा दान, मनसब-जागीर-गाँव-भूमिदान आदि किया करता था तथा उसके दरबार में आनेवाले हिन्दू राजा हो कि प्रजा, उसके चरण-स्पर्श किया करते थे। विवाहिताओं के अतिरिक्त उसकी अनेक प्रेमिकाएँ थीं, जिनके साथ उसके विलासिता और मनोरंजनपूर्ण सम्बन्ध थे। शाहजहाँ के समकालीन और उसे प्रसन्न करने के लिए रचित एकमात्र हिन्दी रचना 'कवीन्द्र-कल्पलता' के रचयिता, संस्कृत विद्वान् कवीन्द्राचार्य सरस्वती ने शाहजहाँ के जीवन के बारे में विस्तार से लिखा है।[1] शाहजहाँ और दाराशिकोह के सामने ब्रजभाषा में लिखे और गाए गए उनके शृंगारपूर्ण कवित्तों तथा ध्रुपदों में शाहजहाँ के रूप, प्रेम और विलासिता के अनेक चित्र प्रस्तुत किए गए हैं।

काशी के प्रतिष्ठित विद्वान् कवीन्द्राचार्य सरस्वती का शाहजहाँ के दरबार में प्रवेश एक अन्य कारण से हुआ था। शाहजहाँ ने इस्लामी आदेशों का अनुसरण करते हुए गैरइस्लामी तीर्थ काशी और प्रयाग के तीर्थयात्रियों पर जजिया (विशेष कर) लगा दिया था। इससे हिन्दुओं में विरोध की भावना उत्पन्न हुई और उस भावना को व्यक्त करने का दायित्व कवीन्द्राचार्य सरस्वती ने सँभाला था। दाराशिकोह के कारण मुगल महल में पंडितों का प्रवेश होता ही रहता था, उसका लाभ उठाकर कवीन्द्राचार्य ने शाहजहाँ के सामने, दाराशिकोह की उपस्थिति में, जजिया के विरुद्ध हिन्दुओं की कसमसाहट को प्रकट किया था, जिसके फलस्वरूप शाहजहाँ ने जजिया की आज्ञा वापस ले ली। मुगल इतिहास में इस घटना का वर्णन न होने का कारण एक हिन्दू

पंडित के कहने से बादशाह के द्वारा जजिया की समाप्ति को माना गया है।[2] लेकिन इस घटना की महत्ता तत्कालीन विद्वन्मंडली द्वारा कवीन्द्राचार्य सरस्वती के प्रति किये और भेजे गए अभिनन्दनों से पुष्ट और प्रमाणित होती है। 69 विद्वानों ने कवीन्द्राचार्य सरस्वती के उस सफल प्रयास और साहसपूर्ण धर्मरक्षा की भूरि-भूरि प्रशंसा की थी। वह प्रशंसा लिखित अभिनन्दनों के माध्यम से प्रस्तुत की गई थी। उन अभिनन्दनों का संकलन 'कवीन्द्र चन्द्रोदय' में किया गया है।[3] कवीन्द्राचार्य की प्रतिभा से प्रभावित होकर उनको सर्वविद्यानिधान की पदवी स्वयं शाहजहाँ ने दी थी। जजिया समाप्त करवाकर हिन्दू प्रजा को सुखी करने का वह प्रसंग इस दोहे में वर्णित है :

कासी की अरु प्राग की, कर की विपति मिटाइ।
सब ही कों सब सुष दिये, किये धर्म अधिकाइ।।[4]

शाहजहाँ के उस उपकार और उसके द्वारा किए गए कवि के मान के प्रति आभार प्रकट करने के लिए कवीन्द्राचार्य ने 'कवीन्द्र कल्पलता' की रचना की है, जिसमें शाहजहाँ के रूप, गुण, दान, मान, प्रभाव, जीवन, पुत्रों तथा अधिकारियों आदि के बारे में अनेक सूचनाएँ दी गई हैं। उन सूचनात्मक उक्तियों से हमें शाहजहाँ के सम्बन्ध में अनेक अचर्चित और अज्ञात बातों की जानकारी मिलती है।

शाहजहाँ ने युवराज काल में अकबर की सामासिक संस्कृति से साक्षात्कार किया था तथा अपने पिता जहाँगीर पर इस्लामी प्रभाव-विस्तार को देखा था। उसने कुरान, पुराणों तथा वेदों की अच्छी जानकारी प्राप्त की थी। हिन्दू और मुसलमान को समान सम्मान देनेवाला वातावरण देखा था। वह बुद्धिमान शासक था, पर उसने जब राज्यभार सँभाला तो शासन पर अपनी पकड़ मजबूत करने के लिए उसने मुगल क्षेत्र के भीतर और बाहर के विरोधियों और अपनी स्वतन्त्र सत्ता स्थापित करने का प्रयत्न करनेवाले राव, राजा और राणा पर आक्रमण किए। यदि आवश्यकता हुई तो उसने उनके महल और नगर को ध्वस्त कर डाला।[5] शाहजहाँ के कोप से अपने को बचाने के लिए पंजाब में गुरु हरगोविन्द को द्वाबा (दो नदियों के बीच का क्षेत्र) में अपना नगर बसाना पड़ा था।[6] अपने पिता की तरह उसे भी अपने को 'गाजी' कहलवाकर प्रसन्नता मिलती थी[7] और हिन्दू कवि उसे 'ईश्वर' के समकक्ष बताकर उससे दान-मान पाते थे।[8] हिन्दू गुरु हरगोविन्द को उसकी प्रसन्नता पाने और हिन्दुओं पर उसके अत्याचार घटाने के लिए मस्जिद का निर्माण करवाना पड़ा था।[9] उसकी प्रजा को देवदर्शन की भाँति उसके दर्शन करके प्रसन्नता होती थी। विभिन्न धार्मिक और सामाजिक अवसरों पर वह झरोखा-दर्शन देता था। आगरा के किले में इस काम के लिए विशेष झरोखा बना हुआ है और अनेक काव्यों में ऐसे प्रसंग वर्णित हुए हैं। शाहजहाँ जब यात्रा या अभियान पर निकलता था तो रास्ते भर प्रजाजन उसके दर्शन पाकर अपने को धन्य मानते थे।[10]

शाहजहाँ को युद्ध जितने प्रिय थे, उतना ही प्रिय सांसारिक सुख-भोग था। रूप और सौन्दर्य का भोग तथा संगीत के प्रति उसका लगाव किसी भी हिन्दू राजा-महाराजा से कम न था। उसके समय में लिखित साहित्य की प्रवृत्तियाँ इस बात को पुष्ट करती हैं। शाहजहाँकालीन शासक सत्ता का पूरा सुख भोग रहे थे और उनके रनिवासों में उनके लिए पर्याप्त से अधिक भोग-सामग्री उपस्थित रहती और की जाती थी। उनके दरबारी कवि उनके सामने ही अपनी कविता में उनसे सम्बन्धित विलासिता के दृश्य अंकित कर उनके साथ उनके दरबारियों का भी मनोरंजन कर रहे थे। यदि वे गलत लिखते और उनके आश्रयदाताओं को उनके ऐसा लिखने पर आपत्ति होती, तो वे उनका नाम देकर उनकी विलासिता का वर्णन न करते। शाहजहाँ तथा उसके आश्रित राजाओं के दरबारों में लिखा गया शृंगारकाव्य उनके रसिक चरित्र का सही विवरण प्रस्तुत करता है। कवीन्द्राचार्य सरस्वती ने लिखा है कि शाहजहाँ युद्ध की थकावट मिटाने के लिए स्त्रीभोग में आनन्द लेता था।[11] उन्होंने शाहजहाँ को दक्षिण नायक[12] बनाकर अनेक ध्रुपद लिखे हैं।[13] इन ध्रुपदों को निश्चित रूप से शाहजहाँ के सामने दरबार में गाया गया था। इनमें परम्परागत दक्षिण नायक कृष्ण के स्थान पर शाहजहाँ को दक्षिण नायक के रूप में चित्रित किया गया है जो अनेक प्रकार की नायिकाओं का प्रिय है।

इन ध्रुपदों में बताया गया है कि शाहजहाँ अनेक प्रेमिकाओं का हृदय-हार था। उसका सम्बन्ध हर आयु-वर्ग की स्त्रियों के साथ था और वह उनके साथ हर तरह की विलासलीला किया करता था। उसका रंगीला मिजाज था और उसे वसन्त ऋतु विशेष प्रिय थी। वसन्त ऋतु में मुग्धा, मध्या और प्रौढ़ा[14] नायिकाओं के साथ अपने स्वर्ण महल में होली खेलने, नृत्य और संगीत का आनन्द लेने और अनेक प्रकार के नवोढ़ा[15] स्त्रियों से घिरे रहने में उसे आनन्द आता था। जिस स्त्री को वह चुन लेता था वह अपने को धन्य मानती थी और जिसके साथ वह दिन और रात बिताता था वह तो अपने को परम भाग्यशालिनी समझती थी।[16] वह प्रत्यक्ष काममूर्ति और कामदेव का अवतार था। वह अपनी विवाहिताओं से भी प्रेम करता था पर अन्य सुन्दरियों का रतिसुख पाने में चूकता नहीं था।[17] इस प्रकार की शृंगारिकता से भरपूर ये ध्रुपद शाहजहाँ की रसिकवृत्ति के परिचायक हैं। यह देखकर आश्चर्य होता है कि कवीन्द्राचार्य से पहले किसी हिन्दू राजा के आश्रित कवि ने अपने आश्रयदाता के द्वारा रतिसुख लेने का इतना खुला वर्णन नहीं किया, जैसा मुसलमान बादशाह शाहजहाँ की रसिकता का कवीन्द्राचार्य ने किया है। शाहजहाँ को ये ध्रुपद रुचे होंगे, तभी तो कवीन्द्राचार्य को साहस हुआ होगा कि वे ऐसे गोपनीय प्रसंगों को इतने खुलेपन के साथ जन-सामान्य के लिए प्रस्तुत कर सकें।

भवन, मयूर सिंहासन तथा वर्षगाँठ शाहजहाँ की विलासिता के परिचायक और वैभव-प्रदर्शन के अन्य उपकरण थे। उसने अपने सुन्दर भवनों के निर्माण में संगमरमर,

सोने-चाँदी और रत्नों का भरपूर उपयोग किया था। उसने सफेद पत्थर की दीवारों और खम्भों में बेलबूटों के भीतर लाल और नीले रत्न गड़वाए थे तथा छतों के नीचे और ऊपर सोना मढ़वाया था। कवीन्द्राचार्य के शब्दों में सफेद भवन रात को भी दिन कर देते थे तथा लाल और नीले रत्न अनोखी आभा प्रदान करते थे।[18] उसका मयूर सिंहासन स्वर्णनिर्मित था और उसमें करोड़ों के रत्न जड़े हुए थे। उसमें जड़े गए बहुत सारे रत्न तो उसे अकबर और जहाँगीर के संगृहीत खजाने से मिले थे और बहुत से देश-विदेश से मँगवाकर एकत्र किये गये थे। वह अमूल्य मयूर सिंहासन शाहजहाँ के अकूत वैभव का परिचायक था।[19] वर्षगाँठ का अवसर भी शाहजहाँ के वैभव-प्रदर्शन का माध्यम होता था। उस अवसर पर वह राव को राजा तथा राजा को महाराजा का पद प्रदान करता था और तुलादान में रत्न, सोना तथा चाँदी बाँटकर ब्राह्मणों, कवियों, कलाकारों तथा अन्य नरनारियों का आशीर्वाद प्राप्त करता था। दरबार में गायन, नृत्य और वादन के कार्यक्रम किए जाते थे। असंख्य नरनारियों की इच्छापूर्ति की जाती थी। उसकी वर्षगाँठ के अवसर को कंचनवर्षा की संज्ञा दी जाती थी। उसके समय में इस देश में सच्चे अर्थ में सोना बरसता था और शाहजहाँ का शासनकाल हिन्दुस्तान के लिए स्वर्णकाल हो गया था।[20] यही कारण है कि इस देश के वैभव की कहानियाँ सीमापार फैल गई थीं और यूरोप तक के यात्री और व्यापारी जमीन और समुद्र के रास्तों से आकर दिल्ली तक फैल गए, थे। उनके संस्मरणों में शाहजहाँ कालीन सुख वैभव के जो वर्णन मिलते हैं, उनसे कवीन्द्राचार्य सरस्वती के वर्णनों की पुष्टि होती है।

शाहजहाँ काल में वैभव के संचय से प्रदर्शन की वृत्ति का जन्म हुआ था। शाहजहाँ और उसके समय के स्थापत्य, वस्त्र, चित्र, साहित्य और वृत्त इस सत्य को पुष्ट करते हैं। भारतीय लोकजीवन में भी इस बारे में तरह-तरह के विवरण आज भी उपलब्ध हैं। रोशनआरा के द्वारा ढाका की मलमल की सात परतें पहन लेने पर भी उसके अंग दिखाई पड़ने पर शाहजहाँ की शर्मिन्दगी की कहानी बहुप्रचलित है। सन्तोखसिंह ने गुरु प्रताप सूरज में लिखा है कि शाहजहाँ रात को सोते समय जो सौ पल्लीवाला जामा पहनता था, वह इतना नाजुक होता था कि सवेरे तक वह फट जाता था। इस प्रकार वह रोज नया सौ पल्लीवाला जामा पहनता था। उसके दरबारी जब भी बुलाए जाते थे तो वे सब लम्बा जामा तथा अलंकार पहनकर और इत्र लगाकर आते थे।[21] यहाँ तक कि शाहजहाँ का घोड़ा भी कंचन निर्मित, हीरेजड़ित जिगा और कलगीयुक्त होता था।[22]

कवीन्द्राचार्य सरस्वती ने 'कवीन्द्र कल्पलता' में शाहजहाँ द्वारा निर्मित शाहजहानाबाद के बारे में आँखोंदेखा विवरण लिखा है कि उसमें विशाल और ऊँचे-ऊँचे भवन बने हुए थे। उनमें संगीत, नाद और सुख भरा हुआ था। यह नया नगर पुराने नगरों की तुलना में बहुत सुन्दर था। शाहजहाँ के काल में अपने लिए

बनवाए गए भवन संगमरमर से बने हुए थे। उनमें लाल और नीली मणियाँ जड़ी हुई थीं।[23] ये वर्णन उन लोगों को अतिशयोक्तिपूर्ण लग सकते हैं, जिन्होंने आगरा और दिल्ली के किलों की शाहजहानी वास्तुकला का अध्ययन नहीं किया है। ये वर्णन वास्तविक हैं। इसके प्रमाण आज भी उन किलों और ताजमहल के खम्भों तथा छतों के नुचे, खुरचे और खोखले छोटे-बड़े छेदों को देखकर प्राप्त किए जा सकते हैं। शाहजहाँ ने अपने पूर्वजों तथा अपने समय में संचित किए गए वैभव का प्रदर्शन अपने मरमरी भवनों में स्वर्ण और रत्न जड़ित कर किया था, इसमें कोई सन्देह नहीं है। वृन्द ने 'रूपसिंह की वार्ता' में बताया है कि शाहजहाँ अमीर तैमूर लंग, बाबर और हुमायूँ का वंशज था। वह दिल्ली के तख्त पर पूरे तेज के साथ विराजमान था। वृन्द ने उसकी धाक का विस्तार चीन, कांबोज, उजबेक, ईरान, तुर्की, तूरान, रूम, साम, अरब, ईराक तक बताया है। भारत भर में तो उसका प्रभाव-विस्तार था ही। हिन्दू-मुसलमान, मुगल-पठान, ईरानी-तूरानी, हब्शी-अरमनी और रूमी-रुहिल्ला जातियाँ अपनी अकड़ छोड़कर उसके दरबार में उपस्थित रहती थीं। सभी राजपूत उसकी सेवा में थे। दरबारियों में सदी से लेकर सात हजारी मनसबधारी अपनी कृपाणों के साथ दरबार के समय दिखाई पड़ते थे। इनके अतिरिक्त अन्य पदों पर काम करनेवाले नजूमी, हकीम, जौहरी, मुकीम, नजरबाज गोलंदाज, छत्रबरदार, चँवरबरदार आदि अपने-अपने काम में मुस्तैद रहते थे। ये सब शाहजहाँ के प्रत्येक हुक्म को मानने के लिए हाथ बाँधे खड़े रहते थे।

शाहजहाँ के चेहरे पर तेज झलकता था। इत्र की महक चारों ओर फैलती थी। नौबत बजती रहती थी। ऐसा था दिल्ली के किले के आम खास में बादशाह शाहजहाँ का प्रभावकारी स्वरूप। दरबार में देश-देश के दूत और जासूस आकर सूचनाएँ और देश तथा राजनीति की खबरें देते थे। बादशाह भी डाक चौकियों (डाकियों) के द्वारा फरमान भेजता था। वह शासकों को आवश्यकता और परिस्थिति के अनुसार मनसब देता था और लेता था। वह स्वयं अदालत था और न्याय करता था। इस प्रकार शाहजहाँ का शासन काल सुख-शान्ति का था।[24]

2. शाहजहाँ की सन्तानें

कवीन्द्राचार्य सरस्वती ने शाहजहाँ की केवल चार सन्तानों के नाम गिनाए हैं—दारा, शुजा, मुराद और जहाँआरा। उन्होंने औरंगजेब तथा रोशनआरा के बारे में एक शब्द भी नहीं लिखा है, जबकि शाहजहाँ के परिवार से बाहर के हयात खाँ और सैयद खाँ पर एक-एक कवित्त लिखे हैं।[25] इसका कारण यही हो सकता है कि औरंगजेब कवीन्द्राचार्य के प्रिय शाहजहाँ के विपरीत चलता था और रोशनआरा औरंगजेब की अधिक लाड़ली बहन थी और वह शाहजहाँ के प्रति औरंगजेब के गलत आचरण

का विरोध नहीं करती थी। शुजा भी शाहजहाँ के विरुद्ध था, फिर भी उस पर कवीन्द्राचार्य ने क्यों लिखा, यह वही जानें।

कवीन्द्राचार्य ने दाराशिकोह को दाराशाह लिखा है। सम्भवतः इसलिए कि वह ही अपने पिता का वास्तविक उत्तराधिकारी था। शाहजहाँ के अन्य पुत्रों की तुलना में दारा अधिक पितृभक्त था। और पुत्र तो अपने पिता से उखड़े-उखड़े रहते थे, लेकिन दारा सुख-दुःख की स्थितियों में हमेशा अपने पिता के साथ या आसपास रहा। दारा प्रजा का भी अधिक प्रिय था क्योंकि वह अनेक गुणों की खान था। वह बहुत दयालु, धर्मवेत्ता, लज्जाशील, मृदुभाषी, वचनपालक, यशस्वी, बादशाह की शक्ति, आश्रयदाता, भावी बादशाह, दानी, गुणी मनरंजक, देवतुल्य, शत्रुहन्ता, पृथ्वीपालक तथा दूसरों के दुख और दोषों को दूर करनेवाला था। दक्षिण में यद्यपि उसके विरोधी भाई का शासन था लेकिन वहाँ की प्रजा के बीच भी वही प्रिय था। समाज का श्रेष्ठ वर्ग दारा का ही आदर करता था। सबको दारा की तुलना में अन्य राव, राजा, उमराव, खानखाना, राणा, शाह और शाहजादे घटिया लगते थे। वह इतना सुदर्शन और आदरणीय था कि लोग उसका सान्निध्य पाने के लिए उसका दरबान बनने को भी तैयार रहते थे। देश का शासक वर्ग और गुणीजन उसके सदके जाते थे और उसको वली अहद मानकर आदर देते थे। कवीन्द्राचार्य सरस्वती तक उसमें निर्गुण ब्रह्म का साकार रूप देखते थे।[26]

दाराशिकोह अपनी पत्नी को भी तन-मन से प्यार करता था। उसका पुत्र सिपह शिकोह सबके बीच प्रिय था। यद्यपि दाराशिकोह को युद्धकर्म प्रिय नहीं था, लेकिन मुगल वंश का इतना आतंक और प्रभाव फैल चुका था कि दारा जब युद्ध को निकलता तो देशी नरेश उसे पेशकश देकर अपना शासनक्षेत्र बचाते थे।

वृन्द कवि ने शाहजहाँ के केवल पुत्रों का परिचय दिया है, पुत्रियों का नहीं। उनके अनुसार शाहजहाँ का बड़ा बेटा दाराशिकोह बादशाह का उत्तराधिकारी था। वह बादशाह के पास रहता था। दूसरा शाहजादा शुजा पूर्व की सूबेदारी कर रहा था। तीसरा शाहजादा मुरादबख्श गुजरात में नियुक्त था। चौथा पुत्र औरंगशाह खुदापरस्त था। उसमें बादशाहत की चाहत नहीं थी। उसके हाथ में तस्बीह रहती थी। वह अपने पास अपने सैनिकों का समूह रखता था।[27]

वृन्द और कवीन्द्राचार्य के लेखनकाल के बीच लम्बा अन्तराल था। कवीन्द्राचार्य शाहजहाँ के युवाकाल के आश्रित कवि थे और वृन्द औरंगजेब की प्रौढ़ावस्था काल के। कवीन्द्राचार्य ने शाहजहाँ और उसके पुत्र-पुत्रियों को बारे में स्वानुभव से लगभग ठीक-ठीक लिखा था। इसके विपरीत वृन्द का सम्बन्ध औरंगजेब के पुत्र से था, इसलिए उनको औरंगजेब के बारे में अच्छा लिखना ही था। वृंद ने जो लिखा है कि औरंगजेब कट्टर आस्तिक था, इसमें कोई सन्देह नहीं है, लेकिन उसकी आस्तिकता राजनीति को भुनाने के लिए प्रयुक्त हुई थी, यह उसके परवर्ती आचरण से स्पष्ट

हो जाता है। उसकी तस्बीह और उसके आचरण में कितना विरोधाभास था, उसके बारे में भूषण, निपटनिरंजन और सन्तोखसिंह आदि के काव्यों में अच्छा खुलासा किया गया है। वृन्द की यह बात कि उस खुदापरस्त में बादशाहत की चाहत नहीं थी और वह अपने पास सैनिकों का समूह रखता था, इन दोनों बातों में भी विरोधाभास है। उसकी खुदापरस्ती और सैनिकों की जमावट बादशाहत के लिए ही थी। वह मुगलवंश का सच्चा बगुलाभगत था, जैसा कि आगे चलकर अपने पिता, भाइयों, बहन तथा विरोधियों के प्रति उसके निर्मम व्यवहार से प्रमाणित हुआ था।

शाहजहाँ की बड़ी पुत्री जहाँआरा को कवीन्द्राचार्य ने बंगसाहिब की संज्ञा दी है उसका वास्तविक नाम नहीं लिखा है[28], लेकिन कविता में उसकी प्रशंसा से पता लग जाता है कि यह इकलौता प्रशस्ति कवित्त जहाँआरा के लिए ही लिखा गया है। कवि अनुसार जहाँआरा दीनपालक, दानी, परम धार्मिक, यशस्वी और महल में सबकी आदरणीय थी। सब उसका मंगल चाहते थे। वह अपने पिता (शाहजहाँ) और भाई (दाराशिकोह) की प्रेमपात्र थी।

3. शाहजहाँकालीन प्रशासन-व्यवस्था और राजपूत

शाहजहाँ अपने पिता जहाँगीर की तरह युद्ध से बचनेवाला बादशाह नहीं था। वह युद्धों में उत्साहपूर्वक भाग लेता था। अविजित क्षेत्रों को भी जीतने की कामना से वह जब-तब युद्ध छेड़ता था। इसी विजयकामना से उसने पूर्व दिशा में पहले कदम बढ़ाए, फिर वह दक्षिण की ओर बढ़ा। दक्षिणी अभियान में उसे अकूत धन-दौलत तथा रत्न-जवाहर प्राप्त हुए। सबसे पहले उसने बीजापुर को दास बनाया, फिर गोलकुंडा के शासक का शासन छीन लिया। उस शासक ने शाहजहाँ को हाथी और हीरे भेंट करके प्रसन्न किया, लेकिन भेंट लेकर भी शाहजहाँ ने विजित भूमि को नहीं छोड़ा। इसी तरह पश्चिम दिशा में अपना प्रभुत्व स्थापित करने के बाद शाहजहाँ ने उत्तर दिशा में बुखारा को जीता और उसके बाद खुरासान पर बार-बार आक्रमण किए, फिर अरबी, सिद्दी (हब्शी) रूमी तथा सामी योद्धाओं से युद्ध किए। शाहजहाँ ने वे सारे युद्ध अपने नमकहलाल सहायक नवाबों और राव-राजाओं की सहायता से किए थे और इस तरह उसने अपने विरोधियों का अस्तित्व अथवा अहं मिटा डाला था। उसकी अपनी और उसके अपने अधीनस्थ सहायकों की सम्मिलित सेना का फैलाव योजनों तक हो जाता था। कवीन्द्राचार्य ने लिखा है कि शहंशाह शाहजहाँ की सेना का तम्बू पूरे जम्बूद्वीप पर तना हुआ था। शाहजहाँ की फौज क्या थी, विशाल दरिया थी।[29] निश्चित ही वह फैलाव स्थान-स्थान पर सुरक्षा और सूचना के लिए स्थापित थानों और विजित क्षेत्रों के रूप में था।

कवि सन्तोखसिंह ने शाहजहाँकालीन शासन-प्रबन्ध, मुगल-राजपूत-सम्बन्ध,

देश-दशा आदि के बारे में बताया है कि शाहजहाँ के शासन काल में अकबर काल की तरह का उदार समाज निर्मित हुआ था। अकबर की उदारता और जहाँगीर की धार्मिक साम्प्रदायिकता का वह यथावसर उपयोग करता था। उसने अपने चारों पुत्रों को देश के सभी हिस्सों का प्रबन्ध करने के लिए नियुक्त कर रखा था। उसके दृढ़ शासनतन्त्र में शत्रु सिर उठाने का साहस नहीं करते थे। सभी राजा उसके अधीन होकर हाथ बाँधे खड़े रहते थे और उसकी आज्ञा का पालन करते थे। राजपूत लोग तुर्कों को बेटी देना कलंक मानते थे, लेकिन राजनैतिक स्वार्थसिद्धि के लिए उनके यहाँ अपनी सुन्दर बेटियों के डोले भिजवाने को मजबूर थे। उसी तरह शाही आज्ञा होते ही वे सब दरबार में हाजिर होने को दौड़ पड़ते थे। जहाँ भेजा जाता, वहीं जाते थे। अगर बादशाह किसी पर क्रुद्ध हो जाता था तो उसे कठिन मुहीम पर भेजकर मरवा डालता था। जो जरा-सी भी अवज्ञा करता था, बादशाह उससे युद्ध करके वश में कर लेता था। वह शत्रु को जिस-किसी तरह मरवा डालता था। बड़ी-बड़ी सेना तथा विशाल कोष और दुर्गवाले लोग चारों ओर से दौलत लाकर दिल्ली को भरते रहते थे। जब राजाओं की यह दुर्दशा थी तो उनकी हिन्दू प्रजा का तो कहना ही क्या। उनके धर्म पर जब-तब प्रहार होते रहते थे।[30]

शाहजहाँ को मनोरंजन के साधन अपने दादा और पिता से विरासत में मिले थे। युद्ध और भोग उसके प्रिय मनोरंजन के साधन थे। राजनीति के लिए युद्ध अपरिहार्य थे और शान्तिकाल में भोग। भोग के साधनों में उसकी अपनी पत्नियों में सर्वाधिक प्रिय थी मुमताज और अन्य थे मीना बाजार, भवन-निर्माण, शिकार, मल्लयुद्ध तथा गजयुद्ध। आगरा के ऐसे ही एक गजयुद्ध में शाहजहाँ के एक हाथी के बिगड़ जाने पर औरंगजेब के बाल-बाल बच जाने की घटना इतिहास प्रसिद्ध है। एक कवि लक्ष्मीदास गाडण ने अपनी कविता में उज्जैनयुद्ध में औरंगजेब और मुराद के साथ युद्ध में जसवन्तसिंह से सेनापतित्व सँभालनेवाले वीर रतनसिंह राठौड़ के बारे में सूचित किया है कि एक बार आगरा में जब शाहजहाँ का हाथी बिगड़ गया तब महेश दास के पुत्र रतनसिंह राठौड़ ने सिंह के समान उसको अपने हाथों से नियन्त्रित कर लिया।[31] किसी को क्या पता था कि औरंगजेब और शाहजहाँ को बचानेवाले रतनसिंह राठौड़ आगे चलकर उज्जैन के पास धरमत युद्ध क्षेत्र में आमने-सामने होंगे और उस उत्तराधिकार युद्ध में वे दोनों एक-दूसरे के शत्रु के रूप में लड़ेंगे और औरंगजेब को बचानेवाला रतनसिंह औरंगजेब की ही सेना के द्वारा मारा जाएगा।

शाहजहाँ के शासन काल में उत्तर के काबुल-कन्धार और बल्ख-बुखारा से लेकर दक्षिण के दौलताबाद-अहमद नगर तक जिन बादशाही राजपूत सेनापतियों ने सबसे अधिक बढ़-चढ़कर भाग लिया था, उनमें आमेर के राजघराने के राजा का नाम सबसे ऊपर आता है। अकबर काल का मानसिंह और शाहजहाँ काल का मिर्जा

राजा जयसिंह मुगल शासन के सबसे अधिक फर्माबरदार सेनापति रहे। मिर्जा राजा जयसिंह ने जहाँगीर काल में मुगल दरबार की सेवा करके जहाँगीर के दिल में जगह बनाई ा, वरना अकबर और खुसरू-प्रसंग में सलीम के विरुद्ध भूमिका निभाने के कारण मानसिंह ने जहाँगीर के दिल में आमेरवंश के प्रति घृणा और उपेक्षा के भाव भर दिए थे। जयसिंह ने जहाँगीर के संकटकाल में खुर्रम-विद्रोह के अवसर पर अपनी विश्वसनीयता के प्रमाण देकर मुगल दरबार में अपने लिए विशेष जगह बनाई थी। अपनी बुद्धि और कूटनीति से उसने शाहजहाँ (खुर्रम) के विरुद्ध होकर भी बादशाह शाहजहाँ के लिए अपनी अपरिहार्यता सिद्ध कर दी थी, तभी तो शाहजहाँ उसे अपना सेनापति बनाकर इधर-उधर युद्ध और विग्रह के लिए भेजता रहता था। राजा जयसिंह ने शाहजहाँ की ओर से उत्तर और दक्षिण में अनेक युद्ध लड़े थे। दक्षिण के दमन के लिए मिर्जा राजा के अभियानों के प्रत्यक्षद्रष्टा उसके राजकवि बिहारी थे, जिन्होंने अपने आश्रयदाता के मनोरंजन के लिए 'सतसई' नामक काव्य लिखा था, जिसमें शृंगार, भक्ति और नीति विषयक सात सौ से कुछ अधिक दोहे हैं। उन्होंने अपने आश्रयदाता जयसिंह को प्रसन्न करने के लिए कोई प्रशस्ति काव्य नहीं लिखा। उनमें काव्य-प्रतिभा थी, परिस्थितियाँ अनुकूल थीं, समय की माँग भी थी। यदि वे चाहते तो अपनी प्रतिभा को प्रशस्तिकाव्य लिखकर भुना सकते थे, खूब दान, हाथी, घोड़े और भूमि कमा सकते थे, किन्तु उन्होंने केवल शृंगार, भक्ति और नीति के दोहे लिखे और उन्हें सुनाकर ही सन्तोष कर लिया। इन दोहों के बीच में नीति के अन्तर्गत अपने आश्रयदाता के प्रति कुछ प्रशंसात्मक और कुछ क्षोभयुक्त दोहे पिरोकर उन्होंने यह सूचित कर दिया कि उनको अपने आश्रयदाता के द्वारा अपने जाति भाइयों और दुर्बल लोगों के विरुद्ध शाही आदेशों के अनुसार युद्ध छेड़ते रहना अच्छा नहीं लगता है। उन्होंने एक दोहे में लिखा है कि जयशाह का मुख देखकर लाखों की सेना रणभूमि में नहीं रहती है और निरक्षर याचक भी लाखों का दान लेकर जाता है।[32] 'सतसई' के सम्पादक और भाष्यकार रत्नाकरजी ने इस 'लाखों' शब्द के तीन अर्थ निकाले हैं—(1) संख्यावाची अर्थ, (2) लक्खी जादो, जो दक्खिन में दौलताबाद सरकार के संदखेर का देशमुख, निजामशाही राज्य का मनसबदार तथा शिवाजी का नाना था, जिसके साथ जयसिंह और खानजहाँ लोदी का आमना-सामना होने की सम्भावना है, और (3) आगरा के निकट महावन के किसी विद्रोही जाट नेता का नाम, जिसका दमन जयसिंह और कासिम खाँ ने किया था।

शाहजहाँ काल तक मुगल शासन पूरी तरह से राजपूतों के सक्रिय सहयोग पर निर्भर हो गया था। अन्य राजपूत राजाओं की अपेक्षा आमेर और जोधपुर के महाराजा मुगल राज्य के स्तम्भ थे।[33] जोधपुर की अपेक्षा आमेर अधिक विश्वसनीय तथा हर आड़े वक्त में काम आनेवाला था, इसीलिए बिहारी ने लिखा है कि शाहजहाँ का साम्राज्य जयशाह पर निर्भर था। कवि ने लिखा है यद्यपि सेना तथा सयानपने

के सबग सामान शाहजहाँ के साथ हैं, तथापि हे बाहुबली जय शाह ! फतह तुम्हारे हाथ में है।[34] जयशाह शाहजहाँ का बाज था और जिस तरह बाज दुर्बल पक्षियों को मार डालता है, उसी तरह जयसिंह भी मुगल-विरोधी अथवा मुगल-अधीनता को नकारनेवालों को कुचल डालता था, यही देखकर बिहारी ने एक दोहे में अपना क्षोभ व्यक्त करते हुए अपने आश्रयदाता को समझाया था—स्वारथु सुकृतु न श्रम वृथा देखि बिहंग बिचारि, बाज पराएँ पानि परि तू पच्छीनु न मारि।[35]

(हे बाज ! दूसरे के हाथ पर बैठकर तू पक्षियों (चिड़ियों, दुर्बल जनों) को मत मार। हे पक्षी, विचारकर देख, इस काम में न तो तेरा स्वार्थ है, न यह अच्छा काम है, बेकार मेहनत करता फिरता है।) श्री जगन्नाथ दास रत्नाकर ने इस दोहे का भाष्य करते हुए बताया है[36]—ज्ञात होता है कि मिर्जा राजा जयशाह जो शाहजहाँ की ओर से हिन्दुओं के विरुद्ध युद्ध करते थे, वह बिहारी को अच्छा नहीं लगता था। सो उसने यह अन्योक्ति उन्हीं पर कही है। 'पराएँ' और 'पच्छीनु' शाहजहाँ और हिन्दुओं के ऊपर बहुत अच्छे घटते हैं। 'बिहंग' शब्द से कवि यह व्यंजित करता है कि तेरी गति तो अनिरुद्ध है और तू बड़ा दूरदर्शी भी है, फिर दूसरे के वश में पड़कर स्वजातियों को क्यों हानि पहुँचाता है और इसका परिणाम नहीं सोचता।

जयशाह को, मुसलमानों की ओर होकर हिन्दुओं से लड़ने पर शिवाजी ने भी अपनी चिट्ठी में, बहुत फटकारा है। उस चिट्ठी के कुछ शेर नीचे दिए जाते हैं :

ज़े ख़ूने दिलो दीदए हिंदुवां। तु ख़्वाही शवी सुर्ख़रू दर् जहाँ।।

हिन्दुओं के हृदय तथा आँखों के रक्त से तू संसार में सुर्खरू (लाल मुँहवाला) हुआ चाहता है।

न दानी मगर् कीं सियाही शवद्। कज़ीं मुल्को दीं रा तबाही शवद्।

पर तू यह नहीं समझता कि इससे तेरे मुँह पर कालिख पोती जा रही है, क्योंकि इससे देश तथा धर्म का नाश होता है।

अगर् सर् दमे दर् गरेबाँ कुनीं। चो नज़्ज़ारए दस्तो दामां कुनीं।।

यदि तू क्षण मात्र अपना सिर झुकाकर सोचे और अपने हाथ तथा दामन का (जो कि रक्त से सने हुए हैं) निरीक्षण करे।

बु बीनी कि ईं रंग अज़ ख़ूने कीस्त। कि दर् दो जहाँ रंगे ईं रंग चीस्त।

तो तुझे ज्ञान हो कि यह रंग किसके खून का है और इहलोक तथा परलोक दोनों में इस रंग का वास्तविक रंग क्या है, काला है अथवा लाल।

न बायद् कि बा मा नबद् आवरी। रारे हिन्दुवाँ ज़ेरे गर्द आवरी।

तुझको हम लोगों से युद्ध करना और हिन्दुओं के सिरों को धूल में मिलाना उचित नहीं है।

अज़ीं तुर्कताज़ी चे आयद् तुरा। हवायत् सुराबे नुमायद् तुरा।

इस वृथा की दौड़धूप से तेरे हाथ क्या आता है ? तेरी तृष्णा तुझे मृगतृष्णा मात्र दिखा रही है।

बदां सिफ्ल मानी कि जेहूदे वरद्। उरूसे द्ग्गंगाले ख़ेश आवरद्।

तू उस नीच मनुष्य की भाँति है, जो बड़ा उद्योग करके किसी सुन्दरी को अपने हाथ में लाता है,

बले बर् न अज़् बागे हुश्नश् खुरद्। बदस्ते हरीफ़े बरा बेस्परद्।

पर उसके सौन्दर्य की वाटिका का फल स्वयं नहीं खाता है प्रत्युत उसको अपने प्रतिद्वन्द्वी के हाथ में सौंप देता है।

शिवाजी के इस पत्र में यह बिलकुल सच लिखा गया है कि मध्यकालीन राजपूत शासक वर्ग सत्तासुन्दरी के लिए युद्ध उसे जीतकर मुगलों को सौंप देने के लिए करता था, लेकिन यह सच नहीं है कि मिर्जा राजा जयसिंह ने केवल हिन्दुओं के विरुद्ध युद्ध किए थे। उसने उन सभी के विरुद्ध युद्ध किए थे, जिसके विरुद्ध युद्ध करने का आदेश मुगल बादशाह देता था। वह तो मुगल बादशाह का आज्ञाकारी सेवक था जो अपना स्वामिधर्म निभाने के लिए लड़ता था। चाहे वह लड़ाई हिन्दू के विरुद्ध हो या मुसलमान के विरुद्ध, बल्ख-बुखारा से लेकर दौलताबाद तक जो भी मुगल शत्रु रास्ते में आया, उसी के विरुद्ध उसकी तलवार उठी थी। अपनी सत्ता और अपना स्वत्व बनाए रखने के लिए ऐसा करना उसकी मजबूरी थी। स्वयं की हिन्दू सत्ता का स्वप्न देखनेवाले स्वयं शिवा ने अनेक बार हिन्दुओं के विरुद्ध हमले और लूटमार की नीति अपनाई थी।

कवि बिहारी ने अन्योक्ति के माध्यम से राजा जयसिंह को प्रेरित किया था कि वह मुगल बादशाह की प्रसन्नता और निश्चिन्तता के लिए अपने धर्म भाइयों को न मारे। यही बात शिवाजी के पत्र में खुलकर कही गई है। जयसिंह को अपनी सत्ता और अपने राज्य की रक्षा के लिए मुगल सत्ता की अधीनता और आज्ञा स्वीकार करनी पड़ी थी, जबकि शिवाजी जैसे लोगों को अपनी स्वतन्त्र सत्ता के लिए मुगल सत्ता से युद्ध करना पड़ रहा था और मुगल बादशाह चतुराईपूर्वक गुलाम हिन्दुओं को स्वतन्त्रताकामी और विद्रोही या विरोधी हिन्दुओं से लड़ाने की राजनीति खेल रहे थे। बिहारी जैसे कवियों ने मुगल-अधीन राजा की शरण जीविका के लिए ली थी, अपनी आत्मा बेचने के लिए नहीं, इसलिए इस तरह की अन्योक्तियों से वे अपने आश्रयदाता को उचित राह दिखाने का प्रयत्न करते रहते थे।

शाहजहाँ के दरबार में अनेक राजपूत राजा सेवादार थे, उनमें से एक रूपसिंह भी था। जहाँगीर के समय में किसनगढ़ में भारमल का बेटा पूरनमल जन्मा था। उसी पूरनमल का दूसरा नाम रूपसिंह था। संवत् 1700 में किसनगढ़ के राजा हरीसिंह

की मृत्यु के बाद 15 वर्ष की आयु में रूपसिंह को किसनगढ़ का राजा बनाया गया था। शाहजहाँ ने उसे दरबार में उपस्थित होने का आदेश भेजा। रूपसिंह ने बादशाह के आदेश का पालन किया। वह दरबार में हाजिर हुआ तो उसे बादशाह ने दो हजारी दो हजार सवार का मनसब भेंट किया। साथ में जड़ित खंजर और तलवार भेंट की।[37]

अल्पवय में ही रूपसिंह का राजनीति के दाँवपेंचों से पाला पड़ गया था, इसलिए युवा होते-होते उसने समझ लिया था कि मुगल बादशाह की अधीनता में रहकर ही राजसुख भोगा जा सकता है। उसका अग्रज जोधपुर नरेश जसवन्तसिंह राजा बनते समय उसी की तरह अल्पायु था और वह भी शाहजहाँ का आज्ञाकारी सेवक था। कछवाहा राजा जयसिंह उन दोनों की अपेक्षा वयोवृद्ध, अधिक अनुभवी और मुगल साम्राज्य की सेवा में अपने-पराये से युद्ध करने के लिए हमेशा तत्पर रहकर राजसुख भोग रहा था। जब आमेर और जोधपुर जैसे बड़े-बड़े राज्य मुगल सेवक थे तो किसन गढ़ और रूपनगर की तो हैसियत ही क्या थी। समय की उस माँग को पूरा करने के लिए रूपसिंह भी शाहजहाँ के हर आदेश का पालन करने को समुत्सुक रहता था। शाहजहाँ ने अन्य राजाओं की तरह उसे जिधर भी भेजा, वह उधर ही गया। उसका पूरा जीवन बादशाह शाहजहाँ की सेवा में ही बीता और समाप्त हुआ था।

एक समय शाहजहाँ ने बल्ख-बुखारा के शासक नजर मुहम्मद पर क्रोध कर अपने उमरावों को सिरोपाव देकर विदा किया। उन्होंने बल्ख को घेर लिया। रूपसिंह के हरावल दस्ते ने नजर मुहम्मद को भागने को मजबूर कर दिया। कुछ उमराव ऐसे भी थे, जो भयभीत होकर अथवा अन्य किसी लालचवश शाहजहाँ की आज्ञा लिए बिना लौट आए थे, बादशाह ने क्रोधवश उन सबके मनसब छीन लिये, लेकिन रूपसिंह की आज्ञाकारिता और वीरता से प्रसन्न होकर बादशाह ने कीमती साजोसामान से सजे हुए हाथी भेंट कर उसे सम्मानित किया, उसके मनसब में वृद्धि की और अपने देश जाने की अनुमति प्रदान की।

सं. 1706 वि. में बादशाह शाहजहाँ ने कन्धार पर आक्रमण करने के लिए रूपसिंह को बुलाकर उचित मान-सम्मान के साथ मुगल नवाबों की सरदारी में विदा किया। मंजिल-दर-मंजिल चलते हुए वह सेना कन्धार पहुँची। बीच में ही किजलवास की सेना आ गई। मुगल और किजलवास की सम्मिलित सेना ने कन्धार को जीत लिया। शाहजहाँ ने रूपसिंह को प्यार देकर मनोवांछित चीज माँगने को कहा तो उसने हाथ जोड़कर सबलसिंह भाटी को जैसलमेर सौंप देने का आग्रह किया। शाहजहाँ ने उसका आग्रह मान लिया। रूपसिंह की कृपा से यदुवंशी सबलसिंह भाटी को रावल पद, मोरहरा गढ़ तथा समाड़ देश मिल गए। इससे रूपसिंह की निःस्वार्थ उपकारिता की चारों ओर प्रशंसा हुई।

सं. 1709 में शाहजहाँ लाहौर में था। उसने वहाँ से कन्धार पर पुनः चढ़ाई का फैसला किया और रूपसिंह को उसमें भेजा गया। बादशाह के विश्वस्त और

आज्ञाकारी सेवक रूपसिंह का मनसब तीन हजारी और तीन हजार सवार का कर दिया गया। कन्धार युद्ध हुआ, लेकिन समझौता करने के बाद पेशकशी लेकर रूपसिंह लौट आया। सं. 1709 के माघ मास की तीज तिथि को रूपसिंह लौटा। शाहजहाँ की स्वीकृति लेकर रूपसिंह ने अपना नाम अमर करने के लिए उसी वर्ष रूप नगर की स्थापना की।

सं. 1710 में कन्धार पर तीसरी बार आक्रमण किया गया और उसे नष्ट-भ्रष्ट करने के बाद सं. 1711 में रूपसिंह बादशाह के पास दिल्ली लौट आया।

कुछ समय बाद शाहजहाँ किसी बात पर राणा से क्रुद्ध हो गया। दरबार में उपस्थित सबके सामने उसने राणा पर आक्रमण करने के लिए आह्वान किया तो सब स्तब्ध रह गए। न किसी से हाँ कहते बना न ना करते। ऐसी संकटपूर्ण घड़ी में केवल रूपसिंह सामने आया। केवल वही स्वामिधर्म निभाने के लिए हुक्मबरदार बना तो शाहजहाँ प्रसन्न हो गया। उसने रूपसिंह को चार हजारी मनसब और साथ में मांडलगढ़ भेंट कर दिया। रूपसिंह ने मांडलगढ़ पर नियन्त्रण कर लिया और शुभ मुहूर्त निकलवाकर उदयपुर को घेर लिया। शाहजहाँ ने रूपसिंह को नौबत बजवाने का अधिकार भी दे दिया था, सो उसने मांडलगढ़ पर चढ़कर नौबत बजवाई थी और उदयपुर को घेरकर भी उस युद्ध में रूपसिंह उदयपुर के राणा को हराकर बादशाह के पास लौटा।

एक बार शाहजहाँ अपने दरबारियों से घिरा हुआ सिंहासन पर बैठा था। उसकी पारखी दृष्टि सब पर घूम रही थी। किसी बात पर शाहजहाँ से नाराज होकर जसरूप अपनी तलवार निकालकर उसकी ओर दौड़ा। सभी हजारी और सभी मनसबवाले खान, मीर, राव और उमराव स्तब्ध देखते रहे, तभी रूपसिंह ने अपनी तलवार निकालकर जसरूप के दो टुकड़े कर दिए। उस स्वामिधर्मी ने अपने डेरे में आकर अपनी मूँछों पर ताव देकर पगड़ी सीधी कर, बाँहें चढ़ाकर, गर्व सहित सबके सामने राजपूती दर्प पर एक छोटा-सा भाषण दिया। उधर रूपसिंह के वीर दर्प को और भुनाने के लिए शाहजहाँ के चापलूस उमरावों ने मुगल सैन्य व्यवस्था पर सलाहमशविरे के दौरान उसके सामने प्रस्ताव किया कि लगे हाथ अचलदास को और मार लिया जाए। इस काम के लिए रूपसिंह को ही सिरोपाव दिया जाए। रूपसिंह केवल दो की ही आज्ञा मानता था। एक अपने स्वामी बादशाह शाहजहाँ की और दूसरी अपने आस्था केन्द्र श्रीनाथ की। शाहजहाँ की आज्ञा के सामने तो वह अपने सगों को भी महत्त्व नहीं देता था। शाहजहाँ ने उसे अचलदास पर लावलश्कर के साथ भेजा, तो वह चला गया और पिंपलाज को घेर लिया। युद्ध शुरू हो गया जिसमें अचलदास मारा गया और पिंपलाज पर उसका नियन्त्रण हो गया। यद्यपि मुगल सेना में अनेक तीन हजारी से लेकर सात हजारी राठौड़ थे, लेकिन रूपसिंह की वीरता की सबसे अधिक सराहना सब लोग समान भाव से करते थे। रूपसिंह ने यह पिंपलाज-विजय

संवत 1712 वि. जेठ मास की द्वादशी तिथि को की थी। इस विजय से शाहजहाँ बहुत प्रसन्न हुआ।[38]

पिंपलाज जीतने के बाद रूपसिंह मांडलगढ़ लौटा और उसने अपनी विजय की खुशी मनाने के लिए नौबत बजवाई। उसी संवत् (1712) के भादों सुदी तृतीया तिथि को उसके यहाँ पुत्र का जन्म हुआ जिसका नाम मानसिंह रखा गया। उस समय रूपसिंह 27 वर्ष का था। इस विजय और मानपर्व को मनाने के लिए नौबत बजवाई और उसी वर्ष विजयदशमी के दिन रूपसिंह ने कुलदेवी का पूजन करके दान, मान, इनाम और इकराम दिए। रूपसिंह द्वारा इस मांगलिक अवसर पर अपने सेवकों को जो पुरस्कार दिए, उनमें से साधारण चाकरों को कम तथा उमरावों को अधिक मात्रा में पुरस्कार दिए गए। उदाहरण के लिए उमरावों की चाकरी की दाद (वेतन वृद्धि) के रूप में स्वीकार किए गए रुपए ये हैं[39] :

पत्थर से घायल को	200 रुपए
गोली से घायल को	1000 रुपए
तीर से घायल को	2000 रुपए
भाले से घायल को	3000 रुपए
तलवार से घायल को	4000 रुपए
कटारी से घायल को	5000 रुपए

इन सभी को सिरोपाव से सम्मानित किया गया।

यही 'चाकरी की दाद' (राजकीय सेवा-पुरस्कार) साधारण चाकरों को अल्पमात्रा में दी गई[40] :

युद्ध के अवसर पर पत्थर की चोट खानेवालों को	100 रुपए
गोली की चोट खानेवालों को	200 रुपए
तीर की चोट खानेवालों को	300 रुपए
तलवार की चोट खानेवालों को	1000 रुपए

युद्ध में घायल चाकरों को रुपए बाँटने के अलावा रूपसिंह ने योद्धाओं के सामरिक महत्त्व के अनुकूल और भी अतिरिक्त कृपाएँ कीं। इन पुरस्कारों से प्रसन्न उमरावों और साधारण चाकरों में प्रसन्नता की लहर दौड़ गई। वे अब केवल रूपसिंह की चाकरी को ही सबसे अच्छी मानने लगे।

रूप नगर के संस्थापक रूपसिंह के इन कार्यों से अनेक ऐसी बातों के बारे में जानकारियाँ मिलती हैं, जो मुगल काल में प्रचलित थीं। जैसाकि बताया जा चुका है, मुगल बादशाहों ने राजपूतों पर अपना प्रभुत्व और प्रभाव बनाए रखने के लिए राजतिलक का अधिकार अपने हाथों में ले लिया था। यदि कोई राजपूत बिना बादशाही आज्ञा के राजगद्दी पर बैठ जाता था तो उसे मुगल दरबार में हाजिर होकर शाही

स्वीकृति अवश्य लेनी पड़ती थी, इसलिए राजा वही बन पाता था जो बादशाह को स्वीकार्य हो। नौबत केवल शाह के दरवाजे पर बजती थी और शाहकृपा होने पर, शाही स्वीकृति मिलने पर ही राजपूत अपने जुलूस या विजयपर्व पर नौबत बजवा सकते थे। नगर-स्थापना के लिए भी शाही स्वीकृति लेनी पड़ती थी।[41]

रूपसिंह प्रसंग से यह भी पता चलता है कि युद्ध-अभियान तो शाह के नाम से होते थे, पर असली लड़ाई में बादशाह का केवल नाम चलता था, युद्ध तो उसके हिन्दू और मुसलमान मनसबदार अपनी तथा शाही सेना को साथ लेकर करते थे। रूपसिंह के द्वारा युद्ध के उपरान्त राजकीय सेवा-पुरस्कार बाँटने की जिस परम्परा का उल्लेख किया गया है, उससे निश्चित ही पता चलता है कि बादशाह भी ऐसा करते रहे होंगे क्योंकि मुगल काल में बादशाह जो कुछ करता था, उसके आश्रित राजा लोग वैसा ही करते थे।

मुगल बादशाह के प्रति रूपसिंह की स्वामिधर्मिता अपनी तरह की है। कवि वृन्द ने जैसा बताया है, रूपसिंह बादशाह शाहजहाँ का अन्धभक्त था। उसकी हर आज्ञा का आँख मूँद और दिमाग बन्द कर पालन करना ही रूपसिंह की स्वामिधर्मिता थी। उस स्वामिधर्मिता के पालन के लिए बस स्वामी शाहजहाँ के आदेश की ही देर होती थी। कन्धार को या पिंपलाज, बल्ख-बुखारा का शासक नजर मुहम्मद हो या कि उदयपुर का राणा, हिन्दू हो या मुसलमान कोई भी शाहजहाँ के क्रोध का पात्र हो, रूपसिंह उसी के साथ लड़ाई के लिए तैयार रहता था। इसी तरह की स्वामिधर्मिता आमेर जयपुर घराने की भी विशेषता थी, लेकिन जयसिंह और रूपसिंह में अन्तर यह था कि जयसिंह मुगल सेवा में अपना दामन बचाकर सेवारत रहता था, इसीलिए जहाँगीर, शाहजहाँ, औरंगजेब तथा बाद की मुगल पीढ़ियों के साथ उनकी सीधी टकराहट नहीं होती थी। जबकि रूपसिंह केवल शाहजहाँ के लिए जिया और शाहजहाँ के लिए मरा। धौलपुर के उत्तराधिकार युद्ध में औरंगजेब और मुराद की सेना उसकी लाश पर से ही आगरा पहुँचकर शाहजहाँ को सत्ताच्युत कर पाई थी।

राठौड़ रूपसिंह जोधपुर के राठौड़ वंश का ही अंश था, जिसने मुगल बादशाह शाहजहाँ के लिए अपना तन-मन-धन समर्पित कर दिया था, किन्तु उसी वंश में एक राठौड़ अमरसिंह हुआ, जिसने अपने स्वाभिमानपूर्ण क्रोध की रक्षा के लिए अपने पिता गजसिंह का उत्तराधिकार छोड़ दिया था और जोधपुर के स्थान पर नागौर जैसा छोटा राज्य पाकर सन्तोष कर लिया था। जहाँगीर के शासनकाल में उसने मुगल सेवा आरम्भ की थी और शाहजहाँ काल में जरा-सी बात पर स्वाभिमान-रक्षा के लिए अपने प्राण दे दिए थे। राजपूती शान की चिन्गारी ने उसके स्वाभिमान को धधकाकर उसे राख कर डाला।

4. शाहजहाँ-दरबार में अमरसिंह राठौड़ का मृत्यु-प्रसंग

कविया करणी दान चारण के काव्य 'सूरज प्रकास' भाग-2 के पंचम प्रकरण में बादशाह शाहजहाँ के दरबार में जोधुपर के महाराजा गजसिंह के बड़े पुत्र तथा नागौर राज्य के शासक राव अमरसिंह राठौड़ की उद्दंडता, मृत्यु, उसके शव को प्राप्त करने के प्रयत्न में उसके सामन्त बल्लू चांपावत और उसके साथियों की मृत्यु तथा उसकी पत्नियों के आत्मदाह का विवरण है। अन्य कवियों ने भी अमरसिंह के इस प्रसंग पर मुक्तक लिखकर उस वीर को श्रद्धांजलियाँ दी हैं। आधुनिक युग तक उसके जीवन और कार्य पर साहित्य और फिल्मों की रचना होती रही है।

अमरसिंह बचपन से ही क्रोधी और उद्धत स्वभाव का था, इसलिए उसकी अपने पिता के साथ नहीं पटती थी। उसके इसी विपरीत स्वभाव के कारण उसके पिता के द्वारा छोटे पुत्र जसवन्तसिंह को युवराज घोषित कर दिया गया था। इस पर वह जहाँगीर के दरबार में पहुँच गया था। जहाँगीर ने उसे अपने सैनिक अभियानों में भेजा था और राव का पद और नागौर का परगना भी दिया था। शाहजहाँ के बादशाह बन जाने के बाद वह मुजरा करने आगरा गया। करणी दान ने लिखा है कि शाहजहाँ अपने आम खास में बैठा था। मीर बख़्शी सलावत खाँ उस समय जुलूस का व्यवस्थापक था। उसे सात हजारी का पद प्राप्त था। किसी बात पर अमरसिंह ने क्रोधवश कटारी निकाल ली। शाहजहाँ भयभीत होकर छत्र और सिंहासन छोड़कर भाग गया। उपस्थित हिन्दू और मुसलमान सामन्त बोलते और रोकते रह गए, लेकिन अमर ने मीर सलावत खाँ को अपनी कटारी से मार डाला। दरबार में भगदड़ मच गई। राव अमरसिंह को क्रुद्ध और हिंसक रूप में देखकर मुसलमान सामन्त हिल गए। अमरसिंह अपनी तलवार घुमाता हुआ चल पड़ा। उसे रोकने जो भी आया, उसने उसे मार डाला या घायल कर दिया। उसके हाथों पाँच-पाँच हजारी मारे गए फिर उसके आगे आने का साहस किसी को नहीं हुआ। जब वह द्वार की ओर चल पड़ा तब अर्जुन गौड़ ने छलपूर्वक उसकी पीठ में तलवार घुसेड़ दी। अमरसिंह ने उलटकर उस पर अपनी तलवार का वार किया तो अर्जुन गौड़ ने अपने को बचाया, लेकिन उसका कान कट गया। इसके बाद अमरसिंह मारा गया।[42]

बादशाह के दरबार में इतने दरबारियों के सामने अमरसिंह को इतने महत्त्वपूर्ण व्यक्ति सलावत खाँ पर इतना क्रोध आने का कारण क्या था, इस बारे में करणीदान ने कुछ नहीं लिखा है, लेकिन 'सूरज प्रकास' के विद्वान् सम्पादक सीताराम लालस ने 'ग्रन्थ सारांश' के पंचम प्रकरण में लिखा है—'एक समय की घटना है, बादशाह शाहजहाँ का दरबार लगा हुआ था। सामन्तगण और अमीर बारी-बारी से मुजरा और भेंट नजर करने के लिए अन्दर जा रहे थे। बादशाह का साला सलावत खाँ सामन्तों और अमीरों को अन्दर ले जाकर बादशाह के सामने परिचय करवाता था। ठीक

इसी समय राव अमरसिंह भी वहाँ पहुँचे और सलावत खाँ को मुजरा करने के लिए कहा। इस पर सलावत खाँ ने इन्हें 'जरा ठहरो' कहकर रोका और स्वयं अन्दर चला गया। कुछ समय पश्चात् अमरसिंह स्वयं ही बिना किसी हिचकिचाहट के भीतर चले गए और बादशाह को मुजरा करने लगे। सलावत खाँ को यह बुरा लगा और वह उन्हें गँवार कहने हेतु मुँह से केवल 'गँ' अक्षर का ही उच्चारण कर पाया था कि स्वाभिमानी राठौड़ अमरसिंह ने उसके हृदय की बात जानकर उसके मुँह से पूरा 'गँवार' शब्द निकलने के पहले ही अपनी कटार उसके शरीर में भोंक दी जिससे उसके प्राण-पखेरू उड़ गए। बादशाह सिंहासन छोड़कर अन्तःपुर में भाग गया। उस वीर बाँकुरे राठौड़ की क्रोधाग्नि चरम सीमा तक पहुँच चुकी थी। उस समय जो भी उसके सामने आया उसे तलवार से मौत के घाट उतार दिया। इस प्रकार राव जी शाही दरबार के पाँच उच्चाधिकारियों का, जो पंच हजारी कहलाते थे, काम तमाम करके बाहर निकले। पीछे से अर्जुन गौड़ ने, जो उन्हीं का आदमी होने का दम भरता था, बादशाह को खुश करने के लिए इनकी पीठ में करारा वार कर दिया। वीरवर अमरसिंह ने मरते-मरते ही वापस वार किया जिससे अर्जुन गौड़ का कान कट गया और ऐसे वीर का धोखे से प्राण लेनेवाला वह कुल-कलंक सदा के लिए बूचा हो गया।'

इस वक्तव्य में सम्पादक का अमरसिंह के प्रति अतिरिक्त श्रद्धाभाव और शाहजहाँपक्ष के प्रति कड़वाहट का भाव निहित है। इस ओर ध्यान नहीं दिया गया है कि अमरसिंह ने दरबारी मर्यादा का उल्लंघन किया था और बादशाह के सामने उद्दंडता दिखलाई थी। इस 'गँवार' शब्द पर आधारित कथा का आधार क्या है, इसकी ओर भी संकेत नहीं किया गया है। यह स्पष्ट है कि अमरसिंह राठौड़ के सम्बन्ध में जितनी लोककथाएँ प्रचलित हैं, उनमें इतिहास की मात्रा कम है। उदाहरण के लिए, अमरसिंह राठौड़ का प्रतीक प्रस्तर घोड़ा पहले आगरा किला के द्वार के बाहर गड़ा हुआ था, फिर उसे सिकन्दरा के पास सड़क के किनारे गाड़ दिया गया था और अब पता नहीं कहाँ है। किले के उस मुख्य द्वार का नाम अमरसिंह द्वार रख दिया गया है। अमरसिंह के घोड़े के बारे में एक कहानी बढ़ा-चढ़ाकर यों सुनाई जाती है कि घायल अमरसिंह अपने घोड़े पर बैठकर किले की दीवार पर चढ़ गया था और उसके घोड़े ने किले की दीवार से खाई के पार छलाँग लगाकर जहाँ प्राण दिए थे, वहीं वह पत्थर का घोड़ा गाड़ा गया था। यह कहानी सच इतिहास नहीं है, फिर भी प्रचलित है। जातीय भावुकता इतिहास को कैसे तोड़ती-मरोड़ती है यह इस कहानी से संकेतित होता है।

तो फिर शाहजहाँ के दरबार में अमरसिंह राठौड़ की क्रोधपूर्ण उद्दंडता और हिंसा का कारण क्या था ? इस प्रश्न का उत्तर फारसी इतिहास ग्रन्थों में अपने रंग में मिलता है, लेकिन रीतिकालीन हिन्दी कवियों ने इस बारे में वीर-प्रशस्ति का अवकाश होते हुए भी विस्तार से नहीं लिखा है। सम्भवतः पिताद्रोही होने के कारण

उसकी उपेक्षा की गई हो, फिर भी प्रशस्ति के रूप में लिखित कुछ गीतों में उसके क्रोध के कारणों के संकेत अवश्य मिल जाते हैं। तीन गीत लीजिए :

1. जोधपुर के राजा गजसिंह का बड़ा पुत्र, नागौर का राव अमरसिंह राठौड़ बादशाह शाहजहाँ के सामने अपशब्द बोलने लगा। रोकने पर वह और क्रुद्ध हुआ तथा बादशाह पर झपटा। तब सलावत खाँ ने उसे धक्का मारा। इससे और क्रुद्ध होकर अमरसिंह ने कटार निकाल ली। कई हजारी मनसबदारों को घायल करता हुआ वह सलावत खाँ पर टूट पड़ा और उसे मार डाला।[43]

2. शाहजहाँ की किसी बात पर क्रुद्ध होकर अमरसिंह राठौड़ ने अपनी कटार निकाल ली। अनेक दरबारियों ने रोकने का प्रयत्न किया, लेकिन उसने कुछ हजारियों को मार डाला। अपने साथियों के रोकने पर भी वह न रुका। उसने ताककर शाहजहाँ पर वार किया लेकिन भाग्यवश कटारी एक खम्भे से टकरा गई, शाहजहाँ को नहीं लगी। वह दीवार की ओट में हो गया।[44]

3. बादशाह शाहजहाँ जहाँ बैठा था, वहाँ अमरसिंह ने क्रुद्ध होकर युद्ध जैसा वातावरण उपस्थित कर दिया।[45]

इन तीनों गीतों में विश्वसनीयता है। इतिहासों तथा 'सूरज प्रकास' में अमरसिंह के क्रोध और हिंसा का जैसा वृत्तान्त मिलता है, इन गीतों से उसकी पुष्टि होती है। अमरसिंह के अपशब्द, शाहजहाँ पर कटार से हमला, सलावत खाँ और अन्य दरबारियों द्वारा रोकना, सलावत खाँ और पाँच हजारियों को मारना, शाहजहाँ का छिपना आदि घटनाएँ सच हैं।[46] इन गीतों की गवाही निष्पक्ष और सन्तुलित है। पहला गीत बता रहा है कि अमरसिंह ने बादशाह शाहजहाँ के सामने अपशब्द बोले थे, तब उसे टोका और रोका गया था। दूसरा गीत बता रहा है कि शाहजहाँ की किसी बात पर क्रुद्ध होकर अमरसिंह ने अपनी कटार निकाल ली थी और तीसरा गीत बता रहा है कि बादशाह शाहजहाँ के सामने अमरसिंह ने क्रुद्ध होकर युद्ध जैसा वातावरण उपस्थित कर दिया था। तीनों गीतों में दोष अमरसिंह पर आता है। उसका क्रोध ही उसकी मौत का कारण बना था और निर्दोष लोग उसके हाथों मारे गए थे। स्वामिभक्त अर्जुन गौड़ ने अमरसिंह को उसकी उद्धतता तथा उद्दंडता का दंड दिया था, भले ही उस प्रयास में वह बूचा हो गया।

कवि महेसदास राव द्वारा गजसिंह के बड़े पुत्र, नागौर के राव अमरसिंह राठौड़ के पुत्र रायसिंह के दरबार में लिखित काव्य 'बिन्है रासौ' में शाहजहाँ, उसके दरबार और राव अमरसिंह के बारे में जो वृत्त दिया गया है, उसे प्रामाणिक कहा जा सकता है, क्योंकि इस काव्य और इसके वृत्त को कवि ने अपने आश्रयदाता के पिता अमरसिंह राठौड़ की मृत्यु के कुछ समय बाद ही लिखा था। कवि ने अमरसिंह के क्रोध के वास्तविक कारण के बारे में लिखा है[47] कि उस घटना के समय शाहजहाँ ऊपर आसन पर बैठा हुआ था। दरबार के समय वह आमखास से ऊपर गुसलखाने में बैठता

था। सत्तर खानों और बहत्तर उमरावों के सामने दो बख्शियों और दीवान ने अर्ज किया कि अमरसिंह की फौज ने बीकागढ़ (बीकानेर) पर चढ़ाई कर दी है। उस युद्ध में अमरसिंह जीत गया है और बीका हारकर भाग गया है। शाहजहाँ को जब इस घटना की सूचना मिली तो उसने अपने बख्शी सलावत खाँ से कहा कि मेरी बादशाही में सब ओर सुख शान्ति है। शेर और गाय एक घाट पर पानी पीते हैं। अगर इस समय भी ऐसी घटना होती है तो इस देश की रक्षा कौन करेगा ? यह सुनकर सलावत खाँ का हाथ मूँछों पर चला गया। उसकी आँखें क्रोध के कारण लाल हो रही थीं।

उसने दरबार में उपस्थित अमरसिंह को डाँट पिलाई कि तुम बादशाह के आगे दम्भपूर्वक बोलते हो। तुम हजरत के आगे मर्यादा का पालन नहीं करते हो। लगता है, तुमने मरने की ठान रखी है। अरे हो हिन्दू ! तू बादशाह के दरबार में बेअक्ली दिखा रहा है। जैसे ही भरे दरबार में सलावत खाँ ने 'बेअक्ली' शब्द मुँह से निकाला, वैसे ही बिजली की तेजी से साथ अमरसिंह ने अपनी कटार निकाली और भौंह तथा मूँछ ताननेवाले सलावत खाँ के भौंक दी। सलावत खाँ अपनी बात पूरी नहीं करने पाया था कि तब तक वह बाज के द्वारा घायल कबूतर की तरह लोटपोट करने लगा। जमीन पर लोटपोट करता हुआ वह चीत्कार करने लगा। आगरा के किले में बादशाह शाहजहाँ ने अपनी आँखों से अमरसिंह की इस करतूत को देखा तो वह घबड़ाकर ओट में हो गया। सलावत खाँ को इस तरह अचानक मरता और अमरसिंह को कालरूप में देखकर सभी दरबारी हिन्दुओं और तुर्कों में खलबली मच गई। कौन अमरसिंह को पकड़े और कौन उसे मारे। सभी उपस्थित राजा, राव, रावल, खान और नवाब अमरसिंह के क्रोध को देखकर सोचने लगे कि कैसे उसे काबू में किया जाए। महल के हरम से स्त्रियों के रोने की आवाज आने लगी।

हिन्दू राव अमरसिंह ने बादशाह के सामने कहर मचा दिया, लेकिन उसे थामनेवाला कोई भी सामने नहीं आया। सबने उसे घेर लिया लेकिन भयभीत होकर उससे दूर ही दूर रहे। सब बादशाह की आज्ञा की प्रतीक्षा करने लगे। सलावत खाँ दरबार में मरा पड़ा था और सत्तर खानों और बहत्तर उमरावों के चेहरे निस्तेज हो रहे थे। तब शाहजहाँ और दाराशिकोह ने अर्जुन गौड़ की ओर संकेत किया। जिस समय अमरसिंह ने द्वार की ओर भागने और वहाँ से निकल जाने के लिए सिर झुकाया, उसी समय पहुँचकर बिट्ठलदास गौड़ के बेटे अर्जुन गौड़ ने उसकी गर्दन पर तलवार का वार किया। अमरसिंह के सिर और धड़ अलग हो गए लेकिन मरने से पहले अमरसिंह ने अपना जमदाढ़ नामक हथियार अर्जुन गौड़ पर ताककर फेंका, जो उसके कान को काटता हुआ निकल गया। अमरसिंह की वहीं मृत्यु को गई।[48]

कवि महेसदास ने अमरसिंह के बारे में जो सूचनाएँ दी हैं, उनसे एक महत्त्वपूर्ण बात यह ज्ञात होती है कि मुगलों द्वारा 'हिन्दू' शब्द गालीवाचक बना दिया गया

था। अकबर के मित्र और इतिहासकार अबुल फजल ने भी वीरसिंह बुन्देला के द्वारा घेरे जाने पर इसी शैली में 'ओ हिन्दू' कहकर अपना क्रोध प्रकट किया था।[49] कोई भी स्वाभिमानी व्यक्ति गाली सहन नहीं कर सकता, जबकि अमरसिंह तो राजवंशी राजपूत था। विजयी और शासक मुगल खानदान का विजित हिन्दू प्रजा के प्रति दम्भपूर्ण रवैया स्वाभाविक था और उतना ही स्वाभाविक था केवल शाहजहाँ का साला होने के कारण ऊँचा मनसब पानेवाले घमंडी सलावत खाँ के दुर्वचन और क्रोध पर अमरसिंह का भड़क उठना, उस अमरसिंह का जो अपनी नाक ऊँची रखने के लिए अपने बाप की भी नहीं सुनता था, जोधपुर राज्य छोड़ सकता था। जो अमरसिंह अपने महाराजा पिता की गलत लगनेवाली बात सहन नहीं कर सकता था और जो जहाँगीर का सम्मानित मनसबदार रह चुका था, वह भरे दरबार में सलावत खाँ के द्वारा मूँछों पर हाथ फेरकर 'अरे ओ हिन्दू' और 'गँवार' कहना कैसे सहन कर सकता था ? उस असहनीय गाली के कारण उसके स्वभाव की उग्रता स्वाभिमान की रक्षा के लिए ही कटारी के रूप में बाहर आ गई थी। उस कटारी ने शाहजहाँ की बादशाहत की मर्यादा की रक्षा की भी चिन्ता नहीं की थी। हिन्दी के कवियों ने सम्भवतः कुलमर्यादा तोड़ने के कारण अमरसिंह राठौड़ की उपेक्षा की है और फारसी इतिहाराकारों ने शाही मर्यादा तोड़ने के कारण उसकी निन्दा की है। बादशाह को आँखें दिखाकर उस पर हाथ उठानेवाले अमरसिंह राठौड़ की प्रशंसा करने पर हिन्दी कवि को न मुगल शासन बर्दाश्त करता और न मुगल शासन के भय के कारण राजपूत आश्रयदाता अपने कवि को उस प्रसंग पर लिखने देते। जिन कवियों ने लिखा है, वह लुक-छिपकर या साहस का परिचय देते हुए लिखा है।

अमरसिंह के मरने के बाद राठौड़ों में जो प्रतिक्रिया हुई, उसका अन्वयन अमरसिंह के सामन्त बल्लू चाम्पावत ने किया। एक कवि ने अपने गीत में सूचना दी है कि बल्लू खेमकरण का पौत्र और दलपतसिंह का पुत्र था।[50]

कवि केसोदास गाडण ने लिखा है कि बल्लू चाम्पावत धूहड़वंशीय राठौड़ था। वह हरसोलाव इलाके का ठाकुर था। उसने अमरसिंह के मरने के बाद उसके शव को प्राप्त करने के लिए केसरिया बाना पहनकर प्रयाण किया और आगरा किले में भयंकर युद्ध किया।[51] लेकिन कविया करणीदान ने बताया है कि सबसे पहले अमरसिंह के क्षत-विक्षत शव को लाया गया। अमरसिंह की पत्नियों ने सती का शृंगार किया और वे पति के साथ वेदोक्त विधि से दाहसंस्कार कर जल गईं। उस दारुण घटना और दृश्य का राठौड़ बल्लू चाम्पावत पर इतना अधिक प्रभाव हुआ कि उसने बादशाह से अमरसिंह की मृत्यु का बदला लेने की प्रतिज्ञा की और केसरिया बाना पहनकर शीघ्र आगरा किले पर पहुँच गया। उसके साथ भाऊ कूम्पावत और अन्य स्वामिभक्त राठौड़ भी केसरिया बाना पहनकर मृत्यु उत्सव के लिए तैयार होकर गए थे। वे सभी उमराव क्रोध में भरे हुए थे। सब सशस्त्र होकर घोड़ों पर बैठे थे। बल्लू

ने सेनापतित्व सँभाला। वे सब लड़ते-भिड़ते लाल कोट (आगरा के किले) के सातों द्वार पार करते हुए दरबार तक पहुँच गए। वहाँ हुई लड़ाई में वे सभी योद्धा मारे गए।[52] अमरसिंह अपने स्वभाव की उग्रता के कारण मारा गया था, लेकिन बल्लू चाम्पावत और भाऊ कूम्पावत तथा अन्य योद्धा स्वामिभक्ति और जातीय स्वाभिमान पर बलि हो गए। एक अन्य कवि ने अपने गीत में किसी मानसिंह के पुत्र गोकुलदास के द्वारा नागौर के किसी मुगल अमीर को मारकर अमरसिंह की मृत्यु का बदला लेने का वर्णन किया है।[53]

5. शाहजहाँकालीन उत्तराधिकार युद्ध

शाहजहाँ के जीवन का अन्तिम दौर महा अशान्ति का था। जिस प्रकार अकबर को अपने जीवन के अन्तिम वर्षों में अपने पुत्र सलीम (जहाँगीर) का विद्रोह झेलना पड़ा था, जहाँगीर को अपने पुत्र खुर्रम (शाहजहाँ) से संघर्ष करना पड़ा था, उसी प्रकार शाहजहाँ को अपने शासन काल के अन्तिम वर्षों में उनसे भी बदतर संघर्ष करना पड़ा था। शाहजहाँ पर जो बीती वह उसके पूर्वजों से कई गुना अधिक भयंकर थी। अकबर और जहाँगीर को जीवित रहते वैसे दिन नहीं देखने पड़े, जैसे शाहजहाँ ने आगरा किले के कारागार में बन्द होकर देखे थे। प्रेम, वैभव, विलास और शक्ति का जीवन भोगनेवाला मुगल बादशाह शाहजहाँ जहाँ का तो क्या, अपने किले के भीतर भी शाह नहीं रहा। उसके पुत्र उसके सामने आपस में लड़े, उसकी सत्ता से लड़े और औरंगजेब सब भाइयों को मारकर उसके जीवित रहते, उसे अपदस्थ कर स्वयं बादशाह बन बैठा। उन उत्तराधिकार युद्धों के बारे में, जो मुगल शाहजादों द्वारा वाराणसी, उज्जैन और धौलपुर के क्षेत्रों में लड़े गए थे, हिन्दी के रीतिकालीन कवियों ने प्रबन्ध और मुक्तक शैलियों में बड़े विस्तार के साथ लिखा है, क्योंकि उनके अपने आश्रयदाता किसी न किसी स्तर पर उन युद्धों से जुड़े अथवा प्रभावित हुए थे। कुछ लड़े और भाग गए, कुछ लड़े और मारे गए, कुछ लड़े नहीं और अवसर पाकर खिसक लिए और कुछ उस अराजकता के दौरदौरे में लूटमार करके सम्पन्न हो गए। यद्यपि आगे चलकर उत्तराधिकार युद्ध तो औरंगजेब के पुत्रों ने भी किया था, लेकिन उस पर इतने हिन्दी काव्य नहीं लिखे गए, जितने शाहजहाँ के पुत्रों के बीच हुए उन उत्तराधिकार युद्धों के बारे में लिखे गए। इसके कारण स्पष्ट हैं। अकबर और जहाँगीर ने अपने पिता के जीवित रहते राजगद्दी पर अधिकार करने का प्रयत्न नहीं किया था, लेकिन शाहजहाँ ने उस नई और निर्दय स्थिति का सामना किया था। उसकी आँखों के सामने उसके पुत्रों के बीच तीन भयंकर युद्ध हुए और उसके तीन पुत्र उसके जीवित रहते उसके ही एक पुत्र औरंगजेब के द्वारा मरवा दिए गए। घर को आग लग गई घर के चिराग से। मुगल सत्ता के सम्मान, आस्था, श्रद्धा और सम्बन्धों

के स्तम्भ एक के बाद एक चरमरा कर टूट गए। केन्द्रीय सत्ता का पहली बार इतना अपमान हुआ था और उस सत्ता के आधारस्तम्भ राजपूत राजवंशों की कई पीढ़ियाँ उस महाभारत में ध्वस्त हो गई थीं। मुगल शासन में पहली बार ऐसा हुआ था कि पिता को हटाकर एक पुत्र राजगद्दी पर जा बैठा और असली वारिस को सूअर के शिकार की तरह घेरकर बुरी तरह मार डाला गया। हिन्दू मानसिकता और संस्कारों के लिए वह समय बड़े द्वन्द्व, अनिर्णय और आत्मघाती समझौतों का था। राजपूत राजाओं को अपने स्वामी (शाहजहाँ) के उस अपमानकारी पराभव का पूर्वानुमान न था। वे बड़े उत्साह से औरंगजेब से लड़ने गए थे, लेकिन उनको उज्जैन में पहला और धौलपुर में दूसरा सामूहिक आत्मविनाश देखना पड़ा। उनका राजपूती स्वाभिमान और उनकी स्वामिभक्ति पहली बार बुरी तरह कुचल दिए गए। जो मरने से बच गए, उन्हें अपनी आत्मा की आवाज को कुचलकर औरंगजेब से समझौता करना पड़ा था। उनके आश्रित और आश्रय से बाहर के कवियों को अपनी आँखों के सामने अथवा अभी हाल में घटित अथवा सुनी-पढ़ी बातों को कविताबद्ध करना आवश्यक लगा था, ताकि उनके आश्रयदाताओं के घायल स्वाभिमान पर मलहम लगाई जा सके और उस नए तथा अभूतपूर्व घटनाचक्र को भावी पीढ़ी की जानकारी के लिए संकलित किया जा सके।

रीतिकवियों ने उस युद्ध को 'महाभारत' की संज्ञा दी है तथा शाही पक्ष को पांडव और औरंगजेब पक्ष को कौरव अथवा शाही पक्ष के हिन्दू राजाओं को राम तथा औरंगजेब को रावण की संज्ञा दी है। अकबर ने राजपूतों को मुगल खानदान के साथ सूत्रबद्ध करने के लिए जो वैवाहिक परम्परा आरम्भ की थी, उसका सुपरिणाम यह हुआ था कि हिन्दू और मुसलमान अपने-अपने धर्म की दीवारों को लाँघकर एकजुट हो चले थे। भारतीय समाज में समरसता का वातावरण तैयार हो रहा था। अकबर, जहाँगीर और शाहजहाँ राजपूतों के रिश्तेदार थे, इसलिए बादशाह और राजपूत सम्बन्धियों की तरह एक-दूसरे की सहायता करने को तैयार रहते थे। स्वस्थ पारिवारिक, सामाजिक, धार्मिक और भावात्मक सम्बन्धों में जब-तब स्वार्थी तत्त्वों के द्वारा टाँग अड़ाने से तरेड़ आ जाती थी, पर परस्पर की समझदारी से वह तरेड़ भर भी जाती थी। रहीम ने लिखा था—'रहिमन धागा प्रेम का मत तोरहु चटकाइ, टूटे ते फिर ना जुरै जुरै गाँठ परि जाइ'। इस सूक्ति का पालन अकबर, जहाँगीर और शाहजहाँ ने किया था। उन्होंने राजपूतों के साथ सम्बन्ध को चटकाकर नहीं तोड़ा था, इसलिए किसी के दिल में कभी गाँठ नहीं पड़ी, लेकिन औरंगजेब ने ऐसे कदम उठाए कि घर और बाहर के लोगों में उसके विरुद्ध गाँठें ही गाँठें पड़ गईं। इसी का परिणाम यह हुआ कि औरंगजेब ने उत्तराधिकार युद्ध में राजपूतों का समर्थन चाहा था, लेकिन एकाध को छोड़कर सभी राजपूत शाहजहाँ समर्थक थे। वे शाहजहाँ की ओर से औरंगजेब से लड़े थे, इसलिए राजपूतों के आश्रित हिन्दी कवियों ने शाही

पक्ष को राम और औरंगजेब को रावण के रूप में देखा था। कवियों की वह धारणा बाद में जाकर सही सिद्ध हुई क्योंकि विजयी और उद्धत औरंगजेब ने अपने विरुद्ध लड़नेवाले मृत और जीवित सभी राजपूत राजाओं के शासन क्षेत्रों में मन्दिर ढहाने, मस्जिद बनाने और धर्म-परिवर्तन करने का जिहाद छेड़ दिया था। देश की असंख्य हिन्दू प्रजा के लिए वह रावण-प्रवृत्ति ही थी, जिसे कवियों ने स्वर दिया। अपनी विजय के उन्माद और बदले की भावना के वशीभूत होकर औरंगजेब ने विशेष रूप से दिल्ली से लेकर पुष्कर तक और जोधपुर से लेकर पंजाब तक वह ध्वंस लीला की थी, इसलिए इसी क्षेत्र के अधिकांश कवियों ने उस उत्तराधिकार युद्ध और उसके बाद के औरंगजेब के चरित्र को अपना काव्य-विषय बनाया है। इस काव्यराशि की अब तक भाषाई कारणों से उपेक्षा हुई है और इस कारण शाहजहाँ-परवर्ती मुगलकाल की अनेक ऐतिहासिक घटनावालियाँ इतिहासों में स्थान पाने से वंचित रह गई हैं। अगले पृष्ठों से आपको अन्दाजा हो जाएगा कि इस उपेक्षित इतिहास-सामग्री को उबारकर मुगलकालीन इतिहास को कितना समृद्ध किया जा सकता है। कवि सन्तोखसिंह ने 'गुरु प्रताप सूरज' में शाहजहाँ के चार पुत्रों दाराशिकोह, शुजा मुहम्मद, औरंगजेब[54] तथा मुरादबख्श के बारे में लिखते समय सूचना दी है कि शाहजहाँ ने दाराशिकोह को वली अहद (भावी बादशाह) घोषित कर रखा था और उससे बहुत अधिक प्यार करता था। इससे चिढ़कर औरंगजेब जब-तब दारा के विरुद्ध आचरण करता रहता था।[55] प्रजा दारा को चाहती थी, क्योंकि वह भला, उदार, धार्मिक, सत्संग-अभिलाषी और दोषों से दूर था।[56] एक अन्य ख्यातकार ने भी इसी बात का समर्थन करते हुए लिखा है कि दाराशिकोह को अच्छे गुणों और उचित बड़प्पन से युक्त देखकर उसके पिता शाहजहाँ ने उसको वली अहद घोषित किया था और उसे अपने बाद मुगल सिंहासन पर बैठाना चाहता था। उससे छोटे पुत्र मुहम्मद शुजा को बंगाल का सूबेदार बनाकर भेज दिया था। तीसरा पुत्र औरंगजेब दुष्टबुद्धि और शाहविरोधी था, इसलिए उसे दक्षिण का सूबेदार बनाकर भेज दिया। वहाँ जाकर वह बादशाह जैसा आचरण करने लगा। चौथे बेटे मुरादबख्श को गुजरात का सूबेदार बनाकर भेजा गया। वे सब वर्षों तक सेना और खजाना समृद्ध करते रहे। सब चाहते थे कि दिल्ली की बादशाहत उनको मिले, इसीलिए वे सेना और खजाने का संचय कर रहे थे।[57] कवि सन्तोखसिंह के अनुसार जब शाहजहाँ बीमार हुआ तो दाराशिकोह ने ऐसी व्यवस्था की कि बीमारी की सूचना किसी को न मिल पाए। या तो वह स्वयं शाहजहाँ के पास जाता था या केवल हकीम को चिकित्सा के लिए प्रवेश करने दिया जाता था। सभी सूबेदारों और उमरावों को बादशाह से मिलने की मनाही कर दी गई। जब कई दिनों तक बादशाह के दर्शन नहीं हुए तो यह आशंका फैल गई कि बादशाह मर गया है। दारा ने बीमारी की खबर जितनी दबानी चाही, वह उतनी ही तेजी से फैल गई। इससे सारे देश में अराजकता फैल गई। लूटमार, हत्या, राहजनी और

विनाश की खबरें दिल्ली पहुँचने लगीं। दारा ने शासनतन्त्र पर अपनी पकड़ मजबूत करने की कोशिश की। बादशाही अधिकार अपने हाथ में ले लिये। वह बाहर से आनेवाले पत्रों को स्वयं पढ़कर उत्तर देने लगा। स्वयं फरियादें सुनता, किसी को भी पकड़ मँगाता, किसी को भी कैद करवा देता, किसी को छोड़ता और किसी के वकील की बात मानता। इस तरह बादशाह के जीवित होने की बात पर कोई भी विश्वास नहीं कर पाता था। सबने अपने-अपने क्षेत्र में स्वतन्त्र सत्ता सँभाल ली और फौजें बढ़ा लीं।

6. पहला उत्तराधिकार युद्ध (वाराणसी)

शाहजहाँ और औरंगजेब के शासनकाल की व्यवस्था और अव्यवस्था के प्रत्यक्षद्रष्टा कवि महेसदास राव ने अपने ऐतिहासिक काव्य 'बिन्है रासो' में लिखा है कि शाहजहाँ ने अपने ही सामने चारों पुत्रों को देश के अलग-अलग चार भाग सौंप दिए थे, ताकि उसकी मृत्यु के बाद गृहयुद्ध न हो। उसे अपने सामने ही भाइयों के बीच मनमुटाव और औरंगजेब की महत्त्वाकांक्षा के आसार नजर आ रहे थे, इसलिए उसने मुगल साम्राज्य की सुव्यवस्था के लिए उत्तर दिशा शाह दारा को सौंपी थी, पूर्व दिशा शाह शुजा को, दक्षिण दिशा शाह औरंग को और पश्चिम दिशा शाह मुराद को। इस तरह उसने अपने चारों पुत्रों को चार भूखंडों का भावी शाह होने की व्यवस्था कर दी थी।[58] लेकिन जैसे ही शाहजहाँ बीमार पड़ा, वैसे ही मुगल राजधानी से उसकी मृत्यु के बारे में अफवाहें चारों ओर फैल गईं, तब सबसे पहले शुजा ने दिल्ली पर नियन्त्रण के लिए युद्ध अभियान छेड़ दिया। शाहजहाँ को सूचना मिली कि शुजा अस्सी हजार सेना के साथ दिल्ली की ओर बढ़ रहा है, तब शाहजहाँ और दारा ने अपने हिन्दू और मुसलमान सहायकों को प्रतिरोध के लिए बुलावा भेज दिया। 'दिल्ली स्तम्भ' कहे जानेवाले राठौड़ और कछवाहे राजाओं के साथ हाड़ा और गौड़ राजाओं को भी बुलावा भेजा गया। बुलावा पाकर जोधपुर से जसवन्तसिंह राठौड़, आमेर से जयसिंह कछवाहा, कोटा बूँदी से शत्रुशाल (छत्रसाल) हाड़ा और अजमेर से अनिरुद्ध गौड़ अपने सम्बन्धियों और सहयोगियों के साथ दिल्ली पहुँच गए। दलेल खाँ और सरदार सुलेमान शिकोह भी पहुँच गए। शाहजहाँ ने जयसिंह के नेतृत्व में सुलेमान शिकोह, रायसिंह राठौड़ और अनिरुद्ध गौड़ को ससम्मान पूर्व दिशा में शुजा को रोकने के लिए विदा किया। जयसिंह के साथ अन्य योद्धा थे—उदैभान, भोजा, भावसिंह, रणछोड़, दलेल खाँ, सैयद बद्र, मीर जाफर और सैयद कासूं।[59]

कवि बृन्द औरंगजेब के पुत्र अजीमुश्शान के शिक्षक थे, इसलिए वे भी मुगल घराने की उस उथल-पुथल के गवाह थे। उन्होंने रूपसिंह की वार्ता में कुछ विस्तार से शाहजहाँ की बीमारी और उसके बारे में फैली अफवाहों के बाद हुए उत्तराधिकार

युद्धों के बारे में बताया है[60] कि शाहजहाँ की बीमारी के बारे में चारों ओर अफवाहें फैल ग. और डाक चौकियों के माध्यम से सूचनाएँ मिलीं कि पूर्व, दक्षिण और पश्चिम के सूबेदार शाहजादे बादशाही हथियाने के लिए विद्रोही हो गए हैं और वे युद्ध की तैयारी कर रहे हैं। शाहजहाँ जिन पुत्रों की चिन्ता किया करता था, वे ही उससे युद्ध करने की सोच रहे थे। शाहजहाँ ने इस बारे में दारा से परामर्श किया। युद्ध का सर्वाधिक प्रभाव शासक के बाद व्यापारियों पर ही पड़ता है, इसलिए साहूकारों ने भी अपनी सूचनाएँ और चिन्ता बख्शी के माध्यम से बादशाह तक पहुँचाईं। बादशाह शाहजहाँ ने दरबारियों को बुलाकर अपना क्षोभ व्यक्त किया कि मैंने चार शाहजादों को पालपोस कर बड़ा किया था, जिनमें से तीन को मैंने सूबेदारी करने भेजा था। वे तीनों स्वतन्त्र होकर मुझी पर हाथ उठा रहे हैं। उनकी उपेक्षा न करके, उनका इलाज करना जरूरी हो गया है। दारा तो मेरे पास उपयुक्त स्थान पर आ बैठा है, तो बाकी तीनों के मन में डर बैठ गया है कि वह बादशाह बन जाएगा। अब उनका इलाज करना पड़ेगा। उनको नियन्त्रित करना होगा। यह कहकर बादशाह ने सभी दरबारियों को विदा कर दिया और अपने गुसलखाने (मन्त्रणा कक्ष) में शाहजादा दाराशिकोह, महाराजा जसवन्तसिंह और मिर्जा राजा जयसिंह को बुलाकर मशविरा किया।

बादशाह शाहजहाँ को पौराणिक उदाहरण देकर समझाया गया कि जब व्यक्ति में लालच आ जाता है तो उसे लालच पूरा करने के अलावा और कुछ नहीं सूझता है। उसमें सत्ता का लालच तो और भी नशीला होता है। जसवन्त सिंह, जयसिंह और दारा की सलाह पर सभी मुगल चाकरों के पास फरमान भेजे गए। महाराजा रूपसिंह फरमान मिलने से पहले ही आ पहुँचा। उसे पाँच हजारी मनसबदार बना दिया गया। बादशाह ने सबसे पहले राजा जयसिंह को सुलेमान शिकोह के साथ शाह शुजा की ओर भेजा। शाह शुजा ने भी बंगाल में आसपास के शाही खजाने पर कब्जा कर लिया। पटना होकर वह वाराणसी पहुँचा। रास्ते भर वह धन के बल पर सेना एकत्र करता आया और वाराणसी तक के क्षेत्र पर अपना नियन्त्रण कर लिया। दाराशिकोह ने वे सब सूचनाएँ बीमार शाहजहाँ तक पहुँचाईं और शासन सत्ता सँभालने का अनुरोध किया। शाहजहाँ की इच्छानुसार उसे एक पलंग पर लिटाकर यमुना के रास्ते नाव में आगरा ले जाया गया। आगरा पहुँचाने के बावजूद सबको लगा कि दारा के द्वारा शाहजहाँ के जीवित होने और आगरा लाए जाने का नाटक किया गया है।[61]

राजस्थानी ख्यात-साहित्य इस बात की पुष्टि करता है कि संवत् 1714[62] के भादों मास के शुक्ल पक्ष की अष्टमी, शनिवार को दिल्ली आकर बादशाह शाहजहाँ दशमी को अस्वस्थ हो गया और कार्तिक कृष्णा 7 को उसे नेवाड़े (तोपसज्जित नाव) में बैठाकर परदे में आगरा ले जाया गया। माघ मास के कृष्ण पक्ष की पंचमी को

उसने आगरा किले में प्रवेश किया और शुजा से लड़ने के लिए जयसिंह तथा अपने पोते सुलेमान शिकोह को विदा किया।[63]

जयसिंह कछवाहा के नेतृत्व में शाही सेना ने दिल्ली में यमुना पार कर जब काशी में त्रिवेणी तट पर पड़ाव किया, तब उसकी राजपूती सेना ने सबसे पहले अपना मुंडन करवाकर स्नान किया और पापनाश होने की कल्पना से प्रसन्न होकर काशी करवत करवाया। चारों ओर से जासूसों ने आकर सोन नदी की ओर से आनेवाले शुजा के बारे में सुलेमान शिकोह को सूचनाएँ दीं। उसने शाही सेना के हरावल दस्ते में मुहम्मद हयात, जाग बेग और राजसिंह हाड़ा को नियुक्त किया। हरावल दस्ते में ही रायसिंह, जयसिंह और अनिरुद्ध गौड़ को भी रखा गया था। उन सबने गंगा तट पार किया, क्योंकि शाही सेनापतियों को शुजा के सहसराम में होने की सूचना मिली थी। उधर शुजा सहसराम को लूटकर बनारस (वाराणसी) की ओर बढ़ा और गंगातट पर पहुँचा। वाराणसी के पास बहादुरपुर (हाजीपुर) में शाही और शाहजादा शुजा की सेनाओं का आमना-सामना हो गया। सुलेमान शिकोह ने अपने उमरावों के साथ बैठकर मशविरा किया तो जयसिंह, अनिरुद्ध गौड़ और रायसिंह ने सोत्साह अपने मत व्यक्त किए। उन्होंने दिल्ली के बादशाह का नमक चुकाने के लिए शुजा को बन्दी बनाकर दिल्ली ले जाने की बात कही।

दोनों पक्षों में हथियार बँट गए। वाराणसी के मैदान में दोनों पक्ष भिड़ गए। चाचा शुजा और भतीजा सुलेमान शिकोह में युद्ध आरम्भ हो गया। 'राम-राम' और 'अल्ला-अल्ला' के शब्द सुनाई पड़ने लगे। अजमेर (राजगढ़) का राजा अनिरुद्ध गौड़ अपने गोत्र बन्धुओं के साथ लड़ने लगा। उसका बेटा बिट्ठलदास और उसका भाई जसवन्तसिंह गौड़ तथा भाऊ, तेजा, जोरावर, नवला सकता आदि योद्धा भी उसके साथ शुजा से युद्ध कर रहे थे। दोनों पक्षों में एक-एक लाख सेना थी।[64] जयसिंह के योद्धा पृथ्वीराज, कुन्तल, पज्जून, मलेसी आदि अपना जौहर दिखा रहे थे। साथ में गजसिंह का पौत्र, अमरसिंह का पुत्र रायसिंह अलग वीरता दिखा रहा था। उनके अलावा और भी अनेक हिन्दू योद्धाओं के अतिरिक्त दलेल खाँ, कुछ ईराकी रुहेले-कजाकी सैनिक भी जयसिंह के नेतृत्व में लड़ रहे थे। चँदावल दस्ते में सुलेमान शाह के योद्धाओं में सैयद बहादुर, मीर जाफर तथा तरंगाल दस्ते में राव रायसिंह और बरंगाल दस्ते में राजा अनिरुद्ध गौड़ हो गए।

शुजा ने अपने हरावल दस्ते में तीस हजार घुड़सवार रखे थे तो जयसिंह की शाही सेना में थे—तीस हजार घुड़सवार हरावल में, तीस हजार हाथी गोल में, बीस हजार सैनिक चँदावल में और तरंगाल-बरंगाल दस्तों में दस-दस हजार सैनिक रखे गए थे। इस प्रकार एक लाख शाही सेना ने शुजा का सामना किया था। वह सेना मोरव्यूह बनाकर खड़ी की गई थी।

कवि के अनुसार शाही सेना और शुजा के बीच वह युद्ध संवत् 1715 की

शुक्ल पक्ष की एकादशी, मंगलवार को गंगा के किनारे पर हुआ था।[65] बह युद्ध जयसिंह के पक्ष में रहा। राजा अनिरुद्धसिंह गौड़ ने तोपों के बीच घिरे शुजा को पकड़ने के लिए जामवेग से कहा कि एक विशालकाय हाथी को भेजकर शुजा का हाथी घेर लाओ। जामवेग ने फौजदार इनायत खाँ को इस काम के लिए भेजा। इनायत खाँ के हाथी ने शुजा के महावत को भगा दिया और शुजा के हाथी को अपनी सेना में ले आया। राजा ने हाथी पर कब्जा किया और उसके हरावल सैनिकों ने शाहजादा शुजा से छत्र-चँवर छीनकर उसे युद्धक्षेत्र से भाग जाने दिया।[66]

घायलों को साथ लेकर विजयी अनिरुद्ध गौड़ ने जब शाहजहाँ को शुजा के चँवर-छत्र सौंपे तो शाहजहाँ ने उसे अपने गले से लगा लिया। अपनी विजय का श्रेय अनिरुद्ध को देकर शाहजहाँ ने उसे खास सवारी प्रदान की तथा घोड़े और सिरोपाव देकर विदा कर दिया। राजा जयसिंह उस युद्ध के सेनानायक थे, इसलिए उसे विजय का श्रेय मिला, लेकिन कवि के अनुसार, असली विजय तो उसके आश्रयदाता गौड़ वंश के राजा अनिरुद्ध गौड़ ने ही दिलवाई थी।[67]

गौड़ वंश के कवि महेसदास ने यदि शुजा के विरुद्ध युद्ध में विजय का श्रेय अनिरुद्ध गौड़ को दिया है तो कोई आश्चर्य की बात नहीं है और न इस बात में कोई झूठ है कि लड़ते सैनिक हैं लेकिन नाम सेनापति का होता है। विजय सैनिकों के श्रम से मिलती है और विजय का सुख सेनापति लेता है। एक मत यह है कि शाह शुजा अपनी पराजय होती देखकर नौका में बैठा और मुंगेर की ओर भाग गया, फिर बंगाल पहुँचकर सेना एकत्र करने लगा। जयसिंह ने पटना और मुंगेर में शाही थाने बैठा दिए और विजय का समाचार आगरा भेज दिया। साथ में शुजा के पकड़े गए साथी भी भेज दिए। दारा ने उन सब साथियों को यह कहकर छोड़ दिया कि जाकर शुजा को पराजय की बधाई दो। जयसिंह के पास सूचना भिजवा दी कि वह विजित क्षेत्र का प्रबन्ध सँभालने के लिए वहीं रहे।

7. दूसरा उत्तराधिकार युद्ध (उज्जैन)

हिन्दी के रीतिकालीन कवियों के लिए शासक पिता के विरुद्ध पुत्रों का इतने आक्रामक रवैये के साथ विद्रोह और व्यापक स्तर पर युद्ध का आयोजन एक नया अनुभव था। उत्तराधिकार के लिए चारों ओर से पुत्रों का आक्रमण अभूतपूर्व था। सारा देश भौचक्का होकर पिता-पुत्र, स्वामी-सेवक तथा आस्था-विश्वास के बीच सशस्त्र टकराहट देख रहा था। उस अविश्वसनीय और अभूतपूर्व आयोजन की विकट परिस्थिति में देश के अलग-अलग मोर्चों पर सभी केन्द्रीय और क्षेत्रीय शक्तियों का जमावड़ा पहले कभी नहीं देखा गया था। उन शक्तियों से जुड़े कवियों और लेखकों ने जो कुछ देखा-सुना, उसको लेखनीबद्ध किया था। हिन्दी कवियों को शुजा के

युद्धाभियान ने उतना प्रभावित नहीं किया था, क्योंकि वह शाही सेना से पराजित होकर भाग गया था, लेकिन औरंगजेब और मुराद के संयुक्त अभियान ने उन पर सबसे अधिक प्रभाव डाला, क्योंकि उससे शाही सेना की ही पराजय नहीं हुई, पहली बार मुगल शासन की चूलें हिल गईं। अपदस्थ बादशाह को अपने ही किले में कैदी जीवन जीना पड़ा और पिता के सामने उसी के पुत्र के द्वारा उसके अन्य पुत्रों, परिवारजनों और प्रियजनों का सरासर अपमान और वध किया गया। उस काल में पहली बार सारा देश अपने बादशाह शाहजहाँ और अपने प्रिय शाहजादा दारा शिकोह की दुर्दशा को देखकर रोया था। यही कारण है कि शुजा के उत्तराधिकार युद्ध की तुलना में औरंगजेब का उत्तराधिकार युद्ध हिन्दी के ऐतिहासिक काव्यरचयिताओं का सर्वाधिक चर्चित विषय रहा।

'बिन्है रासो' के अनुसार दिल्ली में शाहजहाँ के बारे में फैली मृत्यु की अफवाह और शुजा सम्बन्धी गतिविधियों की सूचना लेकर औरंगजेब के कासिद (सन्देश वाहक) औरंगाबाद की ओर दौड़ पड़े और चार दिनों में वहाँ पहुँच गए। उस समय औरंगजेब प्रातः कर्म कर रहा था। प्रातः कर्म के बाद उसे सूचना दी गई कि बादशाह गुजर गए हैं। तब वह दुखी होने की बजाय उत्साहित होकर बादशाहत और उसे प्राप्त करने के लिए एक लाख सेना एकत्र करने के बारे में सोचने लगा। उसने कर्नाटक, बीजापुर और गोलकुंडा को फरमान भेजकर सहायता के लिए बुलाया। हथियार एकत्र किए। अपने पक्ष के मुगल और हिन्दू योद्धाओं को भी बुला भेजा। उसने अपने समझदार जासूसों को बुलाकर अहमदाबाद और दिल्ली की ओर भेजा, ताकि मुराद और दारा की गतिविधियों की सूचनाएँ मिलें।[68]

रूपसिंह की वार्ता (वृन्द) के अनुसार शुजा की पराजय का समाचार पाकर शाहजहाँ प्रसन्न हुआ और दरबार लगाकर उसने जसवन्तसिंह को आज्ञा दी कि वह औरंगजेब की सेना को नर्मदा पार करने से रोके। जसवन्तसिंह ने बादशाह के सामने दर्पोक्ति की कि यदि वे आज्ञा दें तो मैं औरंगजेब को नर्मदा पार धकेल आऊँ अथवा पकड़कर आपके सामने पेश कर दूँ। शाहजहाँ ने जसवन्तसिंह को एकान्त में बुलाकर चार आदेश दिए :[69]

1. यदि औरंगजेब तुम्हारी युद्ध तैयारी और तुम्हारा झंडा देखकर लौट जाए तो उसे जाने देना।
2. यदि वह तुमसे मिलकर यहाँ आना चाहे तो आने देना। बेकार युद्ध मत करना।
3. पुत्र का दुःख दुगुना होता है, लेकिन हमारा मानभंग नहीं होना चाहिए। यदि मानभंग होता हो तो युद्ध करना लेकिन अपने स्थान पर डटे रहना। वह आकर लड़े, तभी लड़ना। तभी उसकी फौज को तोपों से उड़ाना।
4. यदि किसी तरीके से समझौता हो सके तो करना।

वार्ता का यह अंश भले ही नाटकीय शैली में प्रस्तुत किया गया है, लेकिन इससे बादशाह शाहजहाँ के पुत्रस्नेह का बोध होता है। शाहजहाँ के पुत्र कितने ही स्वार्थी और निष्ठुर हों लेकिन शाहजहाँ का पितृहृदय उस विकट परिस्थिति में भी अपने धूर्त पुत्र औरंगजेब का कल्याण चाहता रहा।

बादशाह ने ये आदेश देकर फिर दुहराया कि किसी भी स्थिति में मुगल सेना युद्ध करने के लिए पहल न करे। दारा के सामने भी शाहजहाँ ने औरंगजेब के प्रति प्रेम से प्रेरित होकर अपने पुत्रस्नेह की बात रखी तो जसवन्तसिंह ने हिन्दी के एक दोहे की एक पंक्ति 'दुविधा में दोऊ गए माया मिली न राम' बोलकर बादशाह को समझाया कि युद्ध के दौरान लड़ना और अदब करना एक साथ नहीं चल सकते। वैसे आप जो आज्ञा देंगे, हम वही करेंगे। इस पर शाहजहाँ ने जसवन्त को रामकथा से स्वामी राम और सेवक हनुमान, अंगद और लक्ष्मण की आज्ञा और आज्ञाकारिता का उदाहरण देकर समझाया कि जो कुछ हमने कहा, वही करना है। सच्चा सेवक वही होता है जो स्वामी के वचन को नहीं तोड़ता है। सेवक को बुरा-भला, धर्म-अधर्म, श्रम का विचार न कर स्वामी की आज्ञा का पालन करना चाहिए। राजनीति की यही रीति होती है कि हाथी के दाँतों की तरह दिल में कुछ और दिखाने में कुछ।

उस गुप्त मन्त्रणा के बाद दरबार लगाया गया और जसवन्तसिंह को सेनापति घोषित कर, मुगल परम्परानुसार युद्ध क्षेत्र की ओर भेजने से पूर्व सुसज्जित हाथी-घोड़े भेंट किए गए। उसको विशाल सेना सौंपी गई। साथ के उमरावों को सिरोपाव तथा लाखों रुपए दिए गए। सभी लोग जिरहबख्तर तथा हथियारों से सज्जित होकर चल पड़े। बन्दूकचियों को आगे करके मुगल सेना सफेद और लाल झंडे फहराती हुई उज्जैन पहुँच गई। वहीं डेरे लगा दिए गए।[70] कवि वृन्द ने उस युद्ध के बारे में जैसा देखा-सुना था, वैसा लिख दिया है लेकिन कवि सन्तोखसिंह ने कुछ और सूचनाएँ भी दी हैं। उन्होंने लिखा है कि दाराशिकोह ने जसवन्तसिंह को पहले गुजरात जाने, मुराद को देशनिकाला देने या पकड़ लाने को कहा था। साथ में कासिम खाँ को भेजा था। उज्जैन पहुँचकर नर्मदा के किनारे उसने युद्ध की तैयारी की, फिर कासिम खाँ को छोड़कर वह मुरादबख्श की ओर चला। सन्तोखसिंह के मत के विपरीत अन्य स्रोत यह बताते हैं कि कासिम खाँ गुजरात की ओर भेजा गया था, जहाँ से लौटकर उसे उज्जैन पहुँचकर शाही सेना की सहायता करनी थी। सन्तोखसिंह का कहना है कि जसवन्तसिंह उज्जैन से गुजरात की ओर बढ़ा तो रास्ते में बीजापुर के आदिल खान ने दुर्ग से बाहर आकर उसका स्वागत किया और चाँदी के सिक्के भेंट किए। बाद में दारा को सूचना मिली कि मुराद ने जसवन्तसिंह को हरा दिया है और जसवन्तसिंह प्राणरक्षा के लिए भाग गया है। मुराद ने उसका डेरा लूट लिया है। यह भी सूचना मिली कि औरंगजेब ने शाही सेना को हराकर आगरा की ओर कूच कर दिया है। शाहजहाँ दिल्ली चला गया था, वह फिर आगरा लौट

आया और औरंगजेब को रोकने के लिए दारा को भेजा।[71] यह वृत्त इतिहास से पूरी तरह मेल नहीं खाता है।

'बिन्है रासो' के अनुसार जब शुजा का घटनाचक्र समाप्त होते-होते मुगल साम्राज्य के पश्चिम और दक्षिण की ओर उथल-पुथल होने की खबरें आने लगीं तब दाराशिकोह ने जसवन्तसिंह को बुलवाया। जब जसवन्तसिंह आया तो दारा ने उसके पिता गजसिंह की शासकीय सेवाओं की प्रशंसा करते हुए उसे पाँच हजारी के स्थान पर तीस हजारी मनसब दिया। सौ घोड़े तथा पाँच हाथी दिए और सिरोपाव देकर उसे उज्जैन की ओर रवाना किया। उसके साथ अर्जुन गौड़ और मुकुन्द हाड़ा के अलावा वीरभद्र, मोहन सिंह, जुझार सिंह, किशोर सिंह, इफ्तार खाँ, कासिम खाँ आदि अनेक उमराव भेजे गए। जसवन्तसिंह के परामर्श और शाही आज्ञा से राव रतनसिंह को जालौर से बुलाया गया। रतनसिंह जसवन्तसिंह का वंशज था। वह उज्जैन पहुँच गया। जब दिल्ली सेना उज्जैन पहुँच गई और युद्ध की तैयारी करने लगी, तब राजा शिवराम गौड़ ने मांडोगढ़ और राजा मानसिंह गौड़ ने आसेरगढ़ के अग्रिम मुगल मोर्चों पर औरंगजेब को रोकने की तैयारी की।[72]

औरंगजेब और मुराद की सेना जब आसेरगढ़ आ पहुँची तब औरंगजेब ने आसेरपति मानसिंह गौड़ के पास दुर्ग सौंप देने का आदेश भेजा जिसे मानसिंह ने यह कहकर ठुकरा दिया कि वह केवल शाहजहाँ को बादशाह मानता है और वह आसेर दुर्ग उसे नहीं सौंपेगा। औरंगजेब और मुराद ने विचार किया कि पहले दिल्ली पर कब्जा कर लें फिर उसको हथियाएँगे। फिर उन्होंने रास्ते में पड़नेवाले मांडोगढ़ को लेने का विचार किया, लेकिन वहाँ के शासक शिवराम गौड़ ने भी टका-सा जवाब दे दिया। वे लोग थोड़ा-बहुत लड़े, लेकिन फिर आने की बात कहकर आगे बढ़ गए। औरंगजेब का क्रोध यह देखकर बढ़ रहा था कि हिन्दू लोग उसके नहीं, शाहजहाँ और दारा के समर्थक थे।

औरंगजेब ने अपनी कूटबुद्धि का सहारा लेकर दो चालें चलीं। पहली चाल थी मुराद को पटाना और दूसरी चाल थी—राणा राजसिंह को पटाना। मुराद को पटाने के लिए औरंगजेब ने जो जासूस अहमदाबाद भेजे थे, उन्होंने खबर दी कि शाह मुराद ने अपने आपको बादशाह घोषित कर दिया है और दिल्ली की फौजें उज्जैन तक आ पहुँची हैं। मुराद कच्छ, सौराष्ट्र और ईडर से शक्ति बटोरकर पचास हजार सवार, एक सौ हथनाल, दो सौ दसनाल, पाँच सौ शुतर (ऊँट) नाल और अन्य पाँच सौ तोपें लेकर आ रहा है। यह समाचार पाकर औरंगजेब हर्षित हुआ क्योंकि उसके पास मुराद से भी अधिक सैन्य शक्ति थी। उससे भी बढ़कर उसके पास प्रखर बुद्धि थी, जिसका उपयोग करके वह हमेशा विजयी होता आया था। मुराद से मिलकर उसने शाही सेना का मुकाबला करने के लिए रहमान की शपथ लेकर समझौता किया। दोनों की संयुक्त सेना आक्रमण के लिए आगे बढ़ी।

कवि महेसदास की तरह वृन्द ने भी लिखा है कि उज्जैन में शाही सेना के सामने औरंगजेब और मुराद की संयुक्त सेना के डेरे लग गए, लेकिन उनके संयुक्त होने की एक रोचक कहानी है। उस कहानी से औरंगजेब की कूटबुद्धि के बारे में पता चलता है, जब औरंगजेब और मुराद अलग-अलग सेनाएँ लेकर आए थे, तब औरंगजेब ने तस्बीह और कुरान हाथ में और विशाल सेना साथ में लेकर नर्मदा पार की थी। पहले जासूस भेजकर उसने मुगल सेना के बारे में खोज-खबर मँगवाई तो जासूसों ने आकर खबर दी कि शाही मुगल सेना बहुत विशाल है। औरंगजेब से सोचा था कि वह अपने इस्लाम और सेना का सहारा लेकर मुगल सेना पर भावनात्मक, धार्मिक और सैन्य विजय प्राप्त कर लेगा, लेकिन मुगल सेना पर अकेले पार पाना कठिन जानकर कुशाग्र बुद्धि औरंगजेब ने तुरन्त निर्णय कर लिया कि मुराद को विश्वास में लेकर अपने साथ मिला लिया जाय और उसके साथ मिलकर मुगल सेना से युद्ध किया जाय। उसने इस बारे में अपने विश्वसनीय चाकरों को बुलाकर मन्त्रणा की। इस मन्त्रणागोष्ठी में औरंगजेब ने अपने जो राजनैतिक विचार प्रकट किए, उनसे उसका छल और कपट-भरा व्यक्तित्व सामने आता है। उसने सबके सामने राजनीति के अंग के रूप में छल, कपट, स्वकार्य-सिद्धि, दाँवपेंच, निर्लज्जता, विश्वासभंग में अपना पूरा विश्वास प्रकट किया और कहा कि इस नीति को फलीभूत करने के लिए वह मुराद को आगे करके लड़ना चाहता है, जिससे मुराद को लगे कि औरंगजेब में बादशाहत की कोई चाहत नहीं है और वह मुराद को बादशाह बनाना चाहता है। इस मन्त्रणा के बाद मुराद के पास जो पत्र भिजवाया गया, उसमें लिखा था—'कुरान को बीच में रखकर मैं तुम्हें वचन देता हूँ और हम दोनों के बीच यह समझौता है कि तुम बादशाह बनो। एक-दूसरे से दूर रहकर हम दोनों अकेले दिखाई पड़ेंगे, लेकिन परस्पर मिल जाने पर ग्यारह हो जाएँगे। हम दोनों मिलकर युद्ध करेंगे तो अवश्य विजय पाएँगे।'

औरंगजेब की चाल सफल हुई। मुराद अपनी सेना लेकर औरंगजेब से आ मिला तो औरंगजेब को बड़ा सन्तोष मिला।

उदयपुर के राणा राजसिंह को पटाने के लिए औरंगजेब ने एक खासा रुक्का भेजा और अपनी सहायता के लिए आमन्त्रित किया। उस रुक्का को भेजने के पीछे उसकी दुहरी चाल थी। उसने रुक्का में लिखा था कि दिल्ली की बादशाही राणाओं की कृपा से चलती आ रही है। जिसे राणा चाहता है वही दिल्ली के तख्त पर बैठ पाता है और बादशाह कहलाता है। राणा कर्ण की सहायता से ही खुर्रम बादशाही पाकर शाहजहाँ कहला पाया था। उस घटना का विशेष उल्लेख शाहनामा (शाहजहाँ चरित) में किया गया है। अब आपकी आज्ञा हो तो हम (औरंगजेब और मुराद) दिल्ली सेना से लड़ने के लिए आवें। आप हमारी सहायता कीजिए।[73] औरंगजेब एक पत्थर में दो शिकार करना चाहता था। एक तो उसे कोई राजपूत समर्थक नहीं

मिल रहा था और राणा राजसिंह राजपूतों में सम्मान्य था, उसको पटाकर वह अन्य कुछ राजपूतों का समर्थन पाने की आशा करता था। दूसरा यह कि औरंगजेब मन ही मन राजसिंह से वैवाहिक कारणों से रुष्ट था। रोष का कारण यह था कि औरंगजेब रूपनगर के राजा रूपसिंह की सोलह वर्षीया रूपसी कन्या से विवाह करना चाहता था। उस कन्या का भाई मानसिंह मारवाड़ का राजा था, जिसे औरंगजेब ने तरह-तरह के प्रलोभन देकर अपना समर्थक बना रखा था। मानसिंह स्वार्थसिद्धि के लिए अपनी बहन का विवाह औरंगजेब से करने को तैयार था। इस संकट की घड़ी में उस कन्या ने राणा राजसिंह के पास पत्र भेजकर रक्षा करने की प्रार्थना की थी। राणा ने उसकी भावना का मान रखते हुए उसके साथ विवाह कर लिया था। इस कारण औरंगजेब राणा से जला-भुना हुआ था।[74] रुक्का भेजकर औरंगजेब उससे बदला लेने का अवसर खोज रहा था।

राणा राजसिंह औरंगजेब की चाल समझता था। उसने औरंगजेब की सहायता करने की बजाय जो कुछ किया, उसके बारे में कवि महेसदास राव ने नई सूचना दी है। उसने 'राणा राजसिंह को गुण' नामक एक छोटी-सी रचना में राणावंश के राजसिंह के वर्णन में उसे 'हिन्दू सुलतान' बताते हुए लिखा है कि–

दिल्ली से आए पत्र से दीवान राजसिंह को ज्ञात हुआ कि शाहजहाँ संकट में है। पत्र में लिखा था : 'दाराशाह ने सत्ता अपने हाथ में ले ली है। खजाने खोल दिए हैं और शाही फौजें (शुजा, औरंग, मुराद से लड़ने के लिए) भेज दी हैं। सात दिनों से बादशाह दरबार में नहीं आ रहा हैं। कासिद (सन्देशवाहक) बाहर नहीं निकलने दिया जा रहा है। उमराव दिल चुरा रहे हैं। बादशाहत खत्म होने का समय आ गया है। सभी रास्ते बन्द कर दिए गए हैं। शाहजादे ने दिल्ली के तख्त पर बैठने की हठ ठान ली है। हे चित्तौड़पति ! बादशाहों के बादशाह ! अपने कदम बढ़ाइए और मुगल सत्ता हथिया लीजिए।' इस प्रकार दिल्ली और पूरे देश में शाहजहाँ की बीमारी के बाद फैली अफवाहों और अनिश्चितता की आग में सबने अपने-अपने हाथ सेंकने का विचार किया। राजपूतों में सबसे पहले रावत रघुनाथ ने दिल्ली पर कब्जा करने की नीयत से युद्ध की तैयारी कर ली और वह दिल्ली की ओर चल पड़ा। रास्ते में उसने मुगल क्षेत्र मालपुरा, अजमेर और साँभर को जीत लिया। राणा राजसिंह ने भी उत्साहपूर्वक संघर्ष के लिए एक लाख सेना, पशु और अस्त्र-शस्त्र एकत्र किए। उसकी इस तैयारी की सूचना जब दिल्ली पहुँची तो वहाँ घबराहट फैल गई। ऊटोला (ऊँटाला) और उदयपुर की युद्ध की तैयारी जोर-शोर से हुई। राणा की तैयारी से दिल्ली-सुलतान चिन्ता में पड़ गया। कवि ने लिखा है कि राणा के आमगन का हल्ला चारों ओर फैल गया। पूरे राजपूताना के राजा काँप उठे।[75] मांडल से लेकर लाहौर, पेशावर, गजनी, काबुल तक आतंक छा गया। लेकिन कवि ने यह सही संकेत किया है कि जब उज्जैन के युद्धक्षेत्र से राठौड़ (जसवन्त सिंह) प्राण

बचाकर भाग गया और धौलपुर में औरंगजेब ने दारा को हरा दिया, उस समय की अफरातफरी में राणा ने अजमेर को जीत लिया। शाहजहाँ, दारा और शुजा ने सुना कि औरंगजेब और मुराद के होते हुए भी राणा राजसिंह ने दिल्ली को जला डाला है। इस प्रकार जब शाही सेना और उसके सहायक शुजा, औरंगजेब और मुराद से उलझे हुए थे तथा शाहजहाँ और दारा आगरा में थे तब दिल्ली लूटकर राणा राजसिंह ने मुगल साम्राज्य से एक प्रकार की पेशकश ले ली। ऐसी लूटमार के बाद राणा राजसिंह उदयपुर लौट गया।[76]

इस बीच जसवन्तसिंह ने औरंगजेब के पास दूत भेजकर कहलाया कि जोश में आकर आगे मत बढ़ो और जाओ। बादशाह ने कहलाया है, इसलिए हमने यह कहलाया है। फिर भी अगर आगे बढ़ोगे तो तुम्हें पछताना पड़ेगा। हम लड़कर तुम्हें पीछे भगा देंगे। औरंगजेब ने उस दूत को यह पत्र देकर लौटा दिया कि तुम एक सेनापति हो और इतनी सेना लेकर आ गए हो। हम दोनों शाहजादों की दुगुनी सेना है और हम बादशाह बनकर जो आज्ञा देंगे, उसका पालन होगा। हमारे अदब में गुस्ताखी मत करो। जसवन्तसिंह ने इस पत्र का यह उत्तर भेजा कि मैं बादशाह की आज्ञा से लड़ने आया हूँ, इसलिए तलवार मारकर शत्रु को अवश्य परास्त करूँगा। यह उत्तर भेजकर जसवन्तसिंह ने युद्ध की तैयारी के रूप में अपने उमरावों को एकत्र किया और अपने वीर पूर्वजों का वास्ता देकर लड़ाई के लिए विचार-विमर्श किया। अनेक योद्धाओं के बीच राजा रतन, मुकुन्द हाड़ा तथा अर्जुन गौड़ उस मन्त्रणा में शामिल थे। एक उमराव ने सुझाव दिया कि नर्मदा के घाटों पर मोर्चा बन्दी कर ली जाए, जिससे औरंगजेब और मुराद में मेल न हो पाए, लेकिन वे लोग दोनों को मिल जाने से रोक नहीं पाए। युद्ध की तैयारी हुई तो अर्जुन गौड़ ने प्रस्ताव किया कि जसवन्तसिंह पीछे रहकर हमारी सहायता करते रहें और हम लड़ाई करें। जसवन्तसिंह ने यह प्रस्ताव नहीं माना और युद्ध करने के लिए निकल पड़ा। इधर से अर्जुन गौड़ और जसवन्तसिंह तथा उधर से औरंगजेब और मुराद आमने-सामने आ गए। औरंगजेब की निगाह जसवन्तसिंह की सेना पर थी, क्योंकि वह मुगल सेनापति था। औरंगजेब ने जसवन्त सेना की विशालता देखकर खुदा को याद किया। उसे सन्देह होने लगा कि वह बादशाह बन भी पाएगा या नहीं।

जहाँ अन्य काव्यों में दूसरे उत्तराधिकार-युद्धस्थल का नाम मोटे तौर पर प्रसिद्ध उज्जैन लिख दिया गया है, वहाँ कवि महेसदास ने प्रत्यक्षदर्शी कवि होने के नाते उस युद्ध की तरह उसके स्थल का नाम भी सही लिखा है। उन्होंने अपने आश्रयदाता के साथ-साथ रास्ते में पड़ाव किए थे और युद्धस्थल की ओर प्रयाण किया था, इसलिए रास्ते के प्रत्येक स्थल के नाम सही-सही लिखे हैं। स्थल ही नहीं, योद्धा, घटनाकाल, मृत, भगोड़े, वीर और कायर व्यक्तियों के नाम भी सही लिखे हैं। यह बात अलग है कि उन्होंने अपने आश्रयदाता का चरित्र अन्य से अधिक बढ़ा-चढ़ाकर दिखा दिया

है। शाही सेना ने युद्ध के लिए खाचरोद में पड़ाव किया था। औरंगजेब भी उस ओर आ गया। दोनों सेनाओं में दस कोस का फासला था।[77] फिर जसवन्तसिंह ने चौरनारायणा में डेरा लगाया, जिससे प्रातःकाल होते ही युद्धारम्भ किया जा सके। दिन था विक्रमी संवत् 1715 का वैशाख, कृष्णपक्ष, अष्टमी तिथि, गुरुवार, रवि श्रवण नक्षत्र योग शुक्ल बालवकरण।[78] उस दिन औरंगजेब और मुराद ने अपना दूत भेजकर जसवन्तसिंह से कहलाया कि पुत्र अपने पिता को देखने दिल्ली जा रहे हैं, इसलिए युद्ध न करके दिल्ली चलो।[79] जसवन्तसिंह ने औरंगजेब की चतुराई समझकर साथियों से मन्त्रणा करने के बाद दूत से कहा कि औरंगजेब से कहो कि वह अपने केवल पाँच हजार सवार लेकर जाना चाहे तो जाकर अपने पिता के हालचाल देख सकता है। दूत का सन्देश पाकर औरंगजेब बिगड़ गया। उसने आधी रात से ही नौबत बजवाना आरम्भ कर दिया और सैनिकों को आदेश दिया कि सवेरा होते ही युद्ध आरम्भ कर दिया जाए। संवत् 1715 वैशाख बदी, नवमी शुक्रवार (अप्रैल 16, 1658 ई.) धनिष्ठा नक्षत्र, ब्रह्म योग, तैत्तिल करण को वह उस युद्ध के आरम्भ[80] से पहले औरंगजेब पक्ष के सैनिकों ने बजू आदि कृत्य किए, तो जसवन्तसिंह पक्ष के योद्धाओं ने अपने धर्म, ध्यान और दान कर्म किए। जसवन्तसिंह ने अपने ब्राह्मण सिलहदार (हथियार प्रबन्धक) को बुलाकर सबमें हथियार बँटवाए। अर्जुन गौड़ के साथी सबसे अधिक युद्धोत्साह से भरे हुए थे। अर्जुन गौड़ के साथी सामन्त वीरभद्र, मुरारी, पृथ्वीराज, राजसिंह, मानसिंह, भाखरसिंह आदि अस्त्र-शस्त्र धारण करके युद्ध के लिए तत्पर हुए।

कवि महेसदास राव ने 'बिन्है रासो' में संवत् 1715 में हुए[81] चौरनारायणा (उज्जैन) युद्ध में अपने आश्रयदाता अर्जुन गौड़ की भूमिका को विशेष रूप से उभारा है, इसलिए जसवन्तसिंह की तुलना में उसे अधिक वीर दिखाया है। कवि ने लिखा है कि युद्धारम्भ में शाही दल के नेता जसवन्तसिंह की शिथिलता देखकर अर्जुन गौड़ ने मुकुन्द हाड़ा के पास अपना दूत भेजकर कहलाया कि दोनों शाहजादों की फौजें हमारे सामने आ गई हैं, लेकिन जसवन्तसिंह कायरता दिखा रहा है। अब हमें बादशाही की रक्षा के लिए अपने प्राण देने हैं। सन्देश पाकर मुकुन्दसिंह हाडा भी अपने साथियों के साथ अर्जुन गौड़ से आ मिला और दोनों के दल हरावल दस्ते का रूप लेकर शाहजादों से लड़ने चल पड़े।

कवि महेसदास राव के अनुसार अर्जुन गौड़ और मुकुन्द हाड़ा के जाने के बाद जसवन्तसिंह ने अपने सामन्तों को बुलाकर युद्ध-सम्बन्धी मशिवरा किया। बिट्ठलदास चाम्पावत ने जीवन-मरण का खेल खेलने और इसके लिए अपनी सेना को हरावल (अग्रिम), गोल (मध्यवर्ती) और चंदावल (पिछले) भाग में बाँट देने की राय दी। इसके अनुसार रतनसिंह राठौड़[82] के साथ कासिम खाँ को हरावल में, दलथम्भ और राघवदेव को गोल में तथा शक्तावतों को चँदावल में रखा गया। इफ्तार

खाँ को भी चंदावल में स्थान दिया गया। हरावल दस्ते में पच्चीस हजार सवार रखे गए। गोल दस्ते में जसवन्तसिंह रहा। बरंगाल (दायीं ओर की सेना) में भीमसिंह सीसोदिया (जिसने खुर्रम के समर्थन में प्राण दिए थे) के पुत्र रायसिंह को स्थान दिया गया और तरंगाल (बायीं ओर की सेना) में वीरसिंह, अमरसिंह आदि रखे गए।

उधर औरंगजेब और मुराद ने बजू और नमाज के बाद लड़ाई की तैयारी की। हरावल दस्ते में निजाबत खाँ और भगवन्तसिंह को रखा गया। साथ में केसरीसिंह, चिकन खाँ, बहादुर खाँ, अलया खाँ, राणा, मन्सूर खाँ, शेख मीर को भी हरावल में रखा गया। हरावल में कुल मिलाकर चालीस हजार सवार थे। तरंगाल, बरंगाल और चँदावल दस्ते उपयुक्त स्थान पर खड़े किए गए। गोल दस्ते में पचास हजार, चँदावल में इकसठ हजार, बरंगाल में बीस हजार और तरंगाल में उन्नीस हजार सैनिक नियुक्त किए गए। इस प्रकार औरंगजेब और मुराद की कुल डेढ़ लाख सेना चौरनारायणा के युद्धक्षेत्र में शाही सेना से टकराने के लिए खड़ी कर दी गई।[83] वह सारी तैयारी रातोंरात की गई थी। पूरी तैयारी के बाद औरंगजेब और मुराद ने सात घड़ी दिन चढ़ जाने के बाद आक्रमण आरम्भ किया। हिन्दू योद्धा शिव और राम का नाम जप रहे थे तथा मुसलमान योद्धा अल्लाह का नाम। भयंकर युद्ध आरम्भ हो गया। सबसे पहले पाँच सौ राठौड़ योद्धा मारे गए, उनके बाद तीन सौ भाटी खेत रहे, तब जसवन्तसिंह शाहजादों की ओर बढ़ा।

कवि वृन्द ने 'रूपसिंह की वार्ता' में बताया है कि उज्जैन के युद्धक्षेत्र में दोनों ओर मोर्चे लग गए। सब तरह की तोपें और बन्दूकें चलने लगीं। लेकिन औरंगजेब ने शाही पक्ष के कुछ अधिकारी अपनी ओर फोड़ लिए थे। सबसे पहले शाही तोपखाने के दारोगा ने गद्दारी की। उसने खाली तोपों को छुड़वाकर नकली युद्ध किया, जिससे शाही पक्ष के योद्धा अधिक मरने लगे। यह देखकर जसवन्तसिंह के योद्धाओं ने प्रस्ताव किया कि वे अपने घोड़े औरंगजेब की ओर दौड़ाकर उसे पकड़ लें। विदाई के समय बादशाह ने ऐसी ही आज्ञा दी थी। चारों ओर मारामारी के बीच अपने पक्ष की हानि और अपने बचे-खुचे साथियों की सलाह को देखते हुए जसवन्तसिंह घबड़ा गया। औरंगजेब और मुराद उसको घेरने की कोशिश कर रहे थे। यह देखकर जसवन्तसिंह युद्ध क्षेत्र से भाग खड़ा हुआ। इसके बारे में वृन्द ने कुछ नहीं लिखा है क्योंकि उस पलायन को कुल कलंक का कार्य माना गया था। उसके बाद रतलाम के राजा रतनसिंह ने मोर्चा सँभाला और वह मारा गया। अर्जुन गौड़ और मुकुन्द हाड़ा भी मारे गए। उसकी युद्धवीरता की प्रशंसा औरंगजेब ने भी की। इस युद्ध में अनेक उमरावों के साथ सत्रह सौ राठौड़ वीर काम आए। सभी योद्धा राजाओं में रतनसिंह जैसी वीरता और धीरता का प्रदर्शन किसी ने नहीं किया। वह चाहता तो जसवन्तसिंह की तरह अपने तन को बचा सकता था, लेकिन उसने तन की बजाय अपने यश की चिन्ता की। वृन्द कवि ने रतनसिंह की प्रशंसा करते हुए बताया है

कि अर्जुन गौड़ और मुकुन्द हाड़ा सेनानायक रतनसिंह की मृत्यु के बाद मारे गए[84], जबकि रतनसिंह के दरबारी कवियों ने उसकी मृत्यु सबके बाद घोषित की है। उन्होंने बताया है कि मुकुन्द हाड़ा और अर्जुन गौड़ पहले मरे, फिर रतनसिंह आदि की सलाह पर जसवन्तसिंह युद्धक्षेत्र से भागा, तब रतनसिंह की मृत्यु हुई। रुधनाथ राव नामक कवि ने लिखा है कि कोटा के महाराव माधवसिंह हाड़ा के पाँच पुत्र थे–मुकुन्द सिंह, मोहन सिंह, कन्हीं राम, जुझारसिंह और किशोर सिंह। ये पाँचों भाई बादशाह शाहजहाँ की ओर से विद्रोही शाहजादों मुराद और औरंगजेब से लड़ने के लिए भेजी गई लाख सेना में थे। जब युद्ध आरम्भ हुआ, तब जुझारसिंह, मुकुन्द सिंह, कन्हीं राम और मोहनसिंह आगे बढ़े और युद्ध करते हुए मारे गए और किशोरसिंह घायल हो गया। गुजरात के सूबेदार मुराद और दक्खिन के सूबेदार औरंगजेब ने जब सम्मिलित हमला किया तब जसवन्तसिंह भाग गया। इन चारों ने उसे बचाया था तथा पाँचवें भाई किशोरसिंह ने भी हथियार उठाया था। वह घायल होकर बच गया। मुसलमानों के युद्ध में माधवसिंह के पाँचों पुत्रों ने अपनी पीढ़ियों को गौरवान्वित किया। वे जसवन्तसिंह की तरह वापस नहीं भागे। एक और गीत में कवि रुधनाथ राव ने स्पष्ट रूप से लिखा है कि राव मुकुन्दसिंह हाड़ा उज्जैन के उत्तराधिकार युद्ध क्षेत्र से जसवन्तसिंह के चले जाने के बाद शाही सेना के हरावल का नेता बना।[85] एक अन्य गीत में सूचना दी गई है कि मुकुन्दसिंह शाही सेना की गजसेना का अधिकारी था।[86]

कवि महेसदास राव के अनुसार हाथी पर बैठे शाहजादों ने जब हमला किया तब जसवन्तसिंह ने भी हल्ला बोला[87], लेकिन शीघ्र ही शाही सेना में भगदड़ मच गई। इस अवसर पर कवि महेसदास ने शाही पक्ष के मृत योद्धाओं और कायर भगोड़ों के नाम गिनाए हैं। भागनेवालों में सबसे पहला नाम जसवन्तसिंह का है। शाहजादों की सेना ने उसका पीछा किया। जसवन्तसिंह के बाद अमरसिंह का बेटा रायसिंह भागा और उसके बाद चन्द्रावत तथा कछवाहे भाग खड़े हुए।

कवि खिड़िया जगा ने जसवन्तसिंह के जाने के बाद युद्धभार अपने आश्रयदाता राव रतनसिंह राठौड़ पर आ पड़ने की चर्चा की है, किन्तु 'बिन्है रासो' में कवि महेसदासराव ने भगोड़े शाही सेनापतियों के नाम गिनाने के बाद बताया है कि उनका आश्रयदाता अर्जुन गौड़ उस विषम परिस्थिति में स्थिति सँभालने के लिए शाही सेना को सँभालने लगा। उसका साथ देनेवाले गौड़ों के अलावा अन्य शाही योद्धा थे–रतनसिंह राठौड़, दयाल दास, सुजानसिंह, फतहसिंह, केहरिसिंह शक्तावत, रुक्मांगद, राघव देव, गोवर्धन, बिट्ठल और इफ्तार खाँ।[88] मधुकर के पुत्र मुकुन्द हाड़ा के नेतृत्व में मोहनसिंह, जुझारसिंह, कन्हींराम, किशोरसिंह, कल्याणसिंह पमार, दलथम्भ राठौड़ और राव भाट हरि चन्द मुराद के साथ युद्ध कर रहे थे। इनमें से पहले पाँच भाई थे। मुकुन्द और उसके भाई मुराद के सामने आकर भिड़ गए। चार

पहर तक युद्ध चला। मुराद के दल में भगदड़ मच गई, लेकिन चार भाई मुकुन्दसिंह, मोहनसिंह, जुझारसिंह और कन्हींराम तिल-तिलकर कट मरे। केहरिसिंह भी मारा गया।[89]

उधर अर्जुन गौड़ अपने साथियों के साथ औरंगजेब से भिड़ रहा था। वह और उसके अनेक साथी एक-एक कर कट मरे। जिस तरह कवि खिड़िया जगा ने अपने काव्य में मरनेवाले, भागनेवाले और लड़नेवाले सभी ज्ञात-अज्ञात योद्धाओं के नाम गिनाए हैं, उसी तरह कवि महेसदास ने सभी प्रकार के योद्धाओं के नाम गिनाए हैं।[90] लेकिन खिड़िया जगा ने जसवन्तसिंह के जाने के बाद और रतनसिंह की मृत्यु से पहले अर्जुन गौड़ की मृत्यु की बात लिखी है।[91] कुछ अन्य रचनाओं में मृत योद्धाओं के नाम खांपवार गिनाए गए हैं।[92] बिन्है रासोकार ने यह सूचना भी दी है कि तीन भाट भी उस युद्ध में मारे गए थे। औरंगजेब स्वयं उस युद्ध का प्रत्यक्ष द्रष्टा रहा। कवि के अनुसार अर्जुन गौड़ के मरते ही वह युद्ध समाप्त हो गया और शाही सेना भाग खड़ी हुई।

कविया करणीदान ने अपने 'सूरज प्रकास' में औरंगजेब, मुराद तथा शाही सेना के बीच युद्धस्थल का वर्णन करते समय ऐतिहासिकता का ध्यान नहीं रखा है।[93] कवि ने वर्णन किया है कि वह युद्ध उज्जैन में क्षिप्रा नदी के किनारे हुआ था, जबकि वास्तव में वह धरमात नामक गाँव के पास स्थित चौरनारायणा नाले के मैदान में हुआ था। धरमात उज्जैन से दूर है, पर कविगण उस स्थान के प्रसिद्ध न होने के कारण उस युद्ध को उज्जैन युद्ध ही लिखते आए हैं और इतिहासकार भी सामान्य पाठकों का ध्यान रखते हुए अथवा गैरजानकारी से धरमात युद्ध न लिखकर उज्जैन युद्ध ही लिख देते हैं। करणीदान ने एक गलती और की है। वह यह कि उन्होंने जसवन्तसिंह को विजयी योद्धा के रूप में जोधपुर लौटते और कवियों को दान देते दिखाया है।[94] ऐसा सम्भवतः जसवन्तसिंह का वंशकवि होने और दान पाते रहने के कारण लिखा गया है।

चारण वणसूर महादान भी राठौड़वंश के आश्रित कवि थे, लेकिन उन्होंने इतिहास की रक्षा करते हुए 'अजीत विलास' में इस युद्ध के संक्षिप्त वर्णन में बताया है कि शाहजादा मुराद बादशाह की आज्ञा के बिना गुजरात से और औरंगजेब दक्षिण से चल पड़े थे। लेकिन कवि से गड़बड़ यह हो गई है कि कवि ने बादशाह के द्वारा जालौर के राव रतनसिंह को सेनापति बनाकर उज्जैन की ओर भेजने की बात लिखी है, जबकि जोधपुर के राजा जसवन्तसिंह को सेनापति बनाकर भेजा गया था और जसवन्तसिंह ने युद्धस्थल से भागते समय अपने स्थान पर रतनसिंह को सेनापति बनाया था। अपने काव्यनायक को सबसे बढ़-चढ़कर दिखाने की चारणी प्रवृत्ति के कारण ही ऐसा हुआ है। लेकिन कवि ने युद्ध दिन[95] अवश्य सही लिखा है—संवत् 1714 की वैशाख बदी 9। उस युद्ध में रतनसिंह मारा गया था। कवि ने रतनसिंह

के साथ युद्ध में मृत योद्धाओं के नाम उनकी जाति और उनके कर्म के उल्लेख के साथ गिनाए हैं[96], परन्तु उल्लेखनीय बात यह है कि चारण वणसूर महादान ने अपने राजवंश के महत्त्वपूर्ण व्यक्ति जसवन्तसिंह के बारे में केवल एक वाक्य में इतना ही लिखा है कि वह मुगलों को मारकर मारवाड़ (जोधपुर) आ गया। इस तरह वंशाश्रित कवि ने जसवन्तसिंह के युद्धस्थल से भाग आने के वृत्त पर पर्दा डाल दिया है।

बिन्है रासोकार ने धरमात क्षेत्र के चौरनारायणा गाँव के युद्धस्थल में दस कोस तक बिखरी लाशों का वर्णन किया है। कवि ने लिखा है कि उन लाशों के अन्तिम संस्कार की व्यवस्था औरंगजेब की उपस्थिति में की गई। हिन्दू जलाए गए, मुसलमान गाड़े गए और घायलों को पालकियों, डोलियों और झोलियों में ले जाने तथा उनकी चिकित्सा के आदेश दिए गए। निश्चित ही हिन्दुओं और मुसलमानों के अन्तिम संस्कार का कार्य औरंगजेब पक्ष के हिन्दू और मुसलमान सरदारों ने किए होंगे। इस तरह युद्ध के बाद शवों के अन्तिम संस्कार की चर्चा 'बिन्है रासो' की एक विशेषता है, अन्य युद्धकाव्यों में ऐसी व्यवस्था देखने को नहीं मिली है।

औरंगजेब ने दूसरा काम यह किया कि उसने भाग गए शाही सैनिकों के डेरों को लूटने तथा बचे हुए सैनिकों को कूटने के आदेश जारी किए और उसके बाद दिल्ली की ओर बढ़ने के आदेश दिए। रातभर सारी व्यवस्था पूरी करने के बाद औरंगजेब ने दशमी के दिन सवेरे ससैन्य उज्जैन से आगरा की ओर कूच किया। औरंगजेब उस विजय के बाद अपने मन में और मुराद अपने मन में दिल्ली के तख्त पर बैठने का सपना लेकर चल पड़े। दोनों शाहजादे अपनी विजय से फूले हुए तेजी के साथ आगरा लेने के लिए बढ़ने लगे।

उज्जैन युद्ध में जिन राजपूतों ने स्वामिधर्म निभाते हुए प्राण दिए थे, उनकी शूरवीरता के बारे में उपर्युक्त महाकवियों की तरह अनेक मुक्तक गीतकार कवियों ने भी श्रद्धांजलियाँ प्रस्तुत की हैं। उन श्रद्धांजलियों से उन योद्धाओं की शूरवीरता तो अमर हो गई है, लेकिन उनको प्रस्तुत करनेवाले अनेक कवि अज्ञात नाम ही रह गए हैं। कुछ श्रद्धांजलियाँ देखिए :

1. उज्जैन रूपी दूकान में औरंगजेब रूपी दर्जी के हथियारों से महाराणा जगतसिंह सीसोदिया का शरीर रूपी कपड़ा फट गया।
   कर्ण के पुत्र राणा जगतसिंह की कीर्ति रूपी पतंग सत्य रूपी डोर के सहारे संसार भर में उड़ने लगी।[97]
2. दोनों शाहजादों की बन्दूकों और तोपों की गड़गड़ाहट सुनकर कई तो अपने घोड़ों पर बैठकर भाग गए, लेकिन कर्मसिंह शत्रुओं पर टूट पड़ा। जब शाहजादों की तोपों का बारूद बार-बार उछला तो कई कायर नगाड़ची योद्धा डूब गए, लेकिन अक्षय राज का पुत्र (कर्मसेन अखावत पड़िहार) लड़ता ही रहा। उसका साहनी (अश्वपाल) भी उसके साथ मारा गया।[98]

3. गजसिंह का पुत्र जसवन्तसिंह जब युद्ध क्षेत्र से भाग गया, तब उसका सामन्त, गोपालदास का पुत्र, ठाकुर बिट्ठलदास लड़ा। तलवार चलते ही राजा (जसवन्त) चला गया और रावत (बिट्ठलदास) तलवार चलाता रहा। राजा (जसवन्त) युद्ध भूमि से चला गया लेकिन योद्धा (बिट्ठलदास) लड़ाई करता रहा। तलवारों की भयंकर लड़ाई में जोधावत (जसवन्त सिंह) मैदान छोड़ गया और चाम्पावत (बिट्ठलदास) पर सारा युद्ध भार आ गया। जसवन्त के भागने के बाद बिट्ठलदास चाम्पावत के कट मरने के बाद ही औरंगजेब को बादशाहत मिल पाई।[99]
4. औरंगजेब के द्वारा युद्ध का मंडप सजाने पर अजमेर का शासक अर्जुन गौड़ सशस्त्र आया और उसने मुराद के साथ युद्ध किया।[100]
5. अजमेर सूबे के राजगढ़ ठिकाने का स्वामी अर्जुन गौड़ अपने घोड़े लालबेग पर बैठकर उज्जैन के रणक्षेत्र में तब भी युद्ध करता रहा, जब रायसिंह, जसवन्तसिंह और अमरसिंह भाग गए। कायरों के भागने के बाद बिट्ठलदास गौड़ का बेटा अर्जुन गौड़ शाहजादों (औरंगजेब और मुराद) की संयुक्त सेना को काटता रहा। हथियारों के प्रहार झेलता हुआ वह शाही सेना को रोकता रहा, स्वयं डटा रहा। उसके घोड़े लाल बेग के कवच, जीन और झूल कट गए, साथ में लाल बेग और अर्जुन गौड़ भी कट गए।[101]

कवि महेसदास राव ने लिखा है कि राजगढ़ (अजमेर) के राजा गोपालमल गौड़ के पुत्र अनिरुद्ध गौड़ ने मुगल बादशाह शाहजहाँ की सेवा में अपना जीवन लगाया था। किसी भी अन्य राजा से उसकी पटती नहीं थी, फिर भी शाहजहाँ की सेवा में उसने कोई कमी नहीं छोड़ी थी। उसने पूर्व दिशा में शुजा के विद्रोह का सामना किया और उसका छत्र छीनकर उसे जाने दिया, जिसने शाहजहाँ के दरबार में बिगड़ैल हाथी को मार दिया था, वह अनिरुद्ध गौड़ वाराणसी के युद्ध में अपने शरीर में घाव लगने पर भी लड़ता रहा था।

अनिरुद्ध गौड़ बादशाह शाहजहाँ की भुजा था। बारह वर्ष की छोटी आयु में ही उसने तलवार बाँध ली थी। दाराशिकोह के साथ वह बंगाल और कामरूप (आसाम) तक युद्ध-अभियानों में हो आया था। शुजा के साथ युद्ध में उसने परम वीरता दिखाई थी। हिन्दुओं और मुसलमानों के साथ वह एक-सा व्यवहार करता था। बादशाह ने उसे प्रीतिवश अजमेर की सूबेदारी सौंपी थी। अनेक क्षेत्रों को जीतने के बाद उसे दिल्ली और आगरा का फौजदार बनाया गया था। धीरे-धीरे वह बादशाह शाहजहाँ का इतना विश्वासपात्र और अपरिहार्य हो गया कि वह उसे अपने से दूर नहीं भेजना चाहता था। वह मुगल साम्राज्य की चारों दिशाओं में सेवा करता था। इसी बीच राव अर्जुन गौड़ ने मीर सलाबत खाँ को मारनेवाले अमरसिंह राठौड़ को मार डाला था, इसलिए गौड़ वंश राठौड़ वंश के लिए शत्रु हो गया था। इसी कारण उज्जयिनी

युद्ध में औरंगजेब और मुराद की सम्मिलित सेनाओं का शाही सेना ने सम्मिलित सामना नहीं किया। जसवन्तसिंह राठौड़ और उसके आदमियों के भाग जाने के बाद ही अर्जुन गौड़ ने अपने लोगों के साथ विद्रोही शाहजादों से लड़ाई की थी।[102] राठौड़ और गौड़ वंश के लोग यदि उस युद्ध में एकजुट होकर लड़ते तो परिणाम कुछ और निकल सकता था।

पंडित काशीराम शर्मा और डॉ. रघुवीरसिंह ने 'रतन रासो'[103] की विद्वत्तापूर्ण भूमिका में धरमात युद्ध तथा मुगलकालीन इतिहास की अनेक महत्त्वपूर्ण बातों की प्रामाणिक जानकारी देनेवाली नई उपलब्ध सामग्री का परिचय देते हुए लिखा है कि डॉ. यदुनाथ सरकार ने अपने सुप्रसिद्ध और प्रामाणिक ग्रन्थ 'हिस्ट्री ऑफ औरंगजेब' में धरमात के इस युद्ध का विस्तृत, अतीव सुस्पष्ट और भावपूर्ण विवरण लिखा है। तदर्थ उन्होंने फारसी में लिखे गए सारे प्राप्त ऐतिहासिक आधार-ग्रन्थों की पूरी छान-बीन की थी। किन्तु इन सारे ग्रन्थों में प्रधानतया इस युद्ध के विजेता और बाद में होनेवाले मुगल सम्राट औरंगजेब की ही तरफ से युद्ध का हाल लिखा है। फारसी आधार ग्रन्थों में इस युद्ध सम्बन्धी जो भी जानकारी मिलती है, वह सर्वथा एकांगीय ही रही है। न तो जसवन्तसिंह की सेना-सम्बन्धी कोई सही जानकारी ही उनमें प्राप्य है और न उसकी सेना में घटी किन्हीं घटनाओं का कोई प्रामाणिक विवरण ही उनमें मिलता है। अतः तदर्थ अन्य भाषाओं में प्राप्य आधार-सामग्री की ही खोज अनिवार्य हो जाती है।

जसवन्तसिंह इस शाही सेना का प्रधान सेनापति था, उसने इस युद्ध में बहुत वीरता दिखाई थी, उसके दो घाव भी लगे थे, तथापि इस युद्ध में पराजित होकर उसे युद्ध से जीवित लौटना पड़ा था। अतएव न तो जोधपुर राज्य की ख्यातों और न वहाँ के राजघराने सम्बन्धी ऐतिहासिक काव्य-ग्रन्थों में ही इस युद्ध का विस्तृत विवरण मिलता है। उधर इस युद्ध में मरकर रतलाम के शासक रतनसिंह राठौड़ ने चिरकीर्ति प्राप्त की थी। उसके साहस, वीरता और युद्ध में मर मिटने की साधना ने कवियों को मोह लिया। और कवि खिड़िया जगा तथा कवि कुम्भकर्ण सान्दू ने क्रमशः 'बचनिका राठौड़ रतनसिंह री महेशदासोत री' और 'रतन रासो' की रचना की। इन दोनों ही ग्रन्थों में धरमात के युद्ध का विस्तार के साथ विवरण दिया गया है, परन्तु रतनसिंह को लेकर लिखे गए इन दोनों ग्रन्थों में इस युद्ध के उस पक्ष विशेष के ही पहलुओं पर नया प्रकाश पड़ता है।

'जोधपुर हुकूमत री बही' नामक एक बहुत ही पुरानी हस्तलिखित बही मिली है। उसमें महाराजा जसवन्तसिंह के शासन काल तथा उसकी मृत्यु के तत्काल बाद की कई एक घटनाओं का समकालीन विवरण लिखा मिलता है। पेशावर में जसवन्तसिंह की मृत्यु के बाद उसकी रानियों और शिशु महाराजा अजीतसिंह की वापसी यात्रा का उनके दिल्ली पहुँचने तक का सविस्तार विवरण उसमें है। मई, 1679

ई. में इन्द्रसिंह को जोधपुर का राज्य मिलने तथा खेतासर के युद्ध (जून, 1679 ई) में काम आए और घायल सरदारों आदि की सूची के साथ ही यह बही समाप्त हो जाती है। कई एक अन्य घटनाओं के साथ ही इस बही में धरमात युद्ध के इस अभिया॰ आदि की भी विस्तृत जानकारी प्राप्य है। इस 'बही' में दी गई धरमात युद्ध-सम्बन्धी सारी जानकारी तद्विषयक समकालीन आधार-सामग्री के रूप में बहुत ही महत्त्वपूर्ण तथा उपयोगी है।

धरमात के युद्ध-सम्बन्धी जो जानकारी इस 'बही' में मिलती है उसे मुख्यतया तीन भागों में बाँटा जा सकता है—(1) महाराजा जसवंतसिंह के धरमात युद्ध अभियान का विवरण, (2) धरमात के युद्ध में महाराजा जसवन्तसिंह के साथ शाही सेना सम्बन्धी विस्तृत जानकारी और सेनानायकों की पूरी सूची, और (3) महाराजा जसवन्तसिंह की जोधपुर राज्य की निजी सेना में से धरमात के युद्ध में काम आए सरदारों और सेनानायकों आदि की विस्तृत सूची। धरमात के युद्ध में काम आए जोधपुर राज्य की निजी सेना के सरदारों और सेना नायकों की ऐसी ही लम्बी सूची 'जोधपुर राज्य की ख्यात' आदि में भी प्राप्य है, परन्तु अन्य दो विषयों सम्बन्धी जो समसामयिक विशेष जानकारी इस बही में मिलती है वह वस्तुतः महत्त्वपूर्ण और बहुत ही उपयोगी है तथा उससे इस ऐतिहासिक निर्णायक युद्ध के कुछ विशेष पहलुओं पर सर्वथा नया और प्रामाणिक प्रकाश पड़ता है।

औरंगजेब और मुराद का सामना करने के लिए विशेष रूप से नियुक्त मालवा के नए सूबेदार, जोधपुर के महाराजा जसवन्तसिंह की नियुक्ति तथा आगरा से उसके रवाना होने की तारीखें इतिहासग्रन्थों में मिलती हैं तथा युद्ध से पहले उसके खाचरोद जाने का और शाहजादों के साथ समझौते आदि के प्रयत्नों का भी उल्लेख मिलता है, परन्तु महाराजा जसवन्तसिंह के इस धरमात युद्ध अभियान का कोई ब्योरेवार विस्तृत विवरण कहीं भी नहीं मिलता है। 'बही' में प्राप्य विवरण से इस कमी की बहुत कुछ पूर्ति होती है। आगरा से चलकर जसवन्तसिंह किस राह उज्जैन गया और राह में कहाँ-कहाँ उसने पड़ाव किए ? उज्जैन में कब कहाँ रहा और खाचरोद के लिए रवाना होने से पहले उज्जैन की सुरक्षा और व्यवस्था के लिए उसने क्या प्रबन्ध किया ? वह खाचरोद कब तक ठहरा रहा और वहाँ से लौटने पर वह कैसे धरमात से कोई दो मील उत्तर पूर्व में चौरनारायणा पहुँचा ? युद्ध में जसवन्तसिंह ने स्वयं क्या किया ? कैसे उसे वहाँ से निकलने के लिए बाध्य किया गया ? धरमात के युद्ध क्षेत्र से निकलने के बाद जसवन्तसिंह किस राह मारवाड़ को लौटा तथा युद्ध में हार हो जाने के बाद जसवन्तसिंह के अधिकारियों ने उज्जैन में क्या कुछ किया ? इन सब बातों का प्रामाणिक सजीव विवरण इसी बही में मिलता है।

विद्वान् सम्पादकों के अनुसार 'जोधपुर हुकूमत री बही' में वर्णित धरमात के युद्ध-सम्बन्धी दूसरी विशेष महत्त्व की बात है तब महाराजा जसवन्तसिंह के अधीन

शाही सेना सम्बन्धी निश्चित प्रामाणिक जानकारी, जो अब तक अन्यत्र कहीं सुलभ नहीं थी। यही कारण था कि अपने सुविख्यात प्रामाणिक ग्रन्थ 'हिस्ट्री ऑफ औरंगजेब' में धरमात के युद्ध में दोनों विरोधी पक्षीय सेनाओं की शक्ति का उल्लेख करते समय डॉ. यदुनाथ सरकार भी महाराजा जसवन्तसिंह के अधीन शाही सेना की सही संख्या के बारे में कोई सुनिश्चित प्रामाणिक जानकारी नहीं दे पाए थे।

'जोधपुर हुकूमत री बही' में प्राप्य जसवन्तसिंह के साथ भेजी गई शाही सेना के मनसबदारों और उनके घुड़सवारों आदि की इस सूची से उस शाही सेना की संख्या आदि के बारे में समकालीन प्रामाणिक जानकारी ही नहीं प्राप्त हो जाती है परन्तु साथ ही तत्सम्बन्धी कई एक अन्य महत्त्वपूर्ण बातों पर भी उससे विशेष उपयोगी प्रकाश पड़ता है। अतएव उसका ध्यानपूर्वक अध्ययन बहुत ही आवश्यक है।

छोटी-मोटी कमियों और त्रुटियों के होते हुए भी तत्कालीन इतिहास की आधार-सामग्री के रूप में 'बिन्है रासो' का अपना अलग महत्त्व है। 'बिन्है रासो' के रचयिता के घराने का गौड़ राजघरानों के साथ विशेष सम्बन्ध था, अतः उस घराने के प्रमुख व्यक्तियों की वीरता आदि पर पूरा-पूरा प्रकाश डालने का उसमें उल्लेखनीय कार्य किया गया है। यही नहीं, हाड़ा राजघराने, आम्बेर के कछवाहा राज्य तथा शेखावाटी के विभिन्न राजाओं और सरदारों के साथ भी उसका घनिष्ठ सम्पर्क था, जिसमें उन सब ही राजघरानों, राज्यों अथवा उनके सेनानायकों और अनेकानेक मुख्य अधिकारियों के बारे में भी कवि महेसदास को पूरी-पूरी जानकारी थी। अतः उसी के आधार पर इस काव्य में वर्णित तीनों युद्धों में भाग लेनेवाले उन सारे राजघरानों के वंशजों, सरदारों, सेनानायकों, अधिकारियों आदि के बारे में जो जानकारी उसने इस काव्य में प्रस्तुत की है, वह उक्त राजघरानों या सम्बद्ध प्रदेशों के तत्कालीन इतिहास आदि के लिए बहुत ही उपयोगी होगी।

शाहजहाँ काल के पहले उत्तराधिकार युद्ध में औरंगजेब, मुराद, जसवन्त सिंह, रतनसिंह आदि योद्धाओं की विभिन्न भूमिकाओं को स्पष्ट करते हुए 'रतन रासो' की भूमिका में कहा गया है कि 'रतन रासो' प्रधानतया एक ऐतिहासिक काव्य है, यद्यपि इस समूचे काव्य ग्रन्थ में नाम लेने को भी कवि ने किसी घटना का अथवा किसी अन्य सन्दर्भ में भी कोई तिथि, माह या सन्-संवत् कहीं भी नहीं दिया है। तथापि एक ऐतिहासिक काव्य के रूप में ही 'रतन रासो' का महत्त्व आँका जाना चाहिए। 'रतन रासो' में दी गई विभिन्न घटनाओं की जानकारी के मुख्य आधार तब राजपूत क्षेत्रों में प्रचलित तथा वहाँ सुमान्य विवरण ही रहे हैं, जिनका मुगल कालीन इतिहास के लिए अपना विशेष महत्त्व है। मुगल इतिहास सम्बन्धी चार महत्त्वपूर्ण घटनाओं का 'रतन रासो' में कुछ विस्तार के साथ वर्णन है। शाहजहाँ के जीवन तथा इतिहास से सम्बद्ध जिन चार महत्त्वपूर्ण युद्धाभियानों का कवि कुम्भा ने यों बर्णन किया है, वे हैं—सन् 1625 ई. में बुरहानपुर का घेरा, सन् 1633 ई.

में दौलताबाद के किले का घेरा और उस पर विजय, सन् 1647 ई. में बल्ख पर चढ़ाई तथा अप्रैल 16, 1658 ई. को हुआ धरमात का निर्णायक युद्ध। इन युद्धाभियानों की पृष्ठभूमि सम्बन्धी मुख्य बातों को संक्षेप में लिखने के बाद कवि ने प्रायः अपना सारा विवरण मुख्यतया अपने चरित्र नायकों तथा उनके उपर्युक्त संगी-साथियों आदि के उस क्रियाक्षेत्र विशेष तक ही सीमित रखा, जिससे 'रतन रासो' में प्रस्तुत ये विवरण एकांगी ही हो गए हैं। पुनः इनीगिनी विशिष्ट घटनाओं को छोड़ते हुए इन युद्धों का विवरण अधिकतर कल्पनापूर्ण तथा परम्परागत ही है। अपने चरित्र नायकों का महत्त्व स्थापित करने के लिए इन अभियानों में उनके पद अथवा उन्हें दिए गए पुरस्कारों आदि का उल्लेख करने में अतिशयोक्ति से काम लिया गया है। इन युद्धों में भाग लेनेवाली सेनाओं तथा उनमें हताहतों की संख्याएँ भी बहुत ही अतिशयोक्तिपूर्ण हैं।

'रतन रासो' में वर्णित मुगल इतिहास सम्बन्धी अन्तिम महत्त्वपूर्ण घटना है धरमात का निर्णायक युद्ध और तदर्थ अभियान विषयक विवरण। 'उज्जैन समय' शीर्षक अन्तिम अध्याय में कवि ने इसी अभियान और युद्ध विशेष का सविस्तार वृत्तान्त लिखा है। 'रतन रासो' के सब अध्यायों में यही सबसे बड़ा और हर तरह से विशेष महत्त्व का है। इस युद्ध में रतनसिंह के अद्वितीय पराक्रम और अनुपम बलिदान का वर्णन करना ही कवि कुम्भा का मुख्य उद्देश्य रहा है।

धरमात के युद्धाभियान का वर्णन करते हुए यद्यपि कवि कुम्भा ने अपना विशेष ध्यान अपने चरित्र नायक रतनसिंह की कार्यवाहियों की ओर ही दिया था, उसने शाही सेना में प्रमुख सेनापति महाराजा जसवन्तसिंह की सब ही हलचलों, उसकी व्यूह रचना तथा सेना संचालन, और उसके स्वयं युद्ध करने के बारे में भी पर्याप्त विवरण लिखा है, जिसके फलस्वरूप 'रतन रासो' का यह 'उज्जैन समय' मुगल इतिहास के लिए महत्त्वपूर्ण प्राथमिक आधार सामग्री बन गया है। वचनिका के रचयिता खिड़िया जगा की तरह कवि कुम्भा तब इस युद्धाभियान में स्वयं उपस्थित नहीं था, क्योंकि तब उसका बाल्यकाल ही रहा होगा, परन्तु वयस्क होने पर जब उक्त अभियान तथा युद्ध में भाग लेनेवाले अनेकानेक प्रमुख राजपूत सेनानायकों, उनके उत्तराधिकारियों अथवा उनसे सम्बद्ध अन्य जानकार व्यक्तियों के साथ उसका घनिष्ठ सम्पर्क हुआ तब उसने उन सबसे इस युद्धाभियान विषयक सारी बातों की पूरी-पूरी जानकारी प्राप्त कर ली थी। अतः इस युद्धाभियान से लगभग कोई बीस वर्ष बाद रचित इस ग्रन्थ में प्रस्तुत जानकारी का महत्त्व अन्य समसामयिक या उसके कुछ समय बाद लिखे गए अन्य आधार ग्रन्थों से किसी भी प्रकार कम नहीं है।

मुगल इतिहास तथा राठौड़ राजघरानों सम्बन्धी विविध राजनैतिक घटनाओं और सान्दू चारण वंश परम्परा जैसे उपर्युक्त महत्त्वपूर्ण विशेष वृत्तान्तों के अतिरिक्त तत्कालीन सामाजिक, सांस्कृतिक, साहित्यिक, धार्मिक, शैक्षणिक आदि विविध प्रकार

की परम्पराओं अथवा परिस्थितियों सम्बन्धी जानकारी भी 'रतन रासो' में बहुतायत से पाई जाती है। कवि कुम्भा स्वयं भी बहुत सुशिक्षित था, राजस्थानी और संस्कृत साहित्यों तथा विभिन्न शास्त्रों का उसने गहरा अध्ययन किया था और तत्कालीन समाज, संस्कृति तथा प्रचलित परम्पराओं विषयक उसकी जानकारी भी बहुत ही विशद थी। अतः उचित अवसर पाकर उसने अपने काव्य में स्थान-स्थान पर तत्कालीन शिक्षा-दीक्षा, अध्ययन-अध्यापन कार्यक्रम, आचार-विचार, धार्मिक मान्यताओं, परम्पराओं अथवा अन्य विश्वासों, दिनचर्या तथा रहन-सहन का बहुत कुछ विवरण लिखा है।

उपर्युक्त सारे विवेचन से यह स्पष्ट हो जाता है कि अकबर, जहाँगीर और विशेषतया शाहजहाँ के शासनकाल की कई एक राजनीतिक घटनाओं, सामाजिक परम्पराओं, सांस्कृतिक गतिविधियों और धार्मिक प्रवृत्तियों आदि सम्बन्धी विविध प्रकार की जानकारी के लिए 'रतन रासो' प्राथमिक महत्त्व का एक बहुत ही उपयोगी आधार ग्रन्थ है, जिसका गहराई के साथ पूरा-पूरा अध्ययन किया जाना चाहिए।

'रतनसिंह राठौड़ री वचनिका' (खिड़िया जगा) के सम्पादक डॉ. शम्भुसिंह मनोहर ने अपनी भूमिका में शाहजहाँकालीन द्वितीय उत्तराधिकार युद्ध में सामान्यतः राठौड़, हाड़ा, गौड़ वंशों तथा विशेष रूप से राठौड़ रतनसिंह की महत्त्वपूर्ण भूमिका के बारे में तत्कालीन ख्यात[104], रासो[105], विगत[106], बही[107] तथा वचनिका[108] में उपलब्ध सामग्री का तुलनात्मक और ऐतिहासिक विश्लेषण किया है[109] और तब अपने निश्चित निष्कर्ष प्रस्तुत किए हैं। उन्होंने 'बिन्है रासो' के सम्पादक श्री सौभाग्यसिंह शेखावत की धरमात युद्ध सम्बन्धी पाँच मान्यताओं का उल्लेख करने के बाद उनका सतर्क खंडन और अपना मतस्थापन किया है और उस खंडन के पक्ष-विपक्ष में जो तर्क दिए हैं, उनकी यहाँ चर्चा करना आवश्यक है। उन्होंने लिखा है कि श्री शेखावत के मतानुसार :

(1) "युद्ध की मन्त्रणा, सेनाओं की तैयारी, मोर्चा-बन्दी, व्यूह रचना और जसवन्त सिंह, राव मुकुन्दसिंह तथा अर्जुन गौड़ तीनों की सेनाओं का युद्ध प्रवेश और उनकी सेनाओं का अलग-अलग रूप में समान स्तर पर वर्णन करना, राजा जसवन्तसिंह के प्रधान सेनापति और काव्यनायक के अधिकार के सम्मुख एक शंकाजनित समस्या उत्पन्न कर देता है। इस प्रकार युद्ध में प्रवेश करते समय तीन योद्धाओं को एक समान स्थिति और स्तर पर ला बिठाता है।"[110]

(2) "रासो और वचनिका में एक और बड़ा और महत्त्वपूर्ण मतभेद यह है कि जसवन्तसिंह और कासिम खाँ के रणत्याग करने के बाद सेना का संचालन-भार राजा रत्नसिंह पर रहा था अथवा अर्जुन गौड़ ने ग्रहण किया तथा जसवन्तसिंह आदि के पलायन कर जाने के बाद युद्ध चलता रहा या बन्द हो गया।"[111]

(3) ''रतनसिंह की मृत्यु हरावल की पंक्ति के प्रथम आक्रमण में ही हो गई थी। 'बिन्है रासो' भी रतनसिंह की मृत्यु जसवन्तसिंह के पलायन करने से पूर्व ही स्वीकार करता है। इस प्रकार जसवन्तसिंह के रणक्षेत्र त्याग जाने के बाद युद्ध के संचालन की रत्नसिंह के विषय की कल्पना सारभूत नहीं जँचती।''[112]

(4) ''जसवन्तसिंह ने युद्ध में भाग लिया और उसकी सेना के राठौड़, भाटी, कछवाहे आदि अनेक सामन्त रण में पराक्रम दिखाकर वीरगति को प्राप्त हुए। जसवन्तसिंह को रणक्षेत्र छोड़ने के लिए बलात् बाधित किया गया। राव मुकुन्दसिंह हाड़ा भी अपूर्व शौर्य प्रदर्शन कर रणखेत रहा। तब तीनों नायकों में अर्जुन गौड़ अवशेष रहा। उसने स्नान, आराध्य पूजा और विप्रों को स्वर्णादि दान कर प्रतिनायक शाहजादा औरंगजेब का सामुख्य किया।''[113]

(5) ''रासो में विपक्षी सेनानायक औरंगजेब और अर्जुन गौड़ का पारस्परिक युद्ध अन्त में वर्णित है।''[114]...''प्रतिपक्षी सेना के नायक औरंगजेब से अर्जुन गौड़ का युद्ध करवाना जिससे सांकेतिक रूप से यह पुष्टि होती है कि इस युद्ध में अन्तिम रूप से नायकत्व का सेहरा अर्जुन गौड़ पर आ जाता है।''[115]

यह लिखने के बाद डॉ. शम्भुनाथसिंह मनोहर ने श्री सौभाग्यसिंह शेखावत द्वारा उठाई गई उपर्युक्त शंकाओं तथा उनके द्वारा की गई स्थापनाओं पर क्रमानुसार विचार किया है :

श्री सौभाग्यसिंह का यह तर्क कि 'बिन्है रासो' में अर्जुन गौड़, राव मुकुन्दसिंह हाड़ा तथा जसवन्तसिंह की सेनाओं का पृथक् रूप से युद्ध प्रवेश तथा उनकी सवारी का अलग-अलग रूप में वर्णन जसवन्तसिंह के प्रधान सेनापतित्व को बाधित कर तीनों योद्धाओं को एक समान स्तर पर प्रतिष्ठित कर देता है—सर्वथा चित्य है। यह इतिहास के एक सर्वमान्य एवं निर्विवाद तथ्य की सचेष्ट अवहेलना है। स्वयं श्री सौभाग्यसिंह ने अपनी भूमिका में जसवन्तसिंह के शाही सेना के प्रधान सेनानायक होने की बात स्पष्टतया स्वीकार की है। यथा—''जसवन्तसिंह उज्जयिनी के इस युद्ध में शाही पक्ष द्वारा मनोनीत प्रधान सेनानायक था।''[116]

लेखक के उपर्युक्त कथन तथा प्रस्तावित मान्यता में स्पष्ट ही अन्तर्विरोध है। लेखक के आधारभूत ग्रन्थ 'बिन्है रासो' में भी जसवन्तसिंह को शाही सेना का नेतृत्व सौंपने हेतु बुलाए जाने का स्पष्ट उल्लेख हुआ है।[117]

उज्जैन अभियान पर रवाना करने से पहले उनके मनसब में वृद्धि कर उन्हें अश्वों, गजों व सिरोपाव आदि से सम्मानित करना[118] उनकी प्रधानसेनापति पद पर नियुक्ति का ही असंदिग्ध सूचक है, जैसा कि किसी विशेष अभियान पर भेजते समय सम्मानित करने की मुगल दरबार की प्रचलित परिपाटी थी।

यही नहीं, 'बिन्है रासो' में जसवन्तसिंह के लिए 'राजा कमध' तथा राव मुकुन्दसिंह हाड़ा व अर्जुन गौड़ आदि के लिए 'उमराव' शब्द का प्रयोग हुआ है जिससे उनकी पदगत स्थिति पर स्पष्ट प्रकाश पड़ता है कि वे जसवन्तसिंह के अधीन भेजे गए शाही उमराव या सेनानायक मात्र थे, उसके समकक्ष प्रधान सेनानायक नहीं।[119]

इसी भाँति 'बाँकीदास री ख्यात' में भी अर्जुन गौड़ आदि आसामियों को महाराजा जसवन्तसिंह के अधीन भेजे जाने का स्पष्ट उल्लेख हुआ है।[120]

ऐसी स्थिति में, जसवन्तसिंह के शाही सेना के प्रधान सेनापति होने में शंका करने का कोई आधार ही नहीं है। उपर्युक्त तथ्य की पुष्टि में ऐतिहासिक ग्रन्थों के भी प्रभूत प्रमाण दिए जा सकते हैं।

वस्तुतः 'बिन्है रासो' के रचयिता ने जो तीनों की सवारी का अलग-अलग वर्णन किया है, उसका कारण यह नहीं है कि तीनों योद्धा पद की दृष्टि से समान स्थिति के थे, अपितु उसका एकमात्र कारण यह है कि 'बिन्है रासो' का रचयिता गौड़ों का आश्रित कवि था। अतः अपने आश्रयदाता को अनपेक्षित महत्त्व देने की सहज लालसा से प्रेरित हो। उसने न केवल तीनों की सवारी का अलग-अलग वर्णन किया है, बल्कि अर्जुन गौड़ की सवारी का वर्णन पहले और जसवन्तसिंह की राठौड़ सेना का उसके बाद किया है। यह क्रम-विपर्यय ही अपने आश्रयदाता के प्रति कवि के पूर्वाग्रह का ज्ञापन करने हेतु पर्याप्त है।

जहाँ तक युद्धार्थ पहले सज्जित होने या रणक्षेत्र में पहले प्रवेश करने का प्रश्न है, यदि इस तथ्य को स्वीकार भी कर लिया जाए तो इससे जसवन्तसिंह के प्रधान सेनापतित्व पर क्या आँच आती है ? रणक्षेत्र में पहले पहुँचनेवाला ही प्रधान सेनानायक माना जाए—यह तो एक विचित्र तर्क होगा। इस सम्बन्ध में, यह भी ध्यातव्य है कि युद्धारम्भ के पूर्व तक जसवन्तसिंह तथा औरंगजेब के बीच किसी प्रकार युद्ध टालने हेतु सन्देशों का आदान-प्रदान हुआ था। अतः बहुत सम्भव है, अनुकूल परिणाम की आशा में महाराजा जसवन्तसिंह ने युद्धार्थ अपनी सेना सहित पहले प्रस्थान न किया हो। साथ ही, जैसा कि पहले लिख चुके हैं, यह भी सम्भव है कि अपनी आशा के विपरीत दोनों शाहजादों की संयुक्त सेना को युद्धोद्यत देख राजा जसवन्तसिंह किंकर्तव्यविमूढ़ हो जाने के कारण सहसा कोई निर्णय न कर पाए हों।

यहाँ यह भी स्मरणीय है कि गौड़ों (विशेषतः अर्जुन गौड़) व जोधपुर के राठौड़ राजघराने के बीच वीरवर अमरसिंह राठौड़ के मारे जाने के बाद से ही जो वैमनस्य उत्पन्न हो गया था, उससे भी गौड़ों का आश्रित कवि (बिन्है रासो का रचयिता) अपरिचित न था। युद्धारम्भ के पूर्व राव मुकुन्दसिंह के पास अर्जुन गौड़ ने जो सन्देश भेजा था, उसी में जसवन्तसिंह के प्रति अर्जुन गौड़ की भावनाओं का यथेष्ट ज्ञापन हो जाता है। अतः 'बिन्है रासो' के कवि द्वारा जसवन्तसिंह के प्रति अपनाए गए दृष्टिकोण में यदि यत्र-तत्र उसके आश्रयदाता की मनोवृत्ति प्रतिच्छायित हो गई हो

तो कोई आश्चर्य नहीं है।

वस्तुतः जसवन्त सिंह, अर्जुन गौड़ तथा राव मुकुन्दसिंह में परस्पर पद की दृष्टि से कोई साम्य ही नहीं था। जैसा कि प्रसिद्ध इतिहासवेत्ता डॉ. रघुवीरसिंह ने लिखा है–"यों ही यदि हाड़ा तथा गौड़ सेनानायकों के अधीन सवारों आदि की संख्याओं को देखा जाए तो स्वयं को छोड़ते हुए मुकुन्दसिंह हाड़ा तथा अर्जुन गौड़ के साथ क्रमशः पाँच और दो अन्य सेनानायक तथा 698 और 515 सवार ही थे, जिससे कोई 266 सेनानायकों तथा सवा तेईस हजार सैनिकों की सेना के उच्च सेनापति जसवन्तसिंह की तुलना में उन दोनों की सापेक्षिक स्थिति आप ही स्पष्ट हो जाती है।"[121]

अतः उपर्युक्त विवेचन के सन्दर्भ में जसवन्तसिंह के प्रधान सेनापतित्व के विषय में उठाई गई श्री सौभाग्यसिंह की शंका सर्वथा निर्मूल है।

श्री सौभाग्यसिंह की दूसरी मुख्य स्थापना यह है कि जसवन्तसिंह व कासिम खाँ के रणत्याग करने के पश्चात् शाही सेना का नेतृत्व अर्जुन गौड़ ने किया था, न कि रतनसिंह राठौड़ ने।

इसके अतिरिक्त वे 'बिन्है रासो' के आधार पर रतनसिंह की मृत्यु (हरावल की पंक्ति के प्रथम आक्रमण में) जसवन्तसिंह के पलायन के पूर्व ही हुई मानते हैं तथा अपनी मान्यता की पुष्टि में अन्य फारसी तवारीखों के अतिरिक्त यदुनाथ संस्कार लिखित हिस्ट्री आफ औरंगजेब का भी प्रमाण प्रस्तुत करते हैं।

इस सम्बन्ध में, पहली बात तो यह है कि यदि विद्वान् सम्पादक फारसी तवारीखों व डॉ. यदुनाथ सरकार के उल्लेख को ही प्रमाणिक मानते हैं,[122] तो उनके अनुसार तो अर्जुन गौड़ भी राठौड़ रतनसिंह के साथ ही हरावल की पंक्ति के प्रथम आक्रमण में मारा गया था।[123] अतः यह कैसे सम्भव है कि वे रतनसिंह की मृत्यु सिद्ध करने हेतु तो डॉ. यदुनाथ सरकार के उल्लेख को मान्य समझें तथा अर्जुन गौड़ की मृत्यु के विषय में उनके उल्लेख पर अपना मौन साध लें ? एक ही साध्य का यों परस्पर विरोधी दो रूपों में उपयोग नहीं किया जा सकता।

डॉ. शम्भुसिंह मनोहर ने आगे लिखा है कि 'बिन्है रासो' में कहीं भी इस आशय का कोई उल्लेख नहीं है कि रतनसिंह की मृत्यु जसवन्तसिंह के पलायन करने से पहले हो गई थी, जैसा कि सम्पादक ने अपनी भूमिका में प्रतिपादित किया है। अतः 'बिन्है रासो' के आधार पर जसवन्तसिंह के रणत्याग के पूर्व रतनसिंह की मृत्यु प्रमाणित नहीं हो पाती। साथ ही, यदि उसमें जसवन्तसिंह के पलायनोपरान्त अर्जुन गौड़ के युद्ध का वर्णन है तो उसी के समानान्तर वचनिका और रतन रासो में राठौड़ रतनसिंह का युद्ध वर्णन है। ऐसी स्थिति में, किस ग्रन्थ को प्रामाणिक माना जाए–यह प्रश्न विचारणीय है। जहाँ तक वचनिका का सम्बन्ध है, उसका ऐतिहासिक आधार बिन्है रासो की अपेक्षा कहीं अधिक पुष्ट है। 'बिन्है रासो' में घटना वर्णन में

समयानुक्रम का कोई ध्यान नहीं रखा गया है। साथ ही, उसमें कुछ तिथि-सम्बन्धी भूलें भी हैं। उदाहरणतः पूर्व युद्ध (बहादुरपुर के युद्ध) की सही तिथि रविवार, फाल्गुन कृष्णा 7, संवत् 1744 वि. है, न कि जैसी 'बिन्है रासो' में दी गई है।[124] इसके अतिरिक्त उसमें कहीं-कहीं तथ्य सम्बन्धी अन्तर भी है। उदाहरणतः प्रामाणिक इतिहास ग्रन्थों के अनुसार औरंगजेब ने कविराय नामक ब्राह्मण को अपना दूत बनाकर जसवन्तसिंह के पास भेजा था[125], परन्तु 'बिन्है रासो' में औरंगज़ेब द्वारा खवास को भेजे जाने का उल्लेख है—तिण खवास कौकियो, पूर्ण जा जसमत पासं।[126]

युद्ध-विवरण में भी 'बिन्है रासो' का रचयिता निष्पक्षता का पूरा-पूरा निर्वाह नहीं कर पाया है। उदाहरणतः युद्ध से भागनेवाले गौड़ वीरों के विषय में ग्रन्थकार ने मौन धारण करना ही उचित समझा है।

उपर्युक्त कारणों से 'बिन्है रासो' को 'वचनिका' की अपेक्षा अधिक विश्वसनीय एवं प्रामाणिक मानने का कोई औचित्य नहीं है। 'वचनिका' में ऐसी कोई ऐतिहासिक असंगति नहीं है। उसमें जसवन्तसिंह के पलायनोपरान्त युद्ध का नेतृत्व रतनसिंह द्वारा ग्रहण किए जाने का स्पष्ट उल्लेख मिलता है, जिसकी अन्य परवर्ती काव्य 'रतन रासो' से भी पुष्टि होती है। अतः उक्त ग्रन्थों में उपलब्ध साक्ष्य को अप्रामाणिक कहकर उड़ाया नहीं जा सकता। यही नहीं, स्वयं बिन्है रासोकार ने भी न भागनेवाले योद्धाओं की सूची में राठौड़ रतनसिंह का नामोल्लेख किया है :

पग मंडे रहिया सपौह, अणभंग असंका।
रतनागर राठौड़ सा बढ़ि कमले बंका।।[127]

अब रही फारसी तवारीखों के उल्लेख और डॉ. यदुनाथ सरकार के अभिमत की बात, जिनके अनुसार रतनसिंह का हरावल की पंक्ति के प्रथम आक्रमण में ही मारा जाना लिखा है तथा जिसे श्री सौभाग्यसिंह शेखावत ने प्रमाणस्वरूप उद्धृत किया है।

डॉ. मनोहर ने ध्यान दिलाया है कि इस सम्बन्ध में ज्ञात हो कि डॉ. यदुनाथ सरकार ने फारसी तवारीखों (आलमगीरनामा आदि) के आधार पर अपनी पुस्तक 'हिस्ट्री आफ औरंगजेब' में रतनसिंह का राव मुकुन्द सिंह, अर्जुन गौड़ आदि के साथ शाही सेना के हरावल के पहले आक्रमण में मारा जाना लिख दिया था। जिस समय डॉ. यदुनाथ सरकार ने अपना उक्त इतिहास लिखा, उस समय तक वचनिका के तथ्य प्रकाश में नहीं आए थे और न ही 'रतन रासो' में दिए गए विवरणों की उन्हें कोई जानकारी मिल सकी थी। फलतः अपने समय तक उपलब्ध सारे फारसी इतिहास ग्रन्थों तथा अन्य स्रोतों से प्राप्त जानकारी के आधार पर ही उन्होंने अपने इतिहास में धरमात के युद्ध का विवरण प्रस्तुत कर दिया था। परन्तु जब बाद में 'वचनिका' एवं 'रतन रासो' में उपलब्ध विवरणों की ओर उनका ध्यान आकृष्ट किया गया तो

उन्होंने उन्हें प्रामाणिक मानते हुए अपने इतिहास में तदनुसार संशोधन करना स्वीकार कर लिया। उनके इतिहास के इस संशोधित संस्करण में रतनसिंह के हरावल के पहले आक्रमण में न मारे जाने तथा जसवन्तसिंह द्वारा रणत्याग से पूर्व उसे ही सेनापतित्व सौंपे जाने का स्पष्ट उल्लेख हुआ है[128], जो वचनिका के ऐतिहासिक महत्त्व का असंदिग्ध सूचक है।

जहाँ तक फारसी तवारीखों के उल्लेख का प्रश्न है, उनके विषय में प्रसिद्ध इतिहासज्ञ डॉ. रघुवीरसिंह की टिप्पणी द्रष्टव्य है :

"फारसी में लिखे गए सारे प्राप्य महत्त्वपूर्ण आधार ग्रन्थों में प्रधानतया इस युद्ध के विजेता और बाद में राज्यारूढ़ मुगल सम्राट औरंगजेब की ही तरफ से युद्ध का हाल लिखा है।"[129]

अतः विजेता औरंगजेब के दृष्टिकोण से तथा उसी से प्राप्त सामग्री के आधार पर लिखित उन तवारीखों में यदि रतनसिंह की नेतृत्व विषयक घटना पर कोई प्रकाश न पड़ता हो तो कोई आश्चर्य नहीं है। सम्भवतः फारसी इतिहासकारों को उसकी पूरी-पूरी जानकारी भी न मिल सकी हो।

फलतः फारसी तवारीखों तथा डॉ. यदुनाथ सरकार के आधार पर रतनसिंह के पहले ही मारे जाने की आपत्ति अब मान्य नहीं हो सकती। डॉ. यदुनाथ सरकार के उक्त इतिहास का संशोधित संस्करण सन् 1951 में ही प्रकाशित हो गया था। डॉ. मनोहर को आश्चर्य है कि विद्वान् सम्पादक श्री सौभाग्यसिंह शेखावत ने उसका उपयोग नहीं किया।

राव मुकुन्दसिंह हाड़ा के नेतृत्व में शाही सेना के हरावल के अग्रिम घुड़सवार दल ने जो प्रथम आक्रमण किया था, उसमें रतनसिंह शामिल नहीं था। कदाचित् हरावल में नियुक्ति के इस तथ्य को लेकर ही फारसी इतिहासकारों ने अन्य राजपूत सेनानायकों के साथ उसके भी मारे जाने का उल्लेख कर दिया। परन्तु जब हम हरावल में रतनसिंह की स्थिति विशेष (अल्तमिश) से अवगत हो जाते हैं, तो शाही घुड़सवार दल के प्रथम आक्रमण में रतनसिंह के न मारे जाने की बात स्पष्टतया समझ में आ जाती है।

उधर 'बिन्है रासो' के अनुसार जसवन्तसिंह के पलायन करने के बाद तक अर्जुन गौड़ का जीवित रहना तथा शाहजादों की सेना के साथ युद्ध करना प्रकट होता है। 'बिन्है रासो' की ऐतिहासिक त्रुटियों की ओर हम पहले ही संकेत कर आए हैं। तथापि, थोड़ी देर के लिए हम ग्रन्थकर्ता के विवरण को यथावत् स्वीकार भी कर लें तो प्रश्न उठता है कि क्या रतनसिंह के होते अवशिष्ट शाही सेना सहित जसवन्तसिंह की राठौड़ सेना का नेतृत्व अर्जुन गौड़ को सौंपा जा सकता था ? अथवा अर्जुन गौड़ स्वयं भी क्या उस सेना का सेनापतित्व ग्रहण करने का अधिकारी था ?

इस प्रश्न के उत्तर के लिए हमें स्वयं श्री सौभाग्यसिंह की टिप्पणी का ही

अवलोकन कर लेना चाहिए :

"उस समय की सैनिक प्रणाली और युद्ध पद्धति के अनुसार जातियों की सेनाएँ अपने कुल के नेता के नेतृत्व में रहती थीं। इस युद्ध में भी वे अपने-अपने जातीय घटकों में अपने सजातीय प्रमुखों के नेतृत्व से ही विभाजित थी और उसी व्यवस्था क्रम के अधीन उन्होंने युद्ध में भाग लिया था।"[130]

उपर्युक्त टिप्पणी के सन्दर्भ में, अर्जुन गौड़ का (यदि उसका जीवित रहना मान भी लिया जाए) अवशिष्ट शाही सेना सहित जसवन्तसिंह के राठौड़ के सैनिकों का नेतृत्व ग्रहण करना कहाँ तक सम्भव था—इसका सरलता से निर्णय किया जा सकता है। उधर 'वचनिका' के साक्ष्य से यह निर्विवाद है कि जब जसवन्तसिंह को विवश होकर युद्धक्षेत्र छोड़ना पड़ा था, तब जसवन्तसिंह के निजी नेतृत्व में युद्ध कर रहे राठौड़ सैनिकों के इस दल का नेतृत्व ही रतनसिंह को ग्रहण करना पड़ा था।[131] इसके अतिरिक्त दोनों की पदगत स्थिति पर विचार करें तो भी राठौड़ रतनसिंह का दर्जा अर्जुन गौड़ से कुछ ऊँचा ही था। राठौड़ रतनसिंह का मनसब दो हजारी जात दो हजार सवार था, जबकि अर्जुन गौड़ का दो हजारी जात, डेढ़ हजार सवार।[132]

ऐसी स्थिति में, जसवन्तसिंह के निकटतम सम्बन्धी, सजातीय एवं पद की दृष्टि से भी किंचित उच्चतर राठौड़ रतनसिंह के रहते शाही सेना का नेतृत्व अर्जुन गौड़ को सौंपे जाने या उसके द्वारा ग्रहण किए जाने की धारणा स्वतः निरस्त हो जाती है।

तथापि, इससे यह निष्कर्ष भी नहीं निकाल लेना चाहिए कि 'बिन्है रासो' का कोई साहित्यिक अथवा ऐतिहासिक महत्त्व नहीं है। 'बिन्है रासो' का अपना विशिष्ट और ऐतिहासिक महत्त्व है। वस्तुतः उक्त युद्ध प्रसंग पर लिखित वचनिका 'रतन रासो' एवं 'बिन्है रासो' आदि सभी काव्य तत्सम्बन्धी जानकारी देने की दृष्टि से एक दूसरे के पूरक हैं। ये सभी काव्य ग्रन्थ हैं, इतिहास नहीं। अतः अपने-अपने आश्रयदाता की प्रशंसा में अतिरंजनावश ऐतिहासिक स्खलन हो जाना असम्भव नहीं है। 'बिन्है रासो' भी इसका अपवाद नहीं। परन्तु इसके साथ ही इसकी अपनी विशेषताएँ भी हैं। 'बिन्है रासो' के कवि ने राठौड़ रतनसिंह तथा हाड़ा बन्धुओं की जितनी भूरि-भूरि प्रशंसा की है, उतनी वचनिकाकार ने अर्जुन गौड़ की नहीं। 'बिन्है रासो' में दोनों सेनाओं की व्यूह रचना का जितना विशद वर्णन मिलता है, उतना 'वचनिका' में नहीं। 'बिन्है रासो' से युद्धारम्भ के पूर्व जसवन्तसिंह की किंकर्तव्यविमूढ़ मनःस्थिति का जैसा सटीक परिचय मिलता है, वह वचनिका में अप्राप्य है। बिन्है रासोकार ने युद्ध से भागने तथा न भागनेवाले योद्धाओं की सूची दे दी है, जो वचनिका में नहीं है। इस प्रकार कई दृष्टियों से 'बिन्है रासो' उक्त युद्ध सम्बन्धी जानकारी का एक महत्त्वपूर्ण स्रोत है। अतः हमें तटस्थ एवं वस्तुपरक दृष्टिकोण अपनाना चाहिए। जहाँ तक ग्रन्थकार का सम्बन्ध है, अपने आश्रयदाता के प्रति वीरपूजा की

भावना के कारण उसका किंचित पूर्वाग्रहग्रस्त हो जाना स्वाभाविक है परन्तु ग्रन्थ सम्पादक का उससे अभिभूत हो जाना तो अयुक्त ही होगा।

डॉ. शम्भुसिंह मनोहर का निष्कर्ष है कि 'बिन्है रासो' के चरित्रनायक पर सम्पादक द्वारा आरोपित युद्ध का नायकत्व इतिहास से प्रमाणित नहीं हो पाया है। यह ठीक है कि ग्रन्थकार ने उसके नाम का दावा किया है तथा सम्पादक ने उसकी पुरजोर पैरवी भी, तथापि तथ्यातथ्य का निर्मम निर्णायक—इतिहास का न्यायाधिकरण—उसके इस दावे को स्वीकार नहीं करता।

उज्जैन से सात कोस (14 मील) दूर स्थित धरमात के चौरनारायणा अथवा चौरनारायणा क्षेत्र में हुए उत्तराधिकार-सम्बन्धी निर्णायक युद्ध में अनेक बातें डंके की चोट पर सिद्ध हो गईं कि औरंगजेब और मुराद की सम्मिलित सेना का नायक औरंगजेब था। वह अपनी महत्त्वाकांक्षा को मूर्त करनेवाला बादशाह-विरोधी सेनानायक था।

बादशाह शाहजहाँ के पक्ष का घोषित सेनानायक जसवन्तसिंह था, लेकिन जसवन्तसिंह द्वारा घोषित शाही सेनानायक उसका चचेरा भाई रतनसिंह था। उसके तीन उपसेनानायक थे—मुकुन्दसिंह हाड़ा, अर्जुन गौड़ तथा कासिम खाँ तथा राठौड़ और गौड़ वंशों के पारस्परिक मनोमालिन्य तथा मुगलवंश के पारस्परिक द्वन्द्व के दुष्परिणामवश शाही सेना तीन भागों में बँट गई थी। एक भाग के हरावल में हाड़ा और गौड़ वंश के उपसेनानायक थे जो औरंगजेब मुराद से लड़कर मारे गए थे, दूसरे भाग का सेनानायक जसवन्तसिंह था जो गोल में घायल होकर युद्ध क्षेत्र से गोल हो गया और अपने स्थान पर रतनसिंह को सेनानायक बना गया। तीसरे भाग का उपसेनानायक कासिम खाँ था, जो औरंगजेब और मुराद का पलड़ा भारी होता देखकर उनसे मिल गया।

उस युद्ध ने मुगल शासन की चूलें हिला दी थीं। चारों शाहजादे मुगल सत्ता पर अपनी पकड़ मजबूत करने के उद्देश्य से अपनी-अपनी तरह से प्रयत्नशील थे और शाहजहाँ के विश्वासपात्र राजपूत नरेश या तो मारे गए या भाग गए या चुप्पी साध गए। हाड़ा और गौड़ वंशों में जो शाहजहाँ के प्रति बहुत अधिक वफादार थे, वे उज्जैन में नष्ट हो गए और जो ढुलमुल थे, वे भाग गए। चुप्पी साधनेवालों में जयसिंह था, जो ऊँट की करवट देखकर फैसला करना चाहता था कि क्या रवैया अपनाए। तीसरे उत्तराधिकार युद्ध में भगोड़े और चुप्पी साधने वालों के समूह ने शाहजहाँ और औरंगजेब की ओर मन और बेमन से जो करवटें बदली थीं, उसके बारे में आगे बताया जा रहा है।

8. तीसरा उत्तराधिकार युद्ध (धौलपुर)

चौरनारायणा (उज्जैन) में विजय के बाद औरंगजेब और मुराद की सेनाओं के दिल्ली

की ओर प्रयाण के समाचार से रास्ते के गाँवों और नगरों की जो हालत हुई होगी, उसकी कल्पना विजयदर्प से इठलाती हुई सेना के द्वारा रास्ते भर लूट, हत्या, बलात्कार, आगजनी और गुलाम बनाने की प्राचीन परम्परा के प्रकाश में आसानी से की जा सकती है। उज्जैन से दिल्ली के बीच का सारा क्षेत्र मुगल क्षेत्र ही था। वही शाहजहाँ के समर्थक राजाओं और सूबेदारों का क्षेत्र अर्थात् औरंगज़ेब-मुराद के लिए शत्रु क्षेत्र था। उस मुगल क्षेत्र के हरकारों ने रातोंरात दौड़ते हुए उस पड़ाव-पड़ाव दौड़ती आती सेना के बारे में आगरा-दिल्ली तक खबरें पहुँचाईं। उन खबरों से मुगल राजधानी में बीमार पड़े बादशाह, उसकी तीमारदारी में लगे बड़े बेटे दाराशिकोह, राजधानीरक्षक जयसिंह और कोटा-बूँदी के हाड़ा राजाओं ने भय और आतंक के वातावरण में सलाह-मशविरे किए। रक्षा-योजनाएँ बनाईं। शेष बचे सहायक शुभचिन्तकों के पास रक्षा और युद्ध के आमन्त्रण भेजे गए। पूरे मुगल साम्राज्य में एक ऐसी स्थिति उत्पन्न हो गई कि शर्म की मर्यादाएँ टूट गईं और पारस्परिक विश्वासभंग हो गया। शुजा की पराजय से मुगल साम्राज्य की शक्ति के प्रति जो डिगता विश्वास जमा था, उसे औरंगजेब-मुराद की विजय, शाही सेना की पराजय और उन विश्वासपात्रों ने भंग कर दिया जो उज्जैन से जोधपुर की ओर भाग गए थे अथवा जो शत्रुओं से जा मिले थे। अब मुगल शासन भरोसा करे तो किस पर करे ? बीमार तथा अशक्त बादशाह और युद्ध की धूर्त नीतियों से अनभिज्ञ तथा अदूरदर्शी वली अहद दाराशिकोह पर जो बीती तथा उनके सहायकों ने मुगल साम्राज्य की पहली जोरदार पराजय से सँभलकर जो योजनाएँ बनाईं और कार्यान्वित कीं, उनका मुगलिया पक्ष समझाने के प्रयास तो फारसी और अंग्रेजी के इतिहासकार अब तक करते ही रहे थे, उन सबका राजपूती पक्ष समझने के लिए रीतिकालीन हिन्दी साहित्य की साक्षी लेने से अनेक दबी-छिपी बातों से साक्षात्कार होता है।

धौलपुर के सामूगढ़ के युद्ध में भाग लेकर मृत्यु का वरण करनेवाले अपने आश्रयदाता रूपसिंह की शाहजहाँभक्ति के बारे में लिखित 'रूपसिंह की वार्ता' में कवि वृन्द ने लिखा है कि जब मुराद और औरंगजेब विजयी होकर दिल्ली की ओर चल पड़े और अर्जबेग ने बादशाह शाहजहाँ तक वह सूचना पहुँचाई तो शाहजहाँ दुविधा में पड़ गया। जब उसके सामने उमराव हाथ जोड़कर आज्ञा के लिए खड़े हो गए तो शाहजहाँ ने शाहजादा दाराशिकोह के सामने प्रस्ताव किया कि वह स्वयं औरंगजेब-मुराद की ओर जाएगा और उन्हें पकड़कर लाएगा। शाहजहाँ को पता था कि दाराशाह वह प्रस्ताव नहीं मानेगा, इसलिए दारा विरोध में कुछ बोले, उससे पहले ही शाहजहाँ जोर डालने के लिए बोल पड़ा कि तुम दिल्ली में रहो। और कुछ बोलने की जरूरत नहीं।

दारा को लगा कि उस संकट की घड़ी में उसके पिता के द्वारा उसका अपमान किया जा रहा है। उसका पिता शायद उसे कायर-क्लीव समझता है। यह सोचकर

दारा ने क्रोध, खीझ, भय और घबराहट से भरकर शाहजहाँ के सामने लोकप्रवाद की बातें कहीं कि सब जगह लोग यही कह रहे हैं कि मुगल खानदान के भाई-भाई के बीच प्रेम समाप्त हो गया है। लुटेरे लोग फौज और घरों को लूट रहे हैं। बादशाह शाहजहाँ का खजाना लुट रहा है। बादशाह मूर्ख हो गया है। उसने अपनी कमाई के साथ अपनी समझ भी खो दी है। उसने जिसको जिस तरफ भी युद्ध करने भेजा, वह उसी तरफ जाकर बैठ गया है। बादशाह ने स्वयं ही अपनी जीत खो दी है। वह सिंहासन पर बैठकर केवल हल्ला करता रहता है, करता कुछ नहीं है। अब जो कुछ होना है, वह तो होकर ही रहेगा। भला चंगा बादशाह हाथ में तलवार लेकर केवल खड़ा ही रहता है, युद्ध नहीं करता है। वह जिसको भी आज्ञा देता है, वह मानता नहीं है। वह दिन के दीपक की तरह निस्तेज हो गया है।[133]

वृन्द ने दारा के मुख से लोकप्रवाद में शाहजहाँ की होनेवाली निन्दा की यह सूचना दी है तो सन्तोखसिंह ने ऐसी निन्दावाली कोई बात न लिखकर केवल यह लिखा है कि शाहजहाँ ने अपने लाड़ले पुत्र दारा की सुरक्षा की चिन्ता कर उसके सामने औरंगजेब की दुर्बुद्धि, कुटिलता, हठीलेपन, छल, मूढ़ता और दारा के सरल स्वभाव तथा मृदुलता की बात कहकर उससे औरंगजेब से न टकराने तथा उसे दिल्ली आने देने की बात कही, लेकिन दाराशिकोह बादशाह के रोकने पर भी औरंगजेब से लड़ने गया।[134]

9. तीसरे उत्तराधिकार युद्ध में राजपूतों की भूमिका

दाराशिकोह अकेले युद्ध करने नहीं गया था। वह अपने बलबूते पर अपने भाइयों से नहीं लड़ सकता था। युद्धों के लिए राजपूती सहायता लेना मुगलों की मजबूरी थी। 'बिन्है रासो' में लिखा गया है कि उज्जैन युद्ध में शाही पक्ष के भगोड़े जसवन्त सिंह, रायसिंह, अमरसिंह, कासिम खाँ, बेलू, परसू, देवी, सुजानसिंह, सबलसिंह, बलिराम और छत्रमणि समाज में कायर कहलाकर अपमानित हुए, लेकिन मोहनसिंह, जुझारसिंह, मुकुंदसिंह, वीरभद्र, कन्हींराम, रतनसिंह, गोवर्धन, दलथम्भ, राघव देव, राघवसिंह, केसरिसिंह, सुजानसिंह, फतहसिंह, इफ्तार खाँ, बिट्ठल, रुक्मांगद और किशोर ने अपने प्राण देकर प्रतिष्ठा पाई।[135] इन सबके भागने अथवा काम में आने के बारे में जब शाहजहाँ और दाराशिकोह को पता लगा तो वे चिन्ताग्रस्त हो गए। उन्होंने अपने शुभचिन्तक अन्य योद्धाओं को बुलाने के लिए फरमान भेजे। काबुल से राव रुस्तम जमा, अजमेर के राजा शिवराम गौड़ और बूँदी के राव शत्रुशाल (छत्रसाल) हाड़ा को बुलावा भेजा गया।

शाहजहाँ और दारा ने एक ओर छत्रसाल आदि हिन्दू राजाओं को आमन्त्रित किया तो 'बिन्है रासो' के अनुसार शाहजहाँ और दारा ने ईरान तथा तुर्की के बादशाहों

के पास भी सहायता के लिए पत्र भेजे थे। काबुल से रुस्तम खाँ को यह लिखकर बुलवाया गया कि जसवन्तसिंह भाग गया है और औरंगजेब ने युद्ध में विजय प्राप्त कर ली है। उसे यह भी सूचना दी गई कि उज्जैन में औरंगजेब और मुराद की विजय हुई है और मुगल शासनस्तम्भ अर्जुन गौड़ तथा अपने भाइयों के साथ मुकुन्द हाड़ा मारे गए हैं, इसीलिए उसे आगरा बुलाया जा रहा है। सूचना पाते ही रुस्तम खाँ अपने अस्त्र-शस्त्रों और सैन्यबल के साथ आगरा की ओर चल पड़ा।[136] रुस्तम परम वीर योद्धा और बलशाली था, इसलिए शाहजहाँ ने उसे आगरा बुलवाया था। अहदी (सन्देश वाहक) के साथ सबसे पहले शत्रुशाल (छत्रसाल) हाड़ा[137] बादशाह शाहजहाँ की सेवा में आगरा पहुँचा और उसने बादशाह के चरण स्पर्श किए। बादशाह ने हाथी, घोड़ा, हीराजड़ित कटार, तलवार और हीरा-पन्ना नगजड़ित सोने का हार भेंट कर उसे सम्मानित किया। सिरोपाव और बीड़ा देकर दिल्ली की रक्षा का भार उसे सौंप दिया गया। उसे प्रसन्न करने और शाही सम्मान की रक्षा की प्रेरणा देने के लिए मुगल सेना के अभियानों में बीजापुर, गोलकुंडा, दौलताबाद, नागपुर, बीदर, तेलंगाना, रायगढ़ और खीचीवाड़ा क्षेत्रों में उसके पूर्वजों तथा उसके अपने सहयोग को याद कराया गया। शाहजहाँ और दारा को पता था कि औरंगजेब और मुराद की सेना छत्रसाल हाड़ा के क्षेत्र से गुजरकर ही आगरा और दिल्ली पहुँच सकती है, इसलिए उसे विशेष रूप से प्रसन्न और अनुकूल करना आवश्यक था। इसी कारण उसके मुगलभक्त पूर्वजों की सेवाओं को याद कराया गया था।

छत्रसाल ने शाहजहाँ के पास से लौटकर शाम को दीवान किया और चिरागों की रोशनी में सभी ठाकुरों को बुलाकर सलाह की। मुगल शासन ठाकुरों के कन्धों पर ही तो चल रहा था, इस बात को सब जानते थे। छत्रसाल पक्ष के योद्धा वहाँ बादशाह की सहायता के लिए एकत्र हुए थे। बुलावा पाकर मांडू से शिवराम गौड़ भी शाहजहाँ की सेवा में आ पहुँचा। वह भी प्रबल योद्धा के रूप में प्रतिष्ठित था। गौड़ वंश के अन्य अनेक योद्धा भी शाहजहाँ की सेवा में आ पहुँचे थे, जिनकी विस्तृत नाम-काम-चर्चा 'बिन्है रासो' में की गई है। कवि सन्तोखसिंह ने लिखा है कि शाहजहाँ ने पुत्रप्रेमवश दाराशिकोह को औरंगजेब की दुष्ट बुद्धि और जेठ के तपते मौसम का बहाना बनाकर चम्बल नदी की ओर जाने से रोकना चाहा था, पर वह नहीं माना।[138] दाराशिकोह को सेनापतित्व सौंपा गया। वे सब धौलपुर के पास चम्बल नदी के किनारे आ पहुँचे। कवि महेसदास राव ने अतिशयोक्तिपूर्वक लिखा है कि दाराशिकोह की सेना में एक लाख सत्तर हजार घुड़सवार[139], नौ हजार हाथी, अनेक तोपें, ऊँट और बैल थे। पैदल सैनिकों की तो गिनती ही न थी। चम्बल के किनारे डेरा लगा कर सवेरे युद्ध आरम्भ करने के लिए रात में ही हथियार बाँटे और सजाए गए।[140]

बूँदी का राव छत्रसाल आरम्भिक जीवन में शाहजहाँ के विरोध में रहा और

बाद में वह शाहजहाँ का समर्थक बनकर रहा। युवा और प्रौढ़ अवस्थाओं में लाभ-हानि का गणित व्यक्ति को धीरे-धीरे स्वहित का पक्षधर बना देता है। राजस्थान के फुटकर अज्ञातनाम कवियों ने शत्रुशाल (छत्रसाल) हाड़ा के बारे में जो कुछ लिखा है, उससे उसकी क्षणे रुष्टा क्षणे तुष्टावाली मनोदशा की जानकारी मिलती है। एक कवि ने लिखा है कि गोपीनाथ का पुत्र शत्रुशाल हाड़ा बूँदी का शासक था। वह शाहजहाँ का विरोधी और मेवाड़ का पक्षधर था। बादशाह शाहजहाँ ने जब मेवाड़ के राणा पर आक्रमण करने के लिए प्रयाण किया था और रास्ते में पीर की दरगाह में दर्शन करने के लिए अजमेर में रुका था, तब छत्रसाल हाड़ा ने युद्ध करके उसको राणा तक नहीं पहुँचने दिया। एक अन्य गीत में भी यही बात लिखी है, बादशाह शाहजहाँ ने जब मेवाड़ के महाराणा के विरुद्ध अभियान छेड़ा तो बूँदी के राव शत्रुशाल हाड़ा ने उसका रास्ता रोका।[141] उन दिनों छत्रसाल में अन्य हिन्दू राजाओं की तरह हिन्दुत्व की भावना कूट-कूटकर भरी हुई थी। वह समय धार्मिक सुरक्षा और प्रतिरक्षा का था। शासक का धर्म राज्यधर्म होता था। प्रजा अपने धर्म की चिन्ता में रहती थी। शाहजहाँ अपने युवाकाल में मौलवियों के फेर में रहता था, तो हिन्दू राजा अपने ब्राह्मणों और पुरोहितों द्वारा संचालित थे। जब शाहजहाँ कुछ मुसलमानी दम्भ दिखाता था तब राजपूत राजा स्वाभाविक प्रतिक्रियास्वरूप अपने हिन्दुत्व की रक्षा के लिए सन्नद्ध हो जाते थे और उन राजाओं के दरबारी पंडित और कवि उन्हें 'हिन्दूरक्षक' के रूप में प्रेरित करते और बखानते थे। कवि मनोहर राव ने छत्रसाल के पूर्वजों और उसके बारे में एक गीत में लिखा है कि बूँदी के छत्रसाल हाड़ा ने अपने वंश के पूर्वजों चौहान सुरजन, भोज और रतन की मुसलमानों से युद्ध करने की परम्परा को नहीं छोड़ा। हिन्दू धर्म पर मुसलमानों के आक्रमण को रोकना उसका कर्तव्य था। बादशाहों को स्वामिभक्ति का भ्रम देनेवाला शत्रुशाल हाड़ा था, जो अपनी पुरानी रीति (हिन्दू धर्मरक्षा) का पालन करता था।[142] यहाँ 'स्वामिभक्ति का भ्रम' पद-खंड पर ध्यान दीजिए। अधिकांश राजपूत राजा, राव और रावत राजनीतिक विवशता और अपने अस्तित्व की रक्षा की भावनावश मुगल शासक बादशाह की बातें मानने को मजबूर थे। उत्तराधिकार युद्ध में भी शाहजहाँ की दुरवस्था और परवशता के उस कालखंड में अपने-अपने क्षेत्रों में सर्वतन्त्र स्वतन्त्र होने का अनुकूल अवसर होते हुए भी जयसिंह, जसवन्त सिंह, छत्रसाल जैसे राजाओं का शाहजहाँ-समर्थक होना एक परम्परागत लाचारी थी, क्योंकि उन्होंने सपने में भी नहीं सोचा था कि इतने वैभव, शक्ति, सम्मान, प्रभाव और व्यापक समर्थनवाला बादशाह कभी पराजय का मुँह देख सकता है। रूपसिंह और जसवन्त के द्वारा युद्धक्षेत्र छोड़कर जोधपुर पहुँच जाने से उनकी बहुत लोकनिन्दा हो रही थी। शर्मिन्दा होकर रूपसिंह ने स्वामिधर्म का वास्ता देकर शाहजहाँ के सामने उपस्थित होना ठीक समझा। उसने बादशाह के सम्मुख उपस्थित होकर देखा कि शाहजहाँ उदास मन था। दरबार में भी उदासी

छाई हुई थी। उसके दरबार में हमेशा रहनेवाले राग, रंग, रीझ, रस, हवस और हँसी गायब थे। रूपसिंह ने इसका कारण पूछा तो बादशाह ने कुछ उत्तर नहीं दिया। बहुत पूछने पर उसने अपनी व्यथा कही—'पूर्व दिशा से शुजा लड़ने आया। पश्चिम से मुराद और दक्षिण से औरंगजेब सिर पर चढ़े चले आ रहे हैं और दारा शाह ने भी अब मेरे आगे जवाब देना शुरू कर दिया है। चारों पुत्र चारों ओर से मुझे जला रहे हैं। गृहकलह की आग लगी हुई है । इस समय सिंहासन और समय की शर्म कैसे बच पाएगी, यह समझ में नहीं आ रहा है। इस पर रूपसिंह ने मुगल नमक खाने और बादशाह का हुक्म बजाने की बात कही और नमकहलाली कर लड़ने की आज्ञा चाही तो बादशाह आश्वस्त हुआ।[143]

इसी बीच सूचना मिली कि मुराद और औरंगजेब की सेना सामग्री धौलपुर पहुँच गई है, तब शाही पक्ष के खेमे समोगर में खड़े करवाए गए। चम्बल के इस ओर दारा और शाहजहाँ के खेमे गाड़े गए थे और उस ओर मुराद तथा औरंगजेब के। दारा शाह अपनी फौज और युद्ध-सामग्री के साथ आगरा से रवाना हुआ तथा समोगर पहुँचा। वहाँ आपस में रणनीति पर विचार हुआ, तब रूपसिंह ने दारा के अधैर्य, निराशा और भय के भाव को ताड़कर सान्त्वना दी तथा उसकी चिन्ता दूर करने तथा रक्षा का वचन दिया।

भारत में मुगल शासन के स्थायित्व का असली कारण उनको राजपूतों का सक्रिय सहयोग मिलना रहा। राणा वंश के शासकों (कुछ अपवादों को छोड़कर) के अलावा शेष सभी भारतीय शासक अपने आपको मुगल शासक के स्वामिभक्त चाकर की भूमिका में गौरवान्वित करते और समझते रहे। उस चाकर-परम्परा का एक रोचक पहलू यह भी था कि रूपसिंह जैसे राजा मुगलों के चाकर थे, तो महासिंह मछरैत, रणछोड़ दास, रेवतसिंह मानावत, हरिकरन, जगन्नाथ का बेटा केसौदास, मानसिंह भाटी आदि छोटे-मोटे राजा सामन्त तथा पुरोहित नरू जैसे ब्राह्मण अपने को रूपसिंह का सेवक कहकर प्रसन्न होते और आत्मतोष प्राप्त करते थे। रूपसिंह अपने स्वामी शाहजहाँ के आदेश का पालन करता था तो ये अपने स्वामी रूपसिंह के आदेश का पालन करने को उत्सुक रहते थे। मध्यकालीन सामन्ती समाज में वह स्वामी-सेवक-चक्र ऊपर से नीचे तक इसी प्रकार चलता था। स्वामी और सेवक के घेरे अपने स्वामी और स्वामी के स्वामी का हितलाभ अपने-अपने स्वामी के आदेशानुसार करते थे।[144]

शाही सेना ने चम्बल के इधर के किनारों को अपने नियन्त्रण में कर लिया था और वहाँ की सभी नावों पर अधिकार जमा लिया था, जिससे औरंगजेब और मुराद की सेनाएँ चम्बल नदी को पार न कर सकें। वास्तव में ऐसा हुआ भी। औरंगजेब की सेना के लिए चम्बल पार करना दुष्कर हो गया। औरंगजेब ने स्थानीय जानकार लोगों की सहायता से चम्बल को ऐसे स्थान से पार किया, जहाँ से बिना नौका की सहायता के उसे पार किया जा सके। कवि सन्तोखसिंह ने बताया है कि औरंगजेब

की सेना बीस कोस आगे जाकर पार उतर गई।[145] जबकि 'तिंवरी के पुरोहित' ने सूचना दी है कि औरंगजेब धवलपुर को एक तरफ छोड़कर बढ़ा, सो आगरे से तीस कोस की दूरी पर जाकर उतरा।[146] औरंगजेब ने बीस कोस आगे जाकर चम्बल पार की या तीस कोस आगे जाकर, यह निश्चित है कि उसने अपनी तथा मुराद की सेनाओं को दारा की सेना के नियन्त्रणवाले घाटों से बहुत आगे जाकर नदी पार कराया। उस काम में स्थानीय जानकार लोगों की सहायता लेना बहुत आवश्यक था। सामान्य प्रजा स्वत्वरक्षा के लिए तथा क्षेत्रपति स्वार्थरक्षा के लिए उस काम में औरंगजेब के सहायक बने तो क्या आश्चर्य। इस काम में बुन्देला चम्पतराय ने पूरी सहायता की। बुन्देला चम्पतराय स्वार्थवश कभी शाहजहाँ के पास मनसब पाने चला जाता था, तो कभी उसका शत्रु हो जाता था। उसका पुत्र छत्रसाल भी वैसा ही निकला। 'छत्र प्रकास' के सम्पादक डॉ. महेन्द्र प्रतापसिंह उन बुन्देलों के प्रति पूरी श्रद्धा रखते हुए भी स्वीकार करते हैं कि कूटनीति के पंडित औरंगजेब ने नरवर पहुँचते ही चम्पतराय के सन्निकट फरमान एवं दूत भेजकर उन्हें सहयोग के लिए बुला भेजा। चम्पतराय ने लोभ और बदले की सम्मिलित भावना से प्रेरित होकर औरंगजेब की सेना के समक्ष चम्बल पार करने के दुर्घट काम को पूरा कर दिखाया।[147] यह बात अलग है कि विजयी औरंगजेब के साथ आगरा जाकर उसने, न जाने अपनी उपेक्षा अनुभव कर या पश्चात्तापवश, अपने डेरों में आग लगा दी और रात को अपने क्षेत्र की ओर खिसक लिया। उसी का पुत्र छत्रसाल हुआ। वह वही छत्रसाल था जो कभी औरंगजेब के पक्ष में रहा, तो कभी विरोध में और औरंगजेब के मरने के बाद उसके पुत्र बहादुरशाह का आज्ञाकारी सेवक बनकर लोहागढ़ जीतने पहुँच गया। उसके दोगले व्यक्तित्व के कारण उसके आश्रित कवि लाल ने उस पर लिखा अपना 'छत्रप्रकास' काव्य अधूरा ही छोड़ दिया था।[148] वृन्द ने लिखा है कि धौलपुर के पास समोगर क्षेत्र का वह युद्ध प्रभात काल में आरम्भ हुआ था।[149] रूपसिंह के हिन्दू उमरावों और सैनिकों ने युद्ध से पहले स्नान-ध्यान-दान किए, जैसी कि हिन्दू परम्परा थी। बादशाहत की चाह लिए दारा बादशाही फौज के साथ था। फौज को हरावल, गोल, चँदावल, जरंगाल तथा बरंगाल तरीकों से खड़ा कर दिया गया था जिनका नेतृत्व हिन्दू और मुसलमान मनसबदारों के हाथों में था। सबके अपने-अपने झंडे फहरा रहे थे। नौबत बज रही थी। राजा रूपसिंह का सैनिक दल हरावल[150] में रखा गया था। उनके सामने मुराद और औरंगजेब की सेना भी इसी क्रम से खड़ी की गई थी। उन दोनों शाहजादों को देखकर रूपसिंह के उमरावों ने अपने लक्ष्य निर्धारित कर लिये। उन्होंने परस्पर कहा कि उज्जैन के युद्ध में सत्रह सौ राठौड़ खेत रहे थे, अब यहाँ धौलपुर में देखते हैं कि कितने काम आते हैं।[151]

रूपसिंह हाथी पर सवार था। उसने अपने हरावल दस्ते को शत्रुसेना के गोल में घुसकर चँदावल दस्ते तक मार की। मुराद और औरंगजेब की सेना में अंग्रेज आदि

भाड़े के सैनिकों के साथ रुहिल्ले, पठान और सीदी (हब्शी) थे, जो अपनी-अपनी बोली-भाषा में बोल-चिल्लाकर युद्ध कर रहे थे।[152] एक ओर रूपसिंह औरंगजेब के साथ भयंकर युद्ध कर रहा था तो दूसरी ओर मुगल सेनापति दाराशिकोह उस युद्ध की मारकाट को देखकर भयभीत हो रहा था। कुछ देर बाद वह शत्रुसेना को पीठ दिखाकर भाग गया। उसकी विशाल सेना देखती ही रह गई। बादशाह बनने का स्वप्न देखनेवाला सेनापति (दारा) तो भाग गया, लेकिन स्वामिधर्मी राजपूत ने पीछे कदम नहीं हटाया। रूपसिंह पक्ष के लगभग साठ उमराव जिनमें हिन्दू और मुसलमान दोनों थे, खेत रहे। वृन्द ने इन उमरावों की नाम सूची और उनके वीरकर्म की गणना विस्तार से की है।[153]

युद्ध में रूपसिंह हाथी से उतरकर घोड़े पर और घोड़े से उतरकर पैदल युद्ध कर रहा था। उसकी वीरता, धीरता और स्वामिधर्मिता देखकर स्वयं औरंगजेब बहुत प्रभावित हो रहा था। उसने अपनी कूटबुद्धि से काम लेकर रूपसिंह को अपने पक्ष में करने के लिए कहा कि दारा तो अपना मान और धन खोकर भाग गया। अब हमारी तरफ हो जाओ तो पाँच हजारी से छह हजारी मनसब दूँगा। लेकिन रूपसिंह ने इसका उत्तर औरंगजेब के हाथी में अपनी कटारी घुसेड़ कर दिया। घायल हाथी डगमगाने लगा तो औरंगजेब को गिरने का खतरा हो गया। रूपसिंह पर अनेक तलवारों के वार हुए। परिणामस्वरूप रूपसिंह की मृत्यु हो गई।

उधर शिवराम गौड़ ने अपना मोर्चा सँभाला और आक्रमण आरम्भ किया। कवि महेसदास राव ने उस युद्ध को राम-रावण-युद्ध की संज्ञा दी है और औरंगजेब को रावण तथा दारा को राम के रूप में प्रस्तुत किया है, जोकि एक सटीक और सत्य कल्पना है। दोनों के स्वभाव और कर्म इस कल्पना से मेल खाते हैं।[154] दिल्ली की बादशाही के लिए हुआ वह युद्ध हालाँकि औरंगजेब और दारा के बीच हुआ था, लेकिन कवि ने उसे मुसलमान और हिन्दू का युद्ध बताया है।[155] कारण स्पष्ट है कि औरंगजेब के विरुद्ध शाही सेना में हिन्दू राजाओं, रावों और सैनिकों की संख्या अधिक थी। युद्ध के आरम्भ में ही शाही सेना का दृढ़ स्तम्भ रुस्तमखाँ जैसे ही धराशायी हुआ, दारा भयभीत होकर सैयद नाहर की शरण में हो गया। दारा के विश्वस्त साथी केसरीसिंह, बनहरि और पोहकर गौड़ एक-एक कर मारे गए, तो दारा ने युद्धक्षेत्र से पीठ दिखा दी। शाही सेना में खलबली मच गई। सिपाही भागने की तैयारी करने लगे, लेकिन नाहर खाँ ने स्थिति सँभाली। नाहर ने अपने नाम की लाज रखने और दारा को बचाने के लिए दारा से कहा कि वह आगरा किले में चला जाए। दारा शिकोह घोड़े पर बैठकर छत्रसाल के पास आया और युद्ध को सँभालने के लिए कहकर चला गया। छत्रसाल ने अपने वीर सामन्तों को गीता का सन्देश सुनाकर युद्ध के लिए उत्साहित किया। छत्रसाल और उसके साथी दारा के भाग जाने पर भी स्वामिधर्म का वास्ता देकर मुराद से भिड़ गए।[156] शिवराम, भीमसिंह और रूपसिंह

को छत्रसाल ने मोर्चा सँभालने को कहा तथा रामसिंह राठौड़ के मन में भी वीरगति पाने की प्रेरणा भरी।

धौलपुर के पास चम्बल नदी के किनारे औरंगजेब और मुराद का दाराशिकोह के साथ वह युद्ध संवत् 1715 के जेठ मास, शुक्लपक्ष की अष्टमी को चार पहर तक हुआ था।[157] उस युद्ध में छत्रसाल के साथ उसका पन्द्रह वर्षीय पुत्र भारतसिंह भी मारा गया[158] और छत्रसाल के साथी मुहकम, गुमान, झूझ, जुरावर आदि और बलशाली शिवराम गौड़ मारे गए[159] छत्रसाल तथा शिवराम गौड़ की युद्धवीरता की भूरि-भूरि प्रशंसा केवल महेसदास राव ने ही नहीं, अन्य कवियों ने भी अनेक मुक्तक लिखकर की है।

कई गीतकारों ने छत्रसाल हाड़ा की प्रशंसा में अनेक गीत लिखे थे।[160] हाड़ा वंश के हृदयनाथ हाड़ा ने भी छत्रसाल के साथ प्राण दिए थे, उस पर भी प्रशंसात्मक गीत मिलते हैं।[161] एक गीत में कवि ने कहा है कि उत्तराधिकार के लिए दिल्ली की ओर आनेवाले औरंगजेब के रास्ते को कौन रोके ? बूँदी और अजमेर के राजा तथा उनके योद्धा उस काम के लिए आ जुड़े। स्थान-स्थान पर युद्ध करने के लिए हाड़ा और गौड़ एक-एक जोड़े से लड़े। अर्जुन गौड़ और मुकुन्द हाड़ा उज्जैन में एकत्र लड़े और राजा शिवराम गौड़ तथा भीमसिंह हाड़ा धौलपुर में एकत्र लड़े। हिन्दुओं के छत्र महान् हाड़ा और राजपूतों की शान गौड़ ने नमक और मित्रता को निभाया। अजमेर के राजा ने राजापने और कोटा के राव ने राजपूती की रक्षा की।[162]

राजस्थानी गीतकारों ने प्रबन्धकारों की तरह ऐसे अनेक योद्धाओं पर प्रशंसात्मक गीत लिखे हैं, जिनके योगदान को आज का इतिहासकार बिल्कुल नहीं जानता है। अजमेर के राजवंश ने कहाँ-कहाँ प्राण दिए, इस पर लिखे एक गीत में कहा गया है कि अजमेर का शासक वंश मुगल सेवा में प्राण देता ही आया है। जिसके पिता गिरवरसिंह और भाई बलराम थट्टा में मरे, भतीजा अर्जुन गौड़ उज्जैन में मारा गया, बिहारी दास और मुकुन्दसिंह धौलपुर में खेत रहे और अनिरुद्धसिंह पूर्व के युद्ध में काम आया, फिर काका वीरभद्र धौलपुर युद्ध से जीवित बचकर कैसे लौट सकता है।[163] इस गीत में हाड़ा वंश की अमरगाथा कही गई है, लेकिन एक दूसरे गीत में गीतकार ने बादशाही और अन्य राजपूत वंशों की तुलना में भीमसिंह गौड़ के वीरत्व की श्रेष्ठता प्रतिपादित की है : मजबूत शाही दल आगरे की ओर भागा, दाराशिकोह युद्धक्षेत्र छोड़कर भागा, जयसिंह का पुत्र कीर्तिसिंह भागा, लेकिन अजमेर के शासक विक्रमसिंह का बेटा भीमसिंह नहीं भागा। शाही सेना भाग गई, सेनापति भाग गए, गढ़ और कोटों के गर्वीले राजा भाग गए, मृत्यु सामने देखकर आमेरवाले भाग गए, लेकिन अजमेर के अमर गौड़ क्षत्रिय डटे रहे। दारा शाह किले में घुस गया। आमेर के राजा मानसिंह के वंशज जयसिंह, कीर्तिसिंह गढ़ में घुस

गए, लेकिन गिरवरसिंह का वंशज भीमसिंह गौड़ गज और ग्राह के युद्ध में अटल होकर खड़ा रहा।[164]

धौलपुर युद्ध क्षेत्र में इन ज्ञात और अज्ञात मृत शाही और शत्रु योद्धाओं की संख्या 'जसवन्तसिंह री ख्यात' (पृ. 57) में चौदह हजार बताई गई है तथा 'अजीत विलास' (पृ. 23) में उस युद्ध का काल बताया गया है–1714 (जोधपुरी संवत्), जेठ सुदी, नवमी, रविवार और लिखा है कि उसी दिन दाराशिकोह युद्ध क्षेत्र से भाग गया था।[165]

उज्जैन के युद्धक्षेत्र से शाही सेनापति जसवन्तसिंह भागकर जोधपुर के महल में जा बैठा था और अब दाराशिकोह सामूगढ़ (धौलपुर) से आगरा की ओर भागा, लेकिन किले में नहीं गया। कुछ खजाना लेकर दिल्ली होता हुआ लाहौर की ओर निकल गया। उस समय उसके साथ केवल बारह सवार थे।[166] औरंगजेब ने आगरा आकर किले को घेर लिया। दो-चार गोलियाँ चलीं, लेकिन बादशाह शाहजहाँ ने बदलती परिस्थितियों के आगे घुटने टेक दिए और किले का द्वार औरंगजेब के लिए खोल दिया। औरंगजेब स्वयं किले में नहीं गया। शाहजहाँ को किले में ही कैद करके अपने पुत्र सुलतान मुहम्मद और मुराद के पुत्र एजद्‌बख्श को बादशाह शाहजहाँ की सेवा में भेजकर अपना प्रणाम भिजवाया। उधर जसवन्तसिंह के पास विशेष सिरोपाव, फरमान और निशान भेजकर उसने उसे अपनी सेवा में बुलाया। जसवन्तसिंह ने भी बदली परिस्थिति में आगरा आकर औरंगजेब के आगे मस्तक झुका दिया, लेकिन औरंगजेब उससे मन ही मन नाराज रहा, क्योंकि वह जानता था कि अन्य राजपूत राजाओं की तरह जसवन्तसिंह भी शाहजहाँभक्त है।

उज्जैन के चौरनारायणा में शाहजहाँ-दारा तथा औरंगजेब-मुराद के बीच जो निर्णायक युद्ध लड़ा गया था, उसने मुगल-साम्राज्य की चूलें हिला दीं। धौलपुर के सामूगढ़ की लड़ाई ने उसकी प्रतिष्ठा धूल में मिला दी। उज्जैन में शाही सेना का नायक जसवन्तसिंह कायरता और शुभचिन्तकों के द्वारा प्रेरित किए जाने पर जोधपुर की ओर भाग गया तो उस युद्ध का परिणाम निश्चित हो गया। वही कहानी धौलपुर में दुहराई गई। धौलपुर में शाही सेना का नायक दाराशिकोह कायरता और शुभचिन्तकों के द्वारा प्रेरित किए जाने पर आगरा की ओर भाग गया। आगे की कहानी बादशाह शाहजहाँ और उसके लाडले वली अहद (उत्तराधिकारी) दाराशिकोह के दुःखान्त की है। अकबर से लेकर दाराशिकोह तक भारत में जो राजनीतिक, साम्प्रदायिक और भावात्मक सौमनस्य का वातावरण बना था, वह एक व्यक्ति औरंगजेब की निजी घनघोर और बर्बर महत्त्वाकांक्षा की बलिवेदी पर कत्ल कर दिया गया। आगे की कहानी उसी कत्लेआम के घिनौने स्वरूप की है, जिसने भारतीय प्रजाजन को जार-जार रुलाया था और रीतिकालीन साहित्यकारों को द्रवित किया था, जिसने घृणा और धार्मिक वैमनस्य के वे विषबीज बोए थे, जिनकी फसल आज

तक भारतीय प्रजाजन को काटनी पड़ रही है।

संदर्भ

1. कवीन्द्र कल्पलता–कवीन्द्राचार्य सरस्वती प्रकाशक–राजस्थान पुरातत्त्वान्वेषण मन्दिर, जयपुर
2. कवीन्द्र कल्पलता, भूमिका, पृ. 1-2, 4
3. 'कवीन्द्र चन्द्रोदय' की प्रतियाँ एशियाटिक सोसाइटी, कलकत्ता और बम्बई में हैं और इसका प्रकाशन पं. हरदत्त शर्मा तथा श्री एम.एम. पाटकर के सम्पादन में ओरिएंटल बुक एजेन्सी, पूना से हुआ है।
4. कवीन्द्र कल्पलता, पृ. 2, छन्द 14, पृ. 4, छन्द 7, पृ. 6, छन्द 14
5. वही, पृ. 4, छन्द 8, 9
6. गुरु प्रताप सूरज, भाग-3, पृ. 375, छन्द 10
7. कवीन्द्र कल्पलता, पृ. 4-5, छन्द 9, 11, 12
8. वही, पृ. 7, छन्द 17, संस्कृत के विद्वान् पं. जगन्नाथ को शाहजहाँ ने 'कविराज' की उपाधि दी थी। उन्होंने भी शाहजहाँ के लिए 'दिल्लीश्वरो वा जगदीश्वरो वा' शब्दयुक्त श्लोक लिखकर उसे प्रसन्न किया था।
9. गुरु प्रताप सूरज, भाग-4, पृ. 38, छन्द 50-51
10. वही, पृ. 107, छन्द 18, 20
11. कवीन्द्र कल्पलता, पृ. 10, छन्द 32
12. काव्यशास्त्र में दक्षिण नायक उसे कहा गया है, जो अपनी पत्नी के अलावा अन्य स्त्रियों के साथ भी प्रेम और देह का सम्बन्ध रखता है।
13. कवीन्द्र कल्पलता, 'अथ श्री साहिजहाँ जू के धुरपद'
14. काव्यशास्त्र के अनुसार मुग्धा नायिका में लज्जा की अधिकता तथा काम-वासना की मात्रा कम होती है। मध्या नायिका में लज्जा और काम-वासना बराबर मात्रा में तथा प्रौढ़ा नायिका में लज्जा कम तथा काम-वासना अधिक होती है।
15. नवयौवनवाली
16. कवीन्द्र कल्पलता, पृ. 28, छन्द 31-32, पृ. 30-31, छन्द 38, 44
    (क) वही, पृ. 33, छन्द 52, 54
    (ख) वही, अथ प्रस्ताविकानेक कवित्त ध्रुपदानि, पृ. 60, छन्द 1-2
17. वही, पृ. 17, छन्द 10, पृ. 25, छन्द 20
18. वही, पृ. 26, छन्द 24
19. वही, पृ. 24, छन्द 16-18
20. गुरु प्रताप सूरज, पृ. 169, छन्द 29, 30, 33, 34
21. वही, पृ. 172, छन्द 18-21

22. कवीन्द्र कल्पलता, पृ. 10
23. रूपसिंह की वार्ता, छन्द 227
24. कवीन्द्र कल्पलता, 'अथ दारासाहि के कवित्व'
25. वही, पृ. 50, छन्द 11, पृ. 53, छन्द 20
26. रूपसिंह की वार्ता, छन्द 227
27. कवीन्द्र कल्पलता, 'अथ वंग साहिब के कवित', पृ. 56
28. वही, पृ. 13-14, छन्द 69-74
29. गुरु प्रताप सूरज, पृ. 554-555, छन्द 3-12
30. राजस्थान वीर गीत संग्रह, भाग-1, पृ. 40, गीत 25
31. बिहारी रत्नाकर, सम्पादक–जगन्नाथ दास 'रत्नाकर', छन्द [illegible]0
32. शाहजहाँ काल में मुगल शासन को संचालित और प्रभावित करनेवाले चार राजपूत राजाओं के बारे में लिखित एक गीत में महाराणा गजसिंह के पुत्र जसवन्तसिंह (जोधपुर) और महाराजा महासिंह के पुत्र सवाई जयसिंह (जयपुर) को एक वर्ग में रखा गया है और महाराव शत्रुशाल के पुत्र भावसिंह हाड़ा (बूँदी) तथा महाराणा जगतसिंह के पुत्र राजसिंह (उदयपुर) को दूसरे वर्ग में।–राजस्थानी वीरगीत संग्रह, भाग-2, पृ. 201, गीत 148
33. बिहारी रत्नाकर, छन्द 710
34. वही, छन्द 300
35. वही, पृ. 126-127
36. रूपसिंह की वार्ता, छन्द 90
37. वही, छन्द 219
38. वही, छन्द 225
39. वही, छन्द 226
40. आमेर यात्रा के दौरान मुझे एक सूचना मिली थी कि लाल पत्थर के भवन केवल मुगल बादशाह बनवा सकता था, देशी राजा नहीं, इसीलिए आमेर महल के पीछे लाल पत्थर से बने कृष्ण मन्दिर पर पलस्तर चढ़ा हुआ था।
41. सूरज प्रकास, भाग-2, पृ. 11-12, छन्द 1-3
42. राजस्थानी वीरगीत संग्रह, भाग-1, पृ. 39, गीत सं. 41
43. 'दिग्विजय भूषण' में संकलित रघुनाथ राय के गीत, पृ. 56, 59, गीत सं. 54, 59
44. वही
45. आगरा किला के दीवाने आम के एक खम्भे का एक किनारा अमरसिंह की कटार की टकराहट से टूट गया था, वह आज भी उस घटना की गवाही दे रहा है।
46. बिन्हे रासो, परिशिष्ट–राव अमर सिंघ जी को साको, पृ. 198
47. वही, पृ. 200-201
48. विवरण के लिए पीछे अकबर काल में वीरसिंह-अबुल फजल प्रसंग देखिए।
49. राजस्थानी वीरगीत संग्रह, भाग-1, पृ. 14, गीत सं. 16, पृ. 80, गीत सं. 169

50. वही, भाग-4, पृ. 55, गीत सं. 14
51. सूरज प्रकास, पृ. 12-14, छन्द सं. 4-8
52. राजस्थानी वीरगीत संग्रह, भाग-3, पृ. 105, गीत सं. 71
53. सन्तोखसिंह ने 'औरंगजेब' के स्थान पर 'नुरंगा' और 'नौरंग' शब्दों का प्रयोग किया है। अन्य रीतिकालीन ऐतिहासिक काव्यरचयिताओं ने भी नौरंग लिखा है। इसका मुख्य कारण यह है कि औरंगजेब ने अपने शाहजादा और बादशाही काल में अपने पिता, भाइयों, सूबेदारों, राजाओं तथा प्रजा के विरुद्ध जो अनीतिपूर्ण व्यवहार, धर्म और राजनीति का कुमेल, कुरान की शपथ लेकर बार-बार वचनभंग जैसे आचरण किए थे, इसके कारण हिन्दी कवियों ने उसके लिए दुरंगा शब्द अपर्याप्त समझकर बहुरूपिया के अर्थ में नौरंग, नौरंगा, नवरंग, अवरंग जैसे शब्दों से सम्बोधित किया था। औरंगजेब के विषय में लिखित सभी मुगलकालीन हिन्दी काव्यों में इन नाम-व्यंग्य को देखा जा सकता है।
54. गुरु प्रताप सूरज, पृ. 523, छन्द 3-5
55. वही, पृ. 525, छन्द 20
56. जसवन्त सिंघ री ख्यात, पृ. 48
57. बिन्है रासो, पृ. 3, छन्द 10, गुरु प्रताप सूरज, भाग-4, पृ. 555, छन्द 13-20
58. बिन्है रासो, पृ. 4-6, छन्द 17
59. रूपसिंह की वार्ता, छन्द 227-242
60. गुरु प्रताप सूरज, भाग-4, पृ. 254, 560
61. यह जोधपुरी संवत् है जो श्रावण मास से आरम्भ होता है। अन्य कवियों के अनुसार विक्रमी संवत् 1715 में वह घटनाचक्र चला था।
62. जसवन्त सिंघ री ख्यात, पृ. 48-49
63. बिन्है रासो, पृ. 153-154, छन्द 29-33
64. वही, पृ. 163-164, छन्द 59-60
65. वही, पृ. 66
66. वही, पृ. 173, छन्द 78-80
67. वही, पृ. 7-9, छन्द 19-20
68. रूपसिंह की वार्ता, छन्द सं. 249
69. वही, छन्द सं. 250-255
70. गुरु प्रताप सूरज, भाग-4, पृ. 561-563, छन्द 2-40
71. रतनसिंह राठौड़ री बचनिका–खिड़िया जगा, सम्पादक–डॉ. शम्भुसिंह मनोहर, पृ. 42, छन्द 17
72. बिन्है रासो, पृ. 10-12, छन्द 21-25
73. वही, पृ. 15, छन्द 35
74. राजविलास–मान, सम्पादक–मोतीलाल मेनारिया
75. बिन्है रासो, परिशिष्ट, पृ. 183-188

76. रूपसिंह की वार्ता, छन्द 57-259
77. बिन्है रासो, पृ. 27, छन्द 63
78. वही
79. (क) वही, पृ. 30-31, छन्द 70-74
(ख) रतनसिंघ राठौड़ री ख्यात, पृ. 72, छन्द 41
उस समय बादशाह आगरा में था, दिल्ली में नहीं। जिस समय शाहजादों ने विद्रोह का झंडा उठाया था, उस समय वह दिल्ली में था। संभवतः शाहजादों को यह सूचना न मिल पाई हो।
80. (क) रतनसिंघ राठौड़ री ख्यात, पृ. 395, छन्द 172
(ख) बिन्है रासो, पृ. 31, छन्द 72
(ग) जसवन्त सिंघ री ख्यात (तिंवरी री ख्यात), सम्पादक–रावत सारस्वत, पृ. 49
(घ) अजीत विलास–वणसूर महादान, सम्पादक–डॉ. शिवदत्तदान बारहट, पृ. 21
81. बिन्है रासो, पृ. 52-53, छन्द 112, उज्जैन के उत्तराधिकार युद्ध की घटना का विक्रमी संवत् जोधपुर में रचित 'जसवन्तसिंह री ख्यात', 'अजीत विलास' जैसे ऐतिहासिक काव्यों में 1714 दिया गया है जबकि अन्य स्थानों पर रचित काव्यों में 1715। इसका कारण बताते हुए डॉ. शम्भुसिंह मनोहर ने 'रतनसिंह राठौड़ री वचनिका' के पृष्ठ 395 पर लिखा है–ध्यातव्य है कि जोधपुर में संवत् चैत्र की अपेक्षा श्रावण से आरम्भ होता है। अतः संवत् का निर्देश जोधपुर में प्रचलित संवत् के अनुसार ही किया गया है, जिसमें चार महीनों का अन्तर रहता है।
82. जिस तरह कवि महेसदास राव ने 'बिन्है रासो' में अपने आश्रयदाता अर्जुन गौड़ को चौरानारायणा युद्ध में सर्वप्रमुख स्थान दिया है, उसी तरह कवि कुम्भकर्ण ने 'रतन रासो' और खिड़िया जगा ने 'राठौड़ रतनसिंघ महेसदासोत री वचनिका' में अपने आश्रयदाता रतनसिंह की सर्वप्रमुख भूमिका दिखाई है।
83. बिन्है रासो, पृ. 75, छन्द 149
84. रूपसिंह की वार्ता, पृ. 170, छन्द 315-317
85. राजस्थानी वीरगीत संग्रह, भाग-4, छन्द 152-154
86. दिग्विजय भूषण, पृ. 59, छन्द 60
87. उस युद्ध के प्रत्यक्ष द्रष्टा और योद्धा चारण खिड़िया जगा ने अपने 'रतन सिंघ राठौड़ री वचनिका' में लिखा है कि राव रतनसिंह ने युद्धारम्भ से पहले अपने अग्रज और राठौड़ शिरोमणि जसवन्तसिंह से शाही सेनापतित्व का भार उसे सौंपकर जोधुपर चले जाने का आग्रह किया था, लेकिन जसवन्तसिंह युद्ध में शामिल हुआ था और पराजय का सामना करने से पहले ही रतनसिंह को सेनापति बनाकर गया था। पृ. 93-98, छन्द 25-36 लेकिन 'जसवन्त सिंघ री ख्यात' के लेखक ने लिखा है कि राव रतन के मरने के बाद आशकरण और महेसदास जसवन्तसिंह को जबरन युद्ध क्षेत्र से जोधपुर ले गए थे। (पृ. 49)
88. (क) रतन सिंघ राठौड़ री वचनिका, पृ. 234, छन्द 76

(ख) बिन्है रासो, पृ. 81-83, छन्द 156, 162

89. बिन्है रासो, पृ. 89-91, छन्द 179-185

90. वही, पृ. 91-100, छन्द 186-198

91. रतन सिंघ राठौड़ री वचनिका, पृ. 261, छन्द 93/6

92. (क) जसवन्त सिंघ री ख्यात, पृ. 50-56

(ख) अजीत विलास, पृ. 21-22

93. सूरज प्रकास, भाग-2, पृ. 21, छन्द 24

94. वही, पृ. 22-23, छन्द 26

95. शुक्रवार, अप्रैल 6, 1658

96. अजीत विलास, पृ. 21-22, छन्द 1-5

97. राजस्थानी वीरगीत संग्रह, भाग-1, पृ. 33, गीत 5 तथा पृ. 34, गीत 36

98. वही, भाग-2, पृ. 57, गीत 39

99. वही, भाग-2, पृ. 41, गीत 26

100. राजस्थानी वीरगीत संग्रह, भाग-1, पृ. 18, गीत 21

101. वही, भाग-1, पृ. 139, गीत 131

102. बिन्है रासो, परिशिष्ट, पृ. 215, 219, छन्द 33

103. रतन रासो, भूमिका, पृ. 102-129

104. बाँकी दास री ख्यात

105. रतन रासो (कुम्भकर्ण सान्दू), सम्पादक पं. काशीराम शर्मा, डॉ. रघुवीरसिंह
बिन्है रासो (महेसदास राव) सम्पादक—सौभाग्यसिंह शेखावत

106. मारवाड़ रा परगना री विगत, सम्पादक डॉ. नारायणसिंह भाटी

107. जोधपुर हुकूमत री बही, सम्पा. केसरीसिंह जी खींवसर

108. रतन सिंघ राठौड़ री वचनिका (खिड़िया जगा), सम्पादक—डॉ. शम्भुसिंह मनोहर

109. उपर्युक्त, भूमिका, पृ. 40-50

110. बिन्है रासो, भूमिका, पृ. 51

111. वही, पृ. 47

112. वही, पृ. 48

113. वही, पृ. 48

114. वही, पृ. 51

115. वही, पृ. 49

116. वही, पृ. 46

117. वही, पृ. 10

118. वही, पृ. 10

119. वही

120. बाँकीदास री ख्यात, पृ. 31, सम्पादक—पंडित नरोत्तमदास स्वामी

121. मरुभारती, अक्टूबर 1968 में प्रकाशित डॉ. रघुवीरसिंह का लेख, पृ. 4-5

122. ध्यातव्य है कि डॉ. यदुनाथ सरकार ने अपनी एतद्विषयक धारणा में संशोधन कर लिया था, देखिए—औरंगजेब, हिन्दी संस्करण, पृ. 78-79
123. हिस्ट्री ऑफ औरंगजेब, पृ. 360-364
124. बिन्है रासो, पृ. 163-164, 171
125. हिस्ट्री ऑफ औरंगजेब, पृ. 349
126. बिन्है रासो, पृ. 30
127. वही, पृ. 83
128. औरंगजेब (हिन्दी संस्करण), पृ. 78-79, फुटनोट : डॉ. यदुनाथ सरकार
129. वचनिका, भूमिका, पृ. 88 : डॉ. रघुवीर सिंह
130. बिन्है रासो, भूमिका, पृ. 48-49
131. वचनिका, छन्द 80, 82-83, 94-99
132. मारवाड़ रा परगना री विगत, भाग-1, पृ. 174, सम्पादक डॉ. नारायणसिंह भाटी, जोधपुर हुकूमत री बही (हस्तप्रति) ठा. केसरीसिंह जी खीवसर के सौजन्य से।
133. रूपसिंह की वार्ता, पृ. 171, छन्द 322-327
134. गुरु प्रताप सूरज, भाग-4, पृ. 564, छन्द 2-7
135. (क) 'रतनसिंघ राठौड़ री वचनिका' के कई पृष्ठों में इन वीरों की वीरतापूर्ण मृत्यु का वर्णन किया गया है।
(ख) बिन्है रासो, पृ. 104-105, छन्द 1-2
(ग) जसवन्त सिंघ री ख्यात, पृ. 50-57
136. बिन्है रासो, पृ. 110-111, छन्द 11-14
137. छत्रसाल नामक दो राजाओं के उल्लेख रीतिकालीन ऐतिहासिक काव्यों में मिलते हैं—एक बूँदी का राजा छत्रसाल हाड़ा था और दूसरा बुन्देलखंड का राजा छत्रसाल बुन्देला। पहला गोपीनाथोत (गोपीनाथ का पुत्र) कहलाता था और दूसरा चम्पतरायोत (चम्पतराय का पुत्र)। पहला शाहजहाँ का सहयोगी था और उसके सामने धौलपुर युद्ध में औरंगजेब से लड़ते हुए मारा गया था, जबकि दूसरा पहले औरंगजेब को चम्बल पार करानेवाला और युद्ध में उसका सहयोगी और बाद में उसका विरोधी हुआ था।
138. गुरु प्रताप सूरज, भाग-4, पृ. 564, छन्द 2-10
139. 'जसवन्त सिंघ री ख्यात' में दारा सेना में घोड़ों की संख्या अस्सी हजार बताई गई है। पृ. 57
140. बिन्है रासो, पृ. 122, छन्द 30
141. राजस्थानी वीरगीत संग्रह, भाग-1, पृ. 24-25, गीत 27-28
142. वही, भाग-4, पृ. 194, गीत 151
143. रूपसिंह की वार्ता, पृ. 172-173, छन्द 328-334
144. (क) वही, छन्द सं. 431
(ख) धरि रोम रोम स्वामिधर्म। संग्रहित अंग भारत्थ सर्म।
रोमंच अंग मुष चढ़े अंग। उछाह न भावै रूप अंग।।466।।

(ग) कीए सरीर पोषि पोषि स्वामि कामकाज के।।480।।–रूपसिंह की वार्ता

145. गुरु प्रताप सूरज, पृ. 565, छन्द 16
146. जसवन्त सिंघ री ख्यात, पृ. 57
147. छत्र प्रकास, भूमिका, पृ. 5
148. दोनों (हाड़ा और बुन्देला) छत्रसालों का अन्तर स्पष्ट करने के लिए कवि भूषण ने एक दोहा लिखा है–

    वे देखौ छत्तापता ये देखौ छतसाल
    वे दिल्ली की ढाल ये दिल्ली ठाहनवाल।।–शिवराजभूषण, सम्पादक–श्रीविश्वनाथ प्रसाद मिश्र, पृ. 23

    (वे अर्थात् छत्रसाल हाड़ा दिल्ली का रक्षक था ये अर्थात् छत्रसाल बुंदेला दिल्ली का विनाश करनेवाला)
149. रूपसिंह की वार्ता, छन्द 470, 565
150. सेना का अग्रिम भाग हरावल कहलाता था।
151. रूपसिंह की वार्ता, छन्द 478
152. वही, छन्द सं. 476-502
153. वही, छन्द सं. 518-55
154. बिन्है रासो, पृ. 123, छन्द 34
155. वही, पृ. 128, छन्द 38
156. वही, पृ. 130, छन्द 44
157. वही, पृ. 131, छन्द 48
158. जसवन्त सिंघ री ख्यात, पृ. 57
159. बिन्है रासो, पृ. 133, छन्द 50-62
160. राजस्थानी वीरगीत संग्रह, भाग-1, पृ. 24, गीत सं. 27, पृ. 26, गीत सं. 29, पृ. 27-30, गीत सं. 30-31
161. वही, पृ. 140, गीत सं. 132
162. वही, पृ. 228-29, गीत सं. 132
163. वही, भाग-4, पृ. 246, गीत सं. 188
164. वही, पृ. 246, गीत सं. 186
165. मई 30, 1658 ई.। उज्जयिनी पंचांग के अनुसार तब विक्रमी संवत् 1715 चल रहा था।
166. (क) जसवन्त सिंघ री ख्यात, पृ. 59

    (ख) गुरु प्रताप सूरज, भाग-4, पृ. 569, छन्द 14-15

5

औरंगजेब काल

पूत के पाँव पालने में दिखाई पड़ जाते हैं। औरंगजेब पर यह कहावत बिल्कुल सही घटित होती है। सभी भाइयों की तुलना में औरंगजेब की बुद्धि अधिक प्रखर थी और राजनीति में सफलता के लिए जिन गुणों की अपेक्षा होती है, वे सभी उसमें थे—साहस, दूरदर्शिता, लक्ष्यवेधता, धूर्तता, मनुष्य की पहचान, दोरंगापन। औरंगजेब के सन्दर्भ में दोरंगापन अपर्याप्त अर्थबोधक शब्द है, इसीलिए रीतिकवियों ने उसके लिए व्यंग्यार्थबोधक 'अवरंग', 'नौरंग', 'नवरंग' और 'नुरंगा' शब्दों का प्रयोग किया है। किशोरावस्था से ही उसमें दुस्साहस और वीरता के लक्षण दिखाई देने लगे थे, इसीलिए शाहजहाँ ने उसे कठिन युद्ध-अभियानों में बार-बार भेजा था। इससे उसे युद्धकालीन परिस्थितियों और नीतियों का अच्छा अनुभव हो गया था। उसका वह अनुभव अब उत्तराधिकार युद्ध में उसके बड़े काम आ रहा था। दिल्ली में घटने वाला प्रत्येक समाचार उसे नियमित रूप से मिलता रहता था। उसके विश्वस्त जासूस केन्द्र और सूबों की राजधानियों की राजनैतिक महत्त्व की सूचनाएँ उस तक पहुँचाते रहते थे। आवश्यकता होने पर वह सूचनाएँ लाने, पहुँचाने, बटोरने और देने के लिए जासूसों और दूतों का उपयोग करता रहता था। यही सुदृढ़ जासूस-व्यवस्था उत्तराधिकार युद्धों में उसके बहुत काम आई। दिल्ली में बादशाह बीमार हुआ तो चार दिनों में ही उसके पास नमक-मिर्च लगी खबर पहुँच गई कि बादशाह मर चुका है, दारा ने सत्ता सम्भाल ली है, अराजकता फैल चुकी है, शुजा परास्त हो चुका है, मुराद ने अहमदाबाद में अपनी बादशाहत घोषित कर दी है आदि-आदि। ये खबरें पाकर ही औरंगजेब द्वारा शतरंजी चालें तेजी से चली गईं और उसने दिल्ली-अहमदाबाद की दिशाओं में जासूस और राणा राजसिंह के पास दूत भेज दिए। मुसलमान शासकों के पास मुसलमान दूत और हिन्दू राजाओं के पास ब्राह्मण दूत भेजे गए, इससे औरंगजेब की बुद्धिमत्ता का पता चलता है। मुराद को कुरान और खुदा की शपथ बीच में रखकर बादशाह

बनाने का वायदा करना और उसकी सेना को अपनी सेना में मिलाकर उस पर अपना प्रभाव विस्तार करना उसकी बौद्धिक समझदारी का प्रमाण है। उज्जैन और धौलपुर में सेना-संयोजन और लगातार विजयें प्राप्त कर उसने मुराद की सेना पर अपना प्रभाव फैला दिया और मुराद को लगातार मूर्ख बनाकर उसने उसको निस्तेज कर दिया। आगरा पहुँचते-पहुँचते उसने एक के बाद एक मुगल साम्राज्य के स्तम्भों को बाढ़ के पानी की तरह ढहा दिया था। सारे देश में उसी की तूती बोलने लगी। सबने अप्रत्यक्ष और प्रत्यक्ष तौर पर उसे हिन्दुस्तान का भावी बादशाह स्वीकार कर लिया था। यहीं से पूत के पाँव पालने में दिखाई पड़ने लग गए थे। आगामी घटनाओं से सिद्ध हो जाएगा कि उसकी कूटबुद्धि ने बादशाहत का ताज शाहजहाँ के सिर से उतार कर उसकी ओर बढ़ा दिया था।

रीतिकालीन हिन्दी कवियों ने इस प्रसंग का वर्णन उसी एकपक्षीय शैली में किया है, जैसा पहले किया था। उन्होंने औरंगजेब, मुराद, दारा, शुजा, शाहजहाँ और अन्य मुगल पक्ष से सम्बन्धित घटनाचक्रों का वर्णन बाहरी व्यक्ति के रूप में किया है। बाहरी व्यक्ति को किसी के घर, घर के सदस्य, सदस्य की सोच और उसके व्यवहार की उतनी जानकारी नहीं हो सकती, जितनी घर से जुड़े व्यक्ति की होती है। रीतिकालीन कवियों ने इसीलिए मुगल घराने की उस उथल-पुथल का उतना ही वृत्त बताया है, जितने की जानकारी लोकप्रवाद, अपने आश्रयदाता, आश्रयदाता के आदमियों, अपनी आँखों और अपने कानों से प्राप्त की थी। मुगल घराने की अपेक्षा अपने आश्रयदाता के बारे में लिखना उनके लेखनकर्म का लक्ष्य था, इसलिए उन्होंने मुगल खानदान के सदस्यों के जीवन और उनके कार्यों की परिणति का चलता-सा वर्णन गाँव जाते हुए पत्ते छूते चलने जैसा कर दिया है।

1. मुगल साम्राज्य पर औरंगजेब की हिंसात्मक पकड़

एक के बाद एक लगातार विजयों के बाद औरंगजेब ने समझ लिया था कि अब उसे किसी की सहायता और किसी के समर्थन की आवश्यकता नहीं रही, इसलिए मुराद जैसे कुरान-शपथबद्ध भाई और चम्पतराय जैसे हिन्दू सहायक उसके लिए बेमायने हो गए थे। उसके दर्प और अपनी निरर्थकता देखकर ही चंपतराय आगरा पहुँचने से पहले अपने डेरों में आग लगा कर बुंदेलखंड लौट गया था। औरंगजेब का समर्थन कर उसने अपनी उँगलियाँ जला ली थीं और अपने धर्मबन्धुओं को नाराज कर लिया था, फिर भी औरंगजेब ने उसे चुसे आम की गुठली की तरह उपेक्षणीय समझ लिया था। मुराद की सेना उसकी मुट्ठी में आ चुकी थी। दारा आगरा-दिल्ली होता हुआ पंजाब की ओर भाग रहा था और बीमार बूढ़ा पिता शाहजहाँ खाली लाल कोट (आगरा किला) में आत्मरक्षा की चिन्ता में अपनी धड़कनें गिन रहा था। जो

आमखास पहले सैकड़ों-हजारों मनसबदारों से गूँजा करता था, उसमें अब चिड़िया भी पर नहीं मार रही थी।

उस उत्तराधिकार युद्ध के दौरान मिर्जा राजा जयसिंह और महाराजा जसवंतसिंह पर जो बीत रही थी, निश्चित ही उसके कारण उनकी नींदें हराम हो गई होंगी। अभी वे शाहजहाँ के परम आज्ञाकारी, भक्त और विश्वस्त सेवादार थे और अब औरंगजेब ने अपने बुद्धिबल से अपनी विपरीत परिस्थितियों को अपने पक्ष में मोड़कर उन दोनों को अपने कदमों में झुका लिया था। शाहजहाँ के विरुद्ध रातोंरात अपनी निष्ठा बदलकर उन दोनों राजाओं तथा उनके सहायकों को स्वयं अपनी और समाज की दृष्टि में राजनैतिक और सामाजिक दृष्टि से अपमानित होना पड़ा था। शाहजहाँ की भी क्या मानसिक दशा रही होगी कि जो लोग अभी तक उस 'दिल्लीश्वरो वा जगदीश्वरो वा' के सामने झुकते थे, वे अब औरंगजेब के सामने कोर्निश बजा रहे थे। शाहजहाँ के अपने विश्वस्त नौकर-चाकर भी किले का द्वार खोलकर औरंगजेब के चरणों में जा गिरे थे। कुछ पलों में ही शाहजहाँ अपमान के और औरंगजेब राजमद के घूँट पी रहे थे। औरंगजेब ने अपने पिता को बादशाह के रूप में प्रभावहीन कर दिया था और पूर्वघोषित बादशाही उम्मीदवार दारा को अपने प्राण बचाने के लिए भागने को मजबूर कर दिया था। स्वयंघोषित बादशाह मुराद उसके साथ था और मुगलसाम्राज्य के रक्षक स्तम्भ राजपूत दूर-दूर तक बिखर कर अपने प्राण और मान की रक्षा के लिए चिन्तित थे। जिन्होंने खुले रूप से शाहजहाँ की ओर से औरंगजेब के साथ युद्ध किया था, वे सर्वाधिक चिन्तित थे और जिन्होंने छिपे-खुले तौर पर औरंगजेब का साथ दिया या उसका विरोध नहीं किया था, वे भी निरंतर शक्तिशाली होते जा रहे औरंगजेब के भय से आतंकित हो रहे थे। सब उसको अपने अनुकूल करने या उसके अनुकूल होने का मन बना रहे थे। औरंगजेब बेताज बादशाह बन गया था। कल तक शाहजहाँ के समर्थक अब औरंगजेब की ओर झुक रहे थे। औरंगजेब का रास्ता रोकनेवाला और उसे टोकनेवाला कोई नहीं बचा था। उसने अब एक-एक कर सब सम्भावित विरोधियों और सत्ता के दावेदारों को खत्म करने का षड्यन्त्र आरम्भ किया। उसके मन में शाहजहाँ को बादशाहत से हटाकर सबसे पहले अपने को बादशाह घोषित करने की अभिलाषा जाग उठी थी। बादशाहत का पूर्वघोषित उत्तराधिकारी दारा उसकी दुष्टबुद्धि और कूटनीति से भयभीत होकर उत्तर दिशा की ओर भाग रहा था। औरंगजेब ने जसवंतसिंह को दिल्ली सौंपी और मुराद को साथ लेकर दारा का पीछा करना शुरू किया। मथुरा से एक कोस आगे पहुँचते-पहुँचते उसने सोच लिया कि दारा से हिसाब बाद में चुकता किया जायगा, पहले मुराद से निबट ले। मथुरा से एक कोस आगे पहुँच कर पड़ाव डाला गया। औरंगजेब ने मुराद से वायदा किया था कि दारा के स्थान पर वह उसे बादशाह बनवाएगा, इसलिए मुराद के मन में जल्दी बादशाह बनने की खुशी के लड्डू फूट

रहे थे। औरंगजेब ने उसको दारा का पीछा करने के लिए भेजने से पूर्व अपने डेरे में भोजन के लिए बुलवाया और कैद कर लिया,[1] क्योंकि उसे भय था कि भविष्य में कहीं दारा और मुराद एक होकर उसी का पत्ता न साफ कर दें।[2] उसने मुराद को ग्वालियर के मुगल कारागार में भिजवा दिया, फिर उसने मुलतान तक दारा का पीछा किया। वहाँ उसे सूचना मिली की उसका भाई शुजा बंगाल से दिल्ली की ओर बढ़ रहा है, तो वह सं. 1715 के माघ मास, कृष्णपक्ष, दशमी को दिल्ली लौट आया। दिल्ली में जसवंतसिंह नियुक्त था, उसे साथ लेकर वह शुजा से लड़ने के लिए चला। खजुवा पहुँचने तक और खजुवा के युद्धक्षेत्र में जसवंतसिंह द्वन्द्वग्रस्त रहा कि वह औरंगजेब का साथ दे या शाहजहाँ को उबारे और दारा को बचाए या अपने अपमान का बदला ले। वह मन से औरंगजेब के प्रति निष्ठावान नहीं हो पा रहा था।

शाहजहाँ के स्वामिभक्त हिन्दू और मुसलमान सेवक राजा तथा अन्य सामंत ऊपरी तौर पर भले ही औरंगजेब के सेवादार बन गए थे, लेकिन उनमें से कुछ की आत्मा मरी नहीं थी। जसवंतसिंह ने अवसर पाते ही अपनी आत्मा की आवाज सुनकर जब-तब कई बार औरंगजेब के प्रति अपनी घृणा का प्रदर्शन किया था। उसका सबसे अच्छा उदाहरण शुजा के साथ दूसरे युद्ध से मिलता है। जसवंतसिंह ने युद्ध-क्षेत्र में शुजा के साथ गुप्त समझौता किया था कि जैसे ही शुजा आक्रमण करेगा वैसे ही जसवंतसिंह औरंगजेब पर पीछे से आक्रमण करेगा और इस प्रकार शुजा तथा जसवंतसिंह की सेनाओं के बीच औरंगजेब को दबोच लिया जाएगा, लेकिन शुजा निश्चित कार्यक्रम के अनुसार आक्रमण नहीं कर सका और जसवंतसिंह को औरंगजेब के डेरे लूटकर जोधपुर भाग जाना पड़ा।[3] औरंगजेब ने शुजा को हराने के बाद जसवंतसिंह के पलायन का बदला उससे जोधपुर राज्य छीनकर अमरसिंह के पुत्र रायसिंह को सौंपने के रूप में लिया।[4]

उधर दाराशिकोह सुरक्षित स्थान और अपने प्रति सहानुभूतिशील सहायकों की खोज में भटकता हुआ ठठ्ठा और भक्खर होकर गुजरात में पहुँचा और उसने अपने और सहायकों के खर्चे जुटाने के लिए लूटमार का सहारा लिया। वह जिधर भी जाता, औरंगजेब की सेना को अपने पीछे पाता।[5] दारा को अपने पिछले समर्थक राजपूत राजाओं से सहायता मिलने की उम्मीद थी। वह जानता था कि जयसिंह तथा जसवंतसिंह अभी तक शाहजहाँ तथा उसके प्रति श्रद्धा भाव रखते हैं। उधर औरंगजेब ने अपनी चाल चली कि जसवंतसिंह को दंड देने के लिए उसका शासनक्षेत्र अमरसिंह के पुत्र रायसिंह तथा राणा राजसिंह के बीच बाँट दिया, जिससे कि वे उसके पक्के समर्थक हो जाएँ, जसवंतसिंह को झुकाया जा सके तथा दारा के सम्भावित सहायकों को डरा-धमकाकर मुट्ठी में किया जा सके। जब दारा अजमेर पहुँचा और जसवंतसिंह ने दारा की सहायता करने के लिए जोधपुर से चालीस हजार सेना भेजने का प्रबन्ध किया, तो औरंगजेब ने राणा राजसिंह और कछवाहा जयसिंह से सलाह करके

जसवंतसिंह को कमल और पंजे के निशान से युक्त पत्र भेजकर उसका मनसब बहाल रखने और उसे गुजरात का सूबा देने का वायदा किया।[6] इस तरह दारा के सम्भावित समर्थकों को वश में करने के बाद औरंगजेब ने अजमेर में सं. 1715 (जोधपुरी संवत्) के चैत्र, शुक्ल पक्ष, द्वितीया[7] रविवार को दारा पर चढ़ाई की जिसमें आठ-दस हजार आदमी मारे गए। वह औरंगजेब की चौथी विजय थी। दारा भागकर सूरत चला गया।[8]

दारा की गिरफ्तारी और मृत्यु के बारे में 'जसवंतसिंह री ख्यात' और 'अजीत विलास' में कहा गया है कि औरंगजेब ने दलेल खाँ और जयसिंह को सूरत भेजा और उन्होंने दारा को गिरफ्तार करके औरंगजेब को पकड़ा दिया, जिसने गर्दन कटवाकर उसकी हत्या करवा दी। 'अजीत विलास' में विशेष टिप्पणी यह की गई है कि जिस तरह शाहजादा खुर्रम ने निष्कंटक बादशाहत पाने के लिए अपने वंशजों को मरवाया था, वैसे ही शाहजादा औरंगजेब ने मुराद और दारा को मरवा डाला।[9] लेकिन कवि सन्तोखसिंह ने दारा के जीवन की अन्तिम कथा को कुछ अधिक विस्तार देकर लिखा है। उन्होंने लिखा है कि अजमेर की पराजय और वहाँ से पलायन के बाद दारा को पछतावा हुआ कि वह व्यर्थ ही सांसारिक बातों के लिए मारामारी करता रहा है। उसके मन में वैराग्य जाग गया और उसने शाहवेश तथा अपना सब सामान त्याग दिया। वह दाइरा नामक गाँव में फकीर के वेश में रहने लगा, किन्तु उसके दुर्भाग्य ने उसका साथ नहीं छोड़ा। अपने ज्ञान की खुशबू फैलाने के कारण वह दूर-दूर तक प्रसिद्ध हो गया और उसी कारण औरंगजेब के उमरावों ने उसे खोज निकाला तथा पकड़कर औरंगजेब के पास पहुँचा दिया।[10] दुर्मति औरंगजेब दारा को पाकर परम प्रसन्न हुआ। उसको मार डालने के लिए औरंगजेब ने धार्मिक चाल चली। शरीअत पर चलनेवाले मौलानाओं के पास दूत भेजे गए, ताकि वे दारा को मृत्युदंड देने के लिए उनकी सहमति जल्दी ला सकें।[11] औरंगजेब के आतंक से भयभीत और लोभी तीन सौ बहत्तर मौलानाओं ने दारा को मारने की स्वीकृति भेज दी, हालाँकि वे अपने इस गलत कर्म के कारण मन में बहुत दुःखी हुए। जिन संत स्वभाव मौलानाओं ने शरीअत के अनुसार, औरंगजेब की इच्छा के विपरीत, राय दी, उनको औरंगजेब ने मरवा डाला। ऐसा ही एक सूफी संत सरमद था, जिसने दारा की बादशाहत का समर्थन किया था। औरंगजेब ने दारा को गधे पर बैठाकर दिल्ली भर में घुमाने और सरमद के सामने ले जाने का आदेश दिया। वह चाहता था कि सरमद के बादशाह को ऐसे घुमाकर संत सरमद का मजाक उड़ाया जाय और दारा का अपमान किया जाय। औरंगजेब के उमरावों को उस आदेश पर आश्चर्य हुआ। वे उसकी महाक्रूर प्रवृत्ति और दुष्ट बुद्धि से परिचित थे, फिर भी उन्होंने साहस और विनम्रतापूर्वक राजपुत्र के साथ ऐसा न करने को कहा, तो औरंगजेब ने अपने आदेश में थोड़ा-सा परिवर्तन कर गधे के स्थान पर विशाल हाथी पर दारा को बैठाकर दिल्ली के बारहों द्वारों तक घुमाने का आदेश दिया। साथ में यह भी कहलाया कि सरमद

से कहना कि इसको सल्तनत दे दो, आज इसको जीवरहित करना है। ऐसा ही किया गया। सारा नगर हाहाकार कर उठा, लेकिन महाक्रूर औरंगजेब के बारे में सोचकर नगरवासी ऊँची आवाज में रो भी नहीं सकते थे। जब दारा की सवारी सरमद के सामने ले जाई गई, तब सूफी संत सरमद की आँखों से भी आँसू निकल पड़े। राजसेवकों द्वारा सरमद के सामने दारा को हाथी से उतारा गया और तलवार से उसकी गर्दन काट दी गयी।[12] पन्द्रह दिन के बाद सरमद को औरंगजेब की आज्ञा से मार दिया गया।[13] कहा जाता है कि जिस मस्जिद के निकट जीवित अवस्था में सरमद की खाल उतारी गई थी, उसकी दीवार पर अपने रक्त में उँगली डुबाकर सरमद ने यह फारसी शे'र लिखा था[14] :

सर दरे राहे दिलदार अदाशुद चि बजा शुद
ईं बारि गिरां बूद अदा शुद चि बजा शुद।

(मेरा सिर प्रीतम के मार्ग पर भेंट हो गया, अच्छा हुआ। बहुत बोझ था जो उतर गया, अच्छा हुआ।)

मुगल शाहजादे सलीम (जहाँगीर) और खुर्रम (शाहजहाँ) ने अपने प्रतिद्वन्द्वी भाइयों, निकट सम्बन्धियों तथा परिवार के शुभचिन्तकों को मार-मरवाकर गद्दी हथियाने की जो परम्परा इस देश में चलाई थी, औरंगजेब ने उसको और अधिक बर्बर हिंसा से आगे बढ़ाया था। जब सत्ता का आधारस्तम्भ हिंसा की जमीन पर टिका होता है तो उसकी दृढ़ता बनाए रखने के लिए बार-बार हिंसा का सहारा लेना पड़ता है। औरंगजेब ने शारीरिक, मानसिक, राजनैतिक, धार्मिक, सामाजिक और पारिवारिक हिंसा के अनेक तेवर अपनाए थे। उसकी हिंसा के छलभरे और बहुरूपी तेवर देखकर ही हिन्दी के रीतिकालीन कवियों ने उसे व्यंग्यपूर्वक 'नौरंग' की संज्ञा दी थी। कवि सन्तोखसिंह ने 'गुरु प्रताप सूरज' में बाबर से लेकर आगे तक के मुगल सम्राटों तक के बारे में लिखा है, लेकिन उन्होंने अन्य की अपेक्षा औरंगजेब के बारे में इतिहास और लोक-प्रवाद से सामग्री बटोरकर बहुत-सी ज्ञात-अज्ञात बातें अपने महाकाव्य में बताई हैं जो इतिहासकारों की जानकारी, अध्ययन, विश्लेषण तथा बहस करने और तत्कालीन सामाजिक, राजनीतिक, ऐतिहासिक, धार्मिक,पारिवारिक और सांस्कृतिक सन्दर्भों को समझने में सहायक हो सकती हैं। अपने भाइयों तथा अपने से असहमत लोगों का वध करने-करवाने में औरंगजेब ने जैसी निर्दयता दिखलाई थी, वैसी ही निर्दयता उसने पूरे भारतीय समाज में कुरान की आयतों का पालन कराने के लिए अपनाई थी। आगे के पृष्ठों में कवि सन्तोखसिंह द्वारा कथित औरंगजेब की नीतियों और आदेशों का खुलासा किया जा रहा है,[15] जिनकी सत्यता और असत्यता की परीक्षा इतिहासकारों को करनी चाहिए।

2. औरंगजेब-राजपूत-सम्बन्ध

मुगल साम्राज्य राजपूतों का सक्रिय सहयोग मिलने के बाद जितनी तेजी से बढ़ा और पनपा था, उतना पहले कभी नहीं बढ़ा था और उस सहयोग को पाने-बढ़ाने में अकबर की समझदारी का सबसे बड़ा सहयोग रहा जिसके फलस्वरूप अकबर की आगामी पीढ़ियों ने सुखचैन की जिन्दगी बिताई थी, इस बात को दुहराना अनावश्यक है। लेकिन औरंगजेब ने बादशाहत पाने में राजपूतों को बार-बार बाधक देखकर उनके प्रति घृणा और बदले की भावना पाल ली थी। बादशाह बनने के बाद वह जहाँ भी और जिस तरह भी उनका अपमान करने का अवसर पाता था, करता था। उन दिनों जयसिंह और जसवंतसिंह सभी राजपूत जातियों के नायक थे। शाहजहाँकालीन उत्तराधिकार-युद्धों में राजपूतों के प्रति घृणा और प्रतिशोध की भावनाएँ पालकर औरंगजेब ने आरम्भ में तो उनका खूब अपमान किया, उपेक्षा की, लेकिन अन्ततोगत्वा सिंहासन पर बैठकर उसे पता चल गया था कि राजपूतों के समर्थन और सहयोग के बिना उसकी बादशाहत नहीं चल सकती। उधर राजपूतों को भी अनुभव हो गया था कि औरंगजेब की बादशाहत अब एक अपरिहार्य सचाई है, इसलिए उन्होंने स्वार्थ और सत्ता की रक्षा के लिए उसको सहयोग देना अथवा उसके साथ सहयोग का नाटक करना आरम्भ कर दिया। उन विकट परिस्थितियों में अवसरवादिता राजपूतों की मजबूरी थी।

जयसिंह और जसवंतसिंह छत्रसाल हाड़ा के दामाद थे और उत्तराधिकार-युद्धों में वे तीनों शाहजहाँ के पक्षधर थे। छत्रसाल हाड़ा धौलपुर के युद्ध में मारा गया था। औरंगजेब के बादशाह बनने से पहले और बाद के दमनचक्र और कूटनीतियों की घेराबन्दी में आकर जयसिंह, जसवंतसिंह और छत्रसाल हाड़ा के वंशजों को औरंगजेब को समर्थन देना ही पड़ा था। उन समर्थक राजाओं की उन दिनों कैसी मनःस्थिति थी और उनके समर्थन के पीछे उनकी मानसिकता क्या थी, उसे समझने के लिए आइए, फिर रीतिकवियों की कविताओं और अन्य हिन्दी स्रोतों की ओर चलें।

हिन्दी के मध्यकालीन कवियों के दो वर्ग थे—एक दरबारी और दूसरे स्वतन्त्र। दरबारी कवियों ने तो दरबारी अनुशासन में रहकर आश्रयदाता के बारे में उसकी रुचि और मिजाज को देखकर लिखा था, लेकिन जो दरबार से बाहर रहकर स्वतन्त्र रूप से लिखते थे, उनकी कविता में यदि किसी राजा या योद्धा की प्रशंसा या निन्दा मिलती है, तो उसे तत्कालीन जनभावना की अभिव्यक्ति मानना चाहिए। ऐसे कवियों के नाम प्रसिद्ध नहीं भी हो पाए हैं, लेकिन उनकी कविता ने कविता-पात्र को प्रसिद्ध अवश्य कर दिया है।

बूँदी का राव भावसिंह हाड़ा शुजा के साथ पहले युद्ध में शाही सेना के साथ

वाराणसी गया था और उसने शुजा को पराजित कर भगाने में पूरा सहयोग दिया था। जब औरंगजेब बादशाह बन गया तो शाहजहाँ का पक्षधर वह तन से तो औरंगजेब के साथ हो गया था, लेकिन मन से वह उससे घृणा करता था। एक गीतकार ने लिखा है कि जिस प्रकार राव भोज, राव दूदा और रतनसिंह टेक का निर्वाह करते थे, वे किसी की अधीनता में नहीं रहे, उसी प्रकार बूँदी का राव हाड़ा भावसिंह अपने पिता की परम्परा का निर्वाह करता रहा। वह किसी के अधीन नहीं रहा। वह औरंगजेब की अमर्यादा को देखकर क्रोधवश उसके फरमानों को फाड़ देता था। सूबेदारों के साथ नहीं रहता, किसी की आज्ञा का आदर नहीं करता।[16] यही प्रवृत्ति लगभग सभी राजपूत राजाओं की रही। 'उगते सूरज को सभी प्रणाम करते हैं' की नीति पर चलना उनकी मजबूरी थी।

दारा को पकड़वाने के मामले में हमें जयसिंह अधिक हृदयहीन और घोर अवसरवादी लग सकता है, लेकिन उसने भी वैसा करते समय अपने कलेजे पर कितना बड़ा पत्थर रखा होगा, इसका तो केवल अनुमान ही लगाया जा सकता है अथवा तत्कालीन मुगल दरबारी इतिहासों में उसका वृत्त पढ़ा जा सकता है। तत्कालीन कवियों ने सूचना दी है कि मिर्जा राजा जयसिंह कछवाहा ने अपने लोगों से परामर्श करने के बाद औरंगजेब को अपना समर्थन दिया था और उसे दिल्ली का बादशाह बनाने में सहायता की थी। उसने दिल्ली के साथ अपना सम्बन्ध दृढ़ कर लिया। औरंगजेब ने भी उसका हाथ थामकर उसे गले से लगाया और सिरोपाव देकर सम्मानित किया।[17]

जसवंतसिंह की अपेक्षा जयसिंह ने औरंगजेब के प्रति आज्ञाकारिता का अधिक प्रदर्शन किया था और औरंगजेब प्रखर बुद्धि का धनी होने के कारण इस बात को अच्छी तरह समझता था कि जयसिंह, जसवंतसिंह आदि राजपूत विवशतावश बेमन से उसका साथ दे रहे थे, फिर भी वह चाहकर भी राजपूतों से अपना सम्बन्ध नहीं तोड़ सकता था, क्योंकि विशाल मुगल साम्राज्य का महल उन्हीं के कन्धों पर टिका हुआ था। शुजा के साथ जसवंतसिंह का षड्यन्त्र खुल जाने पर औरंगजेब ने उसका जोधपुर राज्य छीनकर अमरसिंह के पुत्र रायसिंह को सौंप दिया था, लेकिन जैसे ही उसे पता चला कि जसंवतसिंह अजमेर आए हुए दाराशिकोह को सैनिक सहायता देनेवाला है, तो उसने तुरन्त ही कमल और पंजायुक्त पत्र भेजकर जसवंतसिंह को मनाने का प्रयत्न किया और उसे गुजरात का सूबा सौंप दिया।[18] जयसिंह के प्रति भी औरंगजेब के मन में अविश्वास का भाव रहता था, इसलिए जसवंतसिंह की तरह उसे भी वह उसकी राजधानी में नहीं रहने देता था। उन दोनों को वह कभी औरंगाबाद की ओर तो कभी काबुल की ओर क्रमशः भेजता रहता था। वह उन दोनों को कभी एक साथ भी नहीं रहने देता था। उसने अपने पिता के सामने राजपूतों के बदलते तेवर देखे थे और अपनी बादशाहत की लड़ाई में तो उसने उनका पक्ष-परिवर्तन और

मुखौटे और भी नंगे रूप में देखे थे। वह जानता था कि कैसे राजपूतों को मोहरा बनाकर मनोवांछित लक्ष्य-सिद्धि की जा सकती है और वह यह भी अच्छी तरह से जान गया था कि किस प्रकार राजपूतों को सशक्त और संगठित होने से रोका जा सकता है। उसमें ऐसी प्रतिभा थी कि वह राजपूतों से भय खाता था, लेकिन उन्हें उस भय का तनिक भी आभास नहीं होने देना चाहता था। एक कवि ने जो बात जयसिंह के सन्दर्भ में लिखी है वह सभी राजपूत शक्तियों के सन्दर्भ में कही जा सकती है। कवि की वह बात यह है कि आमेर का राजा जयसिंह औरंगजेब को दूर रहकर ठंडक देता है और अति पास रहकर जलाता है। औरंगजेब और जयसिंह शीतकाल की अग्नि की तरह जुड़े हुए हैं। औरंगजेब जयसिंह से दूर ठिठुरता है और निकट रहने पर जलता है। जयसिंह तलवार की धार से वैरी का नाश करता है। राजा हेमन्त और वसन्त ऋतु है, जिसमें औरंगजेब जलता है। राजा के दूर होने पर वह भय से काँपता है और पास होने पर ताप से जलता है। इस प्रकार मानसिंह का पौत्र मिर्ज़ा राजा जयसिंह रूपी सूर्य का ताप औरंगजेब सहन नहीं कर पाता है।[19] कवि के इस कथन में अतिशयोक्ति अवश्य है, लेकिन झूठ नहीं है। बाबर, हुमायूँ और अकबर ने कुछ ऐसी परम्परा दृढ़ कर दी थी कि उत्तर मुगल काल में भी, जबकि बादशाहत का परिवर्तन राजपूतों पर निर्भर हो गया था, तब भी कोई राजपूत या मराठा दिल्ली की गद्दी पर बैठने की क्षमता होते हुए भी नहीं बैठा और न मुगल खानदान के अलावा किसी अन्य व्यक्ति को उस पर बैठने ही दिया। जिन दिनों बादशाह को वजीर, जयपुर और जोधपुर अपनी उँगलियों पर नचा रहे थे, तब भी।

जसवंतसिंह को उसके राज्य से वंचित करके औरंगजेब ने उसे गुजरात की जो सूबेदारी दी थी, जसवंतसिंह के सामने उसे स्वीकार करने के अलावा कोई चारा नहीं था। जसवंतसिंह ने अनुकूल अवसर पर अपने राज्य में लौटने तक अपने राजा पद के गौरव और आत्मसम्मान की रक्षा के लिए वह प्रस्ताव स्वीकार कर लिया था। उसे गुजरात की सूबेदारी का फरमान चैत्र शुक्ल 4, 1715 वि.[20] को मिला था और वह दो दिन बाद ही गुजरात के लिए रवाना हो गया। ढाई वर्ष बाद उसे औरंगाबाद भेजा गया, ताकि शिवा के हमलों का सामना किया जा सके। सं. 1719 के चैत्र, शुक्ल पक्ष, नवमी, रविवार की आधी रात बीत जाने पर पूना में सीगवाड़े पर शिवा ने अपने पाँच सौ आदमियों के साथ नवाब शाइस्ता खाँ पर आक्रमण किया, जिसमें उसका बड़ा लड़का और उसकी तेरह सहेलियाँ मारी गयीं। बीस घायल हुए। मराठे एक सहेली को पकड़ ले गए। शाइस्ता खाँ के एक सौ आदमी घायल हुए। शिवा के चार आदमी मारे गए। जसवंतसिंह सेना लेकर पहुँचा गया, वरना शाइस्ता खाँ और उसके आदमियों की खैर नहीं थी। औरंगजेब ने यह सूचना पाकर शाइस्ता खाँ को दिल्ली बुला लिया और पूना का सूबा जसवंतसिंह को दे दिया। उसके बाद कभी जयसिंह और कभी जसवंतसिंह को पूना और काबुल तथा जमरूद के बीच

घुमाया जाता रहा। इस प्रकार संवत् 1715 में औरंगजेब के बादशाह बनने से लेकर संवत् 1735 में अपनी मृत्यु तक जसवंतसिंह औरंगजेब की चाकरी में घूमता ही रहा, जोधपुर में नहीं घुस पाया।[21]

3. औरंगजेब की धार्मिक साम्प्रदायिकता : क्रिया-प्रतिक्रिया

औरंगजेब ने हिंसात्मक आतंक के बल पर जो विशाल साम्राज्य प्राप्त किया था, उसके कारण सारा देश स्तब्ध रह गया था। कोई भी उसके विरोध या उससे असहमति की मुद्रा नहीं दिखा सकता था। उसने सत्तामद में झूमते हुए सबको अपने और कुरान आदेशों पर चलने को मजबूर कर दिया। उसने समस्त प्रजा को शरीअत अपनाने को कहा, चाहे वह हिन्दू हो या मुसलमान। जिसने शरीअत को नहीं माना, उसको या तो पकड़वा कर मरवा दिया या शरीअत मानने को मजबूर किया।

औरंगजेब के आसपास अरबी और फारसी भाषी ऐसे मौलानाओं का जमाव रहता था, जो उससे आदर और सम्पत्ति पाकर उसकी हाँ में हाँ मिलाते थे और उसकी इच्छा के अनुकूल कुरान की शरीअतों का भाष्य करते थे। औरंगजेब ने आम लोगों पर शरीअत इतनी कड़ाई से लागू किया कि बाजार में बैठनेवाली वेश्याओं को भी नहीं छोड़ा। इस्लाम में वेश्यावृत्ति हराम मानी गई है, यह कहकर उसने सभी वेश्याओं को किसी एक के साथ बस जाने का आदेश जारी किया। जब वेश्याओं ने हजारों वर्ष पुरानी वेश्यावृत्ति की परम्परा को पिछले बादशाहों के जमाने में भी चलते रहने की बात दुहराई, तो उसने क्रुद्ध होकर उनको नौकाओं में बैठाने और यमुना में डुबाने का आदेश जारी कर दिया। वेश्याओं में हाहाकार मच गया। वे एक ऐसे पीर के पास गईं, जिसके आगे औरंगजेब सिर झुकाता था और उसे अपनी व्यथा सुनाई। उस पीर ने वेश्याओं को गाने के लिए एक ख्याल बनाकर दिया, जिसे किले के पीछे से वेश्याओं द्वारा गाया गया, तो औरंगजेब ने समझ लिया कि वह ख्याल उसके श्रद्धास्पद पीर का है। उसने अपना आदेश वापस ले लिया।

इस्लाम में सूफियों का 'अनल हक' (मैं ब्रह्म हूँ) कहना तथा 'हाल' दशा भी कुफ्र माने गयक हैं, ऐसा कहकर औरंगजेब ने सूफी सरमद को मरवाया था। बाद में ढोलक की थाप पर 'हाल' में झूमनेवाले एक फकीर को उसने पकड़ बुलवाया और कहा कि 'हाल' कुफ्र है। उस फकीर ने औरंगजेब को समझाया कि दरवेश पर कोई नियम-कानून लागू नहीं होते। खुदा से जिसका तार जुड़ जाता है, वह अपनी मस्त दशा में कुछ भी कर सकता है। औरंगजेब ने उसके 'हाल' की परीक्षा ली और सचाई समझकर उसे छोड़ दिया, लेकिन दम्भी औरंगजेब ने फकीरों से कुतर्क करना बन्द नहीं किया और वह उन्हें कुफ्र पर न चलने को कहता रहता था। औरंगजेब सुन्नी कट्टरता का पालनकर्ता था। उसने मौलानाओं से भी तर्क-वितर्क करना आरम्भ

कर दिया और उनसे भी शरीअत पालन कराने में कड़ाई से काम लिया। इससे वे भड़क उठे। उन्होंने औरंगजेब की कट्टरता को हिन्दू-विरोध की ओर मोड़ने का उपाय किया। इसके लिए उन्होंने औरंगजेब के चापलूस काजी-मुल्लाओं को भड़काया। काजी-मुल्लाओं ने औरंगजेब को समझाया कि आलमगीर होने के नाते तुम्हें शरीअत और दीन की बढ़ोतरी करनी चाहिए, इससे तुम्हारा यश विश्व भर में फैलेगा। शासक के पास पाँच दकार–देश, दुर्ग, दल, दरब और दान होने चाहिए, वे पाँचों तुम्हारे पास हैं, इसलिए पैगम्बर की आज्ञा मानकर अपने दीन का प्रचार करो। दाराशिकोह हिन्दुओं का संगी-साथी था, उसे तुमने मार ही दिया, अब सारे संसार को मुसलमान बनाओ। हिन्दुओं को मुसलमान बनाने के जो उपाय काजी मुल्लाओं ने सुझाए, वे थे–(1) हिन्दुओं को इस्लाम के बारे में समझाओ, (2) मुसलमान बनने के लिए लालच दो, (3) उन्हें बहन-बेटी दो, जिसके लिए उन्हें मुसलमान बनना पड़े, (4) मूर्ति पूजा का निषेध करो और सबसे कलमा पढ़वाओ, (5) पास में मथुरा नामक नगर में हिन्दुओं के हजारों कृष्णमन्दिर हैं, जिनमें हिन्दुओं की अटूट आस्था है, उन्हें ढहाकर मस्जिदें बनाओ, (6) सब हिन्दुओं को कष्ट दो और जो मुसलमान बन जाएँ, उन्हें सुख दो, (7) हिन्दुओं का अपमान और मुसलमानों का सम्मान करो, ऐसा करने से सब हिन्दू बिना बनाए ही मुसलमान बन जाएँगे।[22]

काजी-मुल्लाओं की सलाह का औरंगजेब पर इतना प्रभाव पड़ा कि उसने अगले ही दिन मथुरा की ओर कूच किया और वहाँ ब्राह्मणों और संन्यासियों को हिन्दू धर्म की इस्लाम-विरोधी बातें बताकर उन्हें इस्लाम स्वीकार करने को कहा। जब उन्होंने ऐसा न करके मुसलमानों की कुछ हिन्दूविरोधी बातें कहीं तो औरंगजेब ने तुरन्त सभी मन्दिरों को ढहाने, मूर्तियों को तोड़ने, वहाँ मस्जिदें बनाने, हिन्दुओं का अपमान करने, उन्हें जबरन अथवा लालच देकर मुसलमान बनाने की आज्ञा जारी कर दी, तब सारे मथुरा प्रदेश में विनाश और क्रूरता का दृश्य उपस्थित हो गया। मथुरा का इस्लामीकरण करने के बाद औरंगजेब ने जयपुर की ओर प्रस्थान किया और वहाँ के मन्दिर भी तुड़वा डाले। सवाई जयसिंह औरंगजेब का चाकर था, फिर भी उसके पुरखों के द्वारा बनवाए गए मन्दिर भी ढहा दिए गए। सवाई जयसिंह हिन्दुओं की पुकार सुनकर औरंगजेब को जयपुर से हटाने के लिए उसके सामने प्रस्ताव किया कि वह स्वयं मन्दिरों को गिरवा देगा। औरंगजेब ने उसको लताड़ते हुए कहा कि वह अपने महल में जाकर बैठे। उसे जो करना है, वह करवा कर ही हटेगा। औरंगजेब को प्रसन्न करने के लिए जो भी भेंटें दी गईं, उन सबको लेकर भी उसकी ध्वंसलीला चलती रही। पुजारियों के सामने उसने प्रस्ताव किया कि यदि वे मुसलमान बन जाएँगे तो उन्हें इमाम बना दिया जाएगा। इस तरह औरंगजेब ने जयपुर के ग्यारह सौ मन्दिर ढहाकर साँस ली।

जयपुर के बाद औरंगजेब का कहर हिन्दूतीर्थ पुष्कर पर बरसा। वहाँ का प्रसिद्ध

वराह मन्दिर तोड़ डाला गया, हिन्दुओं को मुसलमान बनने के लिए प्रेरित किया गया और पुष्कर तालाब को भरवा दिया गया। जिन मजदूरों ने तालाब भरने में योग दिया उनको अधिक मजदूरी दी गई। वहीं उसने अपने सूबेदारों को फरमान जारी किए कि वे अपने-अपने क्षेत्रों में मन्दिर गिरवाएँ तथा मस्जिदें बनवाएँ। यह भी आदेश दिया गया कि गिराए हुए मन्दिरों के स्थान पर नए मन्दिर न बनने दिए जाएँ।

पुष्कर से औरंगजेब अजमेर गया और जीवित सूफियों को सताने तथा मारनेवाले उसने सूफी संत चिश्ती की मजारे शरीफ पर चादर चढ़ाकर अपनी श्रद्धा और आभार व्यक्त किए। उसके बाद उसने काशी की ओर अपनी विनाश-यात्रा आरम्भ की। वहाँ उसने विश्वनाथ मन्दिर को हिन्दूविरोध की भावना और खजाना पाने की कामना से खुदवा डाला। हिन्दुओं के आस्था केन्द्र मथुरा, पुष्कर और काशी में उसने इस्लामीकरण का इतना मदोन्मत्त प्रयास किया कि सारे देश के हिन्दुओं के लिए वह हिरण्यकशिपु, कंस और रावण का नया अवतार हो गया था। हिन्दू प्रजा उसके दुर्व्यवहार और आतंक से इतनी क्षुब्ध हो गई थी कि जैसे ही उसने दिल्ली की ओर कूच किया, काशी में हिन्दू-मुसलमानों के बीच हत्याकांड हो गया और हिन्दुओं ने इमामबाड़ा जला डाला।

दिल्ली लौटकर आलमगीर औरंगजेब ने सारे आलम को मुसलमान बनाने के नए-नए उपाय सोचे और अपने लोगों के पास आदेश भेजे कि वे सारे 'संसार' को मुसलमान बनाने के उपाय करें। उसने कुछ उपाय सुझाए भी, जैसे (1) हिन्दू वेश्याएँ बाजार में नहीं बैठ सकतीं। केवल मुसलमान वेश्याएँ बाजार में बैठें, जिससे संभोग के लिए उनके पास जानेवाले हिन्दू मुसलमान बनने को मजबूर हो जाएँ। (2) धोबी, सब्जी बेचनेवाले, पनिहार इत्यादि निर्धन लोग लालच देकर मुसलमान बनाए जाएँ। सरहिन्द, लाहौर, काश्मीर और मुलतान के सूबेदारों के पास इस तरह के परवाने लिख-लिखकर भेजे गए। जहाँ मुसलमान सूबेदार, नवाब आदि थे, उन्होंने शाही आदेशों का पालन किया। हिन्दू वेश्याओं को वर्जित कर दिया गया और उन्हें मुसलमान बना दिया गया। सभी कारखानों में केवल मुसलमानों को भर्ती किया गया। हिन्दू भाई परस्पर झगड़े और मुकदमे में हारे हुए तथा धन और विवाह के लालच में लोग मुसलमान बनने लगे। जिन हिन्दुओं को शास्त्र पढ़ने-पढ़ाने से जीविका मिलना बन्द हो गया, उन्होंने जीविका के लिए मस्जिदों में फारसी पढ़ना शुरू कर दिया। फारसीपढ़े हिन्दुओं पर इस्लामी रंग-ढंग चढ़ने लगा। वे अपने रहन-सहन और शिष्टाचार को मुसलमानों के अनुकूल ढालने लगे। इस प्रकार औरंगजेब की इस्लामीकरण की नीतियाँ फलीभूत होने लगीं।

बीस वर्षीय मुगल सेवाकाल में जसवंतसिंह का क्षत्रियत्व दब या मर गया था, ऐसी बात नहीं है। औरंगजेब ने उत्तर में जिस क्षेत्र के अधिकांश हिन्दुओं और मन्दिरों पर वज्रपात किया था, उसका अधिकांश जयपुर घराने के राजाओं के क्षेत्र में आता

था। उसने आरम्भ में ब्रजमंडल, जयपुर तथा काशी के मन्दिर गिरवाए थे, लेकिन बाद में राजपूत राजाओं के आक्रोश तथा मुगल साम्राज्य के लिए उनकी सेवाएँ लेने के लिए उनकी एक आवश्यक शर्त देखकर औरंगजेब ने मन्दिर ढहाने बन्द कर दिए थे। फिर भी वह अपने कट्टरपन्थी मुल्ला-मौलवी-काजी सलाहकारों की राय से प्रेरित होकर अपनी धार्मिक साम्प्रदायिकता की भावना को दबा नहीं पाता था। प्रतिक्रियास्वरूप जसवंतसिंह अपने धर्म के लिए बड़े से बड़ा संकट झेलने को तैयार रहता था। सं. 1733 में जब जसवंतसिंह जमरूद में था, तब उसे सूचना मिली कि औरंगजेब ने हिन्दुस्तान के देवालय गिराने का आदेश दिया है। तब जसवंतसिंह ने दरबार किया, जिसमें बादशाही ओहदेदार भी उपस्थित थे। उस दरबार में सबके सामने जसवंतसिंह ने स्पष्ट शब्दों में कहा कि बादशाह जी अपने नौकरों के आराध्य तथा इष्ट देवों के मन्दिर गिरवाते हैं तो स्वामी और सेवक की कोई रीति नहीं रही। जयसिंह जी के मरने के बाद देवस्थानों को गिरा रहे हैं, जिससे जयसिंह जी को तो उन्होंने अपना समझा और मुलाहिजा रखा। पर अब बादशाह जी देवस्थान गिराएँगे तो हम मस्जिदें गिराएँगे और जिसको चाहेंगे बादशाह बनाएँगे। इस पर बादशाही ओहदेदारों ने कहा कि आप ऐसा फरमाते समय सोच लें। विचार करने के बाद ही फरमाएँ। बादशाह को मालूम हो जाए तो ठीक नहीं। तब जसवंतसिंह ने कहा कि आप लोगों को इसीलिए बुलवाया है कि जो कहा है, वह लिख दिया जाए। तब ओहदेदारों ने सभी जानकारी लिखी, जिस पर औरंगजेब और उसके सूबेदारों के द्वारा देवस्थानों को गिरवाना स्थगित रखा गया। बादशाह मन में बहुत दुःखी हुआ। फिर महाराजा के स्वर्गवास के बाद देवस्थान गिरवाए गए[23] और जजिया लगाया गया।[24]

जोधपुरनरेश जसवंतसिंह की मृत्यु के पश्चात् लिखित दो श्रद्धांजलि कविताओं में वृन्द कवि ने लिखा है—जब तक जसवंतसिंह जीवित रहे तब तक अपने आराध्य को भजते रहे और उनके प्रभाव से असन्त औरंगजेब असन्तई नहीं दिखा पाया, लेकिन जैसे ही जसवंतसिंह की मृत्यु हुई, हिन्दुओं पर औरंगजेब के अत्याचार एकदम बढ़ गए। उसने मन्दिर गिरा दिए।

अरे ओ औरंगशाह ! आप बादशाह कहलाते हैं। आप स्वयं सोचिए कि यह कैसी बादशाहत है। जब तक जसवंतसिंह जीवित रहे, आपके लाल डेरा को लूटते रहे, तब उनसे लड़कर अपनी तलवारबाजी क्यों नहीं दिखाई ? उनको देश, परदेश सूबा आदि इनाम के तौर पर देते रहे। उनके साथ आत्मीयता और प्यार दिखाते रहे। अब जब जसवंतसिंह नहीं रहे हैं, तब आप तलवार बाँधकर अपनी मर्दानगी दिखा रहे हैं। वास्तव में आप कायर और अवसरवादी हैं। (वृंद ग्रन्थावली, पृ. 349)

हिन्दूरक्षक के रूप में जसवंतसिंह का स्थान जयसिंह के बाद आता है, क्योंकि जयसिंह के राज्य और प्रभावक्षेत्र में सभी प्रमुख हिन्दू तीर्थ थे, इसलिए जयसिंह पर हिन्दू धर्म तथा हिन्दू धर्मस्थानों की रक्षा का दायित्व भार अधिक था। राणा तो खुले

तौर पर हिन्दू धर्मरक्षक रहे और उनके बाद उत्तर में गुरु और दक्षिण में शिवा ने वह दायित्व सँभाला था। जयसिंह द्वारा हिन्दू धर्म और धर्मस्थानों की रक्षा की बात स्वयं जसवंतसिंह ने मानी है। जसवंतसिंह के अपने वक्तव्य तथा ख्यातकार के शब्दों से पता लग रहा है कि अपने धर्म और देवस्थानों की रक्षा के लिए जसवंतसिंह ने अपना पद और मान दाँव पर लगा दिए थे। एक गीतकार बखता खिड़िया ने लिखा है कि मंडोवर (जसवंत सिंह) और दिल्ली (औरंगजेब) के बीच युद्ध में हिन्दुओं का गाजी (गजसिंह का पुत्र जसवंत सिंह) मुसलमान गाजी (औरंगजेब) से सवाया सिद्ध हुआ। एक और गीतकार ने बताया है कि जब तक जसवंतसिंह जीवित रहा, तब तक हिन्दुओं की बात अपने हाथ में थी। उसके जाते ही मुसलमानों के द्वारा देवता भी चले गए। उसकी मृत्यु होते ही सब जगह पुकार हुई, पर कोई उसे नहीं सुनता। बादशाह ढीठ हो गया है। हिन्दुओं के धर्मरक्षक शूरसिंह के पोते (जसवंत सिंह) के मरने के साथ ही सब जगह चिन्ता फैल गई, दुःख फैल गया।[25]

जसवंत सिंह के स्वाभिमान और धर्मप्राणता के कारण औरंगजेब ने उसे कभी चैन से नहीं बैठने दिया। वि.सं. 1735 के पूस[26], कृष्णपक्ष, दशमी, गुरुवार को जसवंतसिंह की मृत्यु होने के बाद औरंगजेब ने उसके परिवार और सामन्तों की बड़ी दुर्दशा की। मुगल साम्राज्य की अनवरत सेवा करनेवाले गजसिंह और जसवंतसिंह की प्रतिष्ठा की चिन्ता न कर औरंगजेब ने जसवंतसिंह का जीवित अवस्था में कई बार अपमान किया और कई बार खुशामद भी की थी। जिस जसवंतसिंह और उसके सामन्तों ने उसके मुगल साम्राज्य के विस्तार और सुरक्षा के लिए अपने आत्मसम्मान और जीवन का बलिदान किया था, उन्हीं की सेवाओं को ठुकराकर औरंगजेब ने जसवंतसिंह के जोधपुर राज्य को तुरन्त खालसा कर लिया। जसवन्त सिंह की मृत्यु के बाद जब उसके सामन्त उसकी रानियों और नवजात पुत्रों को लेकर लाहौर से जोधपुर जाते हुए दिल्ली के बाहर, दिल्ली दरवाजे और यमुना के बीच के क्षेत्र में रुके तो औरंगजेब ने अपने चापलूस सलाहकारों के फुसलाने पर जसवंतसिंह के नवजात पुत्रों को मुसलमान बनाने का प्रयत्न किया। वह जसवंतसिंह के द्वारा मुगल साम्राज्य के साथ हिन्दुत्व-रक्षा के प्रयत्नों का मरणोपरान्त पुरस्कार था। जसवंतसिंह के परिवार और सामन्तों को औरंगजेब के उस प्रयत्न से बचने के लिए बहुत बड़ा मूल्य चुकाना पड़ा। दिल्ली दरवाजे के बाहर यमुना के पार तक राठौड़ सामन्तों ने औरंगजेब के सैनिकों के साथ घनघोर युद्ध किया। जसवंतसिंह की दो रानियों को औरंगजेब के सैनिकों के हाथों में न पड़ने देने के लिए राठौड़ों ने कत्ल कर दिया और उन्हें यमुना में प्रवाहित कर दिया गया। जसवंतसिंह के बड़े पुत्र अजीतसिंह को दुर्गादास राठौड़ ने स्वयं घायल होकर भी बचाया और छोटे राजकुमार के साथ उसे राजस्थान की ओर ले गया। शेष बचे राठौड़ों ने दिल्ली दरवाजे और यमुना किनारे के बीच हुए युद्ध में प्राण दे दिए, ताकि औरंगजेब के सैनिक दुर्गादास राठौड़ और

राजकुमारों का पीछा न कर सकें। वह संघर्ष संवत् 1736 के सावन, कृष्णपक्ष, तीज[27] को हुआ था।

दुर्गादास राठौड़ जोधपुर राज्य का ही नहीं, पूरे राजस्थान का चाणक्य था। उसने अजीतसिंह को सुरक्षित लालन-पालन के लिए मारवाड़ के पीपलथला नामक गाँव के व्यास पुरोहित के पास गुप्त रूप से रख दिया।[28] उधर दिल्ली में औरंगजेब के चापलूस अधिकारियों ने जसवंतसिंह के पुत्र को न पाकर औरंगजेब के भावी क्रोध को टालने के लिए चाल चली। कोई और लड़का लाया गया, जिसे मुसलमान बनाकर औरंगजेब ने अपनी बेटी के पास दास के रूप में रख दिया।[29] औरंगजेब खुश और अधिकारी भी खुश। जब तक औरंगजेब जीवित रहा, तब तक दुर्गादास ने उसे राजनीतिक स्तर पर अनेक बार अनेक तरह से छकाया। इस बारे में अनेक ग्रंथों में विस्तार से लिखा जा चुका है।

दुर्गादास ने जिस चतुराई से दिल्ली से लेकर जोधपुर तक पूरे राजपूताने में अपनी बुद्धिमत्ता, कार्यकुशलता, सूझबूझ और व्यावहारिकता की छाप छोड़ी थी, उसके बारे में राजस्थानी भाषा के प्रबन्ध और मुक्तक लेखकों ने खूब लिखा है। गीतकारों ने दुर्गादास को अपने स्वर्गीय महाराजा की परम्परा का निर्वाह करनेवाला वीर योद्धा और उचित परामर्शदाता सामन्त बताया है। यहाँ कुछ गीतकारों द्वारा दुर्गादास की विशेषताओं पर लिखे गए गीतों के अर्थ लिखे जा रहे हैं, जिनसे आप समझ सकते हैं कि जोधपुर राज्य को जमाने, राजपूताने को जमाने और औरंगजेब को छकाने में दुर्गादास ने क्या भूमिका अदा की थी :[30]

(1) हे दुर्गादास ! तुझमें इतनी आत्मशक्ति है कि तू बन्धन न माननेवालों को बाँध लेता है, होड़ करनेवाले को हाथ में कर लेता है और सब हाथ जोड़कर तेरे सामने खड़े हो जाते हैं। तू बलशाली और सम्पन्न को भिखारी बना देता है। बादशाह औरंगजेब का आदेश नहीं मानता है। तूने अजीतसिंह को जोधपुर का और जयसिंह को उदयपुर का राजा बनाया। विद्रोही अमरसिंह को उसके पिता जयसिंह के कदमों में डाल दिया। कविगण तेरे बड़े घातक होने की प्रशंसा करते हैं।

(2) हिन्दू और मुसलमान दोनों तेरी प्रशंसा करते हैं। तू शरणागतवत्सल है। शाहजादे (औरंगजेब) की शरण में संसार रहता है और शाहजादा (अकबर) तेरी शरण में रहता है। हे आसकरण के पुत्र दुर्गादास ! तूझे हिन्दू और मुसलमान प्रणाम करते हैं। बादशाह के पुत्र तेरी शरण में रहते हैं। तूने औरंगजेब के पुत्र को छीन लिया, औरंगजेब के आगे झुका नहीं और उसका पुत्र लौटाकर उसे वश में कर लिया।

(3) दुर्गादास ने घोड़े पर चढ़कर औरंगजेब-विरोधी युद्ध में उसे खूब छकाया, उसका रंग उड़ा दिया। युद्ध में अकबर (औरंगजेब का बेटा) को झपट लिया।

यह सुनकर शाह डर गया। दुर्गादास राठौड़ के डर से औरंगजेब महल (हरम), सैरसपाटे, राग, मद, बड़प्पन तथा घमण्ड के रंग छोड़कर योद्धा वेश में दक्षिण दिशा की ओर निकल गया। नींबा के पौत्र, आशकर्ण के पुत्र दुर्गादास की वीरता को देखकर शाहजहाँ का पुत्र औरंगजेब सिर पटक कर रह गया। उस क्रोध को उसने जनता को रौंदकर निकाला।—सबला सांदू

(4) संसार मानता है कि आसकरण का वंशज दुर्गादास पृथ्वी पर पाप काटता है। औरंगजेब हिन्दू धर्म को नष्ट करता है, पर दुर्गादास हिन्दू धर्म की रक्षा करता है। धरती पर अपने धर्म को बचाने तथा वेद की मर्यादा की रक्षा करने के लिए वह वेदमार्ग ग्रहण करता है। युद्ध को स्वीकार कर वह औरंगजेब के पक्षधर मुसलमानों से युद्ध करता है। वह खुर्रम (शाहजहाँ) के पुत्र (औरंगजेब) के द्वारा तोड़ी गई देवमूर्तियों को पुनः स्थापित करता है। औरंगजेब मारवाड़ को जीतने के लिए सिर पटक कर रह गया, जीत नहीं पाया। दुर्गादास तख्त पलटता है, पर धर्म नहीं पलटाता है। हिन्दू धर्म को छोड़ता नहीं है। अपने धर्म की शर्म रखता है। औरंगजेब के सामने देवड़ा, कछवाहे और हाड़ा नष्ट हो गए, चित्तौड़ की चमक खत्म हो गई, लेकिन नीमा के पौत्र दुर्गादास ने ऐसा नहीं होने दिया।—कल्लै जीवण

(5) मेवाड़ के महाराणा जयसिंह ने जब देखा कि राजकुमार अमर औरंगजेब की तरह विद्रोही बनकर उसका विरोधी हो गया है और चित्तौड़ में उथल-पुथल कर रहा है, तब उसने आसकरन के पुत्र दुर्गादास को याद किया।

इन गीतखंडों में दुर्गादास राठौड़ के जीवनकृत्यों के संकेत भरे हुए हैं, जिनका भाष्य जोधपुर के इतिहासग्रन्थों में किया गया मिलता है।

औरंगजेब के समय में हिन्दुओं के आस्था केन्द्र मन्दिर थे और धर्माधिकारी ब्राह्मण, पुजारी और गुरु थे। मन्दिर, ब्राह्मण और पुजारी हिन्दुओं के सामने अपमानित और पीड़ित हो रहे थे। पंजाब में केवल गुरु बचे थे, जो उनके बीच रातदिन विचरते और उपदेश देते थे। उन गुरुओं का समाज पर विशेष प्रभाव था और हिन्दू प्रजा उन्हें सच्चा 'बादशाह' मानती थी, इसलिए औरंगजेब का अगला कहर उन आस्था-केन्द्रों और मार्गदर्शकों पर बरसा था। औरंगजेब की धार्मिक कट्टरता का पहला प्रहार मन्दिरों और मूर्तियों ने झेला था तो दूसरा प्रहार पंजाब के गुरुओं ने। औरंगजेब के सलाहकारों काजी, मुल्ला और उलेमाओं ने उसे सलाह दी थी कि यदि इन गुरुओं को मुसलमान बना लिया जाए तो उनके अनुयायी लाखों हिन्दू अपने आप मुसलमान बन जाएँगे। औरंगजेब ने उनकी राय मानकर गुरु हरिराइ को दिल्ली बुलाया। हरिराइ ने अपने बड़े पुत्र रामराइ को औरंगजेब के पास भेज दिया। औरंगजेब ने उसे अपने अनुकूल बना लिया। हरिराइ की मृत्यु के बाद गुरु हरिकिशन को दिल्ली बुलाया

गया। अल्पायु हरिकिशन की मृत्यु के बाद तेगबहादुर को गुरुगद्दी मिली तो औरंगजेब ने उनको काश्मीरी पंडितों को मुसलमान बनने से बचाने की शर्त के रूप में दिल्ली बुलाकर मुसलमान बनाना चाहा। मुसलमान न बनने पर उनको कत्ल कर दिया गया। उनकी मृत्यु से हिन्दुओं में जो आक्रोश फैला था, दिल्लीवासी उसके प्रत्यक्ष प्रमाण बने।

औरंगजेबकालीन हिन्दुस्तान (मुगल शासनक्षेत्र) में औरंगजेब की हिन्दूविरोधी नीतियाँ दो प्रकार से चल रही थीं—एक तो सीधे हिन्दूविरोध की नीति, जिसके अधीन औरंगजेब और उसके द्वारा प्रेरित मुसलमान अधिकारीवर्ग हिन्दुओं के धर्म और मन्दिर-व्यवस्था पर सीधे आक्रमण कर रहे थे और दूसरी नीति थी हिन्दुओं को आपस में लड़ाने की। पहली नीति का परिचय पिछले पृष्ठों में दिया जा चुका है कि वे इस्लामी हिन्दुस्तान की कल्पना को मूर्त करना चाह रहे थे और दूसरी के अधीन औरंगजेब और उसके अधिकारी अपने-अपने अधिकार क्षेत्र को, सूबे अथवा देशों को बचाने के लिए विशेषकर उत्तर के पहाड़ी देशों के हिन्दू राजाओं को मैदानी क्षेत्र की हिन्दू शक्तियों से लड़ाकर अपनी विरोधी शक्तियों को कमजोर करना चाहते थे। हिमाचल के कहलूर, कांगड़ा आदि के पहाड़ी राजाओं का गुरु गोविन्दसिंह से संघर्ष आनन्दपुर की भूमि को लेकर आरम्भ हुआ था। उस संघर्ष को हिन्दुओं को परस्पर लड़ानेवाले सरहिन्द आदि के नवाबों और सूबेदारों ने खूब हवा दी, ताकि वे अपने शत्रुओं को आपस में ही कमजोर होने देकर अपना राजनैतिक लाभ उठा सकें। आनन्दपुर और सरहिन्द के बीच की लम्बी लड़ाई और उसके कारण गुरु गोविन्दसिंह के पुत्रों की मृत्यु उसी राजनैतिक और साम्प्रदायिक संघर्ष कर परिणाम थी। औरंगजेब सिखसेना की 'हिन्दूगर्दी' बर्दाश्त नहीं करता था[31] इसलिए मतिदास, तेगबहादुर आदि को चिरवा और मरवाकर वह 'हिन्दूगर्दी' पर रोक लगाना चाहता था और उत्तर से दक्षिण तक के हिन्दुओं को बता देना चाहता था कि वह 'हिन्दूगर्दी' करनेवालों को ऐसा कड़ा दंड देगा। लेकिन मर्ज बढ़ता गया ज्यों-ज्यों दवा की। औरंगजेब और उसके प्रतिनिधियों ने जितना दमन किया, उनके विरुद्ध विद्रोह उतना ही उग्र रूप लेता गया। दक्षिण में शिवाजी का शरीर शान्त हुआ तो वहाँ मराठा विरोध शान्त हुआ, लेकिन पंजाब में ज्वालामुखी भड़क उठा। गुरु गोविन्दसिंह ने औरंगजेब की दमनकारी नीतियों का सशस्त्र विरोध करने के लिए खालसा पन्थ की स्थापना की थी। गुरु गोविन्दसिंह ने औरंगजेब के दीन-मजहबी युद्ध 'जिहाद' का प्रत्युत्तर अपने धर्मयुद्ध की तलवार उठाकर दिया। उसके इस्लामी दर्प का उत्तर हिन्दू स्वाभिमान को जगाकर दिया गया।[32]

जिन दिनों उत्तर में गुरु गोविन्दसिंह की तलवार मुगलों के विरुद्ध उठी हुई थी, उन्हीं दिनों औरंगजेब गोलकुंडा और बीजापुर के साथ संघर्ष में व्यस्त था। उत्तर में अपने सूबेदारों को सत्ता सौंपकर वह दक्षिण की सत्ता हड़पने और वहाँ अपना

प्रभुत्व स्थापित करने के लिए गया हुआ था। जब उसके सूबेदार पहाड़ी राजाओं को शह देकर गुरुसिखों को दबोचने के प्रयत्न में थे, तब गुरु गोविन्दसिंह ने अपनी साहित्यिक और राजनीतिक समझदारी से 'जफरनामा' फारसी भाषा और छन्द में लिखकर अपने दो शिष्यों के हाथ दक्षिण की ओर भिजवाया था। 'जफरनामा' में उन बातों की पोल खोली गई है जो औरंगजेब ने अपनी राजनैतिक महत्त्वाकांक्षा को पूरा करने के लिए की या कही थीं—बार-बार कुरान की झूठी शपथ लेना, शपथ को बार-बार तोड़ना, अपने परिवारजनों तथा हिन्दू प्रजाजनों पर अत्याचार और अन्य अनीतियाँ।[33] कांगड़ा से भेजा गया 'जफरनामा' जब तक दक्षिण में पहुँचा और गुरु गोविन्दसिंह स्वयं औरंगजेब से मिलने जाकर उस तक पहुँच भी नहीं पाए थे, तब तक उसकी मृत्यु हो चुकी थी।

औरंगजेब ने अपने परिवारजनों, शुभचिन्तकों, हिन्दुओं और दक्खिन के सुलतानों के साथ जैसा दुर्व्यवहार किया था, उस पर हिन्दी के कवियों ने जो कुछ लिखा है, उसे उस समय की जन-प्रतिक्रिया ही मानना चाहिए। उसने स्वार्थपूर्ति के लिए किसी के प्रति भी दया, ममता, क्षमा की भावना नहीं दिखलाई। उसकी कालावधि तथा उसके बाद लिखे गए हिन्दी साहित्य में उसकी प्रशंसा कहीं भी लिखी नहीं मिलती है, चाहे वह औरंगजेब के परम भक्त हिन्दू राजसेवकों के दरबारी कवियों के द्वारा ही क्यों न लिखा गया हो। यहाँ तक कि पंजाब के गुरु गोविन्दसिंह से लेकर वर्तमान महाराष्ट्र के औरंगाबाद में बैठे साधु निपट निरंजन ही क्यों न हों। गुरु गोविन्दसिंह के लिए तो यह तर्क दिया जा सकता है कि वे हिन्दू गुरु थे, इसलिए हिन्दूविरोधी औरंगजेब से उनकी सीधी लड़ाई थी और उन्होंने उस प्रयास में अपने पिता और पुत्रों को खो दिया, उनका परिवार उजड़ गया था, इसलिए औरंगजेब के प्रति उनका क्रोध और विद्रोह स्वाभाविक था, लेकिन संसार की मोहमाया से दूर अवधूत निपट निरंजन को राजनीति से क्या लेना-देना ! औरंगजेब की उपस्थिति में, औरंगाबाद से बाहर पहाड़सिंह पुरा स्थित कुटिया में बैठकर, निपट निरंजन ने उसको जैसी खरीखोटी सुनाई, उसे पढ़कर कबीर की याद ताजा हो उठती है। अपने समय के शासकों, राज्य-अधिकारियों, धर्माधिकारियों और अन्य समाजविरोधी लोगों के बीच खड़े होकर कबीर ने जिस निर्भीक भाव से सबको खरीखोटी सुनाई थी, वैसी ही निर्भीकता के साथ, बल्कि और भी नुकीले तरीके से, निपट निरंजन ने औरंगजेब के काले कारनामों का खुला बखान किया। औरंगजेब के बारे में बार-बार कही जानेवाली बातें, जो दरबारी हिन्दी कवि तथा गुरु गोविन्दसिंह बार-बार कहते रहे, वे थीं—उसकी धर्मभ्रष्टता, झूठापन, छल-कपट, विश्वासघात, स्वार्थ, महत्त्वाकांक्षा, निर्दयता आदि-आदि।[34] शिवाजी के दरबारी कवि भूषण ऐसी बातें बार-बार दुहराएँ तो स्वाभाविक लग सकता है कि चलो, उन्होंने अपने आश्रयदाता के शत्रु के बारे में गाली-गलौज की भाषा में लिख दिया होगा, जबकि भूषण के कथन की सत्यता

के समर्थन में अब फारसी इतिहास से भी बहुत सारे साक्ष्य जुटा दिए गए हैं। लेकिन निपट निरंजन ने तो किसी अन्य को प्रसन्न करने के लिए औरंगजेब की, उसके सामने ही, निन्दा नहीं की थी। उस नंगा साधु को किसी से कुछ लेना-देना नहीं था, बल्कि उसने अपने प्राण की हानि का खतरा ही मोल लिया था। जिस तरह हर राजनीतिबाज अपना प्रभाव-विस्तार करने के लिए धर्मगुरुओं का समर्थन पाना चाहता है, उसी तरह औरंगजेब भी चाहता था कि प्रजा पर प्रभाव रखनेवाले साधु-सन्तों को किसी भी तरह से वश में करके अपनी अच्छी छवि बनाई जाय। उसने निपट निरंजन को अपने मध्यस्थ भेजकर वश में करना चाहा था, लेकिन उस सन्त ने उसके सभी प्रलोभनों को ठुकरा दिया। उसे अपने सामने बैठाकर अथवा उसके मध्यस्थ के माध्यम से उसकी बगुलाभक्ति का पर्दाफाश किया। निपट निरंजन ने पहले तो औरंगजेब को असली धर्म की शिक्षा दी थी, जो कि औरंगजेब के प्रश्न और निपट निरंजन के उत्तर के रूप में है,[35] बाद में उन्होंने अपने-आपको को आलमगीर कहनेवाले साठ वर्षीय औरंगजेब को बैठाकर जिन शब्दों में लताड़ पिलाई, उसका एक नमूना देखिए :

हिन्दू को काफीर कहे कबर को पीर कहे,
नर आलमगीर कहे किताब सम्राट का।
जो दम गाफील होय सोदम काफीर होय,
सुन मुन बुक मून सो ही जान गाँठ का।
कल्ब को रोशन कर मुर्शद के मकतब,
उमर गमाया सब तैने अपने साठ का।
कै निपट निरंजन सुनो आलमगीर,
धोबि का कुत्ता घर का रहा न घाट का।[36]

इतने खरे शब्दों में तो शाहजहाँ भी अपने उस घमंडी बेटे को नहीं डाँट पाया होगा। सन्तों की परीक्षा लेनेवाला औरंगजेब निपट निरंजन को प्रलोभित करके चुप करने की चेष्टा करता रह गया, लेकिन उस सन्त ने अपना बोलना बन्द नहीं किया। उसे औरंगजेब के सब काले कारनामे मालूम थे। उसने कहा कि औरंगजेब को साधना करना आता नहीं है, चला है साधु-सन्तों को आजमाने। वह खुद को तो देखता नहीं है, खुदा को आजमाता है। वह इतना दुष्ट है कि अबोध बालकों को दीवार में चिनवा देता है[37] और हिन्दुओं को मुसलमान बनवाता है। यह क्या है ? यह 'जुलमी की पादशाई शाई ये तबाई है'[38]। संत ने उससे सीधा प्रश्न किया है कि पाँच वक्त नमाज के क्या और यक्त शैतानों के ? उसने अनेक इस्लामी पाखंडों पर प्रकाश डालने के साथ औरंगजेब के द्वारा मुस्लिम हरिभक्त अहमद, सरमद तथा मन्सूर को कत्ल करवाने और शम्शतबरेज की खाल खिंचवाने के लिए उसको खूब लताड़ा है।

पंजाब और दिल्ली में औरंगजेब ने जो हत्याकांड किया था, जिसकी चर्चा पंजाब के हिन्दी-पंजाबी साहित्य में खूब हुई है। यह कवित्त पढ़कर आप जान जाएँगे कि औरंगाबाद में बैठे निपट निरंजन को औरंगजेबकृत देशव्यापी अत्याचारों का कितना ज्ञान था :

चारों दिसा मारमार किया तैने कत्लेआम,
तेग बहादूर की शिस कट कटवाई है।
गुरु गोविन्दसिंह के बच्चे थे मासूम दोऊ
उनको दिवार में नाहक चुनाई है।
इत्नों की बद दुवा फकीरों की दुवा माँग,
फकर की राह धर फकीर आजमाई है।
कै निपट निरंजन सुनो आलमगीर,
सव्वा मन जनेऊ जला खाना तब खाई है।[39]

इस कवित्त से स्पष्ट है कि औरंगजेब की आज्ञा से गुरु तेगबहादुर का सिर दिल्ली के चाँदनी चौक में काटा गया था। गुरु द्वारा वह शीशदान औरंगजेब के द्वारा कश्मीरी पंडितों की हत्या और रोजाना सवा मन जनेऊ जलाकर खाना खाने की प्रतिज्ञा को रोकने के लिए दिया गया था। गुरु गोविन्दसिंह के दो अबोध बच्चों को सरहिन्द में दीवार में चिनवा दिया गया था, उसके पीछे भी औरंगजेब का हाथ था। इतने अत्याचार करनेवाला औरंगजेब फकीरों की दुआ माँगता घूमता था और कभी-कभी निपट निरंजन जैसे फकीरों की परीक्षा लेने की उद्दंडता भी कर बैठता था। ऐसे अत्याचारी पाखंडी को निपट निरंजन जैसा निर्द्वन्द्व संत कैसे सहन कर सकता था ?[40]

अपनी वृद्धावस्था और पिछले कुकर्मों पर पश्चात्ताप की मार सहते हुए औरंगजेब के जीवन में वह समय भी आया कि विगत जीवन के छायाचित्र उसे प्रायश्चित्त करने को मजबूर कर रहे थे। उसे पता था कि जो कुछ उसने अपने लोगों के साथ किया था, वही कुछ उसके साथ और उसके सामने घटित होनेवाला है, तभी वह और अधिक खुदापरस्त हो गया था, इसीलिए उसने निपट निरंजन की किसी बात का बुरा नहीं माना और न उसकी किसी बात को काटा। अगर उसका युवा और प्रौढ़ अवस्था काल होता तो वह उस सन्त को काट डालता, लेकिन उसे अब हर सन्त में पीर की झलक दिखाई पड़ने लगी थी और वह अपने को खाकसार कहने और बाबा को प्रणाम करने लगा था।[41] देर आयद दुरुस्त आयद।

4. शिवा-प्रसंग

पिछले पृष्ठों में पूना में बैठे शाइस्ता खाँ पर शिवा के हमले का और औरंगजेब के

द्वारा शाइस्ता ख़ाँ को वापस् बुलाकर जसवंतसिंह की पूना में नियुक्ति का उल्लेख किया गया है। उन दिनों औरंगजेब दिल्ली में था और राजपूतों की सहायता से दक्षिण का शासन-प्रबन्ध कर रहा था। बाद में जब उसे लगा कि दक्षिणी रियासतें सिर उठा रही हैं और शिवा के नेतृत्व में मराठा शक्तियाँ शतरंजी चालें चलकर मुगल साम्राज्य की जड़ें काट रही हैं, तब उसने स्वयं उधर जाने का निर्णय किया था। उत्तरी भारत के हिन्दी काव्यों में औरंगजेब के द्वारा संचालित राजपूतों के उत्तर-दक्षिण आवागमन और उनके द्वारा किए गए युद्धों का वर्णन किया गया है और दक्षिण भारत के दक्खिनी हिन्दी के कवियों ने अपने सुलतानों द्वारा मुगल सत्ता और शिवा का सामना करने का।[42]

जसवंतसिंह और जयसिंह भले ही शिवा से लड़ने के लिए बार-बार दक्षिण की ओर भेजे गए थे, लेकिन वे मन से पक्के हिन्दू होने के कारण हिन्दूरक्षक शिवा से समझौते करने और उसे समझाने का काम अधिक करते थे। औरंगजेब की कट्टर हिन्दू-विरोधिता की भावना से उनकी कभी अप्रत्यक्ष और कभी प्रत्यक्ष लड़ाई चलती रहती थी, इसीलिए उन पर अविश्वास तथा उनके हिन्दूधर्मी और परस्पर सम्बन्धी होने के कारण औरंगजेब ने शिवा के विरुद्ध उन्हें न तो संयुक्त रूप से और न अकेले भेजा। जयसिंह के साथ दलेल ख़ाँ, बहादुर ख़ाँ और जसवंतसिंह के साथ औरंगजेब का बेटा मुअज्जम शिवा के विरुद्ध अभियानों पर भेजे जाते थे।[43] एक गीतकार ने सूचना दी है कि शिवा सीसोदिया ने नर्मदा तक अपनी राज्य-सीमा बाँध ली थी। वह दिल्ली तक पहुँच जाता और एक पल में बादशाही ले लेता, लेकिन बादशाही जसवंत के हाथ में थी। दक्खिनी सेना लेकर शिवा आया और वह दिल्ली उठा लेता, लेकिन बड़े राठौड़ (जसवंत सिंह) ने दिल्ली को बचा लिया। शिवा ने तलवार के बल से मुगलों को हटाया, पर जसवंत ने तलवार के बल से बादशाह की रक्षा की। औरंगजेब के छत्र को शिवा ले लेता, लेकिन जसवंतसिंह ने बचा लिया।[44]

जयसिंह और जसवंतसिंह को शिवाजी पर आक्रमण औरंगजेब की आज्ञा से करने पड़े थे, लेकिन उनके सलाहकार और वे स्वयं शिवा के प्रच्छन्न भक्त और श्रद्धालु थे। तभी तो जयसिंह और बाद में जसवंतसिंह ने शिवा को समझा-बुझाकर औरंगजेब के दरबार में भेजा था। जयसिंह ने अपने पुत्र रामसिंह को शिवा की सुरक्षा के लिए नियुक्त किया था और शिवा को सुरक्षित निकल जाने देने के कारण रामसिंह ने औरंगजेब की नाराजगी मोल ली थी। कवि नरहरिदास बारहठ ने जयसिंह के पुत्र रामसिंह के द्वारा औरंगजेब की कैद से शिवाजी को सुरक्षित निकल जाने देने के लिए रामसिंह की प्रशंसा करते हुए लिखा है कि शाहजहाँ के पुत्र बादशाह औरंगजेब रूपी परीक्षित ने क्रुद्ध होकर साहू के पुत्र शिवा रूपी तक्षक का नाश करने के लिए युद्ध रूपी अनुष्ठान किया, किन्तु जयसिंह के पुत्र आस्तिक (शुकदेव मुनि) रूपी राजा

रामसिंह कछवाहा ने रक्षक बनकर शिवा को उबार लिया। बादशाह प्रयत्न करके रह गया, पर रामसिंह ने हिन्दू और मुसलमान दोनों से अपने क्षत्रियत्व की प्रतिष्ठा रखी।[45] वास्तव में औरंगजेब के उरूज के दिनों में उसके परम शत्रु को इस प्रकार जाने देना बड़े खतरे का काम था। उसके कारण जयसिंह और रामसिंह को दंडित/अपमानित होना पड़ा था। बाद में जसवंतसिंह ने शिवाजी के पुत्र शंभोजी को अपने वचन पर विश्वास के साथ शाहजादा मुअज्जम के सामने पेश किया था। इस प्रकार नीति से काम लेकर जसवंतसिंह ने औरंगजेब को प्रसन्न किया और रामसिंह को दरबार में प्रवेश की अनुमति दिलवाई।[46]

शिवाजी के बारे में मराठी और हिन्दी के साथ संस्कृत के साहित्यकारों और इतिहासकारों के द्वारा पर्याप्त विस्तारपूर्वक लिखा जा चुका है। शिवाजी ने जिन दक्षिण भारतीय क्षेत्रों पर आक्रमण किए थे, उन क्षेत्रों की भाषाओं में भी शिवाजी के सम्बन्ध में साहित्य अवश्य लिखा गया होगा। उसका अनुसंधान एक अलग विषय है। शिवाजी की प्रशस्ति में हिन्दी कवि भूषण ने अपना 'शिवभूषण' लिखा है और यत्र-तत्र बिखरे हुए उनके शिवाजी सम्बन्धी छन्दों को एकत्र कर 'शिवा बावनी' और 'छत्रसाल दशक' नामक संग्रह भी प्रकाशित किए गए हैं। मराठा कवियों ने शिवाजी के बारे में जो कुछ लिखा है उसको प्रामाणिक मानकर इतिहासकारों ने उस सामग्री का भरपूर उपयोग किया है, लेकिन इतिहासकार हिन्दी कवियों की शिवाजी सम्बन्धी कविताओं का लाभ नहीं उठाना चाहते। इसका प्रमुख कारण यह है कि आरम्भिक इतिहासकारों ने हिन्दी काव्य को इतिहास-सामग्री के रूप में अस्वीकार कर दिया था। वह अस्वीकार चिंतनीय है। उससे भी बढ़कर चिंतनीय बात यह है कि किसी काव्य को अप्रामाणिक मानकर उपेक्षित करने की परम्परा में भूषण जैसे कवि और उनके काव्य की ऐतिहासिकता को दरकिनार कर उनके अस्तित्व को ही नकार दिया गया है। हिन्दी कवि भूषण ने शिवाजी के व्यक्तित्व, स्वभाव, बुद्धिमत्ता, यश, प्रभाव और युद्धकर्मों को अपनी सारी कविता वर्तमानकालिक क्रिया का प्रयोग करते हुए समर्पित की है, लेकिन 'शिवाजी' के सुप्रसिद्ध इतिहासलेखक यदुनाथ सरकार ने लिखा है—हिन्दी में हमें 'भूषण ग्रन्थावली' मिलती है परन्तु ऐतिहासिक दृष्टि से वह किसी भी काम की नहीं। इतिहासकारों ने खोज के बाद यह निश्चित कर दिया है कि शिवाजी की मृत्यु के कोई दो वर्ष बाद भूषण का जन्म हुआ था।[47]

यदुनाथ सरकार भारत के प्रतिष्ठित इतिहासकार हैं और उनके द्वारा लिखित इतिहासग्रन्थों को प्रामाणिक माना जाता है। हमारे देश में जब कोई प्रतिष्ठित और प्रामाणिक हो जाता है तो उसका प्रत्येक शब्द वेदवाक्य अथवा ब्रह्मवाक्य मानकर उसकी असंगतियों और गलतियों की ओर संकेत करना अमर्यादा समझी जाती है। सरकार के उपयुक्त वक्तव्य की असंगतियों और कमियों तथा उनके कारणों की ओर अगर ध्यान आकृष्ट किया जाए और इसे अमर्यादा का प्रयास न समझा जाए

तो मुझे यह कहना है कि सरकार को न तो ब्रजभाषा और दक्खिनी हिन्दी साहित्य का ज्ञान था और न उन्होंने इतिहास-लेखन के समय किसी ब्रजभाषा और दक्खिनी-ज्ञाता की सहायता ली। ब्रजभाषा और दक्खिनी हिन्दी के साहित्य से अपरिचय के कारण शिवाजी के सम्बन्ध में बहुत सारी सामग्री उनकी दृष्टि से बची रह गई है। शिवाजी तथा भूषण के बारे में उन्हें जानकारी ब्रजभाषा तथा दक्खिनी हिन्दी के साहित्य से अपरिचित व्यक्तियों द्वारा ही मिली थी[48], इसीलिए उन्होंने बिना खोजे और विचारे यह लिख दिया है कि ऐतिहासिक दृष्टि से वह (भूषण का काव्य) किसी भी काम का नहीं।

भूषण के विशेष जानकार विद्वानों में श्री विश्वनाथ प्रसाद मिश्र[49], डॉ. राजमल बोरा[50] और महाराजकुमार डॉ. रघुवीरसिंह[51] ने सप्रमाण यह सिद्ध किया है कि भूषण शिवाजी के समकालीन और उनके आश्रित कवि थे तथा उन्हें अपनी काव्यरचना के कारण शिवाजी से प्रभूत पुरस्कार प्राप्त हुए थे। फिर पता नहीं, यदुनाथ सरकार के कौन-से इतिहासकारों ने खोज के बाद यह निश्चित कर दिया है कि शिवाजी की मृत्यु के कोई दो वर्ष बाद भूषण का जन्म हुआ था। जबकि सरकार के शिष्य डॉ. रघुवीरसिंह का मानना है कि भूषण मूलतः शिवाजी के ही समकालीन थे, शाहू के नहीं। डॉ. राजमल बोरा ने अनेक विद्वानों की सम्मतियों का अध्ययन करने के बाद यही निष्कर्ष निकाला है कि औरंगजेब से मिलने के लिए शिवाजी जयसिंह से सन्धि के पश्चात् दिल्ली (आगरा) आए थे। यह भेंट 1666 ई. अर्थात् 1723 संवत् में हुई। इसके अनन्तर शिवाजी औरंगजेब के जाल से मुक्त होकर दक्षिण लौट आए।[52] इससे शिवाजी उत्तर भारत में प्रख्यात हो गए। सम्भवतः भूषण उस ख्याति को सुनकर संवत् 1724 में रायगढ़ आए। उन्होंने अपना प्रसिद्ध ग्रन्थ 'शिवभूषण' यहीं पर 1730 संवत् में पूर्ण किया। ग्रन्थ पूर्ण होते ही वे उत्तर लौट गए। उनके लौटने पर शिवाजी का राज्याभिषेक हुआ। 'शिवभूषण' में राज्याभिषेक का कहीं उल्लेख नहीं है। इससे यह बात निश्चित रूप से कही जा सकती है कि इससे पूर्व ही वे उत्तर की ओर लौट गए होंगे।[53] शिवाजी के दरबार में भूषण की उपस्थिति के प्रमाण यदि हम भूषण काव्य में खोजना चाहें तो हमें 'शिवभूषण' के दो दोहे मिलते हैं :

देसन देसन ते गुनी, आवत जाचन ताहि।
तिनमें आयो एक कवि भूषण कहियतु जाहि।। 25

सिवचरित्र लखि यौं भयौ कवि भूषन के चित्त।
भाँति भाँति भूषननि सों भूषित करौं कवित्त।। 34

इन दोहों में कवि भूषण ने बताया है कि शिवाजी के दरबार में कविता सुनाकर

पुरस्कार पाने की लालसा से सारे देश से कवियों का आना-जाना होता रहता है, उन कवियों में से एक भूषण अर्थात् मैं हूँ। मैंने शिवा के वीर चरित्र को देखकर सोचा कि उसको लेकर मैं अपनी कविता में उसके चरित्र को पिरोकर एक अलंकार शास्त्र की रचना करूँ। कवि की इस स्वीकारोक्ति से शिवाजी के दरबार में अन्य कवियों के साथ कवि भूषण की उपस्थिति का प्रमाण मिलता है। दूसरे दोहे में 'लखि' शब्द आया है, जिससे पता चलता है कि भूषण ने शिवाजी का जैसा चरित्र 'देखा', न कि 'सुना', वैसा कविता में लिखा है। यदि आपको शिवाजी और भूषण की समकालीनता का और प्रमाण चाहिए तो रीतिकालीन आचार्यों में प्रतिष्ठित आचार्य भिखारी दास के 'काव्यनिर्णय' में काव्य-प्रयोजन के अन्तर्गत चर्चित भूषण के बारे में पढ़िए, जिनके लिए आचार्य प्रवर ने लिखा है कि उन्होंने केशव की तरह अपनी वीर-प्रशस्तिपरक कविता के द्वारा अपने आश्रयदाता से बहुत-सी सम्पत्ति एकत्र की थी।[54]

अब प्रश्न यह उठता है कि भूषण की कविता का ऐतिहासिक दृष्टि से कुछ मूल्य है कि नहीं। भूषण की कविता को सकारात्मक दृष्टि से पढ़नेवाला कोई भी पाठक एकदम कह सकता है कि भूषण का काव्य ऐतिहासिक दृष्टि से ही तो मूल्यवान है। साहित्यिक दृष्टि से यह मूल्यवान काव्य नहीं है, वह अलंकारशास्त्रीय काव्य है। इस काव्य को पढ़कर साहित्यरसिक अलंकारों का ज्ञान प्राप्त करता है तो इतिहासरसिक शिवाजी और उनके समय के इतिहास की जानकारी पाता है। अब तक शिवाजी-सम्बन्धी सभी इतिहासग्रन्थ केवल फारसी, अंग्रेजी और मराठी में उपलब्ध सामग्री के आधार पर लिखे गए हैं। उनमें तब तक पूर्णता नहीं आ सकती जब तक ब्रजभाषा, डिंगल (राजस्थानी) और दक्खिनी हिन्दी में रचित शिवाजी विषयक समग्र सामग्री का पूरा दोहन न कर लिया जाए। ब्रजभाषा में तो फिलहाल भूषण का काव्य ही प्रसिद्धि पा सका है, लेकिन राजस्थानी और दक्खिनी हिन्दी में लिखित शिवा सामग्री की खोजबीन अभी अपेक्षित है। औरंगजेब के द्वारा जसवंतसिंह और जयसिंह तथा अनेक मुगल सेनापति शिवाजी पर आक्रमण के लिए भेजे गए थे। जसवंतसिंह और जयसिंह के कवियों तथा ख्यातकारों ने राजस्थानी में, दक्खिनी के लेखकों ने दक्खिनी हिन्दी में और शिवाजी के लेखकों ने मराठी में उन आक्रमणों के बारे में वृत्त लिखे थे। अंग्रेजों तथा भारतीय इतिहासकारों ने फारसी और मराठी में लिखित सामग्री का तो खूब उपयोग किया, लेकिन ब्रजभाषा, राजस्थानी और दक्खिनी हिन्दी में उपलब्ध सामग्री उनसे उपेक्षित रह गई। इसका मुख्य कारण या तो उनका भाषा-अज्ञान हो सकता है अथवा उन भाषाओं की साहित्य-सामग्री का समय पर न मिल पाना। वास्तविक कारण ये दोनों ही हैं। लेकिन अब, जबकि इन भाषाओं की साहित्य सामग्री उपलब्ध है तो इस उपेक्षा का अन्त हो जाना चाहिए।

डॉ. राजमल बोरा ने यदुनाथ सरकार के शिवाजी विषयक इतिहास को अपूर्ण

प्रामाणिक घोषित किया है। उनके अनुसार उस अपूर्ण प्रामाणिकता का कारण है—मराठी इतिहासों की अपूर्णता। इस ओर ध्यान आकृष्ट करते हुए उन्होंने कहा है कि लिखित ऐतिहासिक सामग्री को मूल ग्रन्थों के आलोक में देखें तो तथ्यों का बोध प्रामाणिक रूप से होगा। भूषण का काव्य ऐतिहासिक दृष्टि से मूल प्रामाणिक ग्रन्थों में माना जाना चाहिए।[55] उसमें पाए जानेवाले ऐनिहासिक तथ्य तत्कालीन मूल उपलब्ध ग्रन्थों से बहुत हद तक साम्य रखते हैं। जैसा कि मैंने अन्यत्र एक साहित्यिक मानदण्ड का उल्लेख किया है कि कृति की समीक्षा कृति की राह से गुजर कर की जानी चाहिए, इसका अर्थ यह है कि किसी रचना का सही मूल्यांकन उसे पढ़े और गुने बिना नहीं किया जा सकता। यही बात किसी भी ऐतिहासिक काव्य के बारे में कही जा सकती है। भूषण ने अपनी कविता में शिवाजी और उनसे सम्बद्ध व्यक्तियों और घटनाक्रमों के बारे में जो कुछ भी कहा है, उन सबको तब तक ठीक तरह से नहीं समझा जा सकता, जब तक उनको समझने के लिए अन्य ऐतिहासिक स्रोतों की सहायता न ली जाए। भूषण के 'शिव भूषण' का एक ऐतिहासिक मुक्तक काव्य की दृष्टि से इतना अधिक मूल्य और महत्त्व है कि अन्य ऐतिहासिक स्रोत उसके पूरक के रूप में ग्रहण करने पड़ते हैं। भूषण ने बार-बार कहा है और अन्य ऐतिहासिक स्रोत उनके कवित्तों में निहित ऐतिहासिक सूत्रों की गुत्थी खोलने और समझने के लिए अपनाने पड़ते हैं। उनका प्रत्येक कवित्त शिवाजी से सम्बन्धित बातों का सन्दर्भ-सम्पुट है। यद्यपि भूषण ने शिवाजी और उनसे सम्बद्ध व्यक्तियों और घटनाओं के बारे में मुक्तक पद्धति से लिखा है किन्तु विषय की एकतारता के कारण, केवल शिवाजी का वृत्त लिखने के कारण उनके सभी मुक्तक प्रबन्धात्मक हो गए हैं और उन सभी मुक्तकों को संयोजित और विश्लेषित करने पर शिवाजी के पूर्वजों, शिवाजी के जन्म, रायगढ़वास, अफजलखाँ वध, शाइस्ता खाँ का प्रसंग, सूरत की लूट, जयसिंह के प्रयत्न से शिवाजी-औरंगजेब की भेंट, कैद से पलायन, लोहगढ़ और सिंहगढ़ की विजय, साल्हेर युद्ध, पन्हाले की विजय, बीजापुर, गोलकुंडा, तिलंगाना, चिंजी, तंजौर आदि अनेक बड़े-छोटे ऐतिहासिक प्रसंगों, व्यक्तियों, स्थानों और वातावरण का क्रमबद्ध इतिहास वृत्त तैयार किया जा सकता है। डॉ. राजमल बोरा ने अपने शोधग्रन्थ में बड़े परिश्रमपूर्वक भूषणकाव्य में निहित शिवाजी विषयक ऐतिहासिक सामग्री का अध्ययन और विश्लेषण प्रस्तुत किया है।[56] मराठी और हिन्दी में इस विषय में पर्याप्त से अधिक खोजकार्य हो चुका है, इसलिए शिवाजी के बारे में भूषण-लिखित वृत्त और उसकी ऐतिहासिकता की यहाँ पुनरावृत्ति नहीं की जा रही है।

5. मुगलकालीन दक्खिनी हिन्दी के ऐतिहासिक काव्यों में औरंगजेब और शिवा-प्रसंग

अब इतिहासकारों द्वारा अब तक नितान्त उपेक्षित दक्खिनी हिन्दी के ऐतिहासिक काव्यों में वर्णित मुगलिया हिन्दुस्तान, सुल्तानी दक्खिन, मराठवाड़ा और अन्य छुटपुट ऐतिहासिक व्यक्तियों और प्रसंगों पर दृष्टिपात कर लें। दक्खिनी हिन्दी में किन-किन विषयों पर किन-किन परिस्थितियों में ऐतिहासिक साहित्य लिखा गया था, इसको समझ लेने के बाद इतिहासकारों को मुगलकालीन और विशेषतः औरंगजेबकालीन इतिहास के अब तक रिक्त कोष्ठ को भरने में सहायता मिलेगी।

आरम्भ में बताया जा चुका है कि उत्तर भारत को दक्खिनी हिन्दी के काव्यों में हिन्दुस्तान कहा गया है। वहाँ से भेजे गए सूबेदार स्वतन्त्र सुलतान बनकर बीजापुर, गोलकुंडा, बीदर, गुलबर्गा, अहमदनगर जैसे बड़े और छोटे मुल्कों पर शासन कर रहे थे। मुगलों के नियन्त्रण से मुक्त होकर उन्होंने अपनी तरह से वहाँ का शासन-प्रबन्ध किया और शाही जीवन जिया। उनके आश्रित मुसलमान कवियों ने उन पर जो काव्य लिखा, उसमें उन शाहों का इतिहास सुरक्षित हो गया।

बीजापुर और गोलकुंडा 'दक्खिन' की दो बड़ी रियासतें थीं और उनके सुलतानों की दृष्टि में वे उनका 'मुल्क' थीं, इसीलिए बीजापुर के कवि नुस्रती ने अपने काव्यों में बार-बार अपने मुल्क की अराजकता[57] और उसकी रक्षा के लिए प्राण देनेवाले सिपाहियों की प्रशंसा की है तथा शिवाजी और मुगलों को अपने मुल्क का शत्रु घोषित किया है।[58] डॉ. श्रीराम शर्मा ने अपने एक लेख में लिखा है–'अलीनामा' काव्य का आधार देशभक्ति है। अली आदिलशाह के सैनिक अपने शासक पर अपार श्रद्धा रखते हैं। राजा की अपेक्षा राज्य (और उस समय राज्य ही मुल्क या देश था) पर उनका स्नेह अधिक था। अली आदिल शाह शासक नहीं रहा, बीजापुर की चेतना का पर्याय बन गया। इस प्रकार का संगठन राष्ट्रीयता के अभाव में असम्भव है। देशभक्ति (हुब्बुल वतन) शब्द का प्रयोग मध्यकालीन साहित्य में सम्भवतः नुस्रती ने ही किया है।[59] नुस्रती ने अपने राज्य को देश, मुल्क और वतन नाम से 'अलीनामा' और 'तारीख इस्कंदरी' में बार-बार पुकारा है। उसे अपने दक्खिन और दक्खिनी सैनिकों पर बड़ा गर्व है। 'अलीनामा' में इस गर्व की अनेक झलकियाँ हैं।

जिस प्रकार दक्खिनी के काव्यों में देश की संकीर्ण संकल्पना और देशभक्ति देखने को मिलती है, उसी प्रकार दक्खिनीयत की संकीर्णता भी दिखलाई पड़ती है। मुगल शासनकाल में भारत का जो भूभाग दक्खिनी सूबा कहलाता था, वह अब अनेक सूबों में बँट गया था और प्रत्येक सूबा अपने को मुल्क कहने लगा था, लेकिन उन सब मुल्कों ने 'दक्खिन' नाम को नहीं छोड़ा और उन सबको अपने दक्खिनीपन की पहचान पर गर्व था। अलग होकर भी वे एक बने रहे। मुगल शासन के अन्तिम

वर्षों तक दक्खिनी सैनिकों की अलग पहचान बनी रही, लेकिन 'दक्खिनी' शब्द का अर्थपरिवर्तन होता गया। दक्खिनी के काव्यों में इस्लामी साम्प्रदायिकता मिलती है। इन काव्यों में 'दक्खिनी सिपाही' का अर्थ रहा—मुसलमान सुलतानों की सेवा में रत सिपाही जो पठान, हब्शी, मराठे आदि सभी धर्मों और जातियों से सम्बन्ध रखते थे। मुगल शासन की सेवा में रत सिपाहियों की भी वही स्थिति थी। वे अलग-अलग धर्मों और जातियों से सम्बद्ध होकर भी अपने शासक के धर्म की पहचान ले लेते थे। यही स्थिति दक्खिनी सल्तनतों के सिपाहियों की भी रही। अन्य मराठों के साथ शिवाजी के पिता शाहजी और एक अवैध भाई आदिलशाही सेवक थे, लेकिन अली आदिल शाह की सेना 'इस्लाम की फौज' कहलाती थी। ठीक उसी तरह, जैसे शिवाजी की सेना में कुछ मुसलमान भी थे, पर वे हिन्दूरक्षक मराठे कहलाते थे। उत्तर मुगलकाल में 'दक्खिनी' शब्द मराठों के लिए चल पड़ा था।

मुगलकाल में 'इस्लाम' और 'हिन्दू' के बीच संघर्ष की गाथा उन आरम्भिक मुसलमान आक्रमणकारियों से आरम्भ हुई थी, जो यहाँ लूट-खसोट के लिए आए थे। वे अपने सैनिकों में युद्धोत्साह जगाने के लिए उन्हें 'इस्लाम की फौज' कहते थे। लूट उनका पहला धर्म था और उस धर्म का अधिकतम लाभ कमाने के लिए उन्होंने अपने सैनिकों को इस्लाम की अफीम पिलाना आवश्यक समझा था। वही परम्परा सभी सुलतानों, बादशाहों और नवाबों ने अपनाए रखी। अकबर के बाद जहाँगीर और शाहजहाँ में इस्लाम का नशा बढ़ता गया था और औरंगजेब उस नशे में बुरी तरह सराबोर हो गया था। जहाँगीर और शाहजहाँ अपने घर और दरबार के हिन्दू प्रभावों के कारण उतने कट्टर मुसलमान नहीं हो पाए थे, लेकिन औरंगजेब ने वे सब प्रभाव मिटा डालने का पूरा प्रयत्न किया था। उसकी फौज वास्तविक 'इस्लामी फौज' बन गई थी। जो हिन्दू राजा उससे जुड़े रहे, वे अपनी पूर्व परम्परा और मानसिक गुलामी के संस्कारों के कारण तथा अपने राज्य और हिन्दू धर्म को बचाए रखने के कारण बेमन से जुड़े हुए थे। औरंगजेब भी प्रशासनिक कारणों से उनके अस्तित्व को बिल्कुल नेस्तनाबूद नहीं कर पा रहा था, पर उनके अहं को तोड़ने के लिए उनके मन्दिरों को तोड़ने या भ्रष्ट करने, उनके राज्य को खालसा करने, जजिया लगाने, बलात् धर्म-परिवर्तन करने, प्रशासन में मुसलमान अधिकारियों को प्राथमिकता देने जैसी चेष्टाएँ अपने कट्टरपन्थी सूबेदारों, नवाबों, अधिकारियों और सैनिकों की सहायता से करवाता रहा। दक्षिण से उत्तर और उत्तर से दक्षिण की ओर सूबेदार और बादशाह के रूप में उसने वे काम किए और करवाए। अपने विरोधी हिन्दुओं और मुसलमानों की हत्या करवाने, खाल या गर्दन उतरवाने के काम उसकी वह इस्लामी फौज करती थी। उसी परम्परा का अनुकरण औरंगजेब काल के दक्खिनी शासक कर रहे थे। पहले के दक्खिनी सुलतानों में अकबरकालीन सौहार्द और समन्वय की भावनाएँ दिखलाई पड़ती हैं, तो औरंगजेबकालीन दक्खिनी सुलतानों में औरंगजेब

की धर्म-साम्प्रदायिकता की छाया मिलती है। इब्राहीम आदिलशाह ने नवरस पुरा बसाकर हिन्दू कलावन्तों को आश्रय दिया और अपने दरबार में हिन्दू-मुसलमानों को एक घाट पर पानी पिलाया, तो उसी की दूसरी पीढ़ी की सन्तान सिकन्दर आदिलशाह के सेनापति बहलोल खाँ ने शिवाजी के विद्रोह को कुचलने के लिए 'इस्लाम की फौज' का सहारा लेना आवश्यक समझा। सेनापति बहलोल खाँ को अपनी फौज को इस्लाम की अफीम पिलानी पड़ी। अपने पिता के धर्म-समन्वय के स्थान पर हिन्दू को काफिर कहकर वध्य बताना, काफिरों को हज की कुर्बानी की बकरियाँ बताना और मृत मुसलिम को शहीद की संज्ञा देना[60] परवर्ती आदिलशाही शासन की धार्मिक कट्टरता के परिचायक हैं। यही धार्मिक कट्टरता तब लोप होती दिखाई पड़ती है, जब मुगलसेना बीजापुर पर हमला करती है, क्योंकि भले ही वह सेना जसवंतसिंह और जयसिंह के नेतृत्व में आती है, लेकिन वह सेना है तो औरंगजेब की, इसलिए वह भी प्रकारान्तर से 'इस्लाम की फौज' है।[61] इस धर्म-संकट के समय दक्खिनी बहलोल खाँ औरंगजेब को उस तरह की गाली नहीं देता, जैसी उसने शिवाजी को कुत्ता, चोर, नमकहराम, सेंधमार, मूजी, गधा, साँप, खर, बेलगाम, हरामखोर, बेतमीज, बदअन्देश, बदकेश कहकर दी हैं। उसकी दृष्टि में यह मुल्क इस्लाम का है, इसलिए कुफ्र को खत्म करना है।[62] सौ काफिरों को मारने के लिए पाँच मुसलमान काफी हैं, कहा है।[63] उसके अनुसार काफिर (शिवाजी) की फौज की मिट्टी पलीद करने के लिए सब मुसलमानों को शहीद हो जाने को तैयार हो जाना चाहिए।[64] ऐसा कट्टर मुसलमान कवि बहलोल खाँ के मुँह से जब औरंगजेब की फौज की बात कहलाता है, तो उसे इस्लाम की नहीं, 'दहली के फौजां' कहलाता है।[65]

शत्रु शिवा और औरंगजेब के प्रति आदिलशाही व्यवहार के दोहरेपन के कई कारण दिखाई पड़ते हैं—पहला स्पष्ट कारण तो यह है कि आदिलशाही सुलतान और मुगल बादशाह धर्म भाई थे। औरंगजेब के प्रति उन्हें यदि अपना क्रोध प्रदर्शित करना होता था तो वे सीधे औरंगजेब को नहीं, उसके सहायक जसंवतसिंह और जयसिंह को शिवाजी के साथ मिलीभगत करनेवाला काफिर कहकर अपना आक्रोश व्यक्त कर देते हैं। दूसरा कारण यह है कि आदिलशाही सुलतान, दरबारी लोगों और कवि को यह पता था कि उनकी तुलना में मुगल अधिक महान् और शक्ति-सम्पन्न थे। वे यदि उनसे सीधे गालीगलौज करते तो 'आ बैल मुझे मार' वाली स्थिति हो जाती। मुगलों की तुलना में शिवा के विधर्मी और कम शक्तिशाली होने और उसके द्वारा अपने पिता और एक भाई के आदिलशाही सेवा में होते हुए भी विद्रोही रवैया अपनाने के कारण बहलोल खाँ द्वारा खुली गाली देना स्वाभाविक था। तीसरा कारण यह था कि बीजापुर और मुगल साम्राज्य के बीच में शिवा का क्रियाक्षेत्र था, जो पहाड़ और जंगल से भरा था।[66] शिवा ने 4 वर्षीय सिकन्दर आदिलशाह को गद्दी पर बैठते देखकर सोचा था कि अब बीजापुर कमजोर राज्य हो गया है, उस पर नियन्त्रण करना

आसान है, यह सोचकर शिवा ने बीजापुर के दुर्गों को हथियाना आरम्भ कर दिया था।[67] पहल शिवा ने की थी, इसलिए शिवा को सबसे अधिक गालियाँ सुननी ही थीं। औरंगजेब ने तो शिवाजी के मरने के बाद बीजापुर पर कब्जा किया था। जो पहले आवै सो पहले पावै। शिवा बीजापुर के समक्ष पहले आए तो उन्हें सबसे अधिक गालियाँ सुननी पड़ीं। चौथा कारण यह रहा कि बीजापुर सल्तनत ने सोचा था कि औरंगजेब को नाराज न करके, खुश किया जाए और उस पर यह छाप छोड़ी जाय कि सभी काफिर इस्लाम के दुश्मन हैं, लेकिन और काफिर तो तुम्हारे गुलाम हैं, केवल शिवा ने मुगल और बीजापुर के शासन के विरुद्ध सिर उठाया है, इसलिए हम दोनों को एक होकर शिवा को खत्म करना चाहिए। जिस समय शिवा का अली आदिलशाह तथा सिकन्दर आदिलशाह के विरुद्ध संघर्ष चल रहा था, उस समय औरंगजेब आगरा और दिल्ली के तख्तों पर अपनी पकड़ को मजबूत बनाने में लगा हुआ था तथा उसके पास अपने प्रतिनिधि के रूप में हिन्दू राजाओं को दक्षिण की ओर रवाना करने के सिवाय और कोई चारा नहीं था। इस स्थिति का लाभ शिवा ने हिन्दू एकता की नीति अपना कर उठाया। इससे बीजापुरी चिढ़ गए थे। जब औरंगजेब शक्तिसम्पन्न होकर दक्षिण-अभियान पर निकला तो उसने सभी दक्खिनी रियासतों को मटियामेट कर दिया और दक्खिनी का कोई भी कवि अपने आश्रयदाताओं की इस दुःखान्त कथा को कहने के लिए नहीं बचा।

नुस्रती ने बीजापुर के मुहम्मद आदिलशाह (1627-1657), अली आदिलशाह (1657-1672) और सिकन्दर आदिलशाह (1672-1686) का शासनकाल देखा था। वही कालखण्ड शिवा और औरंगजेब के अभ्युदय और विकास का था। इस प्रकार नुस्रती ने बीजापुर में रहते हुए आदिलशाही शासकों का उत्थान-पतन, शिवा और औरंगजेब के उत्थान और विकास को एक सिपाही और कवि की दृष्टि से प्रत्यक्ष तौर पर देखा था, इसलिए 'अलीनामा' में अली आदिलशाह तथा 'तारीखे इस्कंदरी' में सिकन्दर आदिलशाह तथा उनके शत्रुओं-शिवाजी और मुगलों के हमलों तथा उनके परिणामों के बारे में आँखोंदेखा हाल लिखा है।[68] नुस्रती ने स्वीकार किया है कि उसने अली और सिकन्दर का हाल उनका तथा अपना नाम अमर करने के लिए लिखा है।[69] 'अलीनामा' में उन्होंने सच्चा इतिहास लिखने की प्रतिज्ञा की है और 'तारीखे इस्कंदरी' में भी ऐसा किया है। इसलिए एक राजसेवक के नाते नुस्रती ने शिवाजी, जसवंतसिंह तथा जयसिंह के बारे में जो कुछ लिखा है, उसे अपने शहंशाह के शत्रु का शत्रु मानकर लिखा है। नुस्रती ने अली और सिकन्दर के सेनापतियों, सलाहकारों, सैनिकों और अन्य पदाधिकारियों के मुंह से जैसा सुना, वैसा ही लिखा है, यह मानकर चलना चाहिए। इसमें कवि-कल्पना नहीं, आँख-कान की देखी-सुनी बातें हैं।

जहाँ कहीं नुस्रती ने मुगलों के विरुद्ध शिवाजी के कृत्यों का वर्णन किया है,

वहाँ हमें नुस्रती जैसे को तैसा बतानेवाले तटस्थ इतिहासकार की भूमिका में दिखाई पड़ते हैं। अली आदिलशाह के समय में नुस्रती को अली की तुलना में शिवाजी सिंह के सामने खरगोश लगते हैं और उनको मारने का प्रयास पहाड़ खोदकर चूहा मारना जैसा लगता है।[70] लेकिन वही शिवाजी जब पूना में शाइस्ता खाँ के विलास महल में घुसकर मारकाट मचा देते हैं या सूरत में लूट और आगजनी करते हैं, तब नुस्रती शिवाजी की वीरता, चुस्ती और विवेक की प्रशंसा करने से नहीं चूकते। तब वह भूल जाते हैं कि शाइस्ता खाँ उनके व उनके सुलतान के धर्म भाई हैं। तब शाइस्ता खाँ बीजापुर के दुश्मन मुगलों का प्रतिनिधि मात्र रह जाता है, तब दुश्मन का दुश्मन अपना दोस्त बन जाता है। शाइस्ता खाँ की दुर्दशा के बाद औरंगजेब ने जसवंतसिंह को शिवाजी का सामना करने को भेजा था। जब तक जसवंतसिंह शिवाजी के पास अपनी वीरता दिखाने को पहुँचे, तब तक शिवाजी ने सूरत को लूट डाला। नुस्रती ने इन घटनाओं का विस्तृत वर्णन 'अलीनामा' में किया है।

'अलीनामा' के कथानक में अनेक ऐतिहासिक बातें कुछ अनैतिहासिक मोड़ों के साथ प्रस्तुत की गई हैं। ऐतिहासिक बातों की पृष्ठभूमि में मुहम्मद आदिलशाह की मृत्यु के बाद 18 वर्ष की आयु में सिंहासन पर बैठनेवाले अली आदिलशाह (द्वितीय) के राजनीतिक संकटों में घिरने और जूझने की कथा है। अली को 'पालकड़ा' बताकर बीजापुरी सामन्तों ने विरोध करना आरम्भ कर दिया था, औरंगजेब ने मुहम्मद आदिलशाह की स्वतन्त्र नीतियों के विरुद्ध जो आक्रमण किए थे, उसका सामना अली को करना पड़ा था। मुहम्मद के समय में शिवा ने दबे-छिपे विद्रोही तेवर दिखाए थे, अली के समय में खुलकर हमले आरम्भ कर दिए थे और कर्नूल के हब्शियों ने भी बीजापुर के विरुद्ध कार्य आरम्भ कर दिए थे। अली को सबसे अधिक गुस्सा शिवाजी पर था, क्योंकि शिवाजी के पिता शाहजी और सौतेला भाई व्यंकोजी बीजापुरी सेवा में थे और शिवाजी स्वतन्त्र छत्रपति बनने की फिराक में थे।

अली आदिलशाह ने शिवाजी को समाप्त करने के अनेक प्रयत्न किए थे। अफजल खाँ को भेजा तो वह मारा गया। कर्नूल के सिद्दी जौहर को 'सलावत खाँ' की उपाधि देकर भेजा तो उसको शिवाजी ने पटा लिया। जब अली को इस षड्यन्त्र का पता चला तो उसने स्वयं पन्हाला पर आक्रमण किया और शिवाजी को भगाया। शिवाजी ने फिर पूना की ओर प्रयाण किया। वहाँ औरंगजेब का मामा शाइस्ता खाँ अपने हरम और दासियों के साथ ठहरा हुआ था। सन् 1660 के रमजान के छठे दिन रंगरेलियाँ मनाने के बाद शाइस्ता खाँ दासियों से घिरा अपने हरम में सो रहा था, तभी आधी रात को शिवाजी ने अपने 400 सैनिकों के साथ हमला किया। लिखित इतिहास कहता है कि शाइस्ता खाँ की एक दासी ने झट से दीपक बुझा दिया जबकि 'अलीनामा'[71] का कहना है कि शाइस्ता खाँ सम्भल भी नहीं पाया था कि शिवाजी ने वार पर वार करने आरम्भ कर दिए, जिससे शाइस्ता खाँ के तन पर अनेक घाव

लगे और उसकी एक उँगली कट गई और एक बेटा भी मारा गया। उस रंगीले शाइस्ता खाँ को उसकी सहेलियों के सामने काटपीट कर शिवाजी लूट का माल लेकर और शाइस्ता खाँ को शर्मिंदगी देकर चले गए।[72] लिखित इतिहास कहता है कि जिस समय शिवाजी पूना में शाइस्ता खाँ पर हमला कर रहे थे, तब जसवंतसिंह पूना के पास अपनी छावनी में थे और उन्होंने शाइस्ता खाँ को बचाने का प्रयास नहीं किया, पर 'अलीनामा' का कहना है कि औरंगजेब ने बाद में जसवंतसिंह को शाइस्ता खाँ के स्थान पर भेजा था और जब तक जसवंतसिंह पूना-औरंगाबाद की सूबेदारी सँभाले तब तक शिवाजी ने सूरत को लूट-जला डाला था।[73] नुस्रती द्वारा दिया गया सूरत शहर और उसकी लूट का विस्तृत विवरण इतिहासकारों को नई जानकारियाँ देता है।

सूरत की लूट और आगजनी की सूचना पहले अली आदिलशाह को मिली, बाद में औरंगजेब को। इस सूचना से क्रुद्ध औरंगजेब को लगा कि शिवाजी को दबाने के लिए अली आदिलशाह की सहायता लेना आवश्यक है, इसलिए जयसिंह को बीजापुर की सहायता से शिवाजी को दबाने के लिए भेजा गया। इस सूचना से अली आदिलशाह को बड़ी प्रसन्नता हुई कि चलो, शिवाजी के कारण बीजापुर का बड़ा शत्रु अपने आप मित्रता का हाथ बढ़ा रहा है और यह सोचकर भी वह फूल उठा कि औरंगजेब जैसी महान् शक्ति ने बीजापुर को महत्त्व दिया है।[74] बीजापुर राज्य मुगल-मित्रता से इतना गर्वित हो गया कि उसने औरंगजेब को कहला भेजा कि आप युद्ध मत कीजिए। केवल आकर चुपचाप तमाशा देख जाइए।[75] अली आदिलशाह के हाथ से पान का बीड़ा लेकर खवास खाँ मुगल सेना के आने से पहले ही अपनी तलवार का जौहर दिखाने चल पड़ा। कहावत है कि जिसका स्वामी सशक्त होता है, उसका सेवक भी सशक्त हो जाता है। यहाँ स्थिति यह थी कि खवास खाँ का स्वामी अली आदिलशाह तो सशक्त नहीं था, लेकिन सशक्त मुगल सेना के आ पहुँचने की संभावना से ही खवास खाँ में आत्मविश्वास का इतना बल आ गया कि उसकी थोड़ी-सी सेना ने शिवाजी की अधिसंख्य सेना को पुरंदर के किले में जा छिपने को मजबूर कर दिया और कुछ समय बाद जयसिंह की सेना ने आकर पुरंदरगढ़ को घेर लिया। युद्धवीरता तो बीजापुरी सेना ने दिखाई, लेकिन उस विजय का श्रेय मुगलसेना ने ले लिया, मानो अन्धे के हाथ बटेर लग गई। उधर शिवाजी की स्थिति विचित्र हो गई, जैसे कि वह हर ओर से आग में घिर गए हों और बिलबिलाने के अलावा और कोई रास्ता न मिले।[76] शिवाजी की कूटबुद्धि ने हिन्दूवाद का सहारा लिया और जयसिंह ने सन्धिप्रस्ताव किया। मध्यकाल में हिन्दू और मुसलमान शासक राजनैतिक उद्देश्यों की पूर्ति के लिए धर्म का कवच धारण करते रहते थे। उनके घर और दरबार में ऐसी बातों पर बल देनेवालों की कमी नहीं थी। जयसिंह ने शिवाजी से सन्धि कर ली और शिवाजी ने अपनी चतुराई से जयसिंह की मुगल सेना को

बीजापुर से लड़ा दिया। नुस्रती ने ऐसे स्थल पर काफिर शिवाजी की कृतघ्नता और जयसिंह की अहसानफरामोशी पर विशेष गुस्सा दिखलाया है।[77]

शिवाजी से मिलीभगत करके जयसिंह ने बड़े हलके ढंग से बीजापुर पर हमला किया। जयसिंह ने सोचा था कि अली आदिलशाह 18 साल का छोकरा है, वह क्या लड़ेगा, लेकिन उस हमले की सम्भावना सोचकर अली आदिलशाह ने अपने जमींदारों, सरदारों और गोलकुण्डा को पहले ही फरमान भेज दिए थे। कौटिल्य के अर्थशास्त्र में शत्रु को समाप्त करने का एक उपाय जलस्रोतों में विष घोलना बताया गया है। बीजापुरियों ने उस उपाय का प्रयोग उस संकटकाल में किया। मिर्जा युसूफ ने बीजापुर के आसपास के जलस्रोतों-तालाबों, कुओं, नहरों में विष मिलवा दिया था, जिसे शत्रु सेना पिए और मरे।[78] कई छोटे-मोटे किले लेने के बाद मंगलबीड़ नामक दुर्ग पर मुगल सेना को बीजापुरी सेना के साथ कभी जीत और कभी हार का युद्ध लड़ना पड़ा। मंगलबीड़ दुर्ग जीतकर जयसिंह ने सरफराज खाँ को वहाँ नियुक्त कर दिया। तभी बीजापुर के शर्जा खाँ ने हमला किया और सरफराज खाँ को मार दिया। मुगल सेना दुर्ग में घुस गई। जयसिंह घबड़ा गया, क्योंकि खाद्य सामग्री का अभाव होने लगा था। दिल्ली की ओर से सलावत खाँ खाद्य सामग्री लेकर जयसिंह के पास आ रहा है, यह सुनकर शर्जा खाँ ने रसद लानेवाले काफिले पर हमला कर दिया और सलावत खाँ को मार डाला। इससे जयसिंह के हाथ-पैर फूल गए। कुछ दिनों के बाद मुगल सेनापति फतह जंग खाँ और आदिल शाही सेनापति खवास खाँ के बीच दूसरा युद्ध हुआ। युद्ध के दौरान गोलकुण्डा से नेकनाम खाँ के नेतृत्व में सेना आ पहुँची। अली आदिलशाह ने 'अली बुर्ज' से उसका स्वागत किया। कुतुबशाही और आदिलशाही सेना ने जयसिंह के साथ तीसरा युद्ध किया, लेकिन बीजापुरी सेना जीत नहीं पाई। जयसिंह के नेतृत्व में मुगल और खवास खाँ और शर्जा खाँ के नेतृत्व में आदिलशाही सेना के बीच चौथा युद्ध हुआ। युद्ध के बाद शिविर की ओर लौटते हुए घोड़े से गिरकर शर्जा खाँ की मृत्यु हो गई। उसके दो पुत्रों—सैयद हबीब और सैयद मखदूम को जागीर दी गई। वह युद्ध 1076 हि. (1670 ई.) में हुआ था। 1078 हि. (24 नवम्बर, 1672) में अली आदिलशाह की मृत्यु की सूचना के साथ ही यह मसनवी 'अलीनामा' समाप्त हो जाती है :

सिफ्त शेर अली नाम व खुश खतम किताब
मदह आदिल का कि है जिस पर जस यू नवल। (पृ. 422)

'अलीनामा' में बीजापुर के शौर्य का वर्णन है तो 'तारीख इस्कंदरी' में उसके पतन का हाल दर्ज है। 1672 ई. में विलासी और व्यभिचारी अली आदिलशाह की छोटी आयु में ही मृत्यु होने से पहले उसके चार वर्षीय पुत्र सिकन्दर आदिलशाह को बीजापुर का शाह बना दिया गया। अली ने अब्दुल मुहम्मद को उसकी और

बीजापुर शासन की देखभाल की जिम्मेदारी सौंपी थी, लेकिन अब्दुल मुहम्मद को पता था कि अल्पायु का बादशाह होने के कारण सिकन्दर कठपुतली शासक रहेगा और अन्य सामन्त अपनी महत्त्वाकांक्षाओं की पूर्ति करने के लिए उसका अनुशासन नहीं मानेंगे। उस दूरदर्शी अब्दुल समद ने बीजापुर के बिखराव और विनाश का पूर्वानुमान लगाकर खवास खाँ को केन्द्र में रखा। अली के सामने ही शिवाजी ने बीजापुर के किलों को हथियाना आरम्भ कर दिया था। उन्होंने सबसे पहले पन्हाला दुर्ग को हथियाया था। उसको रोकने के लिए बहलोल खाँ को नियुक्त किया गया। बहलोल खाँ को शिवा तो क्या, दिल्ली तक पर कब्जा करने का आत्मविश्वास था।[79] इसी स्थल पर नुस्रती ने खवास खाँ के मुख से शिवाजी के लिए अपशब्द कहलवाए हैं। शिवाजी ने मुहम्मद आदिलशाह और अली आदिलशाह के समय में बीजापुर के विरुद्ध जितने कदम उठाए थे, उससे बीजापुर के सुलतान और सामन्तों के मन में उनकी नमकहरामी के प्रति क्षोभ होना स्वाभाविक ही था। शिवाजी के लिए काफिर, खर, बेलगाम, चोर, हरामखोर, बेतमीज, धनिकों का लुटेरा, बद अन्देश, बदकेश यानी शिवा शब्दों का प्रयोग किया गया।[80] शिवाजी और अन्य लोगों द्वारा समस्त बीजापुरी राज्य में आग लगी हुई थी।[81] सबसे पहले शिवाजी को नियन्त्रित करना आवश्यक था, इसलिए खवास खाँ ने चार वर्षीय बादशाह के हाथों बहलोल खाँ को खिलअत-मनसब देकर सेनापति बनाया, खुदंग और कटार पहनाई, हथियार तथा डेरा-तम्बू और समस्त अधिकार दिलवाए।[82]

जासूस से सूचना मिली कि शिवा बहुत सारी सेना के साथ आ रहा है। सुनकर बहलोल खाँ ने पूरी सैनिक तैयारी की। युद्ध से पहले अपने जोरदार भाषण में उसने सैनिकों को इस्लाम का वास्ता दिया। पहला हुक्म इलाही का और दूसरा हुक्म बादशाह का मानने को कहा तथा धर्मयुद्ध में बचनेवाला गाजी शहीद और मरनेवाला शहीद कहलाने की बात समझाई। बहलोल ने बीजापुरी सैनिकों से कहा कि यह वतन (बीजापुर) इस्लाम का है, इसे काफिरों से बचाना है।[83] इसके बाद बहलोल खाँ हाथी पर सवार हुआ। दमामा बजे, विजय के नारे लगे। झांगड़ और नगाड़े बजे। भाटों ने युद्धगीत गाए।[84] सारी सेना उमराणी पहुँच गई।

युद्धस्थल पर पहुँचकर बहलोल खाँ ने देखा कि शिवाजी ने युद्ध की तैयारी में सबसे पहले पानी पर नियन्त्रण कर लिया था, जिससे बीजापुरी सेना को भयंकर गर्मी के उस मौसम में पीने को पानी न मिले। पानी के चारों ओर अपनी सेना की व्यूहरचना कर डाली। मराठा सेना तलवार, भाला, सांघ, बरछी, तीर, धनुष आदि हथियारों से सज्जित थी। तरह-तरह के घोड़ों पर सैनिक सजे थे। घनघोर गर्मी का मौसम था और हवा रुकी हुई थी। इस्लाम की फौज (बीजापुरी सेना) को देखकर मराठा सैनिक अपने घोड़ों को पूर्व से पश्चिम की ओर दौड़ाने लगे।[85] बहलोल खाँ ने अपने सैनिकों में युद्धोत्साह भरने के लिए कहा कि काफिरों की संख्या अधिक

है, लेकिन सौ काफिरों से निपटने के लिए पाँच मुसलमान काफी हैं।[86] घमासान युद्ध आरम्भ हुआ, लेकिन इस पहले दिन के युद्ध का परिणाम क्या हुआ, यह नुस्रती ने नहीं बताया है। बताने की आवश्यकता भी नहीं थी, क्योंकि कोई परिणाम नहीं निकला, तभी तो दूसरे दिन फिर युद्ध आरम्भ हुआ।

दूसरे दिन शिवाजी ने युद्ध आरम्भ किया। कुछ समय बाद पठानों ने बहलोल खाँ से प्रार्थना की कि वह युद्ध से एक ओर हो जाए और वे उसके स्थान पर उसके लिए लड़ेंगे। बहलोल खाँ युद्धनीति का जानकार और अनुभवी सेनानायक था। उसने अपने शुभचिन्तकों को अभी कुछ वर्ष पहले दाराशिकोह और औरंगजेब के बीच सम्पन्न हुए उत्तराधिकार युद्ध में दारा की मूर्खता से हुई पराजय का कारण बताते हुए कहा कि दारा चारों ओर की बाणवर्षा से घबराकर अपने शुभचिन्तकों की सलाह पर अपने हाथी से उतरकर घोड़े पर बैठ गया था और उसकी सेना को भ्रम हो गया कि दारा मारा गया। इसी कारण दारा के हाथ से जीती बाजी निकल गई और उसे राजसिंहासन की बजाय बुरी मौत मिली।[87] बहलोल ने आह्वान किया कि मेरी चिन्ता छोड़ो और काफिर फौज की पलीद करो या स्वयं शहीद हो जाओ।[88] यह कहकर उसने अपने सैनिकों के साथ भयंकर युद्ध आरम्भ किया। घोड़े, हाथी, योद्धा मारे जाने लगे। काफिर ऐसे काटे गए, जैसे हज की बकरियों की कुर्बानी दी जाती है।[89]

युद्ध होते-होते दोपहर हो गई। तेज धूप सिर पर आ गई। परिश्रम और धूप के कारण सबको प्यास लगने लगी। सारी बीजापुरी सेना एक घूँट पानी के लिए तरसने लगी। इस्लाम (बीजापुर) का दल कम था, सहायता आने की आशा नहीं थी।[90] खून तो बहुत बह रहा था, लेकिन पीने को पानी नहीं मिल रहा था। आसमान तन्दूर बना हुआ था और जमीन भट्ठी की तरह तप रही थी। दिमाग पकने लगे। लोहवस्त्र (कवच) गर्म होकर शरीर को जलाने लगे। सब जलबिन मछली की तरह तड़पने लगे। शिवाजी के द्वारा पानी को घेर लिया गया था। उस घेरे को तोड़ने के लिए बहलोल खाँ ने शुतुरनाल (ऊँट पर रखी तोप) और हतनाल (हाथी पर रखी तोप) मँगवाईं। जोरदार हमला किया, जिससे शिवाजी की सेना के पैर उखड़ गए। बहलोल खाँ ने अपनी सेना को शिवाजी की भागती सेना पर वार करने से रोका। विजय की सूचना बादशाह तक पहुँचाई गई। बीजापुर में विजयपर्व को ईद की तरह मनाया गया। खुतबा पढ़ा गया। किले की दीवारों पर रखी तोपें छोड़ी गईं। चार वर्षीय सिकन्दर आदिलशाह की इस पहली विजय के अवसर पर गाड़ियों में भरकर शक्कर बाँटी गई। बादशाह ने नवाब बहलोल खाँ को खिलअतें दीं। नुस्रती ने उस यादगार अवसर पर 'तारीख इस्कंदरी' लिखकर नामी नवाब बहलोल के नाम को अमर बनाने की चेष्टा की है।[91]

इस प्रकार 'अलीनामा' और 'तारीख इस्कन्दरी' नामक प्रशस्ति काव्यों से मुगल

सेनापतियों, अन्तिम बीजापुरी बादशाह सिकन्दर आदिलशाह, नवाब बहलोल खाँ और कूटनीतिज्ञ योद्धा शिवाजी के बारे में ऐसी सूचनाएँ मिलती हैं जो मुगल, आदिल शाही और मराठा इतिहासकारों को फारसी और मराठी में लिखी पुस्तकों में नहीं मिल सकतीं।

उत्तर भारत से लेकर दक्षिण भारत तक औरंगजेब ने सर्वनाश करने के लिए पहले अपने अनुचर राजाओं और सूबेदारों से अनथक प्रयत्न करवाए और जब उसे लगा कि वे हिन्दू और मुसलमान अनुचर उसके पीठ पीछे बेईमान हो जाते हैं और उसके शत्रुओं से मिलीभगत करते हैं, तब वह स्वयं दक्षिण की ओर चल पड़ा था। जिस प्रकार अन्तिम हिन्दू सम्राट हर्षवर्धन थानेसर से अपनी राजधानी कन्नौज ले गया था, तो उसकी सेना रास्ते की सारी फसलों और आबादियों को चौपट करती गई थी और किसान अपने प्राणों की चिन्ता न करके उसे गाली देते हुए अपने को चौपट होते देखते रह गए थे, जैसे तुगलक द्वारा राजधानी बदलने से आधी प्रजा नष्ट हो गई थी, वैसे ही जब औरंगजेब ने औरंगाबाद में जा बसने के इरादे से दिल्ली से कूच किया, तब वह रास्ते में सबको उजाड़ता चला गया था। वह युवाकाल में सर्वनाश करने के लिए दक्षिण से उत्तर की ओर आया था और उत्तर में वह काम पूरा करने के बाद वह वृद्धावस्था में दक्षिण भारत के सर्वनाश के लिए निकला था। दक्षिण की रियासतों के सुख, वैभव और अपने समानान्तर प्रतियोगी उसे खलते थे, इसलिए उनको उसने एक-एक कर समाप्त किया और उनकी दौलत से अपने विपन्न साम्राज्य कोष को भरा। जब वह कोष फिर खाली हो गया, तब उसने टोपी सीने और कुरान की नकल करने का नाटक किया था, जिसको औरंगजेब के चरित्र और कार्य की कालिख धोने, चमकाने के लिए प्रयत्नशील कुछ इतिहासकार बार-बार रेखांकित करते हैं। इतिहासकार इस सचाई के प्रति आँखें मूँद लेना चाहते हैं कि इतिहास हमारे पूर्वजों के गलत और सही कारनामों और प्रभावों का हिसाब होता है, इसलिए उसे सही-सही ही लिखना चाहिए, जिससे वर्तमान और भविष्य की हमारी पीढ़ियाँ सही सबक लेती रहें।

जिस प्रकार शाहजहाँ ने अपने चार पुत्रों को हिन्दुस्तान के चार भागों में अलग-अलग सूबेदारी देकर कल्पना की थी कि वे चारों उसकी मृत्यु के बाद सत्ता के लिए लड़ेंगे-भिड़ेंगे नहीं, लेकिन उसकी कल्पना उसके जीते जी चकनाचूर हो गई थी, उसी प्रकार औरंगजेब ने अपने चारों पुत्रों को उत्तर पूर्व दक्षिण पश्चिम की सूबेदारियाँ सौंपकर निश्चिंत हो जाना चाहा था, लेकिन उसके सामने ही उसकी अपनी करनी की पुनरावृत्ति के लक्षण सामने आने लगे थे। कहा जाता है कि उसकी बादशाहत के दौरान निरन्तर युद्ध होते रहने के कारण प्रतिवर्ष एक लाख लोगों की जानें जाती थीं। सैनिक और प्रजाजन युद्ध के लपेटे में सर्वाधिक आते थे। उस स्थिति में देश की आर्थिक और राजनीतिक स्थिति डाँवाडोल हो गई थी। बुढ़ापे में औरंगजेब

के द्वारा कुरान की नकल और टोपी सीकर गुजारा करने की बात को औरंगजेब काल की दयनीय स्थिति के सूचक प्रतीक के रूप में लिया जाना चाहिए।

अब इस बात में कोई सन्देह नहीं रह जाना चाहिए कि औरंगजेब के अन्तिम दिन बहुत बुरे गुजरे थे। उसे अपनी आँखों के सामने अपना साम्राज्य उजड़ता-सा दीखने लगा था। उसकी सन्तानें उसकी अवज्ञा करने लगी थीं। उसकी भावुक मुसलमान प्रजा भले ही उसकी सफेद दाढ़ी और सुमिरनी देखकर उसे फकीर बादशाह समझती रही हो लेकिन उसकी सामान्य प्रजा और उस काल के अधिसंख्य राजा-नवाब और सन्तजन उसे भूषण तथा निपट निरंजन के शब्दों में 'सौ-सौ चूहे खाकर हज करनेवाली बिल्ली' और 'धोबी का कुत्ता घर का न घाट का' ही समझते थे।[92] उन विषम परिस्थितियों में घर और बाहर का विरोध झेलता औरंगजेब एक दिन खुल्दाबाद की कब्र में दफन होने के लिए अपने जीवन की अन्तिम नींद (मार्च 3, 1707) में सो गया।

6. औरंगजेब काल की अनुकूल-प्रतिकूल उपलब्धियाँ

हिन्दी कवियों ने मुगल इतिहास के जिन प्रमुख चरित्रों के बारे में विस्तार से लिखा है, उनमें अनेक कारणों से औरंगजेब का नाम सबसे ऊपर आता है। यदि चरित्र-विकास का रेखाचित्र खींचकर दिखाया जाए तो औरंगजेब उसके शीर्ष पर दिखाई पड़ता है। इसका प्रमुख कारण यह रहा कि रीतिकवियों के आश्रयदाताओं को सबसे अधिक औरंगजेब की क्षिप्र गतिविधियों ने प्रभावित किया था। मुगल साम्राज्य की सीमारेखाओं के भीतर और बाहर का जितना व्यापक अनुभव शाहजहाँ और उसके चारों पुत्रों में औरंगजेब को हुआ था, उतना किसी और को नहीं हुआ। उसने समय से पहले ही स्वावलम्बन के पाठ पढ़ और गुन लिए थे। कुछ वैभव-विलास से कटाव और कुछ इस्लामी कट्टरता के प्रभाव के कारण वह अन्य भाइयों की अपेक्षा अधिक सचेत होकर ठोस निर्णय लेने की क्षमता उत्पन्न कर चुका था। स्वावलम्बन, आत्मविश्वास, दूरदर्शिता और कठिन परिस्थितियों में निर्गय लेने की जितनी क्षमता औरंगजेब में थी, उतनी अन्य किसी भाई में नहीं थी। इन गुणों की दृष्टि से सभी उसके सामने बौने सिद्ध हुए थे। न उसमें पिता की तरह कलाप्रियता और भोग-विलास के शौक थे, न दारा शिकोह की तरह विद्याव्यसन और समन्वयशीलता की रुचि थी, न शुजा और मुराद की तरह भोग-विलास की इच्छा थी। यद्यपि भूषण के चालीस शृंगार रसपूर्ण छन्दों के बारे में यह कहा जाता है कि वे युवा औरंगजेब को सुनाने के लिए लिखे गए थे, और यह भी कथा प्रचलित है कि एक बार औरंगजेब ने भूषण से वीररस का कोई छन्द सुनाने को कहा तो भूषण ने प्राणों की भिक्षा माँगकर आग्रह किया था कि पहले आप अपने हाथ धो लीजिए, क्योंकि शृंगार रसपूर्ण छन्द सुनकर

आपके हाथ गलत जगह पर लगे होंगे और मेरा वीर रस का छन्द सुनकर आपके वे गन्दे हाथ आपकी मूँछों पर जाएँगे।[93] हिन्दी साहित्य के इतिहासों में भूषण और शिवाजी के प्रथम मिलन का स्थान औरंगजेब का दरबार ही बताया गया है और इस लोकप्रवाद की चर्चा की गई है कि जब शिवाजी औरंगजेब के दरबार में गलत स्थान पर खड़े किए गए तो उनका चेहरा तमतमा गया था और वे औरंगजेब के सामने अपना विरोध जताकर चले आए थे। शिवाजी के उस उग्र और दुसाहसी रूप को देखकर औरंगजेब के दरबार में उपस्थित कवि भूषण बहुत प्रभावित हुए थे। शिवाजी जब औरंगजेब की कैद से भाग गए तो भूषण भी उनके पीछे-पीछे मराठवाड़ा पहुँच गए थे। इन बातों में कितनी सचाई है, इसको खोजने के लिए अन्य भाषाई साहित्यिक और ऐतिहासिक स्रोत देखने पड़ेंगे।

यदि भूषण औरंगजेब की युवावस्था के दरबारी कवि थे तो वृन्द उसकी प्रौढ़ावस्था के दरबारी कवि थे। भूषण युवावस्था में औरंगजेब की रसिकवृत्ति को तृप्त करते थे तो वृन्द औरंगजेब के पुत्र अजीमुश्शान के पास ढाका में रहकर उसे भारतीय काव्यशास्त्र और काव्य पढ़ाते थे, साथ में नीति की बातें भी दोहों के माध्यम से सिखाते थे। रीतिकालीन दरबारी कवियों का स्वभाव अपने आश्रयदाता की प्रशंसा में विरुदावलियाँ लिखकर पैसा कमाना होता था, लेकिन इन दोनों कवियों ने औरंगजेब की प्रशंसा में एक भी छन्द नहीं लिखा था, यह देखकर आश्चर्य होता है। ऐसा क्यों हुआ ? एक सम्भावना तो यह हो सकती है कि उत्तराधिकार युद्ध में एकाध को छोड़कर सभी हिन्दू राजाओं ने उसका विरोध किया था। बादशाह बनने के बाद उसने शाहजहाँ और दारा के समर्थक हिन्दू राजाओं, हिन्दुओं और हिन्दू प्रतीकों के विरुद्ध जो विनाशलीला की थी, उससे भूषण को अपना श्रद्धापात्र औरंगजेब नहीं, हिन्दू रक्षक और औरंगजेब विरोधी शिवाजी लगे थे। वृन्द भी हृदय से हिन्दू थे, इसलिए औरंगजेब के द्वारा उत्तराधिकार युद्ध में औरंगजेब द्वारा मारा गया, शाहजहाँ पक्ष का अपना आश्रयदाता, राजा रूपसिंह उनके काव्य का विषय बना, औरंगजेब नहीं। हालाँकि ढाका में उन्होंने औरंगजेब का नमक खाया था, लेकिन औरंगजेब का नमक खाकर भी उन्होंने वह नमकहरामी क्यों की ? निश्चित ही उसके पीछे औरंगजेब की इस्लामपक्षीय और अमर्यादावादी नीतियाँ कारण थीं।

औरंगजेब का इस्लामवाद उसकी राजनीतिक महत्त्वाकांक्षा को पूरा करने का साधन था, यह बार-बार बताया जा चुका है। उसी से उसने सबसे पहले मुराद को मूर्ख बनाया था और बादशाह बनने के बाद इस्लामी जिहाद के नाम पर उसने जो बर्बर आचारण किए थे, उनकी लपेट में आकर साधु, सन्त, फकीर, सूफी और उसके सभी विरोधी या तो नष्ट कर दिए गए अथवा अपमानित और प्रताड़ित किए गए। अपने से असहमत देशी-विदेशी इस्लामी विद्वानों और मुल्ला-मौलवियों को तरह-तरह के प्रलोभन देकर उसने अपने पक्ष में किया था और जो नेकनीयत तथा ईमानदार

थे, उसको उसने नेस्तनाबूद कर डाला था। उसकी महत्त्वाकांक्षा की सिद्धि के रास्ते में जो भी आया वही नष्ट कर दिया गया। कवि सन्तोखसिंह ने गुरु प्रताप सूरज में उसके इन कुकृत्यों का अच्छा खुलासा किया है।

इस्लाम को छोड़कर अन्य धर्मों के प्रति उसका असहनीय व्यवहार था, यह बात रीतिकाल के सभी मुगल ऐतिहासिक काव्यरचयिताओं ने दुहराई है। कुछ इतिहासकार औरंगजेब के इस पहलू को धो-पोंछकर चमकाने के लिए कहते हैं कि उसने फलाने-फलाने मन्दिरों को नहीं गिराया और फलाने-फलाने मन्दिरों की आय के लिए दान दिए। उन कृपाओं का उत्तर अन्य इतिहासकारों ने यह कह कर दिया है कि वे मन्दिर उसके समर्थक व्यापारियों और सैनिकों के थे, इसलिए नहीं गिराए गए और उनकी आय का प्रबन्ध औरंगजेब की सहमति से किया गया था। मन्दिरों को गिराने के पीछे औरंगजेब से बढ़कर उसके चापलूस अधिक सक्रिय थे, इस बात में भी दम है। तानाशाह शासक को प्रसन्न करने के लिए चापलूस और स्वार्थी लोग क्या-क्या खुराफातें नहीं करते। एक विद्वान् ने एक अवसर पर टिप्पणी की थी कि जिस तरह आज अधिकतर सरकारी काम राष्ट्रपति के नाम पर किए जाते हैं और राष्ट्रपति को उनका पता नहीं होता, उसी तरह उस काल में मन्दिरपतन के काम औरंगजेब के नाम पर उसके पदाधिकारियों के द्वारा किए जाते थे, औरंगजेब को उसकी सूचना बाद में उसे खुश करने के लिए दे दी जाती थी।

औरंगजेब व्यवहारकुशल और पारखी व्यक्ति था। उसके हर कार्य के पीछे उसकी व्यावहारिकता और समय की नजाकत को पहचानने की शक्ति देखी जा सकती है। स्वार्थसिद्धि के लिए धर्म और राजनीति का गठबन्धन मौलवियों का समर्थन पाने के लिए, इस्लाम का फैलाव अपने समर्थक पाने के लिए, हिमाचल के हिन्दू राजाओं का समर्थन खजाना तथा शक्ति बटोरने के लिए, दक्षिण के मुसलमान सूबेदारों का विरोध राजपूतों को परस्पर लड़ाने तथा उत्तरी सीमाओं पर उनकी बार-बार नियुक्ति, जयसिंह-जसवन्तसिंह को कभी न मिलने देना, कभी उनकी बात न मानकर मन्दिर गिराना और कभी उन्हें पटाने के लिए उनका कहना मानकर मन्दिरपतन रोकना आदि बातें उसकी व्यवहारकुशलता को सामने लाती हैं। धौलपुर के उत्तराधिकार युद्ध के बाद जिस तरह से कट्टर शाहजहाँ-दारा समर्थक राजा और अधिकारी अपने भविष्य को सुरक्षित करने के लिए रंग बदलकर उसके खेमे में आ जुटे थे और जिस तरह से उसने उन सबको अपने इशारों पर नचाया था, उससे औरंगजेब की प्रखर कूटबुद्धि का अच्छा परिचय मिलता है। अपने आपको तीसमारखाँ घोषित करने और करवानेवाले बड़े-बड़े दिग्गज और सूर्यवंशी-चन्द्रवंशी उसके आगे वंशी बजाने लगे थे। वह उन राजपूतों, राजाओं और मनसबदारों को शतरंजी मोहरा बनाकर 'स्वकार्यम् साधयेत् धीमान्' की नीति का पालन करता था।

लेकिन ऐसा नहीं है कि सभी हिन्दू राजाओं और जननेताओं ने औरंगजेब

की कृपा पाने या उसका क्रोध टालने के लिए अपनी आत्मा को बेच डाला था। जयसिंह ने भले ही अपनी आत्मा को मारकर एक समय के अपने परम श्रद्धास्पद दाराशिकोह को पकड़ लाकर औरंगजेब के हाथों बुरी मौत मरने के लिए सौंप दिया हो, लेकिन उस समय का दूसरा प्रबल हिन्दू राजा जसवन्तसिंह जब-तब अवसर खोजकर औरंगजेब को खिझाता रहता था और औरंगजेब उसके राज्य को छीनकर भी उसकी उपेक्षा नहीं कर पाता था। पंजाब के गुरु गोविन्दसिंह ने औरंगजेब को लिखे अपने पत्र 'जफरनामा' में उसे प्रसन्न और अनुकूल बनाने का प्रयास किया था, फिर भी उसके विरुद्ध उनके अभियान में कोई कमी नहीं आई थी। शिवाजी तो उसके दरबार में उसके सामने ही उसकी अवज्ञा करके लौटे और भागे थे और जीवनभर उसे छकाते ही रहे। उन सबके आश्रित रीतिकवियों ने औरंगजेब के प्रति अनादरसूचक 'नवरंगजेब', 'नौरंग', 'अवरंग' और 'नुरंगा' जैसे शब्द लिखकर निडरतापूर्वक उसके प्रति अपनी घृणा व्यक्त की थी। दरबार से बाहर के कवियों ने भी बड़ी शान के साथ बूँदी के राव भावसिंह हाड़ा के बारे में लिखा है कि वह औरंगजेब की अमर्यादा को देखकर क्रोधवश उसके फरमानों को फाड़ देता था। सन्त निपट निरंजन ने औरंगजेब के बुढ़ापे में उसको सामने बैठाकर जिन शब्दों में उसे खरी-खोटी सुनाई थी, उनमें उसके प्रति गध्यकालीन भारतीय जन की संचित भावनाओं का निचोड़ है।

औरंगजेब का सारा जीवन शतरंजी चालों में अपने पक्ष-विपक्ष की गोटियों को जमाते-हटाते बीता था। उसके कारण वह कभी शान्ति से बैठ नहीं पाया और न ही उसने किसी को शान्ति से बैठने दिया। उसके बादशाही जीवन का सारा काल अपनी जड़ें जमाने में ही बीत गया। जोड़-तोड़ की राजनीति ने उसे जीवन भर सक्रिय रखा था। युवाकाल में उसने अपने अलावा और किसी की बात नहीं मानी लेकिन प्रौढ़ावस्था में निपट निरंजन जैसे औरंगाबादी फक्कड़ और निडर साधु की फटकार उसने कान डालकर सुनी। जीवन भर के पापों का प्रायश्चित्त करने के प्रयत्न में उसकी सुमिरनी के दानों में उसका पश्चात्ताप बोलता था। अन्तिम दिनों में वह हिन्दू सन्तों और मुसलमान सूफियों में एक ही अल्लाह तथा पहुँचानेवाला गाता रूप देखने लगा था। औरंगजेब बुढ़ापे में टोपी सीने और कुरान की नकलें तैयार करने के काम में लगा था, वह उसमें संसार की असारता का बोध जागने का उतना सूचक नहीं है, जितना उस पापात्मा कलेवर को प्रायश्चित्त की आग में तपनेवाले पुण्यात्मा फकीर के रूप में दिखाने का प्रयत्न था।

औरंगजेब ने अपनी महत्त्वाकांक्षा और दम्भवश जो काम किए थे, उसका समाज पर अच्छा प्रभाव नहीं पड़ा था। प्रजा उसे रावण के रूप में देखने लगी थी। रीतिकवियों ने जब भी औरंगजेब के शाही सेना अथवा हिन्दू राजाओं से हुए युद्धों का वर्णन किया है उसको रावण और प्रतिरोधी को राम के रूप में प्रस्तुत किया है। कवियों

की वह कल्पना बहुत सार्थक और सटीक थी। रावण और औरंगजेब के चरित्र में बहुत सारी समानताएँ देखकर ही उन्होंने इस उपमान का प्रयोग किया था। वह रावण की तरह मर्यादाघाती, दम्भी, सन्तरक्तकर वसूलनेवाला, भाइयों को अपमानित करनेवाला, चारों ओर आतंक मचानेवाला, निरकुंश आदि-आदि क्या-क्या नहीं था ?

राजसमाज पर औरंगजेब का बड़ा दुष्प्रभाव पड़ा था। हिन्दू राजसमाज में पहले कभी पिता को हटाकर या मारकर कोई राजकुमार राजगद्दी पर नहीं बैठा था। शक्तिसिंह अपने पिता और भाई से रूठकर अकबर से जा मिला था, फिर भी अकबर द्वारा लुभाए जाने पर भी उसके दिमाग में कभी यह विचार नहीं आया कि वह अपने पिता और भाई को हटाकर स्वयं को चित्तौड़पति कहलाए। अमरसिंह राठौड़ अपने पिता गजसिंह से रूठकर जहाँगीर के दरबार में पहुँच गया था, लेकिन उसने छोटे भाई जसवन्तसिंह को हटाकर स्वयं जोधपुरपति बनने का प्रयत्न नहीं किया। शक्तिसिंह और अमरसिंह ने अपने-अपने पिता और उनकी भावनाओं का पूरा आदर किया था। साथ ही राजपूती सामन्तों की इच्छा का सम्मान रखा था। विपरीत वातावरण में उनके बने रहने पर कोई अप्रिय प्रसंग कभी भी घटित हो सकता था अथवा वे अपनी प्रतिभा और महत्त्वाकांक्षा को शाही दरबार में भुना सकते थे, इसलिए वे अपने-अपने राजभवन छोड़कर शाही सेना में चले गए थे। जिन राजपूत वंशों में ऐसे मर्यादापालक राजकुमार हुए, उन्हीं की अगली पीढ़ियों ने बाद में औरंगजेब का मौन मुखर समर्थन किया था। उदयपुर के राणा जयसिंह के पुत्र ने विद्रोह किया, तो रीतिकवियों के लिए वह नई बात थी। उस विद्रोह को उन्होंने औरंगजेब का प्रभाव स्वीकारते हुए कविता में यह लिखा है कि औरंगजेब की चाल की नकल करके राणा राजकुमार ने अपने पिता के विरुद्ध बगावत की थी। उस बगावत को राठौड़ दुर्गादास ने समझा-बुझाकर शान्त किया। लेकिन दुर्गादास अपने राजमहल में उस औरंगजेबी प्रभाव को नहीं रोक पाया। उसके द्वारा संरक्षित, पालित, राजनीति में दीक्षित और औरंगजेब की मृत्यु के बाद जोधपुर के राजसिंहासन पर स्थापित राजा अजीतसिंह की हत्या उसके बड़े पुत्र ने अपने छोटे भाई से करवा दी और स्वयं जोधपुर का राजा बन गया। मध्यकालीन इतिहास में राजपूतों के लिए वह अपूर्व अकल्पित दुर्घटना थी और उस तरह के दुराचरण का वास्तविक सूत्रधार औरंगजेब ही था।

औरंगजेब का सारा जीवन उथल-पुथल मचाते और सर्वनाश करते बीता था। उसने अपने दादा, पिता अकबर के द्वारा सर्वधर्म समभाव की परम्परा का विखंडन किया। कबीर, नानक, रहीम, रसखान जैसे सन्तों के द्वारा किए जा रहे हिन्दू-मुसलमान-एकता के प्रयासों को चूर-चूर किया तथा सन्तों को मरवा-चिरवा या उनकी परीक्षा लेकर अपमानित और प्रजा को आतंकित किया। उसके जिन कामों से आतंक फैलता था, उन्हीं को बार-बार दुहराकर उसका दम्भी अहं तृप्त और सन्तुष्ट होता था। उसने सभी अच्छी परम्पराओं को बहुत गहरे दफन करवाकर मुगल साम्राज्य

को उस कगार पर ला खड़ा किया था कि उसके आगामी वंशज उसे सँभाल नहीं पाए और उसके टुकड़े-टुकड़े हो गए। मुगल वंश को पूरी तरह उजाड़कर उन टुकड़ों को पुनः एकत्र करने का काम फिर अंग्रेजों ने ही किया।

संदर्भ

1. जसवन्त सिंघ री ख्यात, पृ. 59
2. गुरु प्रताप सूरज, पृ. 569, छन्द 21
3. (क) जसवन्त सिंघ री ख्यात, पृ. 60
   (ख) अजीत विलास, पृ. 23
4. (क) जसवन्त सिंघ री ख्यात, पृ. 61
   (ख) अजीत विलास, पृ. 24
5. गुरु प्रताप सूरज, भाग-4, पृ. 591-592, छन्द 53-57
6. जसवन्त सिंघ री ख्यात, पृ. 61
7. वि.सं. 1716, मार्च 13, 1659 ई.
8. जसवन्त सिंघ री ख्यात, पृ. 62
9. (क) जसवन्त सिंघ री ख्यात, पृ. 63
   (ख) अजीत विलास, पृ. 25, छन्द 3
10. गुरु प्रताप सूरज, भाग-4, पृ. 592-595, छन्द 1-43
11. वही, पृ. 596-598, छन्द 1-38
12. वही, पृ. 596-598, छन्द 1-38
13. वही, पृ. 607, छन्द 34-37
14. वही, पृ. 607 की पाद टिप्पणी
15. इस विषय के विशेष अध्ययन के लिए 'गुरु प्रताप सूरज' के भाग-4 से भाग-8 तक को देखा जा सकता है।
16. राजस्थानी वीरगीत संग्रह, भाग-3, पृ. 219-220, गीत 129
17. वही, भाग-1, पृ. 119, गीत 111
18. अजीत विलास, पृ. 24-25
19. राजस्थानी वीरगीत संग्रह, भाग-3, पृ. 19, गीत 11
20. मार्च 7, 1959 ई.
21. जसवन्त सिंघ री ख्यात, पृ. 69-77
22. गुरु प्रताप सूरज, भाग 4, पृ. 614, छन्द 28-41
23. जसवन्त सिंघ री ख्यात, पृ. 77
24. अजीत विलास, पृ. 30
25. वृन्द ग्रन्थावली, पृ. 349

26. नवम्बर 28, 1678
27. जुलाई 16, 1679
28. अजीत विलास, पृ. 121
29. वही, पृ. 25-36
30. (क) राजस्थानी वीरगीत संग्रह, भाग-1, पृ. 177-179, गीत 166-168

    (ख) वही, भाग-3, पृ. 128-129, गीत 84
31. गुरु प्रताप सूरज, भाग-8, पृ. 16, छन्द 35
32. वही, पृ. 29, छन्द 25
33. 'जफरनामा' में फारसी शे'र हैं, जिनमें से कुछ का हिन्दी अनुवाद यहाँ दिया जा रहा है जिसे पढ़कर सारे सन्दर्भ स्पष्ट हो जाते हैं—

    (क) जो आदमी (तेरी) कुरान के सच पर विश्वास कर ले, वह अन्त में ख्वार होता है। 15

    (ख) यदि मैंने गुप्त रूप से भी कुरान की कसम खाई होती तो मैं एक कदम भी आगे नहीं बढ़ता। 18

    (ग) जो आदमी तेरी कुरान के सच पर विश्वास कर ले, उसे कैद में डालना या मारना ठीक नहीं। 25

    (घ) मुझे यह पता नहीं था कि यह समझौता तोड़नेवाला (औरंगजेब) टके का मुरीद है और धर्म-ईमान को परे फेंकनेवाला है। 45

    (ङ) क्या हुआ जो मेरे चार बच्चे मारे गए। अभी तो कुंडलीदार नाग बाकी है। 75
34. असपति परि औरंग अति, कूर कपट कौ कोट।

    जिन मारै बन्धव जनक, अल्लह दे बिच ओट।। 9/9

    दिल्लीस साहि औरंग दिट्ठ रुक्केव पितहिं बइट्ठ

    बिस्वास देइ तिन हनै बन्धु, ऐ ऐसु दुष्ट उर रज्ज अन्धु।। 9/10

    निय गीत सकल करिकें निकन्द, सुलतान भयौ छलबल सुछन्द।

    मन्नै न चित्त पर बुधिमन्त, दसमुख समान अहमेववंत।। 9/11-राजविलास
35. निपट निरंजन की बानी—सम्पादक : राजमल बोरा, पृ. 55
36. वही, पृ. 61, छन्द 20
37. गुरु गोविन्दसिंह के दो पुत्रों को मुसलमान न बनने पर सरहिन्द के नवाब द्वारा जीवित चिनवा देने की ओर संकेत है।
38. निपट निरंजन की बानी, पृ. 63, छन्द 24
39. वही, पृ. 67, छन्द 36
40. वही, पृ. 80, छन्द 75-76
41. कदम बोसी पीरे मुरशद दुवाए खैर खादीम पर।

    इनायत की नजर बाबा रहम को खाकसारी पर।। 2।।

    शाहदत्त दोउ जोड़ के, कर सलाम सर टेक।

    कहे निपट अपनी नजर लखियो, अगम अलेख।। 3।।-वही, पृ. 103

42. राजस्थानी वीरगीत संग्रह, भाग-4, पृ. 6, गीत 4
43. वही, भाग-3, पृ. 108-109
44. वही, भाग-3, पृ. 107-108, गीत 73
45. वही, भाग-1, पृ. 31, गीत 34
46. जसवन्त सिंघ री ख्यात, पृ. 73
47. शिवाजी—यदुनाथ सरकार, सम्पादक—डॉ. रघुवीरसिंह, पृ. 202
48. शिवाजी पर उनका किया हुआ काम मूल न होने पर भी मूल के समान हो गया है। मराठों के इतिहास की उपेक्षा सरकार कर ही नहीं सकते थे। इ के अभाव में औरंगजेब के युग का अध्ययन अधूरा ही रहता। तदर्थ स्वयं काम करते र भी उन्होंने सरदेसाई को अपने साथी के रूप में प्रोत्साहन दिया। (उनके पत्रों में) सर ाई तथा कालिकारंजन कानूनगो का उल्लेख बहुत ही आत्मीय रूप में हुआ है। सरदेसाई तो सहयोगी साथी के रूप में रहे किन्तु कानूनगो तो चेले थे।—महाराजकुमार डॉ. रघुवीरसिंह के पत्र, सम्पादक—डॉ. राजमल बोरा, परिशिष्ट-1, पृ. 207
49. भूषण ग्रन्थावली—सम्पादक—श्री विश्वनाथ प्रसाद मिश्र, अन्तर्दर्शन, पृ. 105-7
50. भूषण और उनका साहित्य—डॉ. राजमल बोरा, पृ. 65
51. महाराजकुमार डॉ. रघुवीरसिंह के पत्र, सम्पादक : डॉ. राजमल बोरा, पृ. 207, पत्र संख्या 105, पृ. 121
52. आगरा की कैद से भागकर शिवाजी ने उत्तरी भारत के तीर्थस्थानों की यात्रा की थी। इन तीर्थस्थानों के पंडों की पुरानी बहियों में शिवाजी के हस्ताक्षर मौजूद हैं। उनकी खोज से शिवाजी की तीर्थयात्रा का विवरण तैयार किया जा सकता है।
53. भूषण और उनका साहित्य, पृ. 65
54. एक लहैं बहु संपत केसब भूषण ज्यों बरवीर बड़ाई।—काव्यनिर्णय, प्रथम उल्लास।
55. भूषण और उनका साहित्य, पृ. 97
56. वही
57. तारीखे इस्कन्दरी, सम्पादक—डॉ. सुरेशदत्त अवस्थी, पृ. 13
इती मुलक में आग सुलगी है साँच
कि सब शहर बेकल है लगती है आँच
58. दक्खिनी के ऐतिहासिक काव्यों का विकासात्मक अनुशीलन—डॉ. सुरेशदत्त अवस्थी, मूल शोधप्रबन्ध, पृ. 126
59. दक्खिनी का ऐतिहासिक काव्य : अलीनामा—डॉ. श्री राम शर्मा, हिन्दुस्तानी, भाग-34, अंक 3 में प्रकाशित।
60. तारीखे इस्कन्दरी, पृ. 29, 44, 48
61. वही, पृ. 12, 15, 29
62. वही, पृ. 21
63. वही, पृ. 30
64. वही, पृ. 44

65. तारीखे इस्कंदरी, पृ. 45
66. दखन और मुगलान के दरमियाँ
वतन धर कुहिस्ताँ में था वो निहाँ—अलीनामा
67. दगा सूँ च यक चोर मारग ते चढ़
किया कब्ज जाकर पनाले का गढ़—अलीनामा
68. पकड़ अस्ल तारीख लिखत्याँ की चाल।
लिख्या किस्सा दर किस्सा मैं हस्बे हाल।—अलीनामा
69. मँगे ज्यूँ रहना नाम हर कामगार
जमाने पो यक नक्श हो यादगार।
वईं नुसरती धर के सिर ते उमस
लिख्या फन नवाब नामी का जस।—तारीखे इस्कन्दरी, पृ. 56
70. न करना बचन शर्जा खरगोश सा।
के उन मरना मारना मस्त हाथी पे हात
सग इसके पीछे चुप जो दिन सारना
के ज्यों खोद डूंगर चुआ मारना।—अलीनामा
71. न उसकूँ मुकाबिल पे आने दिया
न हतियार पर हात माने दिया
खपाखप किते जल्द वारां पै वार
लगे घाव पर घाव सब तन मँझार
सुरंग सज हुए लहउ सूँ अत बेदिरंग
रंगील्याँ किया सब सहेल्याँ कूँ संग
के तिस सामने तिसके प्याराँ कू काट
चल्या लूट सब शर्म पर अपनी बाट—अलीनामा, पृ. 180
72. अलीनामा, पृ. 181
73. वही, पृ. 184
74. पकड़ अपने दाँतों में हैरत सूँ बोंट
कस्या चाबना सख्त गुस्से में होंट
दिस आता है ना होए हमन ते इलाज
अली की तरफ से मदद पाए बाज।—अलीनामा, पृ. 185
75. मेरे काम पर मैं हूँ हाजिर सदा
तुमारी बी करनी क्यों इब्तिदा
मदद मैं हूँ मूजी पै चल बेग आव
लड़ो मत तमाशा व चुप देख जाव—वही, पृ. 186
76. वही, पृ. 217
77. वही, पृ. 218
78. यदुनाथ सरकार ने 'शिवाजी', पृ. 647 पर लिखा है कि बीजापुरियों ने तालाब आदि

को सुखा दिया, लेकिन नुस्रती ने तालाबों में विष घुलवाने की सूचना दी है, जो अधिक सम्भव और विश्वसनीय लगती है।

79. दकन के तू यक मुलका है वजीर
    बले दिल में दहली के नईं तिस नजीर।
    मुवास आ लड़े मुजसों क्यों रच के भार
    कि हूँ दिल में दहली के मैं दावेदार।—तारीख इस्कन्दरी, पृ. 9, 14
80. तारीख इस्कन्दरी, पृ. 12
81. इती मुलक में आग सुलगी है साँच
    कि सब शहर बेकल है लगती है आँच।—तारीख इस्कन्दरी, पृ. 13
82. वही, पृ. 15, 16
83. वही, पृ. 20, 21
84. वही, पृ. 25
85. वही, पृ. 29
86. कह्या यू तो काफिर इतना कुछ है साँच, मुसलमान बाँटे पै हौवै सौ कूँ पाँच।—वही, पृ. 30
87. वही, पृ. 43
88. वही, पृ. 44
89. वही, पृ. 48
90. वही, पृ. 49
91. वही, पृ. 55-56
92. (क) सुनो सुलतान जहान कौन है मुसलमान,
    खुदा की न पहचान, खुदा जिक्र छेड़ा है।
    कल्मा पढ़े भराभर मल्मा तो भरा अन्दर,
    सौ सौ चूहे खाय के बोका हज्ज दौड़ा है।।19।।
    (ख) कल्ब को रोशन कर मुर्शद के मकतब,
    उमर गमाया सब तैने अपने साठ का
    कै निपट निरंजन सुनो आलमगीर
    धोबि का कुत्ता रहा घर का न घाट का।।20।।—निपट निरंजन की बानी
93. शिवा बावनी, सम्पादक—विश्वनाथ प्रसाद मिश्र, भूमिका, पृ. 7-8

6

औरंगजेबोत्तर काल

औरंगजेब का पचास वर्षीय शासनकाल मध्यकालीन भारत के लिए बहुत बेचैनी भरा रहा। उसकी बादशाही प्रबल हिंसा की जमीन पर जमी थी। आरम्भ से लेकर अन्त तक वह हिंसालिप्त ही रही। उसकी कार्यसूची में विनाश ही विनाश रहे, निर्माण के जो एकाध काम उसने किए-करवाए, वे बड़े अकलात्मक और बेतुके हैं। उसकी मृत्यु के बाद भी हिंसा का दानव शान्त नहीं हुआ। जिस दानव को उसने जन्म दिया था, वह सारे मुगल साम्राज्य और उसके आसपास के क्षेत्रों की शान्ति, मर्यादा, विश्वास, धर्म, संस्कृति और अच्छी परम्पराओं को निगल गया। सारे मुगल साम्राज्य और पड़ोसियों को ही नहीं, सारे मुगल खानदान को भी निगल गया। उसने अपने पिता, भाइयों और साम्राज्य के शुभचिन्तकों के विरुद्ध छल, अपमान, हिंसा और जोरजबर्दस्ती की जिन परम्पराओं की नींव रखी थी, उसी नींव ने उसके वशंजों को निगल लिया।

पचास साल पहले शुरू किए गए उस औरंगजेबी वात्याचक्र के समापन तक रीतिकालीन कवि उसके दुष्प्रभावों से उबर नहीं पाए थे कि उसकी मृत्यु ने एक और वात्याचक्र-प्रेत खड़ा कर दिया। उसकी अगली पीढ़ी ने भी उसी की तरह उत्तराधिकार युद्ध का तांडव दुहराया और अपने पिता का अनुकरण करते हुए बहादुरशाह अपने भाइयों और भतीजों को मारकर दिल्ली की गद्दी पर बैठा। राजपूतों को फिर इधर या उधर का होकर लड़ना पड़ा और उनके आश्रित तथा अन्य स्वतन्त्र कवियों को फिर अपने काव्यों में उस नए 'महाभारत' का वर्णन करना पड़ा। फिर तो मुगल खानदान में गद्दी के लिए जो उठापटक, मारकाट, कैद करने, पधराने, अन्धा करने, हत्या करने, षड्यन्त्रपूर्वक कठपुतली बादशाह बनाकर अपना उल्लू सीधा करने का जो दौरदौरा चला, उसका अन्त अंग्रेजों के द्वारा मुगल खानदान के अन्तिम कुलदीपकों की हत्या और अंतिम बादशाह को देशनिकाले के साथ हुआ। वह एक सौ पचास

वर्षों का संघर्षकाल मुगलों के पतन और अंग्रेजों के उत्थान का रहा। 1857 ई. में राजसत्ता के लिए हुए देशी-विदेशी शासकों के उस अन्तिम निर्णायक युद्ध में एक नई विदेशी सत्ता के द्वारा पूर्ण विजय प्राप्त करने के साथ ही इस देश में एक नए युग का सूत्रपात हुआ।

1. औरंगजेब का अन्तकाल और उत्तराधिकार युद्ध : आजम-मुअज्जम-संघर्ष

औरंगजेब ने अपने जीवन के अन्तिम दिनों में अपने विगत अनुभवों के आधार पर सोच लिया था कि उसकी सन्ततियाँ राज्यलिप्सा के मामले में उससे उन्नीस नहीं हैं। उसने अपने जीवनकाल में जो कुछ भी किया था और उसका जो परिणाम निकलनेवाला था, उसका पूर्वानुमान कर उसने जो कदम उठाए, मुगल साम्राज्य और अपने शाहजादों की जो व्यवस्था की, उसके बारे में कवि वृन्द ने लिखा है कि दिल्ली के बादशाह औरंगजेब ने जब दक्षिणी राज्यों पर क्रोध किया तो उसने सबसे पहले बीजापुर को जीता और उसके बाद गोलकुंडा का किला जीत लिया। जब उसका शत्रु शिवा मर गया तो उसने उसके पुत्र शम्भा को मार डाला। अनेक किले और नगर जीतने के बाद जब बूढ़े और अशक्त औरंगजेब को लगा कि उसका अन्तिम समय आ रहा है तो उसने सोचा कि उसके मरने के बाद उसके पुत्रों में सत्ता का संघर्ष न हो, इसलिए चारों पुत्रों में चारों सूबे बाँट दिए जाएँ। मृत्यु से पूर्व उसने आजम से कहा कि मैं तुमको दिल्ली देश का राज न देकर दक्षिण का सूबेदार नियुक्त कर रहा हूँ, यहाँ राज करो। घोर अहंकारी आजम प्रत्यक्षतः तो कुछ नहीं बोला, लेकिन अपने पिता के इस निर्णय से उसके अहं को चोट अवश्य लगी। बीजापुर और भाग नगर (वर्तमान हैदराबाद) का शासन कामबख्श को सौंपकर भेज दिया गया था। औरंगजेब ने अल्पवय जयसिंह को आजम के पुत्र बेदारबख्त का सहायक बनाकर उज्जैन की ओर भेजा, ताकि उसका प्रबन्ध ठीक-ठाक किया जा सके। बेदारबख्त उज्जैन होकर गुजरात गया और उसको नियन्त्रण में लेकर आगे बढ़ा। तभी सं. 1763 वि.[1] में औरंगजेब की मृत्यु हो गई।[2] जिस तरह पहले शाहजहाँ की बीमारी और मृत्यु की सम्भावना की खबर को दबाने के लिए दाराशिकोह ने प्रयत्न किया था, उसी तरह अब मुगल शाहजादों के भावी संघर्ष को रोकने और देश में अराजकता रोकने के लिए मन्त्री असद खाँ ने औरंगजेब की मृत्यु की खबर को दबा दिया, ताकि दो मंजिल आगे गए आजम को वापस बुलाकर उसे राजगद्दी सौंपी जा सके, लेकिन खबर दबी नहीं। खबर पाकर चारों शाहजादे (कामबख्श, आजमशाह, मुअज्जम शाह, अजीमुश्शान) दिल्ली का सिंहासन पाने के लिए प्रयत्नशील हो उठे। उत्तर (लाहौर) से मुअज्जम शाह दिल्ली को हथियाने चल पड़ा। आजमशाह अहमदनगर पहुँचा और उसने औरंगजेब के सिंहासन तथा खजाने पर नियन्त्रण कर लिया। उसने

बादशाह बनकर अपने नाम का सिक्का चला दिया, फिर दक्षिण में अपनी ध्वजा फहराकर दिल्ली की ओर चल पड़ा।

कवि सन्तोखसिंह ने बताया है कि औरंगजेब की मृत्यु की खबर अजीमुश्शान को बल्ख-बुखारे के अभियान के समय मिली थी। उसे बताया गया था कि आजम ने बीमार औरंगजेब को मारकर सत्ता हथिया ली है, इसलिए वह दिल्ली को हथियाने के लिए लाहौर के रास्ते तुरन्त लौट पड़ा।[3]

असद खाँ औरंगजेब की मृत्यु के समय तक महामन्त्री था। बाद में वही आजमशाह का सलाहकार रहा। वह वीर और निडर योद्धा था। हर बात में सावधान रहता था। उसने अपने बुद्धिबल से बादशाह के अनेक काम सिद्ध किए थे। आजम शाह ने छह हजारी मनसबवाले असद खाँ के बेटे जुल्फिकार खाँ को भी सेनापति के रूप में रख लिया, जिसकी दक्षिण भर में धाक थी। उसने तन्जौर तक के क्षेत्र को रौंद डाला था। उसे सेनापति बनाने के बाद आजम शाह ने जो अन्य सहायक अपने साथ लिये वे थे—दलपति बुन्देला, रामसिंह हाड़ा, अमानुल्ला खाँ, सुलेमान खाँ, सगैले खाँ। सैनिकों में मुगल, पठान और दक्षिणी जवान थे। आजम खाँ उनको लेकर मुअज्जम शाह से युद्ध करने के लिए चल पड़ा। आजम को अपने अहं और अपनी सैन्य शक्ति पर इतना विश्वास था कि उसने सोटे के वार से ही मुअज्जम को प्रभावहीन करने की गर्वोक्ति की।[4] घमंड और निर्भयता से भरा वह अपना निकट अन्त नहीं देख पा रहा था।

इतिहास अपने को दोहरा रहा था। जिस तरह शाहजहाँ के चारों पुत्र उसकी रुग्णावस्था में दिल्ली पर कब्जा करने के लिए प्रयत्नशील हुए थे, उसी तरह औरंगजेब के चारों पुत्र दिल्ली हथियाने के लिए आगरा की ओर चल पड़े। वृन्द ने सूचना दी है कि सबसे पहले अजीमुश्शान दिल्ली लेने के लिए पूर्व (पटना) से आगरा पहुँच गया और वहाँ के प्रबन्धक नवाब मुख्तार खाँ को परास्त कर उसने आगरा पर अधिकार कर लिया। सन्तोखसिंह के अनुसार बहादुरशाह (मुअज्जम) ने बल्ख-बुखारा से लाहौर होकर दिल्ली पहुँचते समय रास्ते में गुरु गोविन्दसिंह से सहायता माँगी थी। गुरु ने इस शर्त पर सहायता देने का वायदा किया था कि वह अपने पिता की तरह क्रूर नीतियों पर न चले। बहादुर शाह ने सत्ता-प्राप्ति के लिए गुरु की हर शर्त को मानने का वायदा किया, तब गुरु ने उसकी सहायता के लिए अपने शिष्य धर्मसिंह के साथ सिख सैनिक रवाना कर दिए।[5] आजम दक्षिण से अहमदाबाद होता हुआ नर्मदा पार कर आगरा पहुँच रहा था। आजम का बेटा बेदारबख्त जयसिंह के साथ आगरा जीतने के लिए गुजरात से चला, लेकिन वृन्द के अनुसार, अजीम के द्वारा आगरा पर नियन्त्रण कर लिए जाने की सूचना पाकर वह उज्जैन में जा बैठा,[6] पर सवाई जयसिंह के दरबारी कवि आत्माराम ने बताया है कि गुजरात से बेदारबख्त और जयसिंह तथा दक्षिण से आजम ने आकर धौलपुर में डेरा किया।[7] आत्माराम

ने लिखा है कि बहादुरशाह अपने तीनों शाहज़ादों को लेकर पश्चिम से आया।[8] बहादुर शाह (मुअज्जम) वास्तव में पश्चिम से नहीं, उत्तर से आया था, जैसा कि सन्तोखसिंह आदि अन्य सभी कवियों ने सूचित किया है और उसके आगमन-मार्ग की भौगोलिक स्थिति बताती है। जिस तरह औरंगजेब ने सत्ता पाने के लिए अन्तिम निर्णायक उत्तराधिकार युद्ध धौलपुर में चम्बल नदी के किनारे किया था, उसी तरह उसके तीन पुत्र भी अपने पुत्रों के साथ वहीं चम्बल के किनारे समोगर[9] में आ डटे। वृन्द ने लिखा है कि राजसिंह अजीम पक्ष में था। वृन्द के अनुसार अजीम ने अपने पक्ष के राठौड़ राजसिंह से आजम की सोटामार गर्वोक्ति की चर्चा करते हुए अपने मन की बात कही कि व्यक्ति को वही बात कहनी चाहिए जिसे वह निबाह सकता हो। मुगल सिंहासन पर नियन्त्रण के लिए जैसे औरंगजेब आए थे और रूपसिंह ने इसी स्थान पर प्राण देकर उसको बचाने की कोशिश की थी, वैसे ही मैं इस युद्ध में वीरता दिखाकर औरंगजेब की तरह सिंहासन पाना चाहता हूँ। राजसिंह ने अजीम को आश्वासन दिया कि वह चिन्ता न करे। राठौड़ वीर युद्धक्षेत्र में आजम को रगड़ डालेंगे। अजीम ने राजसिंह से राजपूती शक्ति के बल पर पहले की तरह उस सुल्तानी जंग को जीत लेने का अपना विश्वास जताया।[10] देखा जाए तो वृन्द के काव्य के इस वर्णन-अंश में अपनी ही एक बात का खंडन है। 'रूपसिंह की वार्ता' में उन्होंने लिखा है कि रूपसिंह ने शाहजहाँ के पक्ष में रहकर औरंगजेब के हाथी को घायल करके प्राण दिए थे, और अपनी दूसरी पुस्तक 'रूपक सत्यसरूप' में वे कह रहे हैं कि रूपसिंह ने अपने प्राण देकर औरंगजेब को बचाया था। वृन्द के इन दोनों परस्पर विरोधी कथनों में उगते सूरज को प्रणाम करने की राजकीय मनोवृत्ति के अतिरिक्त और कुछ नहीं है।

समोगर के युद्ध में एक और ऐतिहासिक पुनरावृत्ति हो रही थी। जिस तरह औरंगजेब ने उज्जैन (चौरनारायणा) और धौलपुर (समोगर) युद्धों में शाही सेना को प्रबल देखकर मुराद को इस्तेमाल किया था, वैसे ही मुअज्जम ने आजम के विरुद्ध अजीम का उपयोग किया था। कवि वृन्द ने लिखा भी है कि जैसे महाभारत में युधिष्ठिर की विजय अर्जुन के हाथ में थी, उसी तरह बहादुर शाह की विजय अजीम के हाथ में थी। दिल्ली के सिंहासन पर नियन्त्रण के लिए इधर से मुअज्जम आ रहा था और उधर से आजम। उत्तर से मुअज्जम और दक्षिण से आजम आगरा की ओर आ रहे थे। उनके साथ रक्तमुख मुगल, भूरे पठान, गोरे किलमाक, काले हब्शी, वीर योद्धा, चौहान, गौर, हाड़ा, कछवाहे, तलवारधारी दक्खिनी, बुन्देले अनेक हथियारों से सज्जित होकर आए।

समोगर में मुअज्जम ने आजम को समझौते की दृष्टि से समझाने की कोशिश की कि वह दक्षिण का बादशाह है और वह मालवा को भी हथिया चुका है, इसलिए युद्ध न करे, लेकिन आजम तो घमंड में चूर था। उसने औरंगजेब का उदाहरण देकर

स्पष्ट कर दिया कि जिस तरह बादशाह बनने के लिए औरंगजेब ने अपने भाइयों से लड़ाई की, वैसे ही लड़ाई वह भी करेगा।[11] हार-जीत तो खुदा के हाथ में है। जिसे वह बादशाही देगा, उसे ही मिलेगी। वह या तो तख्त (सिंहासन) पर बैठेगा या तख्ते पर (कब्र में) लेटेगा। महत्त्वाकांक्षी आजम ने न अपने पिता औरंगजेब की बात मानी थी और न अब अपने भाई मुअज्जम की बात सुनी। आपत्ति काले विपरीत बुद्धि : दोनों ओर की सेनाएँ आमने-सामने आ डटीं। मुअज्जम शाह के साथ उसके पुत्र और अन्य कई सरदार थे। वे आयुध भंडार की ओर बढ़े। मुअज्जम की रवानगी की बात सुनकर रार्जसिंह घोड़े पर चढ़कर गया और उसने मुअज्जम के सामने, परम्परा के अनुसार, घोड़े से उतरकर मुजरा किया। जब मुअज्जम ने आजम के योद्धाओं के बारे में राजसिंह से पूछताछ की तो उसने सूचना दी कि अजीमपक्ष के औरंगजेब के सैनिकों की लिखित प्रार्थना आई है कि वे आजम को छोड़कर मुअज्जम की ओर आना चाहते हैं। अजीम के लिए वह शुभ सूचना थी। अन्धा क्या चाहे ? दो आँखें। उसने राजसिंह को फरमान देकर औरंगजेब पक्ष के जुल्फिकार खाँ और रामसिंह को विश्वास में लेने के लिए भेजा, लेकिन तभी आजम ने अजीम पर हमला कर दिया। आजम के साथ अपने सैनिकों के अलावा औरंगजेब तथा दक्षिणी सूबों के बहुत से सैनिक दल थे। सन्तोखसिंह ने आजम पक्ष की कुल सैनिक संख्या बाईस लाख, कुल तोप संख्या दस हजार और जंबूरों की कुल संख्या पचास हजार बताई है, जो कि निश्चित ही अतिशयोक्ति है।[12] लेकिन यह निश्चित है कि आजम औरंगजेब के पास रहता था, इसलिए औरंगजेब की मृत्यु के बाद उसकी सारी सैन्य शक्ति आजम को सहज ही मिल गई थी और उसकी टक्कर में किसी और के पास उतनी सैन्य शक्ति नहीं थी। कवि आत्माराम ने अजीम की कुल सैनिक संख्या अस्सी हजार बताई है। यहीं एक रोचक बात यह बताई गई है कि सवाई जयसिंह आजम पक्ष की ओर से जब अजीम की अस्सी हजार सेना के साथ लड़ा था, तब उसके साथ अपने कुल अस्सी सवार थे। यह संख्या अविश्वसनीय रूप से बहुत कम है क्योंकि सवाई जयसिंह कोई मामूली राजा नहीं था। आजम की विशाल सेना के अचानक आक्रमण की सूचना पाकर अजीम ने मुअज्जम के पास खबर भेजी और स्वयं हरावल (सेना का अग्रभाग) दस्ते के साथ प्रत्याक्रमण के लिए चल पड़ा। बहादुर शाह (मुअज्जम) को खबर मिली कि आजम ने अजीम के आक्रमण का सामना करना शुरू कर दिया है। तब उसने सोचा कि अब वह छल, बल, दलपूर्ण आजम पर हमला करे। बहादुर शाह चतुर व्यक्ति था। वह सेना के पिछले भाग में सुरक्षित खड़ा होकर अपने प्रतिद्वन्द्वी भाइयों को कमजोर होते या मरते देखना चाहता था, जिससे उसका रास्ता निष्कंटक हो जाए। अजीम की विजय निश्चित लग रही थी। आजम और अजीम ने राजसिंह को अपने-अपने पक्ष में करने के लिए बुलावे भेजे, लेकिन राजसिंह युद्धक्षेत्र में ऊँट किस करवट बैठता है, यह देखने के बाद विजयी पक्ष में होने का निर्णय लेना चाहता

था। वैसे वह अजीम पक्ष में था, लेकिन अब बहादुर शाह का पलड़ा भारी होता देखकर वह उसी की ओर स्वामिधर्म निभाने चल पड़ा। बहादुर शाह की ओर से लड़नेवाले अजीम से राजसिंह की दूरी एक योजन (दो कोस= चार मील) थी, पर वह चटपट अजीम के पास पहुँच गया। अजीम ने राजसिंह को आदेश दिया कि उसकी सेना का जो भाग कमजोर होता दिखाई पड़े वह उसी ओर सहायता के लिए पहुँच जाए। हाथी पर सवार राजसिंह ने खड़े होकर आदेश स्वीकार किया।

सन्तोखसिंह के अनुसार वह युद्ध चार दिनों तक चला था। आजम शक्तिशाली और स्वभाव से दम्भी था। वह बार-बार अपने सहयोगियों पर क्रुद्ध होकर बरस पड़ता था, इसलिए वे उससे नाराज रहते थे, फिर भी उस युद्ध के चौथे दिन बहादुर शाह उस युद्धक्षेत्र से पलायन कर गया।[13] युद्ध के दौरान जैसी कि परम्परा थी, नेता के गिरने-भागने या मरने के बाद सेना में भगदड़ मच जाती थी। अजीम का सेनापति बाजखाँ आजम पक्ष के जुल्फिकार खाँ की सेना के द्वारा घायल होकर गिर पड़ा तो अजीम पक्ष के अनेक हिन्दू और मुसलमान योद्धा भाग खड़े हुए। जुल्फिकार खाँ औरंगजेब का विश्वस्त सेनापति था और आजमशाह के समर्थन में लड़ रहा था। वृन्द के अनुसार उसकी मार से मुअज्जम की सेना पीछे हट रही है, यह सुनकर राजसिंह अपनी सेना के साथ दौड़ा आया और लड़कर जुल्फिकार को भगा दिया। उस समय स्थिति यह हो गई थी कि आजम शाह विजयी होने ही वाला था, लेकिन राजसिंह ने बाजी पलट दी। जिस प्रकार आजम जुल्फिकार खाँ पर और जुल्फिकार खाँ रामसिंह पर निर्भर थे, उसी प्रकार बहादुर शाह अजीम पर और अजीम राजसिंह पर निर्भर थे। राजसिंह के हाथी का नाम 'गाढ़े राव' था। उस पर सवार राजसिंह आजम शाह की सेना से लड़ रहा था। सैनिक बान, कमान और तोपों के बीच हाथी के पैरों तले रौंदे जा रहे थे। युद्धभूमि में परस्पर शत्रुपक्ष में लड़नेवाले राजसिंह राठौड़ और रामसिंह हाड़ा एक-दूसरे से भिड़ रहे थे। कुछ देर बाद रामसिंह हाड़ा मारा गया तो दलपति बुन्देला ने आजम सेना का नेतृत्व सँभाल लिया। दलपति की सफेद मूँछें उसकी वृद्धावस्था की परिचायक थीं। वह राजसिंह से लड़ने लगा, फिर बाजखाँ की ओर बढ़ गया। बाजखाँ के मरते ही अमानुल्ला खाँ ने कमान सँभाल ली। अमानुल्ला खाँ के तीर राजसिंह पर बरसने लगे। कुछ समय बाद अमानुल्ला खाँ ने बन्दूक सँभाल ली और राजसिंह पर चलानी चाही तो राजसिंह ने उसके भुजामूल में तीर मार दिया, जिससे उसका हाथ डिग गया और गोली राजसिंह के कवच को भेदकर निकल गई। तब अगानुल्ला ने राजसिंह पर तीर चलाया, जो राजसिंह की दायीं आँख में लगा, लेकिन आँख बच गई। आँख से तीर निकालने के बाद राजसिंह ने चार बाण छोड़कर अमानुल्ला खाँ को मार डाला।[14] हमीरुद्दीन खाँ हाथी पर बैठकर लड़ने आया तो राजसिंह के तीन तीरों ने उसे हौदे में लुढ़का दिया। उसके बाद राजसिंह अपने हाथी गाढ़े राव पर बैठकर जुल्फिकार खाँ से लड़ने लगा और ताक-ताककर उसके हाथी

पर वार करने लगा। दक्षिणी सेना के साथ राजसिंह की सेना इस भयंकरता के साथ लड़ी कि जुल्फिकार खाँ ग्वालियर की ओर भाग गया। उस भयंकर युद्ध से घबड़ाकर खानजमाँ के दो बेटे भय के कारण हौदे में लुढ़क गए, लेकिन राजसिंह ने उनके हाथी के पास अपना हाथी ले जाकर धमकी दी—"या तो अपना नाम बता दो वरना तलवार छाती में घुसेड़ दूँगा।" मृत्युभय से ग्रस्त दोनों ने अपने नाम शमशेर खाँ और निजामुद्दीन खाँ बताए। दोनों की दाढ़ी-मूँछें और अंग-रंग गोरे थे, जिनसे पता चलता था कि वे बुढ़ापे में कदम रख चुके थे, लेकिन उनकी आँखों में भय, कायरता और दीनता देखकर राजसिंह ने उन्हें छोड़ दिया। उन दोनों ने कृतज्ञतासूचक सलाम की। तभी हाथी पर बैठा आजम का उमराव हाड़ा रामसिंह तनकर तीर चलाता आया। उसकी आँखों में क्रोध, भुजाओं में बल और हृदय में वीरता थी। राजसिंह ने उसे भाला मारकर लुढ़का दिया। इस प्रकार राजसिंह के हाथों आंजम के ये योद्धा पराजित या मृत हुए—जुल्फिकार खाँ, सुलेमान खाँ, हमीरुद्दीन खाँ, अमानुल्ला खाँ, हाड़ा रामसिंह और दलपति बुन्देला। अन्य छोटे-मोटे उमरावों की तो गिनती ही नहीं थी।[15] राजसिंह के हाथों मरनेवाले अनेक ऐसे योद्धा भी थे जो उसके हौदे में लंगर लगाकर चढ़ने की कोशिश करते थे, उन मरनेवालों में आजम का एक चाकर अब्दुल्ला खाँ भी था।

कवि वृन्द ने 'रूपक सत्यसरूप' में राठौड़ राजा राजसिंह के पक्ष के अनेक योद्धाओं के नाम गिनाए हैं।[16] जो हिन्दू, मुसलमान, ब्राह्मण, पुरोहित, भील, भाँड़, ढोलवादक, नगाड़ची, रबाबी, ढाढ़ी आदि धर्मों, जातियों और पेशों से सम्बन्धित थे। पुरोहित रामचन्द ने युद्ध के साथ-साथ दूतकर्म भी किया। पुरोहित देवीसिंह ने युद्ध में रुचि ली तो पुरोहित हृदयराम दृढ़पूर्वक युद्ध क्षेत्र में खेत रहा। न्यामत खाँ राजसिंह का योद्धा था। उसका प्रशंसक हरी भांड वीर कविता के साथ तलवार चलाने में भी कुशल था। योद्धाओं का उत्साह बढ़ाने और अवसर आने पर युद्ध करने में कुशल दमामी कायम, नगड़ची जग्गू तथा सलीम खाँ का रबाबी बेटा रणक्षेत्र में अपने कर्तव्यपालन करते हुए मरे।

इन ऐतिहासिक काव्यों में एक मजेदार बात यह मिलती है कि कवि अपने हिन्दू आश्रयदाताओं को म्लेच्छनाशक दिखाते हैं, जबकि उनकी सेना में मुसलमान भी पर्याप्त मात्रा में थे। इसी प्रकार वे मुसलमान आश्रयदाता को काफिरनाशक दिखाते हैं, भले ही उनके साथ अनेक हिन्दू सहायक होते थे। दक्खिनी और ब्रज भाषा के सभी ऐतिहासिक काव्यरचयिताओं में यही वर्णन-पद्धति दिखलाई पड़ती है। 'रूपक सत्य सरूप' में यह प्रवृत्ति एक और रूप में मिलती है, वह यह कि हिन्दू राजा राजसिंह मुसलमान अजीम और मुअज्जम के लिए लड़ा फिर भी कवि ने लिखा है कि—मारू राव राजान म्लेच्छा मिटावै।[17] जबकि राजसिंह ने केवल मुसलमान योद्धाओं को ही नहीं, हिन्दू योद्धाओं को भी मिटाया था। इस तरह राजा को मुसलमान-विरोधी तथा

बादशाह को हिन्दू-विरोधी दिखाने की प्रवृत्ति मध्यकालीन धार्मिक साम्प्रदायिकता के फैलाव का परिणाम थी।

अब फिर उस युद्ध की ओर चलिए। उस युद्ध में आजम की पराजय और बहादुर शाह की जीत के लक्षण दिखाई पड़ने लगे। अन्तिम प्रहार के लिए जब अजीम और बहादुर शाह परस्पर मन्त्रणा कर रहे थे, तभी आजम और उसके सहायकों ने अपनी चाल चली। हाथी पर सवार मुनव्वर खाँ और आलम खाँ फौजों में से निकलकर अजीम और बहादुर शाह की ओर निर्भीक भाव से आए। अजीम भी हाथी पर सवार था। उसके पीछे जलाल खाँ पठान था। अजीम ने सोचा कि तीर और भालों से घायल अवस्था में उसके ही आदमी कुछ कहने के लिए आ रहे हैं। आलम खाँ और मुनव्वर खाँ चार हौदों में अपने आदमियों और अपनी फौज के साथ अजीम पर हमला करने आ रहे थे। इधर अजीम और उधर मुनव्वर खाँ आपस में भिड़ गए। सुलतान खाँ ने तीर और बरछी से मुनव्वर खाँ को घायल कर दिया, जिससे वह हौदे में लुढ़क गया। जैसे ही आलम खाँ क्रुद्ध होकर दौड़ा, वैसे ही अजीम शाह ने दो चार भाले मारे। खान जमाँ का बेटा आलम खाँ बहुत वीर दर्प से युक्त था। उसने दक्षिण में अनेक युद्ध लड़े थे। शिवा के पुत्र शम्भा के बारे में सूचना पाकर वह पचास कोस तक उसके पीछे दौड़ा था और पकड़कर उसे खान जमाँ के पास ले आया था, ऐसा प्रसिद्ध था। उस आलम खाँ को भी अजीम शाह ने मार डाला। युद्ध क्षेत्र में राजसिंह की युद्धवीरता की बात सबके मुख से सुनकर मुअज्जम शाह (बहादुर शाह) ने उसको बुलवाया तो देखा कि उसका सारा शरीर रक्तरंजित था। मुअज्जम शाह के मुख से एकदम उसके प्रति प्रशंसा के शब्द निकले क्योंकि उसकी तलवारबाजी के सहारे मुअज्जम ने आजम और उसके पुत्र तथा योद्धाओं को मारकर वह युद्ध जीता था। अहंकारी आजम के सिर में गोली लगी थी। बेदारबख्त भी तीर और गोली लगने के कारण धराशायी हो गया था। उनके साथ शाही सैनिक बेमन से अफीम पी-पीकर लड़ रहे थे और गिरफ्तार किए जा रहे थे। आजम और उसका मीर मरकर हौदे में ऐसे औंधे गिरे थे, जैसे कि नमाज पढ़ रहे हों। अपने घमंड के कारण ही आजम की मृत्यु हुई थी। वृन्द के अनुसार आजम ने अपनी घमंडी प्रवृत्ति के कारण दुर्योधन की तरह अपना वंशनाश करवा लिया था।[18]

बहादुर शाह जयजयकार और विजय-नगाड़े के बीच अपने डेरे में लौटा। उसने राजसिंह को पुरस्कार और मानस्वरूप तलवार भेंट की। राजसिंह का विशेष मान इसलिए किया गया था कि उसके बख्तर को फोड़कर तेरह तीर लगे थे और एक बन्दूक की गोली शरीर के बाएँ भाग को छूती हुई निकल गई थी। उसके साहस और स्वामिधर्म के पुरस्कार स्वरूप मुअज्जम शाह ने उसे नौबत, तेग, गज, भूषण आदि मरातब के साथ 'राजा बहादुर' की उपाधि दी।

सं. 1764 वि.[19] आषाढ़, कृष्ण पक्ष, पंचमी, रविवार को वह युद्ध हुआ था।

अजीम शाह ने राजसिंह की सहायता से वह सफल युद्ध लड़ा था। उस सफल युद्ध के लिए बहादुर शाह ने अजीमुश्शान की प्रशंसा की और अजीमुश्शान ने राजसिंह का तिलक किया।

वृन्द ने घोषणा की है कि उन्होंने यह काव्य यथार्थ युद्ध की यथार्थ घटनाओं के आधार पर लिखा है[20], जो कि इतिहास-लेखन की एक आवश्यक शर्त होती है।

2. बहादुर शाह काल

इतना जनबल, अस्त्रबल और धनबल होते हुए आजम की मृत्यु और पराजय का दोष उसके क्रोध और अकुशल नेतृत्व को ही दिया जा सकता है। उसके साथ वास्तविक युद्ध अजीमुश्शान ने ही किया था, लेकिन उस युद्ध का विजय-फल चखा मुअज्जम ने। औरंगजेब और मुअज्जम द्वारा किए गए उस उत्तराधिकार युद्धों में अनेक समानताएँ दिखाई पड़ती हैं। जिस प्रकार औरंगजेब ने स्वयं बादशाह बनने के लिए मुराद का उपयोग किया था, उसी प्रकार मुअज्जम ने अजीमुश्शान का उपयोग किया। जिस प्रकार औरंगजेब ने अपनी सेना से बहुत अधिक संख्यावाली शाही सेना को पराजित किया था और उस पराजय का मूल कारण था शाही पक्ष के राजपूती अहं का परस्पर टकराव। यहाँ आजम के घोर अहं से उसके सेनाधिकारियों के टकराव के कारण पराजय हुई। वहाँ जोधपुर के राठौड़ों ने शाही पक्ष को धोखा दिया था तो यहाँ राठौड़ राजसिंह ने दूर खड़े होकर विजयी का साथ देने का अवसर खोजा। जिस तरह पहले औरंगजेब ने विजय के बाद शाही पक्ष के समर्थक मिर्जा राजा जयसिंह का भरपूर अपमान किया था और उसके शासनक्षेत्र का सर्वनाश किया था, उसी तरह यहाँ विजयी मुअज्जम ने बहादुर शाह के रूप में गद्दी पर बैठने के बाद आजम पक्ष के सवाई जयसिंह का अपमान और देशनिकाला किया था। मुगल परिवार के दोनों अन्तिम निर्णायक उत्तराधिकार युद्ध धौलपुर में चम्बल के किनारे ही लड़े गए थे और जिस तरह विजयी औरंगजेब का समर्थन करने और साथ देने के लिए शाहजहाँ पक्ष के सभी राजपूत राजा आगरा में आ जुटे थे, वैसे ही औरंगजेब और आजम पक्ष के राजा लोग बहादुर शाह के राज्यारोहण के बाद आगरा में उसके आसपास आ जुटे थे। शाहजहाँ-समर्थन का सबसे अधिक मूल्य मिर्जा राजा जयसिंह को चुकाना पड़ा था, उसके बाद जसवन्तसिंह को वही अध्याय मिर्जा राजा जयसिंह के अगले वंशज सवाई जयसिंह के मामले में दुहराना पड़ा। बहादुर शाह सवाई जयसिंह पर बहुत कुपित था, क्योंकि उसने समोगर भें आजम के साथ उससे सीधी टक्कर ली थी। उसको सीधा करने के लिए बहादुर शाह ने अपने भाई कामबख्श पर चढ़ाई को बहाना बनाया। उसने दक्षिण की ओर अभियान करने के लिए जान-बूझकर आमेर का रास्ता चुना था। उस सूचना से आमेर में खलबली मच गई। भयभीत होकर

कछवाहों ने आमेर खाली कर दिया और आत्म-सुरक्षा के लिए उन्होंने उदयपुर, जोधपुर का रास्ता चुन लिया। बाद में बहादुर शाह ने आकर आमेर में अपना थाना बैठा दिया।

यहाँ फिर दुहरा दूँ कि मुगलों ने राजपूतों पर अपना प्रभुत्व जमाने के लिए राजपूत घराने की बहन-बेटियाँ ब्याह लेने की और राजपूतों ने केन्द्रीय मुगल सत्ता से अपने राज्याधिकार को बचाने के लिए अपनी बहन-बेटियाँ ब्याह देने की जो परम्परा चलाई थी, उस परम्परा का सूत्रधार अकबर था और मुगलों को कन्यादान करनेवाला सबसे पहला राजपूत राजा था आमेर का कछवाहा परिवार। वह विवाह-परम्परा राजनैतिक लाभ के लिए आरम्भ की गई थी। उसी राजनैतिक विवाह-परम्परा का निर्वाह मुगल और राजपूत आगे तक व्यापक रूप में करते रहे, लेकिन मजेदार बात यह है कि उस परम्परा के आरम्भकर्ता आमेर-परिवार के ही सवाई जयसिंह ने उस परम्परा को तोड़ दिया।

सवाई जयसिंह के पिता विष्णुसिंह अपने सामने ही अपनी बेटी की सगाई कर गए थे, लेकिन दूसरे उत्तराधिकार युद्ध की उस राजनैतिक उथल-पुथल और आमेर नरेश की भागदौड़ के कारण विवाह होना सम्भव नहीं हो सका। बहादुर शाह ने सवाई जयसिंह से नाराज होकर उसके छोटे भाई विजयसिंह को इस बात के लिए पटा लिया था कि यदि वह अपनी बहन बख्तावर बाई का विवाह उसके साथ करने को तैयार हो तो वह आमेर का राज्य उसे सौंप देगा। सत्तालोलुप विजयसिंह उसके लिए तैयार हो गया। सवाई जयसिंह को जब उस षड्यन्त्र का पता चला तो उसने अपनी बहन का पहले से तय विवाह सामौत नामक स्थान पर राव बुधसिंह हाड़ा के साथ कर दिया। बुधसिंह हाड़ा को सम्भवतः यह पता नहीं था कि बहादुर शाह बख्तावर बाई से विवाह करना चाहता था, इसलिए जब वह विवाह के बाद बहादुर शाह के पास गया तो बादशाह ने उससे पूछा कि तुमने मेहंदी लगा रखी है, क्या विवाह कर लिया है ? बुधसिंह ने हामी भरते हुए बताया कि जयसिंह की बहन के साथ मेरी सगाई पहले हो चुकी थी, सो अब ब्याह कर लिया है। बादशाह बहादुर शाह ने अपने पास खड़े विजयसिंह से पूछा कि तुम्हारी बहन यही है या और कोई भी है ? विजयसिंह ने उत्तर दिया कि मेरी बहन यही है। उस घटना के कारण नाराज होकर बादशाह बहादुर शाह ने आमेर को खालसा कर लिया।[21]

इस बारे में चारण वणसूर महादान ने यह सूचना और दी है कि बहादुर शाह ने बादशाह बनने के बाद सबसे पहले ये दो कार्य किए थे—आमेर के तख्त से जयसिंह को हटा दिया और जोधपुर जाकर राजा अजीतसिंह से वचन लिया और साथ में यह धमकी भी दी कि यदि अजीतसिंह ने आमेर का राजा बनने में जयसिंह की सहायता की तो उसका जोधपुर राज्य छीन लिया जाएगा।' वचन लेने के बावजूद बहादुर शाह को अजीतसिंह पर विश्वास नहीं हुआ। उसने अजमेर सैयदों को सौंप

दिया। फिर मारवाड़ पर आक्रमण कर दिया और जोधपुर को खालसा कर लिया। उसके बाद उसने अजीतसिंह के नाम आज्ञा जारी की कि वह बिना उसकी आज्ञा के जोधपुर पर कब्जा करने की बात न सोचे और उसकी सेवा में आ जाए। अजीतसिंह को उसकी आज्ञा माननी पड़ी।[22]

आमेर और जोधपुर को खालसा करने का परिणाम यह हुआ कि सवाई जयसिंह और अजीतसिंह को मन मारकर बहादुर शाह की सेवा में जाना पड़ा। उसके बाद बहादुर शाह को पता चला कि उसका भाई कामबख्श उससे लड़ने के लिए दक्षिण से आ रहा है तो उसने जयसिंह और अजीतसिंह को अपने साथ ले लिया। उस समय उन दोनों का वास्तविक सलाहकार और शुभचिन्तक दुर्गादास राठौड़ था। उसने उन दोनों को सलाह दी कि वे दोनों बहादुर शाह के साथ जाएँ, जिससे कि उसे भरोसा हो जाए कि वे दोनों उसके साथ हैं। पीछे से वह आमेर और जोधपुर के थाने पर अपना नियन्त्रण कर लेगा। बहादुर शाह की सेना के नर्मदा पार करते ही वह आमेर और जोधपुर के थाने उठवा देगा। वैसा ही किया गया। बहादुर शाह के नर्मदा पार करते ही पहले जयसिंह और बाद में अजीतसिंह उसे छोड़कर उदयपुर की ओर चल दिए। उदयपुर में राणा अमरसिंह दीवान पद पर शासक था। वह उन दोनों के आगमन के समाचार पर अलग-अलग तरह की प्रतिक्रियाओं से गुजरा। हालाँकि वह आमेरवालों से बैरभाव मानता था, जोधपुरवालों से नहीं, फिर भी उसने उन दोनों का स्वागत बारह कोस आगे आकर किया। इस बारे में उसने अपने मन्त्रियों से सवाई जयसिंह के आने की सूचना मिलने पर सलाह की थी कि घर बैठे हमारा शत्रु हाथ आ रहा है। यदि सलाह हो तो बदला ले लें। इस पर राणा अमरसिंह की माँ ने समझाया कि घर आए मेहमान से बदला न लेकर जितना बन सके, उतना शिष्टाचार दिखाना चाहिए। यहाँ बदला लेने की मत सोचो। मेरी तो यह सलाह है कि घर बैठे संजोग मिल रहा है तो उन दोनों (सवाई जयसिंह, अजीत सिंह) से बहन-बेटी का सम्बन्ध कर लो। अपनी माँ की सलाह मानकर ही राणा अमरसिंह उन दोनों को सस्वागत उदयपुर के राजमहल में ले आया था। बाद में राणा अमरसिंह ने राजा अजीतसिंह के उमरावों और मुसाहिबों से पूछा कि मेरी एक बहन और एक बेटी है। आप जैसी सलाह दें, वैसा करूँ। अजीतसिंह के उमरावों आदि ने उसके प्रस्ताव का स्वागत किया और कहा कि जयसिंह के साथ आपका बैर है, अजीतसिंह के साथ नहीं है, इसलिए बेटी तो जयसिंह को और बहन अजीतसिंह को दे दो। उनकी सलाह पर वैसा ही किया गया।[23] अजीतसिंह के जीवन पर लिखित 'अजीत विलास' में केवल जयसिंह के विवाह का वर्णन किया गया है, अजीतसिंह के विवाह का नहीं, लेकिन उसमें यह अवश्य बताया गया है कि विवाहोपरान्त राणा अमरसिंह ने डेढ़-दो महीने तक उन दोनों को अपने पास रखा और रोजाना जयसिंह को एक हजार रुपए और अजीतसिंह को पाँच सौ रुपए खर्च के लिए दिए। बाद में उन

दोनों ने अपनी-अपनी राजधानियों की ओर प्रयाण किया और वहाँ के थाने उठाकर अपना अधिकार जमा लिया।[24]

आत्माराम ने लिखा है कि जोधपुर और उदयपुर के साथ रिश्ता जुड़ने से सवाई जयसिंह शक्तिशाली हो गया। बहादुर शाह दक्षिण में पहुँच चुका था, इसलिए जयसिंह ने अपने आमेर राज्य की ओर प्रयाण किया। वह आमेर आ रहा है, यह सुनकर ही वहाँ का थानेदार सैयद हुसैन खाँ बारहा[25] भयभीत होकर आमेर से भाग गया। उस घटना से 'हनूमान की पूँछ में लगन न पाई आगि, लंका सिगरी जरि गई, गए निसाचर भागि' के अर्थ की संगति समझ में आ जाती है। राजा के उस ओर चल पड़ने की खबर सुनने मात्र से ही बहादुर शाह के थानेदार के भाग जाने से उस काल के दुर्बल केन्द्रीय प्रशासन और प्रशासकों का बोध हो जाता है। वास्तव में सवाई जयसिंह अजीतसिंह के साथ पहले जोधपुर गया था, बाद में उसे आमेर की ओर चलना था। जोधपुर में अजीतसिंह ने अपनी बेटी को विवाह-योग्य देखकर जयसिंह से उसे ब्याह दिया।[26] उस विवाह के बाद जयसिंह अजीतसिंह के साथ आमेर की ओर आया था, ताकि अपने खोए हुए राज्य को पुनः प्राप्त किया जा सके। वे दोनों अजमेर पहुँचे, जहाँ बहादुर शाह का फौजदार मीर हसन अली नियुक्त था। उसने किले से बाहर आकर उन दोनों राजाओं पर आक्रमण किया जो चार घड़ी तक चला और जिसमें मीर की पराजय हुई। मीर हसन अली प्राणरक्षा के लिए उन दोनों के पैरों में गिर पड़ा। उन दोनों ने मीर को क्षमा कर दिया। फिर वे साँभर पहुँचे और उसे अपने अधिकार में कर लिया।[27] कवि आत्माराम के काव्य 'सवाई जयसिंह चरित' और गद्य में लिखित 'वंशावली' में उस प्रसंग के क्रम और स्थान-वर्णन में अन्तर है। आत्माराम ने लिखा है कि वे दोनों साँभर पहुँच कर लड़े, जबकि 'वंशावली' में लिखा गया है कि वे पहले अजमेर में गए, उसे जीता, फिर साँभर गए।[28] इस अन्तर के अलावा शेष सभी बातें मिलती-जुलती हैं।

थानेदार सैयद हसन द्वारा बिना शाही आदेश के आमेर खाली कर देने की घटना पर दक्षिण-स्थित बहादुर शाह बहुत क्रुद्ध हुआ। उसने उसे शर्मिन्दा करने के लिए स्त्रियोचित चूड़ी-कपड़े भिजवाए और कहलाया कि या तो ये चूड़ी और कपड़े पहन लो और स्त्रियों की तरह व्यवहार करो अथवा उस थाने को पुनः प्राप्त करने के लिए युद्ध करो। हसन खाँ उस बात से बहुत शर्मिन्दा हुआ और उसने गैरत खाँ और हुसैन खाँ से सलाह करके युद्ध करने का मन बनाया। तब तक उन्हें खबर मिली कि सवाई जयसिंह ने नारनौल के गैरत खाँ और हुसैन खाँ को मारकर साँभर पर अपना झंडा लहरा दिया है।[29] 'वंशावली' में बताया गया है कि सैयद हुसैन खाँ, गैरत खाँ, हसन खाँ और सलावत खाँ नारनौल से साँभर में युद्ध करने आए थे। सलावत खाँ उनका अगुआ था। उनका आक्रमण इतना प्रखर था कि जयसिंह और अजीतसिंह पहले पीछे हट गए, फिर लड़े।

उणियारे के राव की तोप का गोला लगने से सलावत खाँ मारा गया। तब अन्य सैयद भी मारे गए और दोनों राजाओं के हाथ विजय लगी।[30] उसके बाद सवाई जयसिंह ने आमेर में प्रवेश कर विजयोत्सव मनाया। जयसिंह और अजीतसिंह ने साँभर और डीडवाणा जीतने के बाद उनसे प्राप्त आमदनी को आधा-आधा बाँटने का समझौता कर लिया।[31]

लेकिन वह विजयोत्सव अस्थायी रहा। कुछ दिन शान्ति और सुख से बिताने के बाद सूचना मिली कि बहादुर शाह अपने भाई कामबख्श को मारकर अजमेर की ओर आ रहा है। बादशाह बनने के बाद प्रत्येक बादशाह अजमेर में चिश्ती की समाधि पर श्रद्धासुमन अर्पित करने आता ही था। उसके कारण सेना के मार्ग में पड़नेवाले राजमहलों और जनजीवन में उथल-पुथल मच जाया करती थी। आमेर और जोधपुर में उस खबर से घबड़ाहट फैल गई, क्योंकि अजमेर के बाद शाही सेना को आमेर और जोधपुर होकर आगरा पहुँचना था। जयसिंह ने मन्त्रियों से सलाह की कि अजमेर में बहादुर शाह को घेर कर लड़ा जाए। वे लोग कालाडहरा पहुँच गए। फिर छह-सात दिन डीडवाणा में बिताए। वहाँ अजीतसिंह भी आ मिला। उसने प्रस्ताव किया कि इस बार साँभर में होली खेली जाए अर्थात् बहादुर शाह से युद्ध किया जाए, लेकिन जयसिंह ने समझदारी से काम लिया। साँभर पहुँचकर उसने अपने दीवान भिखारी दास को बहादुर शाह के पास शान्ति-समझौते के लिए भेजा। वह बातचीत का वातावरण बनाकर लौटा। बहादुर शाह ने भी अपने भाई अजीमुश्शान और वजीर असद खाँ से इस बारे में परामर्श किया तो उन्होंने राय दी कि युद्ध तो बहुत हो चुके, अब उन दोनों राजाओं से मेलमिलाप बढ़ाना ही ठीक रहेगा। औरंगजेब अट्ठाईस वर्ष तक लड़-लड़कर थक मरे और कोई अच्छा परिणाम हाथ नहीं आया। युद्धों की थकावट और अपने परामर्शदाताओं की सलाह से उसने शुभ घड़ी देखकर महावत खाँ को जयसिंह-अजीतसिंह के पास भेजा। इस प्रकार बहादुर शाह, जयसिंह और अजीतसिंह के बीच अजमेर में मेलमिलाप हुआ।[32] तीन वर्ष के बाद विक्रम संवत् 1767 के आषाढ़ कृष्ण पक्ष की एकादशी (रविवार, जून 1, 1710) को बहादुर शाह को युद्ध से विराम मिला और उसका उन राजाओं से स्थायी मेल हो गया।

अजमेर में बहादुर शाह और सवाई जयसिंह के उस मिलन का सुपरिणाम यह हुआ कि दिल्ली और आमेर के बीच फिर से गहरे सम्बन्ध जुड़ गए। आगे चलकर सवाई जयसिंह की बुद्धिमानी और मुगल खानदान के दुर्भाग्य का कुछ ऐसा गठबन्धन हो गया कि आमेर राज्य शक्तिशाली और मुगल साम्राज्य दुर्बल होता चला गया। वह काल आमेर के विकास और दिल्ली के पतन का हो गया। मानसिंह और जयसिंह प्रथम की परम्परा में सवाई जयसिंह ने अपने बुद्धिबल से तत्कालीन राजनीति में अपना महत्त्व इस तरह से स्थापित कर दिया कि मुगल खानदान उस पर पूरी तरह से नहीं, तो बहुत कुछ निर्भर हो गया। कहाँ तो साँभर में युद्ध की स्थिति बन रही

थी और कहाँ बहादुर शाह की इस शिकायत का कि तुमने जोरजबर्दस्ती से साँभर छीनकर अच्छा नहीं किया, सवाई जयसिंह से यह बुद्धिमानीभरा उत्तर पाकर कि हम आपके बन्दे हैं तो नमक और किसका खाएँगे[33], बात और परिस्थितियों का एकदम पासा ही पलट गया। बहादुर शाह ने सवाई जयसिंह को दंड देने की बजाय छह हजारी मनसब, घोड़ा, सिरोपाव, हाथी, कलगी और नौबत बजाने का अधिकार दे दिए।[34]

बहादुर शाह का तूफानी दौर अभी समाप्त नहीं हुआ था। उसे सूचना मिली कि गुरु गोविन्दसिंह के शिष्य बन्दा ने अपने को गुरु घोषित कर साढोरा (अम्बाला से आगे) में मारकाट मचा रखी है[35], तो वह अगले दिन सवेरे ही उस ओर चल पड़ा। उसके जाने के बाद सवाई जयसिंह ने अपने पुनर्प्राप्त गौरव के अवसर पर अजीतसिंह के साथ पुष्कर-स्नान किया, फिर अजीतसिंह को विदा किया और आमेर राज्य को सुव्यवस्थित करने के बाद होली-दिवाली के बीच के छह महीने सुखचैन से बिताए। संवत् 1768 के कार्तिक मास[36] के कृष्ण पक्ष में शाही आज्ञा से सवाई जयसिंह लाहौर की ओर रवाना हुआ। रास्ते के टटेरा नामक स्थान में उसके चेचक निकल आई जो सात महीने तक रही। अजीतसिंह जब उसे देखने पहुँचा, तब तक वह ठीक हो चुका था। वहाँ से वे दोनों नारनौल होकर बादली (दिल्ली से बाहर दिल्ली-लाहौर मार्ग पर स्थित) पहुँचे। वर्षाकाल वहाँ बिताने के बाद संवत् 1769 के क्वार मास[37] में कुरुक्षेत्र पहुँचे और लाहौर जाते हुए रास्ते के धर्मस्थानों पर भी हो लिये और दान-पुण्य किए। वहाँ से साढौरा पहुँचे और वहीं रुक गए। बहादुर शाह ने वहीं पर उनके पास फरमान भेजकर जयसिंह को उज्जैन और अजीत सिंह को गुजरात का सूबेदार नियुक्त कर दिया। वे दोनों जैसे तीर्थयात्रा करने के कारण सूबेदार बने हों। उन्होंने वापसी यात्रा हरिद्वार, शामली और बागपत होकर की। बागपत में यमुना पार कर अजीतसिंह जोधुपर की ओर और जयसिंह आमेर की ओर चल पड़े। आमेर के पास मैदान में जयसिंह ने अनेक बाग, ताल, बाँध और मन्दिर बनवाए।

जयसिंह की तुलना में अजीतसिंह का जीवनचक्र जन्म के पहले से ही बड़ी कठिनाइयों के दौर से गुजरा था। जन्म से लेकर युवा होने तक उसके जीवन की रक्षा और पालनपोषण में जो संकट की घड़ियाँ आई थीं, उन्होंने उसको समझौतापरस्त, हिंसक, चिड़चिड़ा और प्रतिशोधक बना दिया था। औरंगजेब ने उसके पिता का अपमान किया था, माँ की हत्या करवाई थी, राठौड़ परिवार के शुभचिन्तकों को मरवा डाला था, उसका राज्य छीन लिया था और उसे युवावस्था तक लुकते-छिपते भटकाया था। उसका दुष्फल कभी-कभी खिसियानी बिल्ली खम्भा नोचे की तरह ऐसे लोगों को चखना पड़ता था, जिनको नहीं चखना चाहिए था। जैसे औरंगजेब के मरते ही उसने जोधपुर पर कब्जा कर लिया और जोधपुर के निर्दोष मुसलमानों की दुर्दशा करवा दी।[38] लेकिन अपने मुसलमान सेवकों की उसने भूरि-भूरि प्रशंसा भी की।[39]

उसने अपने उन सजातीय लोगों और उनके बच्चों की हत्या इसलिए करवा दी, क्योंकि वे कभी औरंगजेब के आज्ञाकारी और उसके परिवार के शत्रु थे। उसने एक व्यक्ति की हत्या केवल इसलिए करवा दी, क्योंकि उसने अपने घोड़े का नाम अजीत रख दिया था। वह अपने सेवक हत्यारों और चारणों को समान रूप से गाँव आदि पुरस्कार के रूप में दिया करता था।[40] उसके दुराचरण और उद्दंडता का परिणाम यह हुआ कि उसके परिवार का समझदार, शुभचिन्तक दुर्गादास उससे नाराज होकर उदयपुर में जा बसा। दुर्गादास की नाराजगी का एक अन्य कारण अजीतसिंह का भोगविलासी और सत्तामदान्ध होना भी था। उसकी अट्ठारह रानियाँ, चार खवासिनें, इक्कीस पुत्र, लगभग इतनी ही पुत्रियाँ और आठ बाइयों के अलावा भी बहुत सारी पड़दायतें, गायणियाँ आदि थीं। उसने अगले मुगल बादशाह फर्रुखसियर के साथ अपनी एक बेटी इन्दर कँवर को ब्याह दिया था, जिससे उसका जोधपुर राज्य उसकी मुट्ठी में रह सके। यह बात अलग है कि उससे फर्रुखसियर नाराज हो गया, तो उसने अपने ही मुगल दामाद को मरवाने में सोत्साह हिस्सेदारी की और उसके फलस्वरूप उसकी बेटी ने विषपान कर आत्महत्या कर ली। उसके सामने ही अनेक पुत्र-पुत्रियाँ छुटपन में मर गए और कुछ मार दिए गए।[41]

उस युग में केवल अजीतसिंह ही भोगविलासी और सत्तामदोन्मत्त राजा था, ऐसी बात नहीं है। युवाकाल के रसिक और प्रौढ़ तथा वृद्धावस्था काल के दृढ़ चरित्रवाले औरंगजेब की सन्तान बहादुर शाह और उसकी सन्तानों की सन्तानें भी वैसी ही भोगविलासी थीं। युवाकाल में स्वयं औरंगजेब ने एक राजकुमारी को अपने हरम में रखने की इच्छा प्रकट की थी, इसलिए राणा राजसिंह को पत्र लिखकर उसने अपने धर्म और जीवन की रक्षा की याचना की थी, यह पीछे बताया जा चुका है। बहादुर शाह ने सवाई जयसिंह की बहन को अपने हरम में लाने के लिए उसके छोटे भाई विजयसिंह को पटाया था, यह अभी बताया जा चुका है और उसकी मृत्यु भी उसी पटापटी के कारण हुई थी। चारण वणसूर महादान के काव्य 'अजीत विलास' के नाम से ही अजीत के विलासी प्रवृत्ति के होने की सूचना मिलती है और इस काव्य में मुगल बादशाह बहादुर शाह की मृत्यु का कारण भी विलासिता को ही बताया गया है। कवि ने लिखा है कि संवत् 1768 के फागुन मास[42] में बादशाह बहादुर शाह ने तानसेन के कलावंत पौत्र की पुत्री को जबर्दस्ती अपने घर में डाल दिया था। उस अपमान का बदला लेने के लिए उस कलावंत ने बहादुर शाह बादशाह को धोखे से मार डाला।[43] उस समय मुगल साम्राज्य में असली अर्थ में आदिकालीन जर, जोरू और जमीन के लिए संघर्ष का वातावरण चल रहा था। उस संघर्ष के पीछे नैतिकता का कोई आधार नहीं बचा था। उस अनैतिकता और संघर्ष के काल में मुगल सत्ता का पट-परिवर्तन जितना जल्दी-जल्दी हुआ, वह उस काल की नैतिक, पारिवारिक और राजनैतिक अस्थिरता का परिणाम था।

3. फर्रुखसियर काल

अपने शासनकाल के पाँचवें वर्ष में बहादुर शाह की मृत्यु होने की खबर फैलते ही शाहजादा फर्रुखसियर लाल कोट (आगरा का लाल किला) से निकल भागा और किसी कलाल के घर में छिपने के बाद सैयद बन्धुओं की शरण में पहुँच गया। जाने से पहले उसने बख्शी आजम खाँ को आदेश दिया कि वह फौज इकट्ठी करे।[44] दिल्ली की बादशाहत मुइजुद्दीन ने सँभाल ली। औरंगजेब का मन्त्री असद खाँ बहादुर शाह की सेवा तक बहुत बूढ़ा हो चुका था, इसलिए मुइजुद्दीन ने उसके बेटे और अपने धाय भाई जुल्फिकार खाँ को अपना मन्त्री और सेनापति बना लिया। जुल्फिकार खाँ को बादशाह का कोका (धाय पुत्र) होने के कारण खूब बढ़ाया गया। कवि श्रीधर ने लिखा है कि फर्रुखसियर को दस दिन बाद सूचना मिली कि जुल्फिकार खाँ और अन्य उमराव मुइजुद्दीन से जा मिले हैं और जुल्फिकार खाँ ने सब दरबारियों को अपनी ओर कर लिया है। यह भी खबर मिली कि मुइजुद्दीन ने अपने नाम का खुतबा पढ़वाकर बादशाहत सँभाल ली है और सब ओर फरमान भेजकर सबको बुलाया है। बादशाह के स्थान पर कोकलताश खाँ के आदेशों से मुगल शासन चलने लगा था, इसलिए भी दरबार के सभी अमीर-उमराव फर्रुखसियर से नाराज हो गए। सैयद बन्धु अब्दुल्ला खाँ और हसन अली खाँ एक ऐसी शक्ति के रूप में उभरे, जिन्होंने पूरे मुगल साम्राज्य को धीरे-धीरे अपनी मुट्ठी में कर लिया। आरम्भ में वे बारा के जमींदार के रूप में पूर्व में थे। मुगल परिवार की आन्तरिक कलह में प्राणरक्षा के लिए फर्रुखसियर उनके पास पहुँच रहा है, यह सुनकर वे उसके समर्थन में अपनी सत्तर-अस्सी हजार सेना लेकर उसकी ओर चल पड़े।[45] मुइजुद्दीन ने अजीतसिंह के पास भी फरमान भेजा था, पर उसने उस गृहयुद्ध में किसी का पक्ष न लेने और किसी को भी नाराज न करने का फैसला किया। मुगल घराने की हालत पतली हो चुकी थी और मुगल घराने की पिछली दो पीढ़ियों ने सभी राजपूतों को यह सिखा दिया था कि दो शाहजादों की लड़ाई में किसी एक का पक्ष लेने से अपने राजापने और राज्य पर आँच आ सकती है, इसलिए जयसिंह और अजीतसिंह अपनी-अपनी राजधानियों में मस्त रहकर अपनी स्थिति मजबूत करते रहे।[46]

फर्रुखसियर पटना पहुँच गया था। उसने वहाँ अपने को बादशाह घोषित किया। उसके समर्थक सैयद अब्दुल्ला खाँ ने इलाहाबाद पर कब्जा कर लिया। मुइजुद्दीन जहाँदार के नाम से बादशाह बना था। उसके पक्ष का मीर जुमला बुद्धिमान और दोगला व्यक्ति था। वह फर्रुखसियर और सैयद बन्धुओं से मिला हुआ था। उसने उनके पास पत्र भेजकर सूचित किया कि बादशाह मुइजुद्दीन ने ऐजुद्दीन के सेनापतित्व में इलाहाबाद की ओर सेना भेजी है। तब फर्रुखसियर के आदेश से सैयद अब्दुल्ला खाँ ने जहाँदार की सेना को रोकने की व्यवस्था करने के लिए अपने आदमी

भेजे। उन्होंने जहाँदार शाह की सेना को रोका, तब तक अब्दुल्ला खाँ ने फर्रुखसियर को पटना से इलाहाबाद बुलवा लिया। जैसे-जैसे फर्रुखसियर और सैयद अब्दुल्ला खाँ की अगुआई में सेना जहाँदार शाह की सेना की ओर बढ़ती गई, वैसे-वैसे उस ओर के शक्तिशाली व्यक्ति इस ओर आकर मिलते गए। फर्रुखसियर ऐसे दगाबाज लोगों को उपाधियाँ और जागीरें देकर प्रसन्न करता और अपनाता गया। फर्रुखसियर ने सैयद अब्दुल्ला खाँ को कुतुबल्मुल्क की उपाधि से सम्मानित किया। धीरे-धीरे फर्रुखसियर ने सैयद बन्धुओं (अब्दुल्ला खाँ और हुसैन अली खाँ) को अपना सारा दायित्व सौंप दिया, जिससे वे बादशाह से बढ़कर शक्तिशाली होते चले गए।

उधर ऐजुद्दीन संघर्षरत था और इधर दिल्ली में जहाँदार शाह दिल्ली में सुरा-सुन्दरी में मगन था। उसका दगाबाज सहायक मीरजुमला महल की भीतरी बातों से फर्रुखसियर और सैयदों को पत्रों के द्वारा अवगत कराता रहा था। इसके साथ ही वह जहाँदार के आदमियों को फर्रुखसियर की ओर भेजता रहता था। घर का भेदी लंका ढा रहा था। एक दिन मदमस्त जहाँदार शाह को पता चला कि ऐजुद्दीन युद्धत्रस्त होकर अपने साथियों के साथ भाग आया है तो उसने अपनी पाँच लाख सेना, दो लाख तोपें और कई हजार हाथी लेकर आगरा की ओर कूच कर दिया और समोगर के खानदानी उत्तराधिकारी-युद्धस्थल पर पहुँच गया। वहाँ उसका विश्वस्त सहायक मुहम्मद खाँ बंगश अपनी बीस हजार सेना के साथ फर्रुखसियर से जा मिला। इस तरह जहाँदार शाह के कई साथी टुकड़ों में फर्रुखसियर की ओर जाकर उसको कमजोर करते जा रहे थे।[47]

फर्रुखसियर आगरा पहुँच गया और यमुना पारकर सिकन्दरा से दो कोस दूर डेरा खड़ा कर दिया गया। घबड़ाया हुआ जहाँदार शाह भी वहाँ अपनी सेना ले आया। दोनों सेनाएँ एक-दूसरे से दो कोस की दूरी पर आ गईं। फर्रुखसियर के पास शाही कोष तो था नहीं, इसलिए उसे अपनी सेना के वेतन आदि की जब-तब व्यवस्था करनी पड़ती थी। आगरा में भी वह समस्या उत्पन्न हो गई और उधर युद्ध सिर पर आ खड़ा हुआ था। उस नाजुक परिस्थिति में सैयद अब्दुल्ला खाँ फिर काम आया। आगरा का एक सेठ उसका मित्र था। दोनों की मित्रता से और सेठ को भविष्य में लाभ मिलने की उम्मीद के कारण फर्रुखसियर को खर्च के रुपए मिले। उस आर्थिक संकट की घड़ी में अनुकूल व्यवस्था करने के पुरस्कार-स्वरूप फर्रुखसियर ने अब्दुल्ला खाँ को अपना वजीर नियुक्त कर लिया।[48]

उन दोनों सेनाओं में युद्ध का आरम्भ संवत् 1769 के पूस मास की पूर्णिमा[49] के बुधवार को दोपहर के बाद हुआ। उस समय सबेरे से दोपहर तक वर्षा हो चुकी थी। बादल खुलते ही युद्ध शुरू हुआ था। फर्रुखसियर की ओर से अब्दुल्ला खाँ और मुहम्मद खाँ बंगश सेनापति थे। उनके अनेक हिन्दू और मुसलमान योद्धा साथियों की एक लम्बी नाम-सूची श्रीधर कवि ने प्रस्तुत की है। उन योद्धाओं में अनेक ऐसे

थे जो कभी अजीमुश्शान के पक्ष में लड़े थे, फिर जहाँदारशाह की ओर से लड़े और अब फर्रुखसियर से आ मिले थे। यहाँ तक कि उस भाग्यहीन मुइज़ुद्दीन जहाँदारशाह का विश्वसनीय साथी जुल्फिकार खाँ भी फर्रुखसियर से जा मिला था और कोकलतास खाँ युद्ध में मारा गया था।[50] युद्धारम्भ के समय जहाँदारशाह की सेना लाखों में थी और फर्रुखसियर की हजारों में, लेकिन समय ने ऐसी करवट ली कि फर्रुखसियर को विजय मिली और मुइज़ुद्दीन जहाँदारशाह के स्थान पर वह बादशाह बन गया।[51] दिल्ली के सिंहासन पर बैठकर फर्रुखसियर ने सैयद अब्दुल्ला खाँ और सैयद हुसैन अली खाँ–दोनों भाइयों को अपना वजीर और बख्शी बना लिया। जुल्फिकार खाँ जहाँदारशाह का वजीर रह चुका था और भरोसे के लायक नहीं था, इसलिए उसे धोखे से मरवा दिया गया। सैयदों की शक्ति और दरबार में उनकी प्रभाववृद्धि देखकर औरंगजेब के वजीर और जुल्फिकार खाँ के पिता असद खाँ ने पुत्रशोक में टोपी लगाकर दिल्ली की जामा मस्जिद की शरण ले ली।[52]

फर्रुखसियर के बादशाह बनते ही राजपूत राजाओं ने फिर दिल्ली की ओर दौड़ लगाना आरम्भ कर दिया। केन्द्रीय सत्ता की ओर दौड़ लगाने के पीछे परम्परागत श्रद्धा और विश्वास के भाव प्रेरक थे। राजा जसवन्तसिंह से नाराज औरंगजेब ने उसके पुत्र अजीतसिंह के स्थान पर इन्द्रसिंह को बैठा दिया था, बहादुर शाह ने भी वैसा किया था। अब फर्रुखसियर के बादशाह बनने के बाद अजीतसिंह ने उस पुरानी खानदानी बैर का बदला लेने का अवसर खोजा। इन्द्रसिंह का कुँवर मोहकमसिंह फर्रुखसियर की कृपा पाने के लिए दिल्ली गया तो अजीतसिंह ने उसके पीछे चार हत्यारे लगा दिए, जो उसका पगड़ी सहित सिर उतार लाए। फर्रुखसियर उस घटना से क्रुद्ध हुआ। उसने मोहकमसिंह के छोटे भाई मोहनसिंह को दिल्ली बुलाया। उसको भी अजीतसिंह ने दो आदमी भेजकर शेखावाटी के कासल गाँव में मरवा दिया। उन दोनों हत्याकांडों से क्रुद्ध फर्रुखसियर ने दो लाख सेना के साथ सैयद हसन अली खाँ को मारवाड़ पर चढ़ाई के लिए भेज दिया। राजा जयसिंह फर्रुखसियर के पक्ष में आ चुका था। उसने अजीतसिंह के साथ अपनी रिश्तेदारी होने के कारण फर्रुखसियर और अजीतसिंह के बीच-बचाव का प्रयत्न किया और बादशाह फर्रुखसियर तथा नवाब सैयद हसन अली खाँ से निवेदन किया कि मैं अजीतसिंह को समझा दूँगा, फिर भी यदि वह नहीं मानेगा तो मैं आपकी सेना के हरावल में रहकर उससे लडूँगा।[53] उस बीच-बचाव के फलस्वरूप जयसिंह को उज्जैन का सूबा सौंपा गया। अजीतसिंह को थट्टा की सूबेदारी दी गई, जिसे अजीतसिंह ने अस्वीकार कर दिया। मुगल बादशाह जिससे क्रुद्ध होते थे, प्रायः उसे उसकी राजधानी से दूर साम्राज्य के सीमाक्षेत्रों को सँभालने या वहाँ युद्ध करने के लिए भेज दिया करते थे। अजीतसिंह के पिता जसवन्तसिंह के साथ ऐसा ही व्यवहार बार-बार किया जा चुका था। फर्रुखसियर द्वारा अजीतसिंह को थट्टा की सूबेदारी सौंपने के पीछे अपने

उस सिरदर्द को दिल्ली और जोधपुर से बहुत दूर भेजने की वही नीयत थी।

अजीतसिंह के द्वारा थट्टा की सूबेदारी लेने से मना करने पर नवाब हसन अली खाँ ससैन्य मारवाड़ पहुँच गया। उसने अजीतसिंह की ओर से समझौता वार्ता करने आए आदमियों को या तो कैद कर लिया या मार डाला। इससे घबड़ाकर अजीत बिना युद्ध किए लौट गया और मुगल क्षेत्रों से दूर भटकता फिरा, लेकिन अन्ततोगत्वा उसे नवाब हसन अली खाँ की शर्तें माननी पड़ीं। शर्तों में तय हुआ कि (1) अजीतसिंह अपनी बेटी इन्दर कुँवर का विवाह फर्रुखसियर से करेगा, (2) वह थट्टा की सूबेदारी स्वीकार करेगा और (3) वह जमानत के रूप में अपने बड़े पुत्र अभयसिंह को भंडारी खींवसी के साथ दिल्ली में रखेगा। सबसे पहले तीसरी शर्त का पालन हुआ। संवत् 1770 में[54] कुँवर अभयसिंह और भंडारी खींवसी नवाब हसन अली खाँ के साथ दिल्ली पहुँचे। तब जाकर उसी संवत् के जेठ मास में अजीत सिंह जोधपुर के महल में घुस पाया। संवत् 1771 के क्वार मास[55] में दूसरी शर्त का पालन करने के लिए अजीतसिंह ने सीवाणा और बाड़मेर के रास्ते थट्टा जाने का नाटक किया। नाटक इसलिए कि वह वहाँ जाना नहीं चाहता था, इसलिए बाड़मेर से उसने अपने वकील भंडारी खींवसी को पत्र लिखा था–'मैं थट्टा किसी हाल में नहीं जाना चाहता हूँ। गुजरात का सूबा चाहिए।' खींवसी ने बादशाह और सैयद से कहकर उसे गुजरात का सूबा दिलवा दिया। बादशाह को अजीतसिंह की बेटी लेनी थी, इसलिए उसने अजीतसिंह की बात ही नहीं मानी, उससे बढ़कर उसने कुँवर अभयसिंह को सात हजारी मनसब, नौबत, सिरोपाव, हाथी, मोतीमाला और खींवसी को सिरोपाव देकर विदा किया। वे दोनों जोधपुर आ गए। संवत् 1772 के क्वार मास[56] में पहली शर्त का पालन करने के जोधपुर के राजपरिवार के लोगों के साथ अजीतसिंह की पुत्री इन्दर कुँवर को दिल्ली लाया गया। लानेवाले थे कुँवर अभयसिंह और भंडारी खींवसी। बादशाह फर्रुखसियर ने अपनी इच्छा प्रकट की कि विवाह हिन्दू रीति से होना चाहिए, इसलिए संवत् 1772 के पूस मास[57] में वह विवाह हिन्दू रीति से किया गया। बादशाह ने भी हिन्दू रीति के अनुसार पुरोहित अखैराज आदि को सिरोपाव, हाथी और वस्त्र दक्षिणा में दिए। साथ ही अपने नए साले अभयसिंह को नागौर का परगना दिया।

कवि आत्माराम के 'सवाई जयसिंह चरित' में एक नई जानकारी यह दी गई है कि फर्रुखसियर के विवाह में इन्दर कुँवर को मेहर की राशि सवाई जयसिंह ने दी थी। सम्भवतः यह पहला उदाहरण है कि किसी हिन्दू राजा के द्वारा किसी मुसलमान बादशाह की शादी में 'मेहर' देने की प्रथा का निर्वाह किया गया। किसी और रीतिकालीन काव्य में ऐसी चर्चा नहीं मिलती है। हिन्दुओं में कन्यादान और दहेज तथा मुसलमानों में मेहर अपने घर के लोग देते हैं। हिन्दुओं ने मुसलमान बादशाहों को कन्यादान तो किया है, पर शायद मेहर कहीं नहीं दिया।

कवि आत्माराम ने लिखा है कि संवत् 1770 में सावन मास[58] लगते ही

फर्रुखसियर ने जयसिंह को मिर्जा की पदवी प्रदान की थी।[59] जो लोग यह मानते हैं कि औरंगजेब ने जयसिंह को 'सवाई' का पद दिया था, उनके पास अपनी बात के समर्थन में कोई प्रमाण नहीं है। 'सवाई जयसिंह चरित' की सूचना के अनुसार जयसिंह की औरंगजेब से पहली भेंट औरंगाबाद (दक्षिण) में खेलना-अभियान के समय हुई थी और उस समय जयसिंह मात्र सात वर्ष का था। औरंगजेब की मृत्यु तक वह किशोर हो पाया था। हो सकता है कि अल्पायु में ही खेलना विजय, बुरहानपुर और खरगौन पर आक्रमण और विजय जैसे वीरकार्य कर दिखाने के कारण, पिछले जयसिंह से अधिक वीर की मान्यता के रूप में, इस जयसिंह को सवाई पद कछवाहा पक्ष के सामन्तों ने दिया हो। फर्रुखसियर ने उसे मिर्जा का पद दिया था, यह कवि आत्माराम ने बताया है, पर सवाई का पद किसने दिया, यह नहीं बताया है। कवि आत्माराम ने यह भी नहीं बताया है कि जयसिंह ने फर्रुखसियर के कौन-से विवाह में मेहर के रूप में रुपयों की ढेरी, सिरोपाव और घोड़े दिए थे, पर उस हिन्दू पद्धति के विवाह की चर्चा संवत् 1770 में 'मिर्जा' की पदवी देने के बाद की गई है, जिससे लगता है कि 1772 में फर्रुखसियर के साथ जयसिंह के रिश्तेदार अजीतसिंह की पुत्री इन्दर कुँवर के विवाह के अवसर पर ही वह मेहर दिया गया होगा, जो अधिक सम्भव दीखता है। लेकिन यहाँ एक और समस्या सामने आती है। 'अजीत विलास' में लिखा गया है कि फर्रुखसियर ने हिन्दू रीति से विवाह करने की इच्छा प्रकट की तो वैसा ही किया गया और फर्रुखसियर ने भी हिन्दू रीति से सबको दक्षिणा और भेंटें दीं। इस बात से 'सवाई जयसिंह चरित' में उल्लिखित मेहरवाली बात हिन्दू रीति से मेल नहीं खाती है। मेहर की प्रथा तो मुसलमानी तरीके से होनेवाले विवाह में चलती है। इससे यह ध्वनि निकलती है कि फर्रुखसियर ने हिन्दू रीति से विवाह से पहले या बाद में इन्दर कुँवर के साथ निकाह भी किया था। फारसी स्रोत बताते हैं कि फर्रुखसियर ने शनिवार, सितम्बर 17, 1715 को कलमा पढ़ाकर इन्दर कुंवर के साथ निकाह किया था और बुधवार, दिसम्बर 7, 1715 को हिन्दू रीति से विवाह किया था।[60]

अजीत-पुत्री के मन पर उस विवाह के कारण जो भी बीती हो, लेकिन उस विवाह-सम्बन्ध ने उसके पिता अजीतसिंह को गुजरात की सूबेदारी और उसके भाई अभयसिंह को नागौर की मनसबदारी अवश्य दिला दी। अन्य अनेक सामन्तों को भी बहुत सम्मान मिला। राजनैतिक लाभ के लिए सवाई जयसिंह ने भी बहती गंगा में हाथ धो लिये थे। जयसिंह की मेहर ने उसे मालवा की सूबेदारी दिलवाई। पहले के बादशाह बहादुर शाह ने उसे मालवा की सूबेदारी दी थी जो छिन गई थी, अब उस विवाह के अवसर का लाभ उठाकर वह फिर से प्राप्त कर ली गई।[61] लेकिन फर्रुखसियर के मन्त्री सैयद बन्धु अजीतसिंह से प्रसन्न नहीं थे। कुछ महीनों के बाद उन्होंने उसकी गुजरात की सूबेदारी छीन ली। बादशाह को अपना दामाद बनाने पर

भी वह मुगल शासन की कृपा नहीं पा सका। अपमानित होकर उसने दिल्ली में बैठे अपने वकील भंडारी खींवसी को पत्र लिखा कि मैं द्वारका की तीर्थयात्रा पर जा रहा हूँ। जब तक लौटूँ, तब तक मुझे सूबेदारी फिर दिलाने का प्रयत्न करो। द्वारका के रास्ते में अजीतसिंह ने बड़नगर से जबर्दस्ती करके दस लाख रुपए माँगे, लेकिन बहुत मान-मनौवल के बाद उसे पाँच लाख रुपए मिल पाये। उसे अपनी तीर्थयात्रा के आने-जाने का खर्च जो जुटाना था। रास्ते भर उसके संगी-साथी यात्री मरते गए और उनकी स्त्रियाँ सती होती गईं। जो सती हुईं, उनकी प्रशंसा और जो नहीं हुईं, उनकी निन्दा हुई। उस यात्रा के दौरान तीन हजार से अधिक व्यक्ति और बहुत सारे जानवर मरे। इतनी कठिनाइयाँ और विनाश झेलता हुआ अजीतसिंह यात्रा के बाद द्वारका से अहमदाबाद लौटा।

जिन दिनों सवाई जयसिंह बुन्देलखंड में छत्रसाल बुन्देला पर दलेल खाँ बरगी के आक्रमण को रोकने के लिए गढ़ पहरा पहुँचा हुआ था और अजीतसिंह अहमदाबाद में बैठकर अपने अच्छे दिन लौटने की प्रतीक्षा कर रहा था, उन्हीं दिनों फर्रुखसियर दिल्ली के महल के भीतर सैयद बन्धुओं और महल से बाहर दिल्ली के पास के जटवाड़े में चूड़ामन जाट के लुटेरों से घिरा हुआ था। उसने अपने सम्बन्धियों और शुभचिन्तकों के पास जल्दी दिल्ली पहुँचने के आदेश भेजे। उन पत्रों में बातें बनाकर बड़ी लल्लोचप्पो की गई थी।[62] बुलावा पाकर जयसिंह करौली में विवाह और आमेर में दो मास आराम करने के बाद बादली के रास्ते नई ईदगाह (दिल्ली) के पश्चिम की ओर पहुँच गया और अगले दिन सवेरे उसने फर्रुखसियर से भेंट की। फर्रुखसियर उसे देखकर बहुत प्रसन्न हुआ और उसने सवाई जयसिंह का सम्मान किया। जयसिंह ने उस पर प्रभाव डालने के लिए उसे अपने डेरे के पास मोची बाग[63] में अपनी केसरिया सेना और झंडों की बानगी दिखाई।

उधर अजीतसिंह को लिखे गए पत्र में फर्रुखसियर ने उसे खुश और प्रभावित करने के लिए झूठ-सच बात बनाकर लिखा था कि पाजियों ने दिल्ली शहर में लूट मचा रखी है। वे घरों को लूट रहे हैं। पीट-पाटकर प्रजा से रुपए-पैसे छीन रहे हैं। मौलाना और बोहरा मिल गए हैं। हिन्दू धर्म का विरोध बढ़ रहा है। अजीत ने पत्र पाते ही अपना दबा हुआ क्रोध बादशाह के लिए 'पाजी' शब्द का प्रयोग करके प्रकट किया। उसने सोच लिया कि किसी तरह फर्रुखसियर और सैयद बन्धुओं के बीच फूट पैदा कर दी जाए। अपना उल्लू सीधा करने और अपनी शक्ति को बढ़ाकर सैयदों द्वारा छीनी गई सूबेदारी को पुनः प्राप्त करने का अच्छा मौका हाथ आ रहा था। अजीतसिंह की वह दिल्ली-यात्रा फर्रुखसियर की सहायता करने के लिए नहीं, अपनी सूबेदारी को वापस लेने, सुरक्षित करने और अपने विरोधी सैयद बन्धुओं से बदला लेने के लिए की गई। दिल्ली पहुँचकर उसने देखा कि जयसिंह वहाँ पहले से ही उपस्थित था और उसने मुगल सत्ता पर बहुत अधिक प्रभाव जमा रखा था।

अजीतसिंह ईर्ष्या से जलभुन गया और सवाई जयसिंह को कृपण, झूठा, छली, हठी कहकर कोसने लगा। उसे यह लगा कि सैयदों के बाद जयसिंह उसकी जड़ें काट रहा है। अजीत के मन में इसलिए भी क्रोध जाग उठा था कि फर्रुखसियर ने फिर से जजिया लगा दिया था। फर्रुखसियर के लिए 'कुत्ता' जैसी गाली निकालकर उसने मन ही मन षड्यंत्र रचा कि कैसे मुगल सत्ता समाप्त कर दिल्ली पर कब्जा किया जाए। अजीत को औरंगजेब और फर्रुखसियर में कोई अन्तर दिखाई नहीं दिया। उसे इस सीमा तक क्रोध आया कि यदि उसका वश चलता तो वह दिल्ली से लेकर गुजरात तक लूट मचा देता। अजीत दिल्ली आया, लेकिन पाँच दिनों तक बादशाह के पास औपचारिक मुजरा करने नहीं गया। बादशाह के पास उसके क्रोध की खबरें पहुँचती रहीं। उसने उसको मनाने के लिए पाँच दिनों में पाँच पंजा-कमलयुक्त पत्र भेजे और बाद में जाकर उसकी सूबेदारी बहाल कर दी। उसने लल्लोचप्पो, खुशामद और अनेक सौगन्ध देकर अपनी अशक्तता और निरीह दशा का विश्वास दिलाया, तब अजीतसिंह ने तीन दिनों तक प्रतीक्षा की कि कहीं फर्रुखसियर उसके विरुद्ध कोई षड्यन्त्र तो नहीं कर रहा है। इस दौरान उसने आत्मरक्षा के लिए शहर और किले के बाहर अपनी सेना और तोपों को तैयार रखा। शहर के सभी मुसलमान डर गए और दिल्ली लुटने का खतरा पैदा हो गया।[64]

फर्रुखसियर की निरीह दशा और उसके तथा अजीतसिंह के बीच दूरी पैदा करनेवाला पहला तत्त्व सैयद भाई थे तो दूसरा तत्त्व सवाई जयसिंह था। वह द्वन्द्व कहने को तो बादशाह और वजीर के बीच था और वे दोनों जयसिंह और अजीतसिंह को अपने-अपने पक्ष में मिलाकर अपनी शक्ति बढ़ाना चाहते थे। मुगल महल की तनातनी उन दोनों राजपूत शक्तियों के बीच तनातनी का कारण बन गई।

फर्रुखसियर के निकट पहले सवाई जयसिंह पहुँचा था और उसने बादशाह को अपनी मुट्ठी में कर लिया था। बादशाह की आज्ञा से उसने जटवाड़े में चूड़ामन के विरुद्ध सैनिक अभियान छेड़ा था। उसके पूर्वज भी पहले के मुगल बादशाहों के द्वारा जटवाड़े के विद्रोहियों को दबाने के लिए भेजे जाते थे। उसके पिता विष्णुसिंह की राजकीय आयु का अधिकांश भाग मथुरा में रहकर उनको कुचलने में बीता था। अब फर्रुखसियर की आज्ञा से सवाई जयसिंह होडल, कामा, इदरौली, राधाकुंड, भोर नगर के रास्ते मुड़हेरा पहुँचा और जाटों से भयंकर युद्ध कर उन्हें हराया। थून में चूड़ामन ने हार मानकर जयसिंह के आगे हथियार डाल दिए, तब जयसिंह ने उसे दिल्ली भिजवा दिया, ताकि फर्रुखसियर को पता चल जाए कि जयसिंह ने उसकी आज्ञा का पालन कर दिया है। जब सवाई जयसिंह थून से मथुरा, शेरगढ़ होता हुआ दिल्ली पहुँचा, तब फर्रुखसियर ने उसे मछलीचिह्न और राजराजेन्द्र का पद प्रदान किए।[65]

फर्रुखसियर और सवाई जयसिंह की उस अतिनिकटता में सैयद बन्धु और

अजीतसिंह अपना अहित देख रहे थे। जिस समय जयसिंह जटवाड़े के अभियान से फर्रुखसियर के पास वापस पहुँचा, उस समय अजीतसिंह और सैयद भाई मिली-भगत कर फर्रुखसियर के विरुद्ध षड्यन्त्र रच रहे थे। सैयद अब्दुल्ला खाँ ने अपने दूसरे भाई सैयद हसन अली खाँ को दक्षिण से बुलवा भेजा था। फर्रुखसियर और जयसिंह उन दोनों के षड्यन्त्रों की काट के लिए प्रति-षड्यन्त्र रच रहे थे। जयसिंह ने फर्रुखसियर से मिलकर पाँच बार अजीतसिंह को मरवाने का प्रयत्न किया। एक बार जयसिंह की सलाह से फर्रुखसियर ने बाग में बारूद पर बिछावन बिछवाकर अजीतसिंह को जला डालने की योजना बनाई, पर अजीतसिंह की पुत्री और फर्रुखसियर की पत्नी इन्दर कुँवर के द्वारा उसे समय रहते सावधान कर देने के कारण राज खुल गया और अजीतसिंह बच गया। दूसरी, तीसरी, चौथी और पाँचवीं बार भी अजीतसिंह बच गया, पाँचवीं बार फर्रुखसियर ने शिकार पर जाने के बहाने अजीतसिंह के डेरे पर आक्रमण करने का विचार किया था, लेकिन उस शिकार की पोल खुल गई। उस शिकार की पोल सैयद अब्दुल्ला खाँ के बीस हजार योद्धाओं के द्वारा अजीतसिंह के डेरे की रक्षा करने से खुली थी। फिर तो बादशाह डर के मारे अपने लाल कोट (किले) में घुस गया। उन षड्यन्त्रों के कारण अजीतसिंह फर्रुखसियर के प्रति हिंसा से भर उठा। उसके पुराने सेवकों ने उस हिंसा की आग में और घी डालने का काम किया। वह काम था—अजीतसिंह को दिल्ली दरवाजे के सामने वे स्थान दिखाना, जहाँ औरंगजेब ने जसवन्तसिंह के उमरावों, उसकी माताओं—हाड़ी रानी, कछवाही रानी और उसकी अपनी माँ यादव रानी को मरवाया था। अजीतसिंह ने क्रोध में भरकर प्रतिज्ञा की कि वह उसी स्थान पर बादशाह फर्रुखसियर की कब्र बनवाएगा। वह क्रोधावेश में भरा सैयद अब्दुल्ला खाँ के पास पहुँच गया और सलाह करने के लिए सैयद हसन अली खाँ को दक्षिण से जल्दी बुलावा भेजने को कहा।[66] जब तक दूसरा सैयद दिल्ली पहुँचे, तब तक दिल्ली को अजीतसिंह और सैयद अब्दुल्लाखाँ के आदमियों ने घेर कर रखा, ताकि बादशाह फर्रुखासेयर भाग न जाए। जयसिंह ने बादशाह को बहुत समझाया कि वह हसन अली खाँ को दिल्ली न आने दे, लेकिन फर्रुखसियर बदहवासी की हालत में था, इसलिए माना नहीं।[67] उसे अपने बुरे दिन दिखाई पड़ने लगे थे। वह अपने दादा औरंगजेब के बूढ़े मन्त्री असद खाँ से सलाह लेने गया तो उसने रास्ता सुझाया कि सैयदों ने मेरे बेटे जुल्फिकार खाँ को मरवा दिया है। मैं असमर्थ बूढ़ा आदमी हूँ, क्या सहायता कर सकता हूँ ? यदि बादशाहत कई दिनों तक करते रहना चाहते हो, तो सैयदों को बख़्शीगीरी सौंप दो। बादशाह ने उसकी वह सलाह भी नहीं मानी।[68]

फर्रुखसियर के विरुद्ध घटनाचक्र बड़ी तेजी से घूम रहा था। सैयद हसन अली खाँ दिल्ली पहुँच गया था। दोनों सैयदों और अजीतसिंह ने मिलकर फर्रुखसियर की एकमात्र शक्ति जयसिंह को दिल्ली से आमेर की ओर रवाना करवा दिया। लालकोट

की किलेदारी और तोपखाने की दरोगाई अपने हाथों में ले ली। फर्रुखसियर सोचता था कि केवल जयसिंह के कारण सैयद और अजीतसिंह उसके विरोधी हैं, इसलिए उसको दरबार से निकाल देने पर उसकी बादशाहत बच जाएगी, लेकिन वह उसका भ्रम था।[69] लाल किले में प्रत्येक व्यक्ति अपना हित देख-सोच रहा था। वे सभी अपनी-अपनी स्थिति मजबूत कर सत्ता में अपनी भागीदारी स्थापित और सुनिश्चित करना चाहते थे। जब तक सवाई जयसिंह अपनी सेना के साथ चलते-चलते रेवाड़ी पहुँचा[70], तब तक संवत् 1775, फागुन, सुदी, द्वितीया[71] को लाल किला घेर लिया गया। आठ दिन बाद नवाब अब्दुल्ला खाँ, हसन अली खाँ, अजीतसिंह, दुर्जनशाल हाड़ा और राजसिंह राठौड़ अपने सामन्तों के साथ दीवाने आम में घुस गए तथा बादशाह डरकर फर्रुखसियर जनानखाने में घुस गया। वहाँ से उसने नाजिर के हाथों फूलमाला में कुरान के साथ एक पत्र अजीतसिंह के पास भेजा, जिसमें लिखा था–'हमारी बादशाही आपकी कृपा पर निर्भर रहेगी और आपका हुक्म चलेगा। आपसे किसी बात का अलगाव नहीं रहेगा। जयसिंह के कहने से हमने बहुत-सी गलतियाँ की थीं। महाराज ! आप बड़े हो।' अजीतसिंह के साथियों ने उससे बादशाह को क्षमा करने को कहा, लेकिन अजीतसिंह ने उत्तर दिया कि सैयदों ने हिंगलाज देवी[72] का वास्ता देकर मेरा समर्थन किया है। यदि सैयद मुझे बचाने न आते तो यह बादशाह मुझे कभी नहीं छोड़ता। मैंने सैयदों को वचन दिया है, उसे तोड़ूँगा नहीं। उसके बाद सैयदों के आदमी जनानखाने में जाकर फर्रुखसियर को पकड़ लाए और उसे कैद कर दिया। अजीतसिंह ने तीन दिन तक दीवाने आम में उत्सव मनाया और आराम किया, फिर सैयदों के कहने पर अपनी पुत्री, फर्रुखसियर की पत्नी, को जोधपुर पहुँचवा दिया, जहाँ उसने विषपान कर आत्महत्या कर ली। संवत् 1775 के वैशाख मास के शुक्ल पक्ष की दशमी तिथि[73] को फर्रुखसियर को फाँसी दे दी गई। दिल्ली के तख्त पर पहले रफी उद्दरजात को बैठाया गया। एक महीने बाद वह मर गया तो रफीउद्दौला को बैठाया गया।

4. मुहम्मद शाह काल

आगरा के किले में औरंगजेब के बेटे अकबर के पुत्र नेकूसियर को गिरफ्तार करके रखा गया था। कवि आत्माराम ने लिखा है कि उसने आगरा में अपनी बादशाहत घोषित कर दी, तब जयसिंह ने उसका समर्थन कर दिया और उसको आवश्यक सहायता देने का वचन दिया[74], जबकि चारण वणसूर महादान ने दिल्ली में फैली अफवाह के अनुसार बताया है कि जयसिंह ने नेकूसियर को आगरा में बादशाह बनाकर बैठा दिया था, ताकि वह अपने अनुकूल मुगल खानदानी को दिल्ली के तख्त पर बैठाकर अपने काम सिद्ध कर सके।[75] सैयद अपने आदमी को बादशाह बनाना

चाहते थे और जयसिंह अपना। उन दो साँड़ों की लड़ाई में नेकूसियर पिस गया। सैयद हसन अली खाँ अपनी सेना लेकर आगरा की ओर चल पड़ा तो आगरा में खलबली मच गई। जब तक जयसिंह नेकूसियर की सहायता के लिए दौसा से आमेर और आमेर से आगरा पहुँचे, तब तक हसन अली खाँ और अजीतसिंह ने नेकूसियर को मारकर आगरा को हथिया लिया। कवि आत्माराम के अनुसार सैयद हसन अली खाँ स्वयं बादशाह बनना चाहता था, इसलिए सवाई जयसिंह ने उसे पत्र लिखा कि आगरा के किले में मुगल खानदान के लोग ही बादशाह बनकर रहते आए हैं, इसलिए मुगल वंश का ही कोई आदमी बादशाह बनेगा। इस पर मुहम्मद शाह को नया बादशाह बनाया गया।[76] चारण वणसूर महादान ने मुहम्मद शाह को अगला बादशाह बनाने के बारे में जो विवरण दिया है, उसमें भंडारी खींवसी को मुहम्मद शाह को बादशाह बनाने का श्रेय देते हुए लिखा है कि जब संवत् 1776 के क्वार मास[77] में सैयदों के वजीर राजा रतनचन्द को बाईस वर्षीय शाहजादे रौशन अख्तर को लिवा लाने के लिए दिल्ली भेजा गया तो पिछले बादशाहों को जल्दी-जल्दी मरते देख या सैयदों और अजीतसिंह के द्वारा मारे जाने से भयभीत उसकी माँ ने कहा कि मेरा बेटा बादशाह नहीं बनेगा। तब उस माँ को कुरान की शपथ, लिखित आश्वासन, दस्तखत, पंजा और वचन दिखाकर मना लिया गया और रौशन अख्तर को आगरा ले जाकर मुहम्मद शाह गाजी नाम दिया गया और तख्तनशीन किया गया। उस तख्तनशीनी का श्रेय अजीतसिंह को देने के लिए चारण वणसूर महादान ने लिखा है कि मुहम्मद शाह के हाथ के ऊपर सैयद अब्दुल्ला खाँ और अजीतसिंह के पंजे लगाए गए। लेकिन अजीतसिंह ने उस स्थापित किए गए बादशाह के लिए जो आशीर्वचन कहे थे, वे भविष्य में कितने गलत सिद्ध हुए थे, यह इतिहास का अगला घटनाक्रम बताता है। अजीत ने बादशाह मुहम्मद शाह गाजी के लिए कहा था—यह बहुत शक्तिशाली होगा और बहुत चमकेगा।[78] सैयद और अजीतसिंह के द्वारा स्थापित वह बादशाह भविष्य में बड़ा कायर और बड़ा बदनाम सिद्ध हुआ। वह नखदन्तविहीन शेर निकला।

चारण वणसूर महादान ने लिखा है कि आगरा में मुहम्मद शाह को गद्दी पर बैठाने के बाद सैयद हसन अली खाँ ने अजीतसिंह से कहा कि वह सवाई जयसिंह के आमेर को तहसनहस करना चाहता है। अजीतसिंह के लिए गुजरात की सूबेदारी का फरमान लिखवाकर वह आमेर के रास्ते अजमेर जाने के लिए चल पड़ा तो रास्ते में अजीतसिंह ने उसको आमेर पर हमला न करने के लिए मना लिया, क्योंकि सवाई जयसिंह ने अपने बहनोई बुधसिंह हाड़ा आदि आदमियों को अजीतसिंह के पास भेजकर भविष्य में उसकी आज्ञा मानने का वायदा कर लिया था। सैयद हसन अली खाँ ने बेमन से अजीतसिंह की बात मान ली। अजीतसिंह ने आमेर आकर सवाई जयसिंह को अपने साथ ले लिया और जोधपुर ले जाकर उसने साथ अपनी बेटी सूरज कँवर बाई का विवाह कर दिया।[79] कवि आत्माराम ने उस घटनाचक्र का

क्रम-परिवर्तन कर यह वर्णन किया है कि सवाई जयसिंह टोडा भीम में सैयद हसन अली खाँ से लड़ने का विचार छोड़कर मुहम्मद शाह को बादशाह बनवाने के बाद आमेर लौट गया, फिर जोधपुर में अपना ब्याह करने गया। उसके बाद आगरा से सैयद हसन अली खाँ मुहम्मद शाह के साथ आमेर होते हुए अजमेर की ओर चला और टोडा भीम में उतरा, तब जयसिंह आमेर की रक्षा के विचार से जोधपुर से लौटा। आमेर आते हुए रास्ते में सवाई जयसिंह को सूचना मिली कि टोडा में बादशाह मुहम्मद शाह के आदमियों ने सैयद हसन अली खाँ की हत्या कर दी है। यह सूचना पाकर जयसिंह बहुत प्रसन्न हुआ और बादशाह की सेवा में पहुँच गया। वहाँ से बादशाह और राजा की सम्मिलित सेनाएँ दिल्ली की ओर चल पड़ीं। सैयद अब्दुल्ला खाँ अपनी शाही सेना लेकर शाही सेना से लड़ने के लिए चल पड़ा और रास्ते में शेरगढ़ में लड़कर परास्त हुआ। मुहम्मद शाह गिरफ्तार अब्दुल्ला खाँ को लेकर दिल्ली ले आया। सवाई जयसिंह सांगानेर होता हुआ दिल्ली पहुँचा तो बादशाह ने मुहम्मद अमीन को भेजकर उसका स्वागत किया।[80]

'सवाई जयसिंह चरित' में सैयद हसन अली खाँ की मृत्यु के बारे में जो कुछ लिखा गया है, वैसा ही इतिहासकार लिखते आए हैं, पर चारण वणसूर महादान ने अपने काव्य में उसकी हत्या दिल्ली में हुई बताई है। उन्होंने लिखा है कि संवत् 1777 की समाप्ति[81] के समय मुहम्मद शाह की बादशाहत थी और सैयदों का हुक्म चलता था। उस समय हसन अली खाँ अपनी एक लाख फौज के साथ दिल्ली में था और अब्दुल्ला खाँ अपनी दो लाख सेना के साथ दक्षिण में था। मुगल कमजोर थे, असद खाँ मस्जिद में था, दूसरे मुगल बिखरे हुए थे। बादशाह मुहम्मद शाह अपनी पराधीनता से खिन्न था। सैयद हसन अली खाँ ने मुइज़ुद्दीन और फर्रुखसियर को मरवाया था, उसे उसका गुस्सा था। मुहम्मद शाह और असद खाँ अपने-अपने कारणों से सैयदों से क्रुद्ध थे, इसलिए उन्होंने लुकाछिपी योजना बनाकर एक मुगल हैदर खाँ को तैयार किया कि वह सैयद हसन अली खाँ को मार डाले। हैदर अली ने पालकी में बैठकर किले की ओर जाते हुए हसन अली खाँ पर दिल्ली के बाजार में यह कहते हुए दो वार किए कि पहली चोट मुइज़ुद्दीन और ज़ुल्फिकार खाँ को मारने की है तो दूसरी चोट फर्रुखसियर को मारने की है। उस अचानक हमले को बादशाह मुहम्मद शाह द्वारा प्रेरित माना गया।

सैयद हसन अली खाँ की हत्या का स्थल चारण वणसूर महादान ने दिल्ली को बताया है तो 'सवाई जयसिंह चरित' के सम्पादक गोपालनारायण बहुरा ने काव्य के अन्त में दी गई 'टिप्पणियों' में लिखा है कि मुहम्मद शाह बादशाह की अभिमन्त्रणा से ही मुहम्मद खाँ दुरानी ने सैयद हुसैन अली को पावटा और पाटोली के घाट के बीच में मार डाला।[82] बहुराज जी के कथन का आधार गो. ही. ओझा की पुस्तक 'जोधपुर राज्य का इतिहास' है। डॉ. सुरेशदत्त अवस्थी ने उसका हत्यास्थल आगरा

से आगे फतहपुर सीकरी बताया है।[83]

दक्खिनी हिन्दी में नुस्रती के ऐतिहासिक काव्यों के बाद उपलब्ध होनेवाले ऐतिहासिक काव्यों में गजनफर हुसैन द्वारा लिखित एक काव्य है–'जंगनामा आलिम अली खाँ'। 'जंगनामा आलिम अली खाँ' काव्य की रचना गजनफर हुसैन ने 6 शबाल हिजरी 1132 (11 अगस्त, 1719) को औरंगाबाद के 20-21 वर्ष के युवा सूबेदार आलिम अली खाँ और निजामुल्मुल्क के बीच हुए एक दिन के युद्ध और उसमें आलिम अली खाँ तथा बाद में उसके चाचा सैयद बन्धुओं की हत्या को आधार बनाकर की है। वह युद्ध जलगाँव जिले के गाँव एदलाबाद के पास पूर्णा नदी के किनारे हुआ था।

इस काव्य के नायक आलिम अली खाँ का सम्बन्ध सैयद बन्धुओं से है। उत्तर भारत के लोग सैयद बन्धुओं में केवल दो भाइयों को जानते हैं–अब्दुल्ला खाँ और हुसैन अली खाँ, पर वास्तव में सैयद बन्धु तीन भाई थे–अब्दुल्ला खाँ (कुत्बुल्मुल्क), हुसैन अली खाँ (अमीरुलनुमरा) और नूरुद्दीन खाँ। आलिम अली खाँ तीसरे भाई का पुत्र था। आलिम अली खाँ अपने बड़े ताऊ अब्दुल्ला खाँ का दत्तक पुत्र था। सैयद अब्दुल्ला खाँ और सैयद हुसैन खाँ फर्रुखसियर से लेकर मुहम्मद शाह तक के राज्यकाल में बादशाहगर थे। वे दोनों भाई मुगल बादशाहत के स्वामी थे। कमरुद्दीन अली खाँ 'निजामुल्मुल्क' समझदार मुगल मन्त्री था। सैयद बन्धु उसे उखाड़ देना चाहते थे। निजामुल्मुल्क ने उत्तर की बजाय दक्षिण की ओर रुख किया और सैयद बन्धु के भतीजे आलिम अली खाँ को मारकर दक्षिण पर अपना नियन्त्रण स्थापित कर लिया। नेकूसियर को आगरा की बादशाहत से हटाने के लिए आगरा जाने की बात की बजाय डॉ. सुरेशदत्त अवस्थी ने लिखा है कि अपने भतीजे की हत्या का बदला लेने के लिए सैयद हुसैन अली खाँ चला, तो उसे फतहपुर सीकरी के पास 9 अक्टूबर, 1719 को कत्ल कर दिया गया। उसके एक महीने बाद बड़े सैयद अब्दुल्ला खाँ को मरवा दिया गया। मुहम्मद शाह ने शासनसूत्र सँभालने के लिए निजामुल्मुल्क को बुलाकर 11 दिसम्बर, 1921 को उसे महामन्त्री का पद सौंप दिया। लेकिन किले के भीतर और बाहर की बिगड़ी हालत देखकर दक्षिण में ही अपना स्वतन्त्र राज्य स्थापित करने में अपना भला समझ-सोचकर वह बहाना बनाकर दक्षिण की ओर चला गया और स्वतंत्र हैदराबाद रियासत की नींव डाली।

इस 'जंगनामा' में कवि ने औरंगाबाद की सूबेदारी में हुए राजनैतिक षड्यन्त्रों, युद्धों और शासकों तथा समाज के विभिन्न वर्गों की प्रवृत्तियों, मानसिकताओं और स्थितियों का आँखोंदेखा हाल कविताबद्ध किया है। इससे ज्ञात होता है कि सैयद बन्धुओं के तीसरे भाई का नाम नूरुद्दीन खाँ था और भतीजे का आलिम अली खाँ। उन दोनों के बारे में इतिहासों में अचर्चित अनेक प्रसंगों का इस काव्य में प्रामाणिक परिचय मिलता है। अन्य दक्खिनी हिन्दी के काव्यों की भाँति इस काव्य से भी यह

ज्ञात होता है कि अठारहवीं सदी तक हिन्दू अथवा हिन्दुस्तान का अर्थ था—मुगल नियन्त्रित क्षेत्र[84] और दखिन, दखन या दकन का अर्थ था—छह सूबे यानी औरंगाबाद, बुरहानपुर, गोलकुंडा (हैदराबाद), बीदर, बीजापुर और गुलबर्गा। इन सूबों का प्रशासन चलाने के लिए औरंगाबाद को राजधानी बनाया गया था।[85] सैयद बन्धुओं की महत्त्वाकांक्षा सारे देश का शासनतन्त्र अपने हाथ में ले लेने की थी, इसलिए उन्होंने राजनैतिक और मानसिक दृष्टि से अपरिपक्व 20-21 वर्षीय भतीजे को औरंगाबाद की सूबेदारी सौंपी थी। निजामुल्मुल्क के हमले के समय जिसे पसीना छूट गया और जिसे अपने भय को काबू में करने के लिए सुगन्धित हार और झालरदार हुक्के और पालकी की याद आई, युद्ध की रूपरेखा बनाने की नहीं।[86] सैयद बन्धुओं ने सोचा था कि हिन्द का बादशाह अपनी मुट्ठी में है तो दखन तो अपने अँगूठे के नीचे रखना आसान होगा। दूरदर्शी सैयद बन्धु औरंगाबाद की सैनिक तैयारी के प्रति सजग नहीं रहे। निजामुल्मुल्क के आक्रमण के समय एकाएक सैनिकों की भर्ती की गई और सैनिक भी कैसे थे ? जिन्हें युद्ध का अभ्यास नहीं था, जिनका मुख्य कार्य युद्ध नहीं, पिंजाई करना, कसाईगिरी करना, सब्जी बेचना, कुंजड़ागिरी करना, रसोई बनाना, कपड़े धोना, बाल बनाना, भाड़ झोंकना, मश्क ढोना और लोहा ढालना था। ऐसे लोग कमर कस कर टट्टू पर सवार हुए और मुहम्मदी बाग में एकत्र हुए। उनको युद्ध का उत्साह नहीं, रुपए और अशर्फियों की लूट का लालच था।[87] ऐसे योद्धा लड़ाई के समय आलिम अली को मरने के लिए छोड़कर भाग गए। सामने ताल ठोंकनेवाले पीठ दिखाकर भाग गए।[88]

अठारहवीं शती तक मुगल शासन की यह स्थिति हो गई थी कि दिल्ली में बादशाहत कमजोर पड़ने से सारे देश में सत्ता की छीनझपट आरम्भ हो गई थी। सूबे स्वतन्त्र रियासतें बन रहे थे। सत्ता से जुड़े अधिकारी भी अपना स्वतन्त्र शासन स्थापित कर रहे थे। वे अपने को बादशाह के रूप में देखना चाह रहे थे। निजामुल्मुल्क इसका प्रमाण है, जो मन्त्री से बादशाह बनने के लिए 'हिन्द' से 'दखन' की ओर गया था। अपनी कमजोर स्थिति में ज्योतिषी, फकीर, बुजुर्ग और पीरों की शरण व सहायता लेना आम बात थी। स्वार्थसिद्धि के लिए सत्ताकेन्द्र की चापलूसी करनेवाले, 'चढ़ जा बेटा सूली पर भली करेंगे राम' कहकर उकसानेवाले और अवसर पर दगा दे जानेवाले नकली मित्रों की कमी नहीं थी।[89] उस समय तक भाड़े के टट्टुओं की भी कमी नहीं थी। योद्धा मराठा दल निजामुल्मुल्क और आलिम अली खाँ दोनों की ओर से लड़ रहे थे।

'जंगनामा आलिम अली खाँ' की ऐतिहासिक प्रामाणिकता असंदिग्ध है। इसमें घटनातिथि[90], घटनास्थल[91] और घटना-पात्रों के उल्लेख से मुगल इतिहास के पर्यवेक्षकों को महत्त्वपूर्ण जानकारियाँ मिलती हैं और अनेक भूले-बिसरे इतिहासपात्रों के बारे में और अधिक जानकारी पाने की जिज्ञासा उत्पन्न होती है।

दक्खिन की चर्चा के बाद आइए, फिर हिन्दुस्तान की ओर चलें। सैयद हसन अली खाँ पर हमले की खबर बड़ी तेजी के साथ फैली। 'अजीत विलास' के अनुसार उस समय सवाई जयसिंह जोधपुर में था। वहाँ खबर मिलते ही वह अजीतसिंह को बताए बिना आमेर होता हुआ दिल्ली पहुँच गया। बाद में अजीतसिंह को पता चला। सैयद अब्दुल्ला उस दौरान दक्षिण में था। वह अपने भाई पर हमले की सूचना पा कर बहुत क्रुद्ध हुआ और अपनी दो लाख सेना लेकर दिल्ली की ओर चल पड़ा। धौलपुर में उससे बादशाह मुहम्मद शाह की लड़ाई हुई, जिसमें मुहम्मद शाह के हाथी ने ठेल-ठेलकर उसके हाथी को भगा दिया। उसके हाथी को युद्धस्थल से भागते देखकर उसकी सेना समझी कि अब्दुल्ला भाग रहा है तो उसकी सेना भी भाग खड़ी हुई। इस प्रकार अब्दुल्ला गिरफ्तार हुआ और उसकी दो लाख सेना बादशाह मुहम्मद शाह की सत्तर-अस्सी हजार सेना से हार गई।[92]

वे सब खबरें जब अजीतसिंह के पास पहुँचीं तो वह समझ गया कि बादशाह पर उसकी पकड़ समाप्त हो गई है। सैयदों के बल पर वह बादशाहों पर कुंडली मारता था। नया बादशाह मुहम्मद शाह सैयदों के बाद अजीतसिंह से मुक्ति पाएगा, यह निश्चित हो गया। सवाई जयसिंह ने अपनी बुद्धिमत्ता और अवसरवादिता से लाभ उठाकर नए बादशाह का समर्थन पा लिया था। सैयदों से निबटकर मुगल बादशाह सत्ता पर अपनी पकड़ मजबूत करने के प्रयत्न में लग गया। अब उसे दो परेशानियों से जूझना था—एक, जटवाड़े में चूड़ामन के बेटे मोहकमसिंह ने बदनसिंह को पकड़ लिया था और उस क्षेत्र में उपद्रव शुरू कर दिया था। बदनसिंह के आदमी फरियाद लेकर सवाई जयसिंह के पास पहुँचे तो उसने बादशाह से सलाह की। बादशाह ने जयसिंह को ही थून (जटवाड़े) की समस्या हल करने का दायित्व सौंप दिया। उसके साथ मुगल सिपहसालार मुजफ्फर खाँ, आजम खाँ, मुहम्मद खाँ, साबित खाँ, इरादत बन्द खाँ, मीर मुशर्रफ आदि और राजपूत योद्धा बुधसिंह हाड़ा, जैतसिंह, छत्रसिंह, शक्तिसिंह, इन्द्रसिंह गौड़, दुर्जनसिंह, रामचन्द्र आदि भेजे गए। दिल्ली से चली उस सेना के बारे में सुनकर ही मोहकमसिंह ने बदनसिंह को छोड़ दिया। बदनसिंह आकर जयसिंह से मिला तो जयसिंह ने उसे जटवाड़े का राजा घोषित कर दिया।[93]

उस विजय और व्यवस्था के बाद सवाई जयसिंह ने मुगल उमरावों को दिल्ली की ओर रवाना कर दिया और खुद अपने कुछ विश्वस्त साथियों के साथ डीग में रात बिताने के बाद राधाकुंड और मथुरा की यात्रा की। तब तक जयसिंह के लिए बादशाह का बुलावा आ गया कि मोहकमसिंह ने फिर सिर उठा लिया है, उसे सँभालो। तब कालीच खाँ दक्षिण की ओर चला गया और सवाई जयसिंह ने फतहपुर सीकरी पहुँचकर डेरा लगा दिया। उसके आगमन के बारे में सुनकर मोहकमसिंह खोहरी की ओर भाग गया और रेगिस्तान में कहीं खो गया।

बादशाह मुहम्मद शाह के सामने दूसरी समस्या अजीतसिंह को सँभालने की थी। अजीतसिंह मुगल बादशाह पर सवाई जयसिंह के बढ़ते प्रभाव को सहन नहीं कर सकता था। उसने मुगल सूबे अजमेर पर नियन्त्रण कर लिया। बादशाह ने अपने नवाबों से सलाह करके मुजफ्फर अली को तीस हजार सेना के साथ उस ओर विदा किया। अजीतसिंह के पुत्र अभयसिंह ने बादशाह को पकड़ लाने की गर्वोक्ति कर अजमेर से कूच किया तो पहले नारनौल को लूटा, फिर मुगल सामान को लूटा। उसके बाद वह नारनौल से शाहजहाँपुर[94] आया। उससे डरकर मुजफ्फर अली बिना लड़े दिल्ली भाग गया। दिल्ली में फिर लूट का खतरा देख खलबली मच गई। मुहम्मद शाह ने अपनी दुर्बलता समझ ली, इसलिए उसने अपने बचाव के लिए अभयसिंह और उसके छोटे भाई आनन्दसिंह को बुलाकर सम्मानित किया। मुहम्मद शाह को लगता था कि अजीतसिंह तो हमेशा उसके विरोध में रहा है और रहेगा। उसकी तुलना में अभयसिंह अधिक दिल्ली का है। पिता-पुत्र के बीच खाई बढ़ाने और अपना हित साधने के लिए बादशाह मुहम्मद शाह ने अभयसिंह को सात हजारी मनसब, नौबत और 'धूँकल सिंह' नाम दिया। कुँवर सम्मानित होकर जोधपुर लौटा, तो अनुभवी राजनीतिसिद्ध भंडारी खींवसी ने अजीतसिंह को कुँवर अभयसिंह से सावधान रहने को कहा, लेकिन अजीतसिंह ने उसकी चेतावनी को गम्भीरता से नहीं लिया।

बादशाह मुहम्मद शाह अपनी दुर्बल स्थिति को समझता था। उसे मालूम था कि मुगल सत्ता अपने बलबूते पर खड़ी नहीं रह सकती थी। पहले भी वह राजपूतों के बल पर खड़ी हुई, पनपी और फैली थी, आज उस राजपूती शक्ति के सहारे की और भी जरूरत थी। वे राजपूत ही तो थे, जो दिल्ली के सिंहासन पर स्वयं को नहीं, केवल मुगलों को बैठाए रखना चाहते थे। उसके अपने कुल और धर्मबन्धु तो एक के बाद एक बादशाह को मार या हराकर स्वयं को स्थापित करना चाहते थे। उस विषम परिस्थिति में बादशाह मुहम्मद शाह न तो सवाई जयसिंह को छोड़ सकता था और न अजीतसिंह की उपेक्षा कर सकता था और वे दोनों राजपूत शक्तियाँ एक-दूसरे की काट की शतरंजी चालें चल रही थीं। बादशाह अनिर्णय और निर्णय के बीच झूल रहा था। स्थिति तब खतरनाक हो गई, जब अजीतसिंह के वकील भंडारी खींवसी ने 'राजराजेसुर' और 'राजराजनदार' का खिताब पाने के लिए अपने को जोधपुर के राजा अजीतसिंह के प्राधिकृत प्रतिनिधि के रूप में घोषित किया। पहले यह खिताब सवाई जयसिंह को दिया जा चुका था। अपने प्रतिनिधि के माध्यम से अजीतसिंह ने मुगल बादशाह की सेवा में आने से पहले दो शर्तों को पूरा किया जाना आवश्यक घोषित किया था। एक, हिन्दुस्तान में सात रुपए, पाँच रुपए, और साढ़े तीन रुपए प्रति व्यक्ति की दर से लिया जानेवाला जजिया हटाया जाए, और दो, सैयद अब्दुल्ला खाँ को छोड़ दिया जाए। बादशाह के लिए सैयद अब्दुल्ला को छोड़ने का अर्थ 'आ बैल मुझे मार होता' और न छोड़ने का अर्थ अजीतसिंह की

नाराजी होता। बादशाह ने पहली शर्त मानने के रूप में जजिया माफ करने और सिरोपाव देने का प्रस्ताव किया और दूसरी शर्त पर विचार करने का वायदा किया। अब झगड़ा उठ खड़ा हुआ कि सिरोपाव किसे दिया जाए। एक ओर अजीतसिंह का प्रतिनिधि खींवसी और दूसरी ओर स्वयं सवाई जयसिंह खड़े थे। अजीतसिंह और सवाई जयसिंह दोनों ही अपने को हिन्दुओं के रक्षक के रूप में प्रतिष्ठित करना चाहते थे और उन दोनों में फिलहाल सवाई जयसिंह बादशाह के अधिक निकट और उसके हर आदेश का पालनकर्ता था। बादशाह के लिए वह अधिक विश्वसनीय साथी था। लेकिन परिस्थिति ऐसी बन गई कि सवाई जयसिंह तो अपना आदमी है ही और अजीतसिंह शायद अपने वचन के मुताबिक शाही सेवा में आ जाए, यह सोचकर पहले मैं, पहले मैं के लिए अड़े हुए उन दोनों में से बादशाह ने पहले खींवसी को सिरोपाव पहना दिया, बाद में सवाई जयसिंह को। उससे सवाई जयसिंह नाराज हो गया। बादशाह को न खुदा ही मिला न विसाले सनम। अब अजीतसिंह ने उँगली पकड़ने के बाद पहुँचा पकड़ना चाहा। उसने दिल्ली आने से पहले अब्दुल्ला खाँ को छोड़ने की शर्त पर जोर दिया। न बादशाह उस काम के लिए मन से तैयार था, और न उसके दरबारी। सवाई जयसिंह, वजीर कमरुद्दीन खाँ और बख्शी खानदौरा—उन तीनों ने अजीतसिंह के सन्देशवाहक नाहर खाँ को सात हजारी मनसब दिलवाने का लालच देकर बादशाह के सामने झूठ बुलवाया कि अजीतसिंह ने सैयद अब्दुल्ला खाँ को मार डालने के लिए कहा है। बादशाह ने सैयद को मरवा डाला। बाद में अजीतसिंह ने नाहर खाँ और उसके भाई रोयला खाँ का वध करवा दिया और दिल्ली पर हमले के लिए चल पड़ा।[95] अजीतसिंह के द्वारा उस हत्याकांड से मुहम्मद शाह बहुत क्रुद्ध हुआ, लेकिन वह मन ही मन अजीतसिंह से डरता था। उसे जयसिंह ने खूब भड़काया। तब बादशाह ने जयसिंह के नेतृत्व में अन्य सरदारों को अजीतसिंह पर आक्रमण के लिए अजमेर की ओर भेजा। शाही सेना रेवाड़ी में आकर अटक गई, क्योंकि बादशाह ने किसी समस्या के कारण जयसिंह को वापस बुलवा लिया था।[96] जब जयसिंह लौटकर रेवाड़ी पहुँचा, तब मुगल सेना आगे बढ़ी और साँभर पहुँची। सवाई जयसिंह अजीतसिंह से उलझना नहीं चाहता था, इसलिए उसने कूटनैतिक लड़ाई से काम लिया। उसने अजीतसिंह को इस बात के लिए मना लिया कि वह अजमेर से जोधपुर लौट जाए, लेकिन अजीतसिंह ने अपनी आखिरी चाल चलने के लिए अजमेर के गढ़ में अपने आदमी छोड़ दिए। जयसिंह ने साँभर से जाकर अजमेर के दुर्ग को घेर लिया और बातों से ही उसे जीत लिया।[97] एक हाथी पर सवार होकर नवाब हैदर कुली, सरबुलन्द खाँ और सवाई जयसिंह जब दर्शन के लिए दरगाह की ओर जा रहे थे, तब रास्ते में पानी पीने के लिए उनके हाथी को रोका गया। उसी समय अजीतसिंह के गढ़-स्थित आदमियों ने उन पर एक गोला दागा, जिससे उनका महावत मारा गया और वे तीनों बच गए। बाद में जयसिंह ने अजीतसिंह

पर दबाव डालकर ये दो समझौते कराए—(1) बड़े पुत्र अभयसिंह को दिल्ली भेजा जाएगा, और (2) अजीतसिंह कुछ मनसब छोड़ देगा। उस सन्धि से मुगल दरबार में सवाई जयसिंह की तूती बोलने लगी और अजीतसिंह का भरपूर अपमान हुआ। उसका बेटा अभयसिंह अपने पिता की करनी के कारण पहले कई बार अपमानित हो चुका था, अब फिर हुआ, लेकिन परिस्थिति ऐसी बन गई थी कि उसे मुगल सेना के साथ दिल्ली जाना ही पड़ा।[98] अजीतसिंह जोधपुर की ओर लौट गया।[99] और सवाई जयसिंह आमेर चला गया।[100]

दिल्ली पहुँचकर जोधपुर के महाराजकुमार अभयसिंह ने बादशाह और दरबारियों के सामने अपने अपमान के कारण दरबारी मर्यादा तोड़कर अपना क्रोध प्रदर्शित किया तो बादशाह ने मोतीमाला पहनाकर उसे शान्त करने का प्रयत्न किया। बाद में जयसिंह ने उससे सम्बन्ध बढ़ाया। अभयसिंह ने जोधपुर स्थित अपने भाई बख्तावरसिंह के साथ प्रगाढ़ता बनाए रखी। बादशाह ने भी वचन, पंजा और कुरान की शपथ देकर उससे घनिष्ठता बढ़ाई। जैसे-जैसे दिल्ली में अभयसिंह की प्रगाढ़ता बढ़ती गई, वैसे-वैसे अजीतसिंह को अभयसिंह की ओर से खतरा दिखाई पड़ने लगा। पहले उसने अपने शुभचिन्तक भंडारी खींवसी की चेतावनी की उपेक्षा की थी। अब वह स्वयं वह खतरा अनुभव करने लगा। संवत् 1780 के आषाढ़ मास की नवीं तिथि[101] को अजीतसिंह का अन्तिम विवाह हुआ था। वह अपने महल में लेटा था, तभी षड्यन्त्रपूर्वक आषाढ़, सुदी तेरह[102] को उसकी हत्या करवा दी गई। वह हत्या किसने, क्यों करवाई और किसने की, इस बारे में चारण वणसूर महादान ने कुछ नहीं लिखा है। कवि अपने आश्रयदाता तथा राजमहल के उस पितृघाती षड्यन्त्र की चर्चा करके अगले राजा को नाराज नहीं करना चाहता था, लेकिन सचाई यह थी कि वह सारा षड्यन्त्र दिल्ली में बैठे उसके बड़े पुत्र अभयसिंह द्वारा निष्पादित और छोटे पुत्र बख्तावरसिंह द्वारा कार्यान्वित हुआ था, इसलिए चारण ने अपने काव्य में उस अप्रिय प्रसंग के वर्णन को टाल दिया है। उस षड्यन्त्र का सूत्रधार सवाई जयसिंह अवश्य रहा होगा। यही कारण है कि कवि आत्माराम ने भी अपने काव्य में अजीतसिंह की उस हत्या के बारे में कुछ नहीं लिखा है। सम्भवतः इसलिए कि उन्हें अपने आश्रयदाता की भूमिका का उल्लेख करना पड़ता। आश्रित कवियों को अपनी जीविका के लिए, राजकृपा पाते रहने के लिए राजा को प्रसन्न रखना पड़ता था और उसे प्रसन्न रखने के लिए कुछ जोड़ना तो कुछ घटाना भी पड़ता था। अजीतसिंह के साथ साठ स्त्री-पुरुषों ने अग्निस्नान (चिता में जलना) किया था, उनमें से एक का नाम गंगा था, जिसके बारे में लिखा गया है 'गंगा महाराज नै चूक हुवो तरै मरांणी'। इन शब्दों से लगता है कि रनिवास में गंगा के द्वारा अजीतसिंह को विष दिलवाया गया होगा और उस रहस्य को छिपाने के लिए उसे भी अजीतसिंह की चिता पर चढ़ा दिया गया।[103]

अजीतसिंह का जीवन हिंसा-प्रतिहिंसा का जीवन्त दस्तावेज रहा। किशोरावस्था से ही उसमें अहं, क्रोध, प्रतिहिंसा और संशय की भावनाएँ ढाढ़ें मारती रहीं। वह अपने जीवनरक्षकों का तिरस्कार करने से कभी नहीं चूका। जरा-सा भी सन्देह होने पर उसने अनेक लोगों को मरवाया। चारण वणसूर महादान के इस साहस और कविकर्म की प्रशंसा करनी पड़ेगी कि उन्होंने अपने 'श्री जी' की कमजोरियाँ और उसके हिंसा कार्यों के सहायकों और उसके द्वारा मरवाए गए व्यक्तियों के नाम अपने काव्य में लिख दिए हैं, छिपाए नहीं हैं। अजीतसिंह ने अपनी सत्ता और अधिकारलिप्सा को तृप्त करने के लिए सैयद बन्धुओं समेत जिसको भी सहायक पाया, उसका साथ दिया। जिस मुगल खानदान के विशाल जहाज को औरंगजेब ने जर्जर कर डाला था, उसे अजीतसिंह तथा सैयदों जैसे लोगों ने उसमें अनेक छेद कर डुबाने में सहयोग दिया था। अजीतसिंह और सैयदों ने निजी हितों के लिए मुगल बादशाहों के प्रति जो उठापटक और बैठाने-हटाने तथा मरवाने की लीलाएँ की थीं, अन्ततोगत्वा उनके साथ भी वैसा ही हुआ। उन्होंने अपनी करनी के विषफल अपने आप चखे और मारे गए।

अजीतसिंह की मृत्यु के बाद के कुछ वर्ष मुगल शासन के लिए शान्ति के रहे। उस शान्तिकाल में बादशाह मुहम्मद शाह अपने महल में भोग-विलास में लिप्त हो गया और सवाई जयसिंह ने अपने परिवार, अपनी राजधानी और अपने स्वामित्व क्षेत्र के लिए बहुत सारे काम कर डाले। सबसे पहले उसने 1781 वि.[104] में बादशाह मुहम्मद शाह की सेवा में रत जोधपुर के राजकुमार अभयसिंह के साथ अपनी पुत्री का विवाह कर दिया, फिर मथुरा में जयसिंहपुरा बसाया, वृन्दावन में मन्दिरों का जीर्णोद्धार करवाया और दिल्ली में बादशाह द्वारा फिर लगाए गए जजिया कर को हटाने का प्रयास किया। बादशाह ने जजिया हटा तो दिया, लेकिन आज्ञापत्र पर हस्ताक्षर ठीक तरह से नहीं किए, जिससे लगता था कि कर हटाने का उसका मन नहीं था, इसलिए जब सवाई जयसिंह दिल्ली में बादशाह से मिला तो उसे सलाम न करके उसने अपनी नाराजगी प्रकट की। दिल्ली में वह जयसिंहपुरा में रहकर भी बादशाह के पास मुजरा करने नहीं जाता था। एक महीने तक ऐसा रहा, तब बादशाह को अपने उमरावों से सलाह करके जजिया हटाना पड़ा।

उसी वर्ष[105] सवाई जयसिंह ने दिल्ली के जयसिंहपुरा में आकाश, तारे, सूर्य और चन्द्र की गति नापने के लिए यन्त्रशाला (जन्तर मन्तर) का निर्माण करवाया तथा एक-दोमंजिला हाथी-रथ बनवाकर मुहम्मद शाह को भेंट किया। उसने आमेर पहुँचकर जयगढ़ का निर्माण करवाया। कवि आत्माराम के अनुसार राजनीतिक दृष्टि से मुगल शासन का अस्तित्व केवल नाम को रह गया था। उस समय केवल सवाई जयसिंह की इच्छा ही शासकीय आदेश थी।[106]

कवि आत्माराम ने लिखा है कि सवाई जयसिंह तक चार दिल्लियाँ बसी थीं।

एक बहुत पुरानी दिल्ली पठानों की रक्षा के काम आई थी।[107] दूसरी दिल्ली शेर शाह सूरी के पुत्र सलीम शाह ने यमुना के बीच बसाई थी[108], तीसरी दिल्ली शाहजहाँ ने बसाई थी और चौथी जयसिंहपुरा में है।[109] दिल्लियों की यह कहानी अपूर्ण है, लेकिन इससे यह सूचना अवश्य मिलती है कि बादशाह मुहम्मद शाह के जमाने में राजा लोग अपनी इच्छानुसार अपने किले-नगर आदि बनाने लगे थे, जबकि औरंगजेब के समय तक ऐसे निर्माणों पर, निर्माण ही नहीं, मरम्मत करवाने तक पर प्रतिबन्ध लगा हुआ था। सवाई जयसिंह ने जो निर्माण करवाए थे, उनकी सूची कवि आत्माराम नहीं दे पाए। न जाने क्यों उनकी यह कृति अधूरी रह गई है। सम्पादक गोपाल नारायण बहुरा ने इस कृति के अधूरेपन को पाटने के लिए इसमें कवि दुलीचन्द द्वारा रचित 'कूर्मविलास' का अंश जोड़ दिया है, जिससे पता चलता है कि बादशाह मुहम्मद शाह के काल में सवाई जयसिंह ने अपने नाम से आमेर के पास के मैदान में सवाई जयपुर बसाया। उसके बाद जयसिंह का सारा जीवन धर्म-कर्म में बीता, जिसका विस्तृत वर्णन कवि ने 'कूर्मविलास' के अन्त तक किया है। सवाई जयसिंह की मृत्यु संवत् 1802 के क्वार मास के शुक्ल पक्ष की चौदहवीं तिथि[110] को हुई थी।

5. मुहम्मद शाहकालीन अराजकता और अहमद शाह अब्दाली के आक्रमण

व्यभिचार, चाटुकारिता और पराश्रयता ने मुगल शासन की तरह राजस्थान की अधिकांश शक्तियों को चुकता कर दिया। सब जगह अराजकता छा गई। मुगल बादशाह मुहम्मद शाह ने अजीतसिंह और सैयदों की मिलीभगत से हिन्दुस्तान की सत्ता सँभाली थी और उन्हीं को समाप्त करने के बाद वह चैन की साँस ले पाया था और सत्ता का सुख भोग पाया था। सवाई जयसिंह की मृत्यु के बाद तो उसे कोई रोकने-टोकनेवाला भी नहीं बचा था। किले के बाहर क्या हो रहा है, यह वह होशो-हवास में रहने पर ही अपने नौकर-चाकरों के कहने से सुन लिया करता था। तन्त्रीनाद, कवित्त रस, सरस राग और रतिरंग के जो दृश्य देशी राजाओं के महलों में दिखाई पड़ रहे थे, वे ही मुगल महल में मुहम्मद शाह के आसपास दिखाई देने लगे थे। उसका अधिक समय तो नाचने-गानेवालियों और मदिरा की प्यालियों में डूब जाता था। उस काल के लोगों ने उसे 'रंगीला' नाम उसकी उन्हीं प्रवृत्तियों को देखकर दिया था। किले के बाहर वह 'बादशाह' केवल सामन्तों और सैनिकों के लिए था, प्रजा के लिए तो वह मुहम्मद शाह 'रंगीला' था। उसके बादशाह काल में मुगल सल्तनत को टुकड़ा-टुकड़ा करके खानेवाले अनेक स्वनामधन्य नवाब, राजा और महाराजा पैदा हो गए थे। वह राग-रंग-रस में इतना मग्न रहता था कि जटवाड़े के सूरजमल, जवाहरसिंह, दक्षिण के मराठे रात-दिन मुगल सल्तनत में सेंध मारते

रहे, परदेश से नादिरशाह और अहमद शाह के रेले आते और किले और नगर को लूटकर जाते रहे, देश और प्रजा का कुछ भी होता रहा, वह तो अपनी लालपरियों के आगोश में मस्त रहा। कभी घर में घुस आए लुटेरों से सामना हुआ, तो उन्हें मुगल इज्जत के कुछ टुकड़े दे-दाकर रवाना किया और फिर लालपरियों में डूब गया। तत्कालीन कविता उस अराजक विलासिता काल के सैकड़ों प्रमाण प्रस्तुत करती है। ऐसी ही एक लम्बी कविता है—श्री हरिकला बेली।[111] यह कविता क्या है, उस काल की प्रजा के अन्तर की आर्त्तवाणी है। उसमें मथुरा और वृन्दावन पर अहमद शाह अब्दाली के द्वारा संवत् 1813 के शीतकाल[112] में किए गए आक्रमण के दुष्प्रभाव का वर्णन किया गया है। चाचा वृन्दावन दास ने लिखा है कि उस यवन (अब्दाली) आक्रमण से सारा देश स्तब्ध और आतंकित रह गया था।[113] चाचा वृन्दावन दास वृन्दावन के थे और रासलीला के कलाकारों को लेकर फर्रुखाबाद गए हुए थे। वहाँ रासलीला के समय भक्त कवि आनन्दघन द्वारा रचित ख्याल गाते समय वे भाव-विह्वल हो उठे। भाव-विह्वलता के दो कारण थे—एक, कृष्ण-वियोग की कविता और दूसरा, आनन्दघन जैसे भक्त कवि को अहमद शाह अब्दाली के सैनिकों ने वृन्दावन में यमुना की रेती में मार डाला था। आनन्दधन कभी बादशाह मुहम्मद शाह के दरबार में मीर मुंशी के पद पर काम करते थे। वे कविहृदय, गायक और सौन्दर्यप्रेमी थे, इसलिए बादशाह की एक नर्तकी सुजान के सौन्दर्य और नृत्य पर रीझकर उस पर कविताएँ लिखते और गाते थे। ध्रुपद गाने में निष्णात थे। सुजान पर लिखी उनकी प्रेम कविताओं और उसके साथ उनके प्रेम की चर्चा चुगलखोरों ने बादशाह से कर दी थी और उससे कहा कि यदि आपको उसका प्रमाण पाना हो तो सुजान से नृत्य करने और आनन्दघन से ध्रुपद गाने के लिए कहिए। बादशाह ने ऐसा ही किया। आनन्दघन ध्रुपद गाने बैठे और सुजान ने नृत्य किया, तो बादशाह ने देखा कि आनन्दघन प्रेमभरी आँखों से नृत्य करती सुजान को देख रहे हैं। आनन्दघन की दृष्टि सुजान पर से तभी हटी, जब उनका ध्रुपद गायन और सुजान का नृत्य समाप्त हुआ। क्रुद्ध मुहम्मद शाह ने आनन्दघन को दरबार से हमेशा के लिए चले जाने को कहा, तो आनन्दघन ने सुजान से साथ चलने को कहा, परन्तु सुजान ने मना कर दिया। हताश होकर वियोगी आनन्दघन संन्यास लेकर वृन्दावन पहुँच गए। कृष्णभक्ति की कविताएँ लिखने लगे, लेकिन उनकी कविता में कृष्ण भी 'सुजान' नाम पा गए और कृष्णभक्ति के वियोग-प्रसंग के वर्णन में उनका सुजान के प्रति निजी वियोग प्रतिबिम्बित होने लगा। ऐसे सन्त वियोगी के पास अब्दाली के लुटेरे सैनिक 'जर' माँगने पहुँचे तो आनन्दघन ने ब्रजरज उठाकर उन्हें दी और कहा—'रज'। 'जर' और 'रज' के झंझट में आनन्दघन को कत्ल कर दिया गया। यह कथा हिन्दी साहित्य के सभी इतिहासग्रन्थों में रीतिमुक्त कवियों के अन्तर्गत आनन्दघन का जीवनवृत्त लिखते हुए सभी लेखकों ने बताई है। चाचा वृन्दावन दास ने उन्हीं आनन्दघन की

याद करते हुए लिखा है—ऐसे हू हरि संत जब, मारे यमननि आय। यह अति खेद हिये भयौ, लीनो सोच दबाय।। 7।।[114]

अब्दाली के आक्रमण ने ब्रजप्रदेश, मुख्यतः मथुरा और वृन्दावन, के साधु-सन्तों, ब्राह्मण, गौ, मोर, पशु-पक्षी, वृक्ष-लता—किसी को भी नहीं छोड़ा। उसके कारण भक्तों को भक्ति छोड़कर इधर-उधर जाकर छिपना पड़ा। ज्ञानी अपना ज्ञान भूल गए, अभिमानी मान भूल गए, ध्यानी ध्यान भूल गए और तपस्वी तप करना भूल गए।[115] प्रजा उजड़ गई, गलियाँ सूनी पड़ गईं[116], लोगों के देह, गेह और धन लुट गए।[117] वे आक्रमणकारी चोर और लुटेरे थे।[118] भक्त वृन्दावन दास ने अपने समय के राजाओं की प्रवृत्ति को कृष्ण के माध्यम से दिखलाया है कि वे बाहर से म्लेच्छों को बुलाकर देश की प्रजा की गाँठ के गूदड़े लुटवाते थे।[119]

वृन्दावन दास का मानना है कि इस देश में हिन्दू धर्म और उसके प्रतीकों तथा देव की पूजा का असम्मान और उनकी लूटखसोट की परम्परा तब से शुरू हुई, जब से औरंगजेब ने नर्मदा पर अपनी सेनाओं के द्वारा लूटमार का अभियान चलाया था।[120] वृन्दावन दास के सामने तो हालत यह हो गई थी कि दिल्ली जैसे शहर लुट रहे थे और शाह असहाय हो गया था। वह कुछ नहीं कर पा रहा था। जब महलों की यह हालत थी, तो सामान्य प्रजा की रक्षा कौन करता।[121] कवि ने कृष्ण को भी मुहम्मद शाह रंगीले की तरह रति-रस-रंग में डूब जाने का सन्देह व्यक्त किया है।[122] भक्त कवि ने अपने समय के बादशाह मुहम्मद शाह और उसके दरबारियों तथा अन्य शासक वर्गीय लोगों के भोग-विलास की खुलकर चर्चा की है। उन्होंने लिखा है कि बादशाह पहले तो बड़ी उछलकूद करके अपना रौब दिखाता रहा, लेकिन अब तो वह और उसके लोग वेश्या और मदपान में पूरी तरह डूबे हुए रहते हैं। उनमें रजोगुण और तमोगुण की भरमार दिखाई पड़ रही है। कोई समय था, जब दिल्ली से सारा संसार काँपता था, अब वह कटखने कुत्ते से डरनेवाली बिल्ली जैसी होकर रह गई है। बादशाह मुहम्मद शाह पहले तो विलासिता में सब कुछ भूले रहा, अब वह उस हमलावर लुटेरे को कैसे रोक सकता था ! निश्चित ही बाबर और हुमायूँ का वह वंश अब चलाऊ अवस्था में था। प्रजा शोकग्रस्त होकर अपना माथा ठोंकने के अलावा और कुछ नहीं कर सकती थी।[123] देश की ऐसी दुर्दशा हो गई थी कि चोर, लुटेरे, कपटी, चुगलखोर और आवारा निडर होकर घूमते थे। बादशाह अपने बाप-दादों का देश लुटवा रहा था। वृन्दावनवासियों की वह दूसरी बार लूट हुई थी। पहली लूट और दूसरी लूट आग और फूँकनी की तरह मिलकर सारे कृष्ण प्रदेश को जला गई। कृष्ण का भी साहस नहीं हो रहा था कि वे अपने भक्तों की चोटी कटने से रोक सकें।

चाचा वृन्दावन दास ने काव्य के अंत में उन कृष्णभक्तों की करुणाविगलित शब्दों में चर्चा की है जो कट मर गए, लेकिन अब्दाली के भय से कृष्णभूमि और

कृष्णभक्ति छोड़कर नहीं भागे थे, वे थे—मुकुन्द लाल, प्रेमदास, कृष्णदास, आनन्दघन, यादव दास, पुजारी कृष्ण दास, लक्ष्मण दास और युगल दास।[124]

चाचा वृन्दावन दास ने लिखा है कि ब्रज पर यवनों का आक्रमण दो बार हुआ था—पहले संवत् 1813 में[125], फिर संवत् 1817 में।[126] संवत् 1817 का आक्रमण आषाढ़ मास में हुआ था। अन्तिम आक्रमण के बाद कवि ने हरिकला बेली की रचना भरतपुर में सुजानसिंह (सूरजमल) के शासन काल में की थी। आश्चर्य है कि अपने को 'ब्रजेश' कहनेवाला सुजानसिंह (सूरजमल) अपने ब्रज प्रदेश को लुटता, कटता और उसी की राजधानी भरतपुर में परम विख्यात कृष्णभक्त चाचा वृन्दावन दास का रुदन देखता रहा। कवि ने उस काल की प्रजा को दुखारी और राजा को भारी चोर और कुटिल कहकर अप्रत्यक्ष रूप से अपने समय के राजा और प्रजा की वास्तविक स्थिति को उजागर कर दिया है। तब की प्रजा भगवान के सिवाय और किसके पास अपनी फरियाद लेकर जा सकती थी—'परजा भई दुखारी नृप चोर कुटिल भारी हा नाथ ब्रजबिहारी दुख कासो कहीजिये। वृन्दावन हित रूप ए हो सुखधाम श्याम कंस को पछार्यो त्यों-त्यों याहू पटकि दीजिये।। 76।।'[127]

इतिहास के अनुसार ब्रजप्रदेश पर अब्दाली के आक्रमण दो बार हुए थे। पहला आक्रमण 26-27 फरवरी 1757 को जहान खाँ अफगानी के सेनापतित्व में हुआ था, फिर नजीम खाँ आया था और दूसरी बार का आक्रमण पन्द्रह दिन बाद स्वयं अब्दाली के नेतृत्व में हुआ था, लेकिन इस 'बेली' के अनुसार 1757 ई. और 1761 ई. में तीन वर्ष के अन्तराल से वे आक्रमण किए गए थे। यहाँ इस बात की चर्चा करना अप्रासंगिक और असंगत न होगा कि जिस समय दिल्ली में मुहम्मद शाह बादशाह था, तब नादिर शाह और अब्दाली ने दिल्ली में युद्ध किए और विजय प्राप्त कर यहाँ के खजाने और मुगलों का सम्मान लूट ले गए थे।

1757 ई. में उत्तर से आए लुटेरों द्वारा भारत की वह लूटमार हुई थी तो पूर्वी भारत में पश्चिम से आए अंग्रेजों ने 1757 ई. में ही युद्ध करके प्लासी का युद्ध जीता था और मुगलों को उखाड़कर सारे देश में अपने पैर जमाने की शुरूआत की थी। यह विचित्र संयोग का काल था कि एक ही समय (1757 ई.) में पश्चिमोत्तर में अब्दाली और पूर्व में अंग्रेजों के युद्ध-अभियान हुए थे और दोनों ने मुगल सत्ता को अन्तिम बड़ा धक्का लगाया था। उसके बाद तो सभी देशी-विदेशी राजनैतिक शक्तियों ने पूरे देश में लूटमार की अव्यवस्था फैला दी थी। राजपूत, मुगल और मराठा शक्तियाँ एक-दूसरे को लूटने लगीं और सत्ता की दलाली खाने लगीं। केन्द्रीय और प्रदेशीय सत्ताएँ अपनी चहारदीवारियों में सिमटकर रह गईं और बाहर भाड़े के लड़ाके बेरोकटोक कभी इस ओर, कभी उस पक्ष में जाकर अपने घर भरने लगे।

उत्तर मुगल काल में नादिरशाह का आक्रमण दिल्ली तक और उसके बाद अहमद शाह दुर्रानी (अब्दाली) का आक्रमण मथुरा-वृन्दावन तक हुआ था। उन दोनों

को यहाँ की कट्टर साम्प्रदायिक शक्तियों ने 'इस्लाम खतरे में है' लिखकर इस्लाम की रक्षा के नाम से बुलाया था। उन्होंने लिखा था कि यहाँ के सब मुसलमान बादशाह, नवाब, अमीर आदि कमजोर हो गए हैं और काफिर शक्तिशाली होते जा रहे हैं। यदि आप नहीं आएँगे तो हिन्दुस्तान में इस्लाम धर्म नष्ट हो जाएगा। वे फरियादी इस्लाम के लिए चिन्तित रहे होंगे, क्योंकि बादशाह वजीर, नवाब आदि अपने में सीमित होकर रह गए थे और इस्लाम की रोटी खानेवाले अपना प्रभाव घटने से चिन्तित थे। बाहर से जो भी मुसलमान आक्रमणकारी यहाँ बुलाए गए थे, वे सब इसी दलील पर। असली मन्सूबा कुछ और होता था। असली बात यह थी कि ब्रज प्रदेश का जाट राजा सूरजमल और दक्खिन के मराठे दिल्ली पर निगाह लगाए हुए थे और जो अपने को दिल्ली का वंशागत मालिक समझते थे, वे इन शक्तियों से घबड़ाए हुए थे।

इस विषय में विशेष जानकारी पाने के लिए आपको उत्तर मुगल काल पर लिखित ऐतिहासिक ग्रन्थ देखने चाहिए। रीतिकवियों ने उन आक्रमणों की पूर्वपीठिका पर विचार नहीं किया है, और न वे उनके कारणों की तह में गए हैं। उन्होंने तो केवल युद्धवर्णन किए हैं, वे चाहे जिस कारण से हुए हों, लेकिन उन वर्णनों में आक्रमण के पक्ष-प्रतिपक्ष और बिचौलियों की भूमिका के बारे में पढ़कर पाठकों को तत्कालीन राजनीति और व्यवहारनीति की कसमसाहट और अवसरवादिता की झलकियाँ अवश्य मिल जाती हैं।

अहमद शाह अब्दाली को विशेष रूप से सूरजमल जाट की बढ़ती शक्ति और प्रभाव से टक्कर लेने के लिए बुलाया गया था। उसका वश सूरजमल पर तो चला नहीं, मथुरा-वृन्दावन की लूटपाट और हिन्दुओं के सिरों की मीनारें बनाकर ही वह लौट गया था। उसे बुलानेवाले फरियादियों ने उससे विशेष रूप से फरियाद की थी कि नादिरशाह ने मुसलमानों को लूटा-मारा और सताया था, अब के ऐसा न हो, इसका विशेष ध्यान रखिए, लेकिन लुटेरों का एक ही धर्म होता है—लूट और मार। अब्दाली के सैनिकों ने दिल्ली-मथुरा-वृन्दावन को खूब लूटा, सबको मारा और सताया। उनमें हिन्दू और मुसलमान को अलग करने और पहचानने का धैर्य कहाँ था ? और दूसरी बात, उसे विशेष रूप से सूरजमल को कुचल डालने के लिए बुलाया गया था। उसका वह कुछ नहीं बिगाड़ पाया। घेरा डाले रखने का समय ही कहाँ था ? उसके आक्रमण से मराठों की तो कमर ही टूट गई थी और उनकी बुरी पराजय से मुगल परम प्रसन्न हुए और हिन्दू शक्ति को जरा-सा भी क्षोभ नहीं हुआ, क्योंकि वह उनसे पहले ही बहुत परेशान थे।

दीघ और भरतपुर के जाट राजा सूरजमल ने सवाई जयसिंह की मृत्यु के बाद सिर उठाया था, क्योंकि जब तक सवाई जयसिंह जीवित रहा, उसे मुगल बादशाह की ओर से ब्रज प्रदेश की विद्रोही शक्तियों के दबाए रखने का दायित्व, उसके पिता

विष्णुसिंह के समय से ही, स्थायी रूप से सौंप दिया गया था। सवाई जयसिंह के बाद ईश्वरीसिंह जयपुर की गद्दी पर बैठा था, लेकिन उस गद्दी के दूसरे हकदार माधोसिंह के समर्थकों ने उसका रहना और जीना हराम कर दिया था। उन्होंने मराठों को बुलाकर उससे जयपुर का राज्य छीनना चाहा। सात वर्षों तक उसे निरन्तर संघर्ष करते रहना पड़ा। उस दौरान सूरजमल उभरा, क्योंकि न तो विलास-भवन में बैठे मुगल बादशाह को उस ओर ध्यान देने की फुरसत थी और न अन्तःपुर के षड्यन्त्रों में फँसे नए जयपुर नरेश के पास समय था, बल्कि संवत् 1804 में[128] मराठों के आक्रमण से अपनी रक्षा करने और माधोसिंह को समझाने-बुझाने के लिए ईश्वरीसिंह को ही सूरजमल की सहायता की आवश्यकता पड़ गई थी।[129] उस आवश्यकता ने सिद्ध कर दिया था कि जयपुर की तुलना में भरतपुर की शक्ति कम नहीं थी, बल्कि बढ़ने लगी थी। उसकी शक्ति बढ़ने का एक और प्रमाण यह है कि संवत् 1806 में[130] दिल्ली के शाह आलम के वजीर सफदरजंग ने भी अपने पठानविरोधी अभियान में सूरजमल की सहायता माँगी थी। बाद में संवत् 1810 में[131] सफदरजंग और सूरजमल ने मिलकर दिल्ली को खूब लूटा और नष्ट कर डाला। अब्दाली के जाने के बाद सूरजमल मुगल शासन का अटल शत्रु बन गया था और जयपुर का सहायक हो गया था। ईश्वरीसिंह की आत्महत्या के बाद जब माधोसिंह जयपुर का राजा बन गया, तब उसके भाई प्रतापसिंह के लिए भी आड़े वक्त में वही शरणदाता सिद्ध हुआ था। सूरजमल के न रहने पर उसके बेटे जवाहरसिंह और राव प्रतापसिंह में मनो-मालिन्य हो गया था। उसका कारण वही स्वार्थनीति थी, जो राजतन्त्र के नियामकों के पलड़ों को कभी इधर और कभी उधर झुकाती रहती थी।

6. शाह आलम (द्वितीय) काल और उत्तर मुगलकालीन अवसरवाद में गिरिबन्धुओं की भूमिका

'मान' कवि कृत 'अनूपप्रकास'[132] में हिम्मत बहादुर के नाम से विख्यात गुसाईं अनूपगिरि और उमराव गिरि और उनके गुरु राजेन्द्र गिरि के जीवन और उत्तर मुगलकालीन राजनैतिक उथल-पुथल में उनकी अवसरवादी भूमिका के बारे में आंशिक प्रकाश मिलता है, क्योंकि यह काव्य अपूर्ण रूप में मिलता है। उसी हिम्मत बहादुर को लेकर जयपुर के पद्माकर कवि ने 'हिम्मत बहादुर विरुदावली' नामक काव्य लिखा था। उन दोनों के बारे में जो कथा प्रचलित है, उसके अनुसार एक विधवा ब्राह्मणी ने अपने दो बेटे गुसाईं राजेन्द्र गिरि को सौंप दिए। उस गुसाईं ने उनको अपना चेला बनाकर बड़े का नाम उमराव गिरि और छोटे का अनूप गिरि रख दिया। दोनों बचपन से ही सैनिक वृत्ति के हो गए और बड़े होने पर स्वयं राजा बनने के सपने देखने लगे। राजेन्द्र गिरि को पेशवाओं से मोठ (झाँसी) की जागीर मिल जाने और

लखनऊ के नवाब सफदरजंग के साथ रहने के प्रभाववश प्रभुत्व के लालच में दोनों भाई युद्धों में जिस-तिस का साथ देने-छोड़ने लगे। किसी के सगे नहीं रहे। लखनऊ के नवाब शुजातउद्दौला की नौकरी में गए तो उसने अपनी जान बचाने की एवज में कानपुर-फतहपुर में राजधानी की जागीर दी। उन्होंने बाद में अली बहादुर को बाँदा का नवाब बनने में सहायता दी। फिर अंग्रेजों से मिलकर अली बहादुर के लड़के को हराया और स्वयं उमराव बन गए। बुन्देलखंड के राजा अर्जुनसिंह को धोखा दिया। उसके लड़के पर अत्याचार किए। वृन्दावन में विलास और धार्मिक कृत्य करने के बाद भरतपुर के राजा जवाहरसिंह से मेल-मिलाप बढ़ाया फिर उसी के क्षेत्र में नजफ खाँ का साथ दिया। उन्होंने कभी मराठाविरोध किया तो कभी मेल। अली बहादुर ने अनूप गिरि को 'हिम्मत बहादुर' की संज्ञा दी थी। इस प्रकार उन दोनों का जीवन दोगलेपन में बीता। अनूप गिरि पर दो स्वतन्त्र काव्य मिलते हैं। अनूप प्रकास (मान) और हिम्मत बहादुर विरुदावली (पद्माकर)। 'प्रताप रासो' में इन दोनों को अनूप गीर (अनूप गिरि) और उमराव गीर (उमराव गिरि) कहा गया है। (छन्द सं. 6/263) निश्चित ही छोटे भाई अनूप गिरि को तत्कालीन राजनीतिक दाँवपेंचों में विशेष महत्त्व प्राप्त था, इसलिए नजफ खाँ ने अतवर के राव प्रतापसिंह पर दबाव डालने के लिए उसको तुरुप के रूप में प्रयुक्त किया।

मानकवि के 'अनूप प्रकास' में अनूप गिरि और उगराव गिरि की पूर्वगुसाईं-परम्परा के बारे में बताने के बाद अनूप गिरि के द्वारा 1761 ई. की पानीपत की तीसरी लड़ाई से लेकर 1792 ई. तक के बनगाँव में लड़े गए उसके जीवन के अन्तिम युद्ध की 31 वर्षीय घटनाओं का वर्णन किया गया है, जिसको पढ़कर हमें निरन्तर दुर्बल होते जा रहे मुगल साम्राज्य और राजपूत तथा अन्य घरानों के अवसरवादी तत्त्वों के द्वारा अपने-अपने क्षेत्रों में अपने स्वार्थसाधन के लिए कभी इस पक्ष में और कभी उस पक्ष में जा मिलने और लड़ने की दुरभिसन्धियों का परिचय मिलता है। अंग्रेजों के द्वारा 1757 ई. में प्लासी के मैदान में अपनी पहली राजनैतिक विजय दर्ज करने से लेकर 1857 ई. में पूरी विजय पाने तक के बीच के एक सौ वर्षों में भारत भर में पूरा शासन स्थापित करने तक भारतीय शाहों और सामन्तों की क्या और कैसी भूमिका रही, उसे 'अनूप प्रकास' के नायक अनूप गिरि उर्फ हिम्मत बहादुर की कहानी के माध्यम से समझा जा सकता है।

1795 ई. तक मुगल दरबार की दुर्बलता का लाभ उठाकर सत्ता का संचालन करनेवाले वजीर नवाब सफदरजंग ने इतनी शक्ति प्राप्त कर ली थी कि वह मनमाने ढग से कुछ भी कर सकता था और बादशाह उसके गलत कामों को रोक नहीं पाता था। उसी सफदरजंग को उसके युद्ध कर्मों में सहायता देनेवाला एक व्यक्ति राजेन्द्र गिरि था, जिसे पेशवा ने दस हजार रुपए की मोठ जागीर दे दी थी। उस जागीर को पुनः प्राप्त करने का प्रयास मराठा सरदार नारोशंकर ने किया तो राजेन्द्र गिरि

ने लखनऊ के नवाब सफदरजंग से दोस्ती बढ़ाई और उसकी ओर से रुहेल्लाओं से युद्ध करके विजय प्राप्त की। उसके पुरस्कारस्वरूप नवाब सफदरजंग की ओर से राजेन्द्र गिरि को सात हजारी का मनसब दिया गया और साथ में सारंगपुर और हरद्वार जैसे ग्यारह परगने जागीर के रूप में दिए गए। चाँदी के नगाड़े बजाने की अनुमति भी दी गई। जब मुगल बादशाह और सफदरजंग के बीच वैमनस्य बहुत अधिक बढ़ गया तो बादशाह ने उसे वजीर पद से हटा दिया। इससे दोनों में संघर्ष छिड़ गया, जिसमें सफदरजंग की ओर से दिल्ली की पहाड़ियों में लड़ता हुआ राजेन्द्र गिरि मारा गया। उसके मरने के बाद सफदरजंग के द्वारा उसके शिष्य अनूप गिरि को जागीरदार का पद सौंपा गया।

कुछ समय बाद नवाब सफदरजंग की मृत्यु हो गई और उसका पुत्र शुजातउद्दौला वजीर बन गया। दक्षिण से भाव राव और विश्वास राव के नेतृत्व में जया आपा, दत्ताजी पटेल, जनको जी, रामचन्द्र और गणेश जैसे मराठा योद्धा युद्ध करने आए तो पानीपत के मैदान में उनका सामना मुगल बादशाह की ओर से शुजातउद्दौला और अनूप गिरि ने किया।[133] बड़ी विचित्र स्थिति थी। युद्ध अहमद शाह अब्दाली और मराठों के बीच था। शुजात तो अब्दाली की सहायता से दिल्ली का शासक बनने का इच्छुक था, इसलिए बेमन से लड़ रहा था। अनूप गिरि मन से अब्दाली का समर्थक नहीं था। शुजात के पक्ष में होने के कारण उसे मराठों से लड़ना पड़ा था। लेकिन मराठों की पराजय के बाद जब अब्दाली के सैनिक मराठा सैनिकों और शवों का अपमान करने लगे और मराठा सैनिक प्राणों की रक्षा की याचना करने लगे, तब अनूप गिरि का हिन्दुत्व जाग उठा और उसने मराठा जीवितों को बचाने और शवों का अपमान रोकने का प्रयत्न किया। मल्हार राव ने प्राण-याचना की। भाव राव और विश्वास राव मारे गए। कैदी मराठों को जबरन मुसलमान बनाने की बात चली तो अनूप गिरि (हिम्मत बहादुर) ने शुजात की सहायता से अब्दाली को लाखों रुपयों की रिश्वत देकर मराठों को धर्म-परिवर्तन से बचा लिया।[134] उसने मराठों व अन्य हिन्दुओं का शुद्धि-संस्कार किया। उनको नए वस्त्र पहनाए, मार्ग व्यय दिया और जीवनदान देकर उन्हें दक्षिण की ओर रवाना कर दिया। इस प्रकार उस हिन्दूपालक ने हिन्दुओं के धर्म की रक्षा की। उसके द्वारा भाऊ और विश्वास राव के साथ अन्य मृतक हिन्दू योद्धाओं के शवों का अन्तिम संस्कार पूरी श्रद्धा के साथ करवाया गया।[135] उस अवसर पर अनूप गिरि ने मुगल शासन की सेवा के साथ मुगलों के शत्रु मराठों की रक्षा और उनके सम्मान के दोहरे परस्पर विरोधी दायित्वों को बखूबी निभाया। मजेदार बात यह है कि शुजातउद्दौला ने भी आर्थिक सहयोग देकर उसकी भावना का सम्मान किया। वह राजनैतिक कारणों से हिन्दू और मुसलमानों का दृढ़ मित्रताबन्धन था जो उस भयंकर निर्णायक युद्ध में भी सुदृढ़ सिद्ध हुआ।

एक ओर मुगल शासन, दूसरी ओर अवध के नवाब के साथ मित्रता, तीसरी ओर पानीपत में अपनी भूमिका और चौथे परशुराम जैसे संन्यासी योद्धा के वेश के कारण अनूप गिरि सम्मान्य, शक्तिशाली और कूटनीतिज्ञ के रूप में विख्यात हो गया था। दिल्ली और पानीपत के निकटवर्ती ब्रजप्रदेश के शासक सूरजमल और उसके पुत्र जवाहरसिंह का मुगलों से संघर्ष होता रहता था। अपनी स्थिति को मजबूत बनाने तथा अपने शासन को सुरक्षित करने के लिए सूरजमल और जवाहरसिंह को अनूप गिरि से मित्रता करना लाभकर लगने लगा था, इसलिए जवाहरसिंह उसको अपने राज्य में ले गया। अनूप गिरि भी महत्त्वाकांक्षी जागीरदार था, इसलिए अपनी जागीर पर अपनी पकड़ मजबूत करने के लिए उसे जवाहरसिंह की मित्रता अनुकूल लग रही थी। लेकिन वह मित्रता स्थायी नहीं रही। किसी वैरागी ने स्वार्थवश जवाहरसिंह को अनूप गिरि के विरुद्ध भड़का दिया तो वह जवाहरसिंह को छोड़ कर चला गया।

अनूप गिरि ने मराठों पर जो उपकार किया था, मराठे उसे भूल नहीं सकते थे, इसलिए उस अहसान का मूल्य लेने के लिए अनूप गिरि मराठों से जा मिला और उनके साथ मिलकर सूपा-कछार में भांडेर, ऐरछ आदि के लिए लड़ाई की। सूपा-कछार में अनूप गिरि का डेरा था और वह क्षेत्र पेशवा के प्रतिनिधि बालाजी गोविन्द के शासनांतर्गत था। उससे अनूप गिरि की बनती नहीं थी। उस युद्ध में अनूप गिरि ने मराठों के विरुद्ध मराठों को लड़ा दिया। इतिहास में उस युद्ध के बारे में अधिक सूचनाएँ नहीं मिलतीं और वे सूचनाएँ इस काव्य में हैं। मानकवि ने 'पाँचवें प्रकास' में उस युद्ध में भाग लेनेवाले अनूप गिरि के समर्थक मराठा और अन्य जाति के योद्धाओं के विवरण दिए हैं। उस विवरण में मराठों के कम और अन्य के अधिक नाम गिनाए गए हैं। डॉ. राजमल बोरा ने इसका कारण यह बताया है कि मान कवि अनूप गिरि की सेना से जितना परिचित था, उतना मराठों की सेना से नहीं, उसने गिनती के कुछ प्रमुख नाम ही लिए हैं।[136] यह सम्भावना भी तो हो सकती है कि भावनात्मक और क्षेत्रीय लगाव के कारण मराठे पेशवा प्रतिनिधि के साथ नहीं लड़ना चाहते थे, इसलिए उनके कम नाम सामने आए हैं।

सूपा-कछार युद्ध जीतने के बाद अनूप गिरि फिर शुजातउद्दौला के पास लखनऊ पहुँच गया और शुजातउद्दौला ने नगर से बाहर आकर उसका स्वागत किया।[137] उन दोनों को बार-बार दक्खिन से आनेवाले मराठों से अपने शासन क्षेत्र की रक्षा करनी थी, इसलिए भी वे दोनों परस्पर मित्र थे। उन दोनों ने दक्षिण से मुगल क्षेत्र को लूटने के लिए आनेवाले मराठों को रोककर मुगल क्षेत्र में शान्ति बनाए रखी थी। जब शुजातउद्दौला की मृत्यु हो गई,[138] तब आसफ उद्दौला नवाब बना। अनूप गिरि ने जवाहरसिंह को नियन्त्रण में करने के लिए नवाब नजफ खाँ से दोस्ती बढ़ा ली और उसके साथ जटवाड़े पर आक्रमण कर जाट प्रदेश से कर-वसूली की।

उधर महादजी सिन्धिया ने अनूप गिरि की भूमि दबा ली, तो अनूप गिरि ने

कछवाहों और राठौड़ों से दोस्ती बढ़ाई तथा मराठों को पराजित किया। नवाब नजफ खाँ अपने हित-साधन के लिए मुगल बादशाह शाह आलम से उलझ गया तो अनूप गिरि स्वामिधर्म का पालन करने के लिए शाही सेना के हरावल दस्ते में रहकर रेवाड़ी में नमकहराम नजफ कुली खाँ से लड़ा और उसे पराजित किया। बादशाह ने उसको छाती से लगाकर सम्मानित किया और अपने हाथी पर बैठाकर उसे अपने साथ दिल्ली लाया।

अनूप गिरि ने शाह आलम को सावधान किया था कि वह गुलाम कादिर से सावधान रहे, लेकिन शाह ने उस ओर ध्यान नहीं दिया : इस पर अनूप गिरि रूठकर चला गया और एक दिन अवसर पाकर गुलाम कादिर ने शाह आलम की दोनों आँखें फोड़ दीं।[139] अनूप गिरि को उस घटना से बहुत दुख हुआ। उसने महादजी सिन्धिया को अनुकूल बनाकर उसका परिचय अन्धे बादशाह से करवाया। गुलाम कादिर को पकड़कर हाथी के पीछे बाँधकर लाया गया। स्वामिद्रोह के दंडस्वरूप उसका प्रत्येक अंग छुरी से तिल-तिलकर कटवाया गया।[140] उस घटना से मुगल बादशाह और महादजी सिन्धिया में मित्रता गाढ़ी हो गई और हिन्दुस्तान (मुगल क्षेत्र) का शासन-प्रबन्ध मुगल-मराठा-मित्रता के सहयोग से होने लगा। बाद में जब मराठे मुगल बादशाह के विरुद्ध षड्यन्त्र करने लगे, तब अनूप गिरि ने हिन्दुस्तान की देखभाल स्वयं करने का मन बनाया। महादजी ने उसे मारने का षड्यन्त्र रचा, पर अली बहादुर के बीच-बचाव करने पर दोनों के बीच सम्भावित युद्ध टल गया।

कुछ समय बाद अनूप गिरि ने अली बहादुर खाँ के भड़काने पर बुन्देलखंड के अर्जुनसिंह पमार पर चढ़ाई कर दी। पमार को बचाने के लिए बखतसिंह आया। वह युद्ध बनगाँव में वि. संवत् 1792 के वैशाख बदी, द्वादशी[141], बुधवार को हुआ था। दोनों ओर से बहुत से योद्धा उस युद्ध में मारे गए, जिनके नाम इस काव्य में गिनाए गए हैं। उस युद्ध में अर्जुनसिंह भी मारा गया। अनूप गिरि ने दतिया समेत कई कस्बों पर विजय प्राप्त कर ली। अन्य युद्धों और उस युद्ध के वर्णन को पढ़कर ऐसा लगता है कि 'अनूप प्रकास' के युद्ध वर्णन वास्तविक घटनाओं पर आधारित हैं और कवि उन घटनाओं का प्रत्यक्षद्रष्टा था।

मानकवि ने अनूप गिरि की प्रशंसा में जो कुछ लिखा है, उसमें अन्य दरबारी कवियों की तरह वृत्ति कमाने की भावना से प्रेरित होकर अच्छा-अच्छा लिखा है, बुरा-बुरा छोड़ दिया है।

डॉ. राजमल बोरा ने लिखा है कि कवि केवल प्रशस्ति गायक नहीं है। वह सामयिक राजनीति से परिचित है और राजनीतिक शक्तियों के सन्तुलन को पहचानता है। हिम्मत बहादुर ने राजनीतिक शक्तियों में सन्तुलन स्थापित करने का प्रयत्न किया और निजी सफलताएँ प्राप्त कीं।[142] इस कथन में थोड़े संशोधन की आवश्यकता है। इसके अन्तिम वाक्य को यों लिखा जाना चाहिए—हिम्मत बहादुर ने निजी

सफलताएँ प्राप्त करने के लिए राजनीतिक शक्तियों के साथ सन्तुलन स्थापित करने का प्रयत्न किया। लेकिन डॉ. राजमल बोरा ने यह सही कहा है कि इतिहास के लिए इस काव्य-सामग्री का उपयोग किया जाना चाहिए।

अनूप गिरि का पूरा जीवन अन्य राजाओं और सामन्तों की तरह स्वकार्यसिद्धि के लिए पक्ष-परिवर्तन का रहा था। उसने शाह आलम की आँखें निकालनेवाले गुलाम कादिर के लिए 'नमकहराम' जैसी सबसे बड़ी अप्रतिष्ठासूचक गाली का प्रयोग किया है, लेकिन स्वयं उसने कितनी ही बार कितने ही लोगों के साथ नमकहरामी की थी। उसका सबसे बड़ा प्रमाण अर्जुनसिंह पमार के साथ किए गए उसके धोखे-भरे व्यवहार से बढ़कर और नहीं मिल सकता। जिस अर्जुनसिंह ने उसे जागीरदारी दी थी, उसी के बिरुद्ध उसने बुन्देलखंड में युद्ध-अभियान छेड़ा था और उससे दतिया आदि छीन लिए थे। इस बारे में विस्तृत जानकारी के लिए इतिहास के सम्बद्ध पृष्ठ देखे जा सकते हैं। दुर्रानी सिपाहियों से मराठों की रक्षावाला प्रसंग अनूप गिरि के प्रति प्रशंसात्मक शब्द निकालता है तो उसका जीवन भर योद्धा और दाता राजाओं के बीच दल-बदलवाला रवैया निन्दात्मक राय बनाता है। कभी वह मुगल बादशाह के विरोधी सफदरजंग और नजफ खाँ के साथ रहा, तो कभी मराठों और जाटों के साथ। कभी उनके विरुद्ध होकर शाह आलम का समर्थक हो गया और कभी महादजी सिन्धिया का पक्षधर, कभी अली बहादुर के साथ और कभी अंग्रेजों के साथ।

इस काव्य में अनूप गिरि द्वारा अंग्रेजों का साथ देनेवाला प्रसंग नहीं आ पाया है, क्योंकि यह काव्य अधूरा रह गया है, पर कवि जाचीक जीवण ने अपने काव्य 'प्रताप रासो' में अनूप गिरि के कृतघ्नता भरे व्यवहारों के कुछ और विवरण दिए हैं, जिनकी चर्चा आगे 'प्रताप रासो' वाले भाग में की गई है। उस काव्य में राजा प्रतापसिंह, सूरजमल, जवाहरसिंह, हल्दिया बन्धुओं और अनूप गिरि तथा मुगल काल के वे सारे चरित्र पतनशील सामन्त वर्गों के बीच अंग्रेजों के उत्थानशील प्रयत्नों की सफलता के लिए अनुकूल वातावरण बनाने में समर्थ हुए थे। संकुचित स्वार्थी तत्त्वों की आपसी छोटी-छोटी लड़ाइयाँ छोटे-छोटे लाभ कमाने या शान दिखाने के लिए की गई थीं। उनके अन्याय, अव्यवस्था, लूटखसोट और मारामारी से आम जनता बहुत परेशान हो गई थी, इसीलिए उन्हें बाद का अंग्रेजी शासनकाल अपने राजाओं के शासनकाल से बढ़कर बहुत ही सुखकारी लगा था।

7. उत्तर मुगलकालीन अवसरवाद में राव प्रतापसिंह, नवाब नजफ खाँ, पटेल सिन्धिया और हल्दिया बन्धुओं की भूमिका

अलवर नरेश राव प्रतापसिंह के जीवन और राजनीतिक कार्यों को आधार बनाकर

जाचीक जीवण नामक कवि ने प्रतापसिंह के भाई कुँवर मंगलसिंह की आज्ञा से 'प्रताप रासो' नामक काव्य लिखा है, जिसमें बताया गया है कि आमेर (जयपुर) के राजवंश में राव प्रतापसिंह का जन्म मोहब्बतसिंह के घर में हुआ था। जयपुर का राजा था–माधोसिंह प्रथम, जिसका राज्यकाल था–सं. 1807 से 1824 तक।[143] राव प्रताप इसी राजा का सहयोगी था। उसने उणियारा युद्ध में माधोसिंह का साथ दिया था। वह युद्ध दो मास तक चला था। युद्ध-विजय के पश्चात् माधोसिंह रणथम्भोर आया। उसने उस हाड़ा क्षेत्र को अपने राज्य में मिला लिया तो हाड़ा और दक्खिनी सेना ने माधोसिंह पर आक्रमण कर दिया। दोनों पक्षों में युद्ध हुआ। माधोसिंह की ओर से राव प्रताप ने कमान सँभाली और वह निर्णायक युद्ध जीत लिया। किसी बात पर माधोसिंह राव प्रताप से क्रुद्ध हो गया और उसे अपने से अलग करके राजगढ़ जाकर रहने का आदेश दे दिया। राव प्रताप ने अपने वंश की कलह को टालने के लिए अपने मन्त्री और भाई को बुला लिया और उनके सामने देशत्याग का प्रस्ताव किया। वह अपने मन्त्री छाजू राम तथा अन्य हल्दिया बन्धुओं के साथ हनुमान स्थान (खेड़ा) होता हुआ जावली जा पहुँचा। जावली के राजा गजसिंह ने राव प्रताप से भेंट की। वह युग छोटे-मोटे शासकों की छीना-झपटी का था, सम्भवतः इसलिए गजसिंह ने अपने क्षेत्र की सुरक्षा के विचार से चतुराई-भरा प्रश्न किया–अपने देश को छोड़कर किधर जा रहे हैं ? राव प्रताप ने उत्तर दिया कि माधोसिंह मुझसे क्रुद्ध हैं, इसलिए जिधर को अन्नजल ले जाएगा उधर जाऊँगा। जावलीपति ने दोनों भाइयों में मेल कराने का प्रस्ताव किया तो राव प्रताप ने स्वाभिमानवश कह दिया कि जब माधोसिंह को मेरी आवश्यकता होगी और बुलावा भेजा जाएगा, तभी जाऊँगा।

राव प्रताप जावली-प्रमुख के सन्देह को दूर करने के लिए ससैन्य चल पड़ा और ब्रजभूमि के निकट दीघ[144] जा पहुँचा, जहाँ ब्रजराज सूरजमल शासन करता था। सूरजमल को भी सन्देह हुआ कि कहीं उसे जयपुर नरेश ने तो उसकी भूमि हथियाने के लिए तो नहीं भेजा है। सन्देह दूर करने के लिए सूरजमल ने राव प्रताप के मन्त्री छाजू राम को बुलाया तो उसने बताया कि वे लोग किसी राजा की शरण खोज रहे हैं। अगर किसी हिन्दू राजा के यहाँ शरण नहीं मिली तो वे लोग मुगल बादशाह (शाह आलम) की सेवा में दिल्ली चले जाएँगे। सूरजमल ने राव प्रताप को अपने पास दीघ में रखने का निर्णय लिया, जिससे जयपुर और दिल्ली के बीच अपनी स्थिति सुरक्षित हो सके। उस निर्णय के पीछे छाजूराम की कूट बुद्धि थी। निराश्रय प्रताप को दीघ में उचित सम्मान मिला। मित्र-बन्धुत्व पक्का करने के लिए परस्पर सिरोपाव पहनाए गए। उसको अपने रहने और खर्चने के लिए डहरा नामक नगर (अब गाँव) दिया गया। बदले में राव प्रतापसिंह ने सूरजमल के सभी युद्ध-अभियानों में साथ दिया।

सूरजमल की मृत्यु[145] के बाद उसका पुत्र जवाहरसिंह दीघ की राजगद्दी पर बैठा।[146] उसने भदावर क्षेत्र[147] पर आक्रमण करके लूटा। उसके बाद उसने दिल्ली पर आक्रमण करके अपने पिता की मृत्यु का बदला लेने का विचार किया और जोधपुर नरेश विजयसिंह को पत्र भेजकर सहायता माँगी। जयपुर नरेश माधोसिंह मुगलों का सहायक था, इसलिए जवाहरसिंह और विजयसिंह उससे नाराज थे। जवाहरसिंह के पत्र के उत्तर में विजयसिंह ने प्रस्ताव किया कि हम दोनों जयपुर को परास्त करने के लिए पुष्कर में मिलते हैं। जवाहरसिंह ने सवेरे ही पुष्कर की ओर कूच किया। राव प्रताप को यह अच्छा नहीं लगा कि जवाहर सिंह विजयसिंह के कहने पर उसके भाई माधोसिंह से लड़ने जाए, इसलिए उसने जवाहरसिंह को पत्र लिखकर सूचित किया कि वह अपने भाई माधोसिंह के हरावल दस्ते में रहकर उसका स्वागत करेगा। इधर से राव प्रताप और उधर से जवाहरसिंह पुष्कर में आकर एक-दूसरे के सामने खड़े हो गए।

माधोसिंह ने कूटनीति से काम लेकर अपने वंशबन्धु राव प्रतापसिंह का स्वागत किया और उसे पूर्ववत् अपनी दायीं ओर स्थान दिया। माधोसिंह को प्रसन्नता हुई कि आड़े वक्त में भाई भाई के काम आ रहा है। राव प्रताव ने राजा माधोसिंह को परागर्श दिया कि आप राजमन्त्रियों को बुलाकर युद्ध टालने के लिए सलाह-मशविरा करें। माधोसिंह ने अपना दरबार लगाकर सलाह ली। मन्त्री की सलाह मान कर सेनापति सदाशिव भट्ट को जवाहरसिंह और विजयसिंह के पास भेजा गया। सदाशिव भट्ट ने समझदारी से काम लिया। वह अपनी सेना लेकर विजयसिंह के डेरे में पहुँचा। जवाहरसिंह के सामने सदाशिव भट्ट ने दरबार लगाया और उससे पुष्कर आने का कारण पूछा। जवाहरसिंह ने तेज स्वर में कहा कि कामाँ और खोहरी परगना हमें देने का वायदा किया गया था, वह लेकर ही जाऊँगा। यह युद्ध की चेतावनी थी, पर भट्ट ने ठंडे दिमाग से काम लेकर जवाहर को याद दिलाया कि उसके पिता सूरजमल से जयपुर घराने के घनिष्ठ सम्बन्ध रहे हैं, इसलिए उसे माधोसिंह से मिल लेना चाहिए और उसे जो कुछ लेना हो, उसे ले ले। अपने स्वामी (माधोसिंह) के विरुद्ध नहीं जाना चाहिए। पर जवाहर तो अड़ गया—या तो यहीं परगने दो, वरना युद्ध होगा।

सदाशिव भट्ट ने जाट राजा जवाहरसिंह की माँग और जिद की बात पत्र में लिखकर माधोसिंह के पास भेज दी। माधोसिंह ने अपने मन्त्री हरशाह की राय ली तो उसने पत्र के टुकड़े-टुकड़े कर दिए। सम्भातित युद्ध की खबर पाकर विजयसिंह अपनी सेना जवाहरसिंह के पारा छोड़कर जोधपुर की ओर खिसक गया। जवाहरसिंह ने दरबार बुलाया जिसमें समरू[148], पुरोहित कृपाराम, गुरु रामकिशन, पठान, शेख, सैयद, मुगल शामिल थे। सबने युद्ध की तैयारी की और जयपुर की ओर कूच कर दिया। उधर माधोसिंह ने अपने मन्त्री, भाई तथा सेनापति बुलाए। राव प्रताप जिस

नाथावत रतन के कारण रूठकर जयपुर से दीघ गया था, वही रतन के साथ जवाहर से लड़ने को बीड़ा उठाने के लिए तैयार हो गया। माधोसिंह के अनेक योद्धा उनके साथ थे।[149] उन सबने एक नदी के किनारे डेरा किया। जवाहर युद्ध के लिए तैयार था ही। वह युद्ध मावड़ा में हुआ, लेकिन जवाहरसिंह पराजित होकर भागा। उसकी सेना उससे भी आगे भाग रही थी। उसने दीघ के महल में ऐसी हास्यास्पद दशा में घुसकर ही साँस ली। जयपुर की सेना ने दीघ से पच्चीस कोस पहले तक उसका पीछा किया और लीलई गाँव में जाकर विश्राम किया। जवाहरसिंह ने माधोसिंह के पास क्षमायाचना और भविष्य में उसकी सेवा करते रहने का पत्र भेज दिया, जिसे पाकर माधोसिंह ने राव प्रतापसिंह को पुरस्कारस्वरूप राजगढ़ सौंप दिया और उससे जयपुर की सहायता करते रहने का वचन लिया।

सं. 1824 में[150] जयपुर के शासक माधोसिंह का देहान्त हो गया। माधोसिंह के 5 वर्षीय पुत्र पीथल (पृथ्वी सिंह) का राजतिलक किया गया और अल्पायु राजा का संरक्षक प्रतापसिंह बनाया गया।[151] दिल्ली, दक्षिण, जोधपुर और बीकानेर आदि सर्वत्र उस तिलक की सूचना पहुँच गई। बीकानेर के राजा गजसिंह ने अवसर देखकर पृथ्वीसिंह के साथ अपनी बेटी ब्याह दी। विवाह के बाद बाराती राजा अपने-अपने देश चले गए। पृथ्वीसिंह जयनगर (जयपुर) लौटा, तो राव प्रतापसिंह भी साथ था। कुछ दिन बाद राव प्रताप राजगढ़ की ओर लौटा तो किसी शत्रु ने उस पर गोली चला दी। वह बाल-बाल बच गया, लेकिन उस घटना से उसे यह बोध हो गया कि जयपुर महल में उसके शत्रु उत्पन्न हो गए हैं। शायद अल्पायु राजा का प्रतिद्वन्द्वी संरक्षक राव प्रतापसिंह राजा न बन जाए, इसलिए किसी ने उसे मरवाना चाहा।[152] वह उसी कारण राजगढ़ की ओर चल पड़ा और रास्ते में थाना गाजी में पड़ाव किया।

जयपुर में राव प्रताप के शत्रु अब खुलकर सामने आ गए। राजसिंह और फीरोज खाँ ने राजा के कान भरकर राजगढ़ पर राव प्रताप का नियन्त्रण हटवा दिया और जयपुर की 40 हजार सेना लेकर स्वयं नियन्त्रण करने जा पहुँचे। राव प्रताप को जब यह सूचना मिली तो उसने अपने मंत्री छाजूराम को बुलवाया। छाजूराम के तीनों पुत्र (खुशाली राम, दौलत राम, नन्द राम) भी साथ में आए।[153] राव के अन्य सलाहकार थे—रामसेवक, मन्त्री मौजी राम, जीवन खाँ, होशदार खाँ तथा अन्य शेख और मुसाहिब। अन्य अनेक योद्धाओं[154] का जमघट राव के सामने उपस्थित हुआ। सब एकत्र होकर काँकवारी थाने की ओर चले, जहाँ अगले दिन राजसिंह और फीरोज खाँ से राव प्रताप का युद्ध हुआ। वह दो महीने तक चलता रहा। अन्त में राजसिंह हारकर भाग गया। जब राजगढ़ में युद्ध का अवसर आया तो राजसिंह ने जयपुरनरेश पृथ्वीसिंह से राव प्रताप के नाम पत्र लिखवाकर युद्ध को टाल दिया। पृथ्वीसिंह ने राव को आमेर बुला भेजा। आमेरनरेश ने राव प्रताप को सम्मानपूर्वक आलिंगन के

साथ अपने पास आसन दिया और घोषणा की कि राव प्रतापसिंह अपने राजगढ़ का शासनकार्य पुनः सँभाल लें।

8. उत्तरमुगल काल में अंग्रेजी द्वन्द्व का प्रसार

भारत में राजपूती शासन की जड़ें हिलाकर मुगलिया जड़ें जमाने का काम अकबर ने किया था तो औरंगजेब ने मुगल शासन की जड़ें खोखली करने की शुरुआत की और अपने को जमाने तथा औरों को काटने का काम किया था। परिणाम यह हुआ कि विशाल मुगल साम्राज्य दिल्ली के शासकों के पंजों से रिसता चला गया। राजपूत तो पहले ही दुर्बल और परजीवी हो चुके थे, अब मुगल बादशाह के कमजोर हो जाने से वे और अस्तव्यस्त हो गए। पहले मुगल साम्राज्य हिन्दुस्तान और दक्खिन में बँटा, फिर अलग-अलग रियासतों में बिखर गया। पहली और बाद की सभी छोटी-बड़ी राजनीतिक शक्तियों ने अपने पहले वशवर्ती क्षेत्रों पर अधिकार जमा लिया। उस अवसरवाद, अस्तव्यस्तता, उखाड़-पछाड़ और दिशाहीनता का लाभ अंग्रेज व्यापारियों ने उठाया। ईस्ट इंडिया कम्पनी ने अपना व्यापार जमाने के लिए पहले-पहल कलकत्ता में डेरा जमाया था और बाद में व्यापार फैलाने के लिए उसमें राजनीतिक महत्त्वाकांक्षा ने जन्म लिया। व्यापार-प्रसार के लिए राजनीति का दामन पकड़ने की पुरानी परम्परा है। उन व्यापारियों ने उस काल के शासकों पर अपना प्रभाव जमाया और धीरे-धीरे उँगली पकड़कर पहुँचा पकड़ते हुए वे कलकत्ता से दिल्ली और फिर उसके चारों ओर फैल गए। रीतिकवियों ने उनकी उस यात्रा का वर्णन नहीं किया है। उन्होंने अपने-अपने आश्रय क्षेत्रों में अंग्रेजों की हरकतों और उनके साथ अपने देश के बादशाह, राजाओं, नवाबों और प्रजा की टकराहटों के बारे में जो देखा-सुना था, उसको अपनी कविता में पिरो दिया। उनके वे अनुभवखंड अधिकतर मुक्तकों में हैं। कुछ ने उस काल के अपने आश्रयदाताओं के साथ उनके सम्बन्धों की चर्चा आश्रयदाताओं पर लिखे गए जीवनवृत्त में की है। अंग्रेजी काल की उथलपुथल ने तत्कालीन राजकीय विभूतियों के अलावा सामान्य जीवन को भी प्रभावित किया था, इसलिए उस काल में तैयार किए गए और गाए गए लोकगीतों में उनके क्षेत्रीय, राजकीय या सामान्य आधार पर विस्तृत वर्णन किए गए हैं। तत्कालीन लोकगीतों का स्वतन्त्र अध्ययन समाज और इतिहास के लिए बहुत रोचक जानकारी प्रदान कर सकता है।

कलकत्ता से दिल्ली की ओर आनेवाले अंग्रेज रास्ते के अधिनायकों को जीतते हुए अवध तक पहुँचे थे। वहाँ के नवाब और समर्थकों ने उनसे युद्ध किया, लेकिन परास्त हुए। फिर वे दिल्ली पहुँचे और दिल्ली के साथ आसपास के क्षेत्रों को भी जीतते हुए भारत भर में छा गए। उनका कहीं प्रतिरोध हुआ और कहीं स्वागत।

स्वागत करनेवालों में दुर्बल, अक्षम और स्वार्थी अधिनायकों अथवा घर के भेदियों का समूह था। कई स्थानों पर अधिनायकों को धर्मजनों ने घेर कर नाकारा बना रखा था। वे निजी स्वार्थसाधन के लिए उन अधिनायकों की राजनीति को अपने अनुकूल संचालित कर रहे थे। कुछ धर्मगुरु जनता में नहीं, जननेताओं में घुसे हुए थे, क्योंकि जनता के पास उनके लायक न धन था, न भोग। केवल श्रद्धा थी। राजमहलों में धन था, भोग था और श्रद्धा तो थी ही। ऐसे धर्मगुरु अंग्रेजों के आने पर चाणक्य या प्राणनाथ या दादूपंथियों या नामधारियों की तरह अपने जजमानों को चेताने की बजाय अपने स्वार्थ में लिप्त थे। उन्होंने भी अंग्रेजों के प्रसार में अपना योगदान दिया था। ऐसे दो उदाहरण लीजिए–

पहले जरा भरतपुर में राजनीति और धर्मजनों के अवसरवाद का जायजा ले लीजिए। सूरजमल और मराठों के प्रसंगों में हम देख चुके हैं कि राजनीति में वैरागियों-उमराव गिरि और अनूप गिरि उर्फ हिम्मत बहादुर ने किस तरह लखनऊ से दिल्ली तक दलबदल की राजनीतिक दखलन्दाजी की थी। उन्हीं की तरह के अन्य धार्मिक जन भी राजसभाओं में अपनी पहुँच बनाकर लगभग वैसी ही राजनीति कर रहे थे। चाचा हित वृन्दावन दास तो भरतपुर में बैठकर दिल्ली-मथुरा-वृन्दावन में अब्दाली-आक्रमण के कारण हुए अत्याचारों पर आँसू बहाकर रह गए थे। राजनीति में उनकी सक्रिय भूमिका नहीं थी, लेकिन भरतपुर के राजा को प्रभावित करनेवाले निम्बार्क सम्प्रदायवालों और दादूपंथियों ने राजनीति की ऊँच-नीच को समझकर सक्रिय भूमिका निभाई थी। जब अंग्रेजों ने जसवन्त राव होल्कर के साथ भरतपुर की घेराबन्दी की, तब वहाँ के राजा को कंठी बाँधकर दीक्षित करनेवाले निम्बार्क सम्प्रदायवालों ने ही धोखा दे दिया। कवि बाँकीदास आसिया ने एक गीत में दुःख प्रकट किया है कि भरतपुर पर अंग्रेजों की विजय होनी थी, सो हो गई। अब बातें बनाने से क्या लाभ ! निम्बार्क सम्प्रदायवालों ने रंग में भंग कर दिया। जाटों ने दूरबीन से देख-देखकर अंग्रेजों को निकट नहीं आने दिया, उनको दूर रखा। कवि ने सूचना दी है कि नराणेवाले (दादूपंथी) होते तो भरतपुर का किला न टूटता। दादूवालों ने पहले भी आमेरवालों के साथ लड़कर सिर दिए थे और कछवाहों को हराया था। लेकिन सलेमाबाद के निम्बार्क सम्प्रदायवालों ने बुरा किया। निम्बार्कवाले जाट राजा के गुरु थे। उन्होंने उनको कंठी बाँध कर दीक्षित किया था, लेकिन अंग्रेजों का साथ दिया।[155]

राजनीति और धर्म के ऐसे ही गठबन्धन का एक उदाहरण जोधपुर में मिलता है। भरतपुर के उपर्युक्त प्रसंग में जिन कवि बाँकीदास आसिया के गीत का सन्दर्भ दिया गया है, उन्हीं का प्रशंसक आश्रयदाता राजा मानसिंह जोधपुर की राजगद्दी पर जबरन कब्जा करके संवत् 1860 में[156] बैठ गया था। वह स्वयं कवि, कवियों का पालक, शास्त्रज्ञ और इतिहासज्ञ था। राजस्थान का इतिहास लिखते समय उसने कर्नल

टॉड की सहायता की थी और टॉड ने उसकी भावुकता, सुशिक्षा, धार्मिकता और गुणों की प्रशंसा की थी, लेकिन ऐसे व्यक्ति को उन्होंने राजनीति के अनुपयुक्त बताया था।[157] इतिहासकार टॉड की यह धारणा राजा मानसिंह की जीवन-पद्धति, विचारधारा और उसके कार्यों को देखकर बनी थी। राजा मानसिंह ने जबरन गद्दी हथिया ली थी, इसलिए उसका राजाकाल अशान्त रहा। उसका शासन तो था ही नहीं, क्योंकि उसका शासन उसके हाथों में ही कहाँ था ? अंग्रेजों ने उसके शासन को अपने हाथ में लेकर कुछ सुव्यवस्था स्थापित की थी। राजा मानसिंह नाथपंथियों के प्रभाव में था और वह जलंधरनाथ के अनुयायी नाथपंथी देवनाथ की अनुमति से सारे कार्य करता था।[158] देवनाथ का उस पर इतना अधिक प्रभाव था कि उसकी स्वीकृति के बिना उसका उठना-बैठना तक नहीं हो सकता था। अपनी गद्दी की सुरक्षा के लिए मानसिंह ने कई हत्याएँ करवाईं और कई को विष पिलाया। उदयपुर की राजकुमारी कृष्णा तक को उसकी जिद के कारण विषपान करना पड़ा था।[159] अपने राजनीतिक कार्य सिद्ध करने के लिए उसने उसी जसवन्त राव होल्कर से सहायता ली थी, जिससे अंग्रेजों ने भरतपुर पर आक्रमण के समय ली थी। उसने हत्याएँ करवाने और अपने राजनीतिक स्वार्थ पूरे करने के लिए मीर खाँ की सहायता की थी जो बाद में टोंक का नवाब अमीर खाँ कहलाया।[160] मानसिंह में इतनी बर्बरता भी थी कि उसने मीर खाँ द्वारा भेजे गए अपने विरोधियों के सिरों को गेंद की तरह खेलने के लिए जोधपुर के बाजार में फिंकवा दिया था।

राजा मानसिंह के अन्याय और अत्याचारों के कारण अंग्रेजों को जोधपुर पर नियन्त्रण करने में समय नहीं लगा। अजमेर में कम्पनी सरकार के पॉलिटीकल एजेन्ट कर्नल सदरलेंड ने राजपूताना के अन्य राज्यों की तरह जोधपुर पर भी नियन्त्रण कर लिया[161] और जोधपुर पर नाथपंथियों के प्रभाव को कम कर दिया। कैप्टन लुडलो ने दो नाथपंथियों को कैद कर अजमेर भेज दिया तो मानसिंह विक्षिप्त-सा हो गया और उसने राजपाट छोड़कर भगवा वस्त्र धारण कर लिए।[162] संवत् 1900 के भादों मास के शुक्ल पक्ष की 11वीं तिथि को मानसिंह की मृत्यु तक अंग्रेजों का जोधपुर पर पूरा नियन्त्रण हो चुका था और जागीरदार तथा प्रजाजन सुख की साँस लेने लगे थे। ऐसे नालायक राजा से उन्हें अंग्रेज राज अधिक अच्छा लगा।

रीतिकालीन कवियों ने सूचना दी है कि अंग्रेज व्यापारी एक मीठे ठग के रूप में इस देश में आए थे। उन्होंने यहाँ मुगल सत्ता को समाप्त करने के बाद एक-एक कर नवाबी और राजपूती सत्ताओं को भी समाप्त करने का प्रयत्न किया। नवाबी और राजपूत राजाओं में कुछ ने उनसे लोहा लिया और अधिकतर ने उनसे समझौता कर लिया। मुगल सत्ता तो पहले ही दुर्बल और अनाथ हो चुकी थी। मुगल काल में क्षेत्रीय राजनैतिक शक्तियों ने अपना प्रभाव-विस्तार कर लिया था और केन्द्रीय मुगल सत्ता के प्रति उनका सहयोगपूर्ण रवैया नहीं रह गया था। इतना अवश्य था

कि वे राजनीतिक केन्द्रस्थान दिल्ली में केवल मुगलों को सत्तासीन देखना चाहते थे। न स्वयं को उस स्थान पर आसीन करना चाहते थे और न अंग्रेजों को होने देना चाहते थे। अन्तिम मुगल बादशाह अंग्रेजों के पेंशनयाफ्ता हो गए थे। इस देश में अंग्रेजों ने मुगल सत्ता को पंजापसार नीति से मुट्ठी में कसने के बाद जब सब भारतीय सत्ताधीशों को अपने शिकंजे में कसना चाहा तो सबके मन में भय समा गया और वे सब अपने अधिकारों और अस्तित्व की रक्षा के लिए कटिबद्ध हो गए, लेकिन उन्होंने शताब्दियों पुरानी बिखराव की प्रवृत्ति को नहीं छोड़ा था। कवि शंकरदान साँभर ने लिखा है कि अंग्रेज व्यापार के लिए देश-देश जाते हैं और केवल नफा कमाना चाहते हैं। वे केवल अपना भला-बुरा सोचते हैं। वे कुलक्षण से देश का काम करते हैं और दुखियों की लूट से भी तृप्त नहीं होते हैं। अंग्रेज गरीब बनकर व्यापार करने आए थे और अब यहाँ राज करने के लिए भागदौड़ करते हैं। अवसर पाकर उन्होंने मुगलों पर क्रोध करके उनको मार डाला। कवि ने अंग्रेजों से सीधा प्रश्न किया है कि तुम किसका, किस तरह पोषण करना चाहते हो ? समझ में नहीं आता। दिनदहाड़े तुमने नवाबी समाप्त कर दी और अवध की बेगमों को सताया। हिन्दुओं की फौज नष्ट कर दी। हिन्दुओं की भूमि जबर्दस्ती दबा रहे हों। इसके बाद कवि ने निष्कर्ष निकाला है कि अब तो लड़ाई से ही पार पड़ेगी, इसलिए उसने देशवासियों को, ध्यान दीजिए—देशवासियो को, न कि राजाओं को चेताया है कि हे देशवासियों संकट में एक होकर भेद मेटो। मिलकर जोश से लड़ो। मुसलमान, राजपूत, मराठे, जाट, सिख अपने-अपने पंथ छोड़कर एक पंथ पर एकत्र हो। देश के कुचले हुए लोग ललकारने पर एकत्र होंगे, तभी इस देश के मीठे ठग (अंग्रेज) अपने देश को लौटेंगे। अंग्रेजों का भ्रम और भरोसा छोड़कर अपना पूरा-पूरा नफानुकसान देखो। किसान (देशवासी) अपनी नई फसल (स्वतन्त्रता) उपजाएँगे (पाएँगे), तभी हिन्दुस्तानी पक्की विजय पाएँगे।[163]

इस तरह की प्राणवान रीतिकविता भारत की नई चेतना, जागृति और राजनीतिक परिस्थितियों को उजागर करती है। कवियों ने अपने समय में अंग्रेजों की चालों को देखा और समझा था और तदनुकूल देशवासियों को प्रेरित किया था कि वे अपने खोए हुए अधिकार पुनः प्राप्त करने के लिए अंग्रेजों की ही चालों से प्रयत्न करें। उस समय जिन लोगों ने वैसे प्रयत्न किए, उनकी उन्होंने भूरि-भूरि प्रशंसा की। यह देखने की बात है कि उत्तर रीतिकाल में अंग्रेजों के दमनचक्र का विरोध करनेवाले नायकों में जयपुर, उदयपुर, जोधपुर, बीकानेर, यहाँ तक कि दिल्ली के प्रतिष्ठित राजघरानों के व्यक्ति नहीं थे, छोटे-छोटे गाँवों-कस्बों के लोग थे। किसी भी कवि ने नहीं लिखा है कि उस नई चेतना, नई जागृति और प्रतिरोधी शक्ति से परिपूर्ण कोई मुगल बादशाह या राजा या नवाब अंग्रेजों के विरुद्ध उठ खड़ा हुआ। अंग्रेजों का पेंशनयाफ्ता बादशाह मुगल बादशाह तो परम्परागत केन्द्रीय सत्ता के प्रतीक

रूप में प्रतिष्ठित था। 1857 ई. में दिल्ली के किले के बाहर से विद्रोहियों ने बूढ़े बहादुर शाह 'जफर' को अपना नेतृत्व देने को मजबूर किया था, वह स्वयं खड़ा नहीं हुआ था। वह अपनी वृद्धावस्था, दीनता और शक्तिहीनता से परेशान था और हरम द्वारा किले से बाहर ठेला गया था। वह स्वतन्त्रता सेनानी बनने को मजबूर किया गया था। राजाओं की मनोवृत्ति शताब्दियों से केन्द्रीय सत्ता के संरक्षण में सुख-भोग करने की रही, इसलिए मुगल हों या अंग्रेज, केन्द्र में जो भी शक्ति सत्तासीन हुई, उसी की गुलामी करने और अपनी मौजमस्ती का सामान जुटाने में वे लगे रहे। उनके अपने महल सुखभोग की सामग्री से भरे हुए थे और प्रजा की चिन्ता उनको कभी रही नहीं। जब कभी उनके द्वारा शोषित प्रजाजन में गरीबी या प्राकृतिक आपदावश भुखमरी या महामारी फैल जाती थी, वे अपने धर्मगुरुओं के परामर्श से दान-पुण्य के लिए अपना कुछ भंडार खोल देते थे। अंग्रेजों के शासन काल में उनका वह दायित्व भी समाप्त हो गया। अंग्रेजों की जीहुजूरी करके उनकी पाँचों उँगलियाँ घी में रहती थीं। उन तक उस नवजागरण की हवा पहुँच पाने का प्रश्न ही नहीं था। नवजागरण तो उनमें आया था, जो छोटे-मोटे जमींदार या ठाकुर लोग थे या जिनकी जीविका का आधार छीन लिया गया था, या जो अन्य किसी प्रकार के अंग्रेजी अत्याचार से पीड़ित थे।

भारतीय इतिहास में ऐरो लोगों की कमी नहीं रही, जिन्होंने निजी स्वार्थपूर्ति के लिए या तुच्छ बदले की भावनावश ऐसे लोगों को आमन्त्रित किया जो बाद में उनको भी निगल गए। अंग्रेजों के द्वारा मुगल और राजपूत शासकों को मुट्ठी में करवाने में भी ऐसे लोग सहायक हुए। राजघरानों के आपसी झगड़े निबटाने के लिए वे पहले बादशाह की ओर भागते थे, अब अंग्रेजों की ओर भागने लगे और उन झगड़ों को निबटाने के पारिश्रमिक के रूप में वे अपनी स्वतन्त्रता भी गिरवी रखने लगे। जो लोग ऐसा नहीं करते थे और अंग्रेजी दासता को नापसन्द करते थे, उन्होंने अंग्रेजों के विरुद्ध तलवार उठाई और उन्हीं लोगों की प्रशंसा में रीतिकवियों ने खूब गीत लिखे। पहले वे आश्रयदाताओं को प्रसन्न करने के लिए सच पर आधारित झूठ भी लिखते थे, लेकिन अब परिवर्तित दायित्व बोध के कारण उन्होंने उन लोगों की प्रशंसा में गीत लिखे, जो उन्हें कोई पुरस्कार देनेवाले नहीं थे। अंग्रेज-विरोध की भावना जगाकर वे मात्र देश के प्रति अपना कर्तव्यपालन करना चाहते थे। वे अपनी आत्मा द्वारा परिचालित थे और भारतवासियों की आत्मा को जगाना चाहते थे। उनके गीतों में पहली बार भारत का स्वप्न जागता दिखाई पड़ता है। पहले के कवियों ने हिन्दू और हिन्दुस्तान या दक्खिन के लिए लिखा था, लेकिन अब वे भारत के लिए लिखने लगे। कवि शंकरदान की कविताएँ उसी भावना से लिखी गई मिलती हैं।

कवि शंकरदान की कविताओं से पता चलता है कि शेखावाटी के बठोठ और

पाटोदा ठिकाने के ठाकुर डूँगरसिंह और जवाहरसिंह ने अंग्रेजों से तब लड़ाइयाँ लड़ी थीं, जब वे कम्पनी सरकार की ओर से इस देश पर कब्जा करने की कोशिश कर रहे थे। उन्होंने लिखा है कि अंग्रेजों ने आगरा कि किले को उन लोगों के लिए कैदखाना बना रखा था जो उनके विरुद्ध तलवार उठाते थे। ऐसे लोगों को उन्होंने किले के भीतर पिंजड़े बनवाकर उनमें कैद कर रखा था। उन लोगों को कैद से मुक्त कराने के लिए उन ठाकुरों ने एक चाल चली। वे बारात के रूप में अपने सेनानियों को लेकर किले के द्वार पर आए और किले को घेरकर हमला कर दिया। किले के भीतर अंग्रेज अपने परिवारों के साथ रहते थे। ठाकुर डूँगरसिंह और जवाहरसिंह शपथ लेकर युद्ध करने आए थे कि वे कम्पनी की प्रतिष्ठा को मिट्टी में मिला देंगे। उन्होंने पूरे शहर में अंग्रेजों को पकड़-पकड़कर मारना शुरू कर दिया तो बंगाली गोरों ने डर के मारे अपने टोप उतारकर उन योद्धाओं के पैरों में रख दिए और अपने प्राण बचाने के लिए अपने को गाय कहने लगे। सबेरा होने तक उन्होंने (ठाकुरों ने) किले के सारे कैदी स्वतन्त्र करा लिये। अपने पतियों को बचाने के लिए अंग्रेजों की पत्नियाँ अल्लाह को सलाम करने लगीं। पाटोदा के जवाहरसिंह शेखावत ने आगरा के किले में ईस्ट इंडिया कम्पनी से लड़कर वहाँ के कैदियों को छुड़ाया था और बाद में नसीराबाद की छावनी लूट ली थी। कवि ने लिखा है कि कछवाहों को हरानेवाले जवाहरसिंह शेखावत से अंग्रेज स्त्रियाँ नसीराबाद की सैनिक छावनी न लूटने को कहती रह गईं। कवि ने स्पष्ट कर दिया है कि वे ठाकुर अंग्रेजों से अपनी जमीनें छीने जाने के कारण नाराज थे। उन्होंने अपनी नाराजी विलायती गोरों को मारकर और उन्हें टीलों में दफनाकर प्रकट की थी। कवि के अनुसार उनकी उस मारकाट से इतना आतंक फैल गया था कि उसकी खबर कलकत्ता में पाकर कम्पनी के लोग भयभीत हो गए थे।[164] उस युद्ध को कवि ने 'बादशाही जंग' का नाम दिया है जो उस काल की परम्पराअनुसार उचित ही है। वह युद्ध बादशाही झंडे के तले लड़ा गया था, भले ही बादशाह बहादुर शाह द्वितीय उस विद्रोह में भाग लेने के लिए तैयार नहीं था। वह स्वयं 'जफर' उपनाम से शायरी करता था, लेकिन उसकी शायरी में अंग्रेजों से स्वतन्त्रता या निज के अधिकार पाने के लिए आवाज नहीं उठाई गई है, केवल उनके खोने पर आँसू बहाए गए हैं।

मुगलों के आने से पहले जो राजपूत जातियाँ परस्पर लड़ती-भिड़ती रहती थीं, वे मुगल सत्ता के कमजोर पड़ने के बाद भी लड़ती रहीं। अंग्रेजों के आने और देश भर पर नियन्त्रण करने तक जोधपुर के अजीतसिंह, अभयसिंह, मानसिंह, भरतपुर/डीग के सूरजमल, जवाहरसिंह, जयपुर के सवाई जयसिंह, ईश्वरीसिंह, माधवसिंह, प्रतापसिंह, जगतसिंह और मराठे आपस में लड़ते ही रहे। सैयद भाई, सफदरजंग, नजफ खाँ, नजीब आदि परवर्ती मुगल सेनापति और मन्त्री अपनी खिचड़ी अलग पकाते रहे। जो हिन्दू राजा लड़ाई-झगड़ों से दूर रहना चाहते थे, वे वास्तव में अंग्रेजों

से हाथ मिला रहे थे। दिल्ली का तो यह हाल था कि उत्तर मुगलकाल में इसे लूटने के लिए क्रमशः अफगान आए, मराठे आए, जाट आए, बैरागी आए, राजपूत आए और लूटकर चले गए। मुगल खानदान भुखमरी के कगार पर आ खड़ा हुआ था। शाहजादे दिल्ली के बनियों का उधार खाकर किले में रह रहे थे। किसी को किसी की चिन्ता नहीं थी। अंग्रेज सबको जीतते जा रहे थे, इसलिए आपस में मिलकर बचाव का उपाय किया जाए, इसकी चिन्ता किसी को नहीं थी। सबके लिए 'हनोज दिल्ली दूर अस्त'। यहाँ तक कि जिन लोगों ने अंग्रेजों से लड़ाइयाँ कीं, ऐसा देखने में आता है कि कभी-कभी वे आपस में लड़ने के बाद अंग्रेजों से लड़ने आए थे। कोटा-बूँदी के शासक अंग्रेजभक्त हो गए थे, लेकिन उनके राजपूत छुटभैये अंग्रेजों से लड़े। बूँदी का राजा बिशनसिंह अंग्रेजभक्त था, तो उसका भाई बलवन्तसिंह अंग्रेजों से लड़ता हुआ मारा गया। उसके साथ उसके भाई और पुत्र भी मारे गए। वे सब अंग्रेजों से लड़ने से पहले उणियारा के नरुकाओं से लड़कर लौटे थे, इसलिए उनमें अपेक्षित ऊर्जा, इच्छाशक्ति और युद्धक्षमता में कमी अवश्य आई होगी। उनके साथ खीची भी लड़ने आए थे, लेकिन अंग्रेज और मराठों की सम्मिलित सेना की अधिक संख्या देखकर वे भाग खड़े हुए थे।[165] यदि मराठे, जोगी, अवसरवादी और घर को आग लगानेवाले घर के भेदियों का सहयोग न मिला होता तो सफलता अंग्रेजों के कदम आसानी से न चूमती।

उस अंग्रेजविरोधी अभियान में जिन लोगों की भागीदारी रही और जो कवियों को प्रभावित कर पाए, उनमें से कुछ हैं—जगदीशपुर के कुँवरसिंह, बिसाऊ के ठाकुर श्यामसिंह शेखावत[166], नीमच के आऊवा स्थान के शिवनाथ सिंह[167], और वहीं के ठाकुर सावन्तसिंह ऊदावत[168], जिनके बारे में कवि बारहठ मोहबत इन्दोकनी ने लिखा है कि उसने अंग्रेज और जोधपुर की सम्मिलित सेना से आऊवा में लड़ने के लिए जाते समय शिव के सामने प्रतिज्ञा करके आशीर्वाद माँगा था—मैं भारत को शत्रुविहीन करूँ। उस युद्ध में उसका एक हाथ कट गया था। सावन्तसिंह पर लिखित इस कविता में बार-बार 'भारत' शब्द का प्रयोग हुआ है, जो बहुत महत्त्वपूर्ण बात है। कवि ने लिखा है कि वह युद्ध अनिया (कौनाड़ सिंह) और एजेंट (अंग्रेजों) की सम्मिलित सेना के साथ किया गया था। इन योद्धाओं के अलावा अंग्रेजों से लड़नेवाले सलूम्बर का शासक रावत केसरीसिंह सीसोदिया था।[169] कवि जसा आढ़ा ने माधवसिंह (कोटा) के वंशज, झालावाड़ के जालिमसिंह झाला के पौत्र पृथ्वीसिंह हाड़ा के बारे में बताया है कि उसने महारानी विक्टोरिया की पैंतीस हजार सेना से युद्ध किया और उनको समुद्र पार भेज दिया है।[170] कवि हणूंतदान दधिवाड़िया ने सूचना दी है कि जयपुर के चौमू ठिकाने के स्वामी रणजीतसिंह नाथावत ने शेखावाटी के फतहपुर नामक स्थान पर जहाज (जॉर्ज टॉमस) को परास्त कर दिया।[171]

1857 ई. से पहले भारतीय शासक वर्ग अंग्रेजी शासकों को अपना कार्यभार इच्छा-अनिच्छापूर्वक सौंप चुके थे। उनमें से अधिकतर भूतपूर्व शासक बनकर अपने पूर्वजों के द्वारा संचित भौतिक सुखों का भोग कर रहे थे, लेकिन कुछ अपने विगत गौरव और अपहृत अधिकार पाने को लालायित थे। मेरठ की सैनिक छावनी से उठी चिंगारी जब दिल्ली पहुँची तो उससे दिल्ली और पूरे उत्तर भारत में स्वाधीनता की आग भड़क गई थी। चारों ओर से दबी क्रोधाग्नि ने भड़ककर अंग्रेज नर-नारियों और शासन को जलाना आरम्भ कर दिया था, लेकिन कुछ अंग्रेजपरस्त राजाओं और नवाबों की सहायता से अंग्रेजों ने शीघ्र ही उस आग को बुझा दिया। भारतीय राजाओं और नवाबों की स्वामिभक्ति पहले मुगल बादशाह के प्रति थी, अब अंग्रेज रानी के प्रति हो गई थी। उन स्वामिभक्त राजाओं, नवाबों और अन्य लोगों ने अंग्रेजों की रक्षा और सहायता की। उसकी एक झलक बलरामपुर के राजा दिग्विजयसिंह के द्वारा किये गये अंग्रेजों की रक्षा-कार्य की उसके आश्रित कवि गोकुल प्रसाद 'बृज' के द्वारा 'दिग्विजयभूषण' में की गयी प्रशंसा के इस वर्णन में देखिए :

जबै तिलंगे निमकहराँमी, अंगरेजन सौ कीन्है।
चीफ कमिसनर बहिराइच के, आए नृप सुख दीन्है।।
नास किए बदमास लोग को, करि लखनऊ प्रकास।
भूप दिग्विजयसिंह बहादुर, बोलि पठाए खास।। 5/58।।

टीका : जिस काल निमक हराम तिलंगों ने स्वभाव अनुसरे अर्थात् अपने स्वामी अंग्रेजन्ह को स्त्री बालक बधपूर्वक शेष को निकारि आपु राज्याधिकारी भए तब बहराइच के चीफ कमिश्नर बलरामपुर में आय महाराज बहादुर सों अनेक भाँति सुख पाय जंग बहादुर के पास जाय और वहाँ से कुमक लाय फेरि लखनऊ को विजय कियो और महाराज बहादुर को बोलि पठायो।। 5/58।।

उस अंग्रेज-सहायता के बदले में अंग्रेज सरकार द्वारा दिग्विजयसिंह को अंग्रेज, मुगल और राजा परम्पराओं का मेल कर क्या खिलअत (पुरस्कार-सम्मान-पद) दिया गया, जरा यह भी देख लीजिए :

दिये दाहिने दिसि कुरसी को, पहिलो नम्बर नाम।
बाइस भाँति किए खिल्लति नृप, आदर ललित ललाम।।
असिस्टंट दीवानी आदिक, किये कमिस्नर काम।
करि खिताप महराज बहादुर लिखे लाट अभिराम।। 5/59।।

अपने दक्षिण भाग कुर्सी दै लखनऊ मंडल के सकल भूपों में प्रथम लम्बर का नाम लिख्यो और बड़े आदर से बाइस पारचे की खिलत दियो। असिस्टंटी दीवानी,

फौजदारी कलट्टरी को अखतियार दै महाराज पद की युक्त पत्र लिखि कै लाट साहेब बहादुर भेज्यो। बाइस पारचे की खिलत–कलंगी 1, शिरपेच 1, रत्नजटित मुक्त माल 1, तरवारि विलायती 1, ढाल 1, घड़ी 1, दूरबीन दर्शक यन्त्र 1, बग्गी सहित घोड़ों के 1, दुशाला 1, रूमाल 1, पगड़ी कारचोबी 1, गोसवारा 1, कमरबन्द 1, नीमा जरकशी 1, जामा जरकशी 1, रूमाल जरकशी 1, कारचोबी 1,।। 5/59

1860 ई. में लखनऊ बुलाकर अंग्रेजी सरकार के द्वारा दिग्विजयसिंह का वह सम्मान किया गया था।[172] लखनऊ में दरबारे आम बुलाकर उसको पहले नम्बर पर अवध के राजाओं का पेशवा घोषित किया गया था। बाद में आगरा के दरबारे आम में भी उसे सम्मानित किया गया था और के.सी.एस.आई. की उपाधि दी गई थी। इस उपाधि के प्रत्येक अक्षर पर लिखित कविता-पंक्तियों में कवि ने दिग्विजयसिंह के सम्मान का कारण उस अंग्रेजपरस्त राजा के द्वारा 1857 ई. के विद्रोहियों को घेरकर मारना और अंग्रेजों को बचाना बताया गया है :

केहरि सो बल किये, घेरि बागी करि मारे।
सील सींव कै सिन्धु सिकारी स्वच्छ बिचारे।।
एक स्वामि को सेइ समर मैं जै जस पाये।
आदिल आदर अनी इसाई लोग बचाये।।
यह बात बूझि विकटोरिया हेत छ इव अक्षर लिखे।
महाराज दिग्विजयसिंह को के सी एस आई लिखे।।18/4।।

उस काल में अंग्रेजों द्वारा भारत में भूतपूर्व शासकों, सैनिकों और बुद्धिजीवियों को वश में करने के लिए इस तरह की कई इनामी योजनाएँ चलाई गई थीं। अब तक भूतपूर्व शासकों और सहयोगी सैनिकों को अंग्रेजों द्वारा बाँटे गए इनाम-सम्मान के बारे में बतानेवाले सैकड़ों स्मारक, संस्मरण और ग्रन्थ सामने आ चुके हैं। बुद्धिजीवियों के इनाम-इकराम और पददान के बारे में भी आधुनिक काल के प्राचीन साहित्यकारों और समीक्षकों ने पर्याप्त व्यंग्य-सामग्री प्रस्तुत की है। राजा, नाइट, स्टार आफ इंडिया, के.सी.एस.आई., दीवान, मजिस्ट्रेट आदि के पद 'हिज' और 'हर' की सेवाओं के बदले में बाँटे जाते थे। हिन्दी साहित्य के रीतिकाल और आधुनिक काल की सीमारेखा पर खड़े और आधुनिक काल के प्रतिष्ठापरक भारतेन्दु हरिश्चन्द्र ने अपनी कविताओं, नाटकों और लेखों में उस काल के अंग्रेजों और अंग्रेजपरस्तों के बारे में जो कुछ लिखा है उससे अंग्रेजी शासन, उस शासन के बारे में देशवासियों की धारणा तथा अंग्रेजपरस्तों की दशा और दिशा की अच्छी जानकारी मिलती है। उन्होंने शताब्दियों से बादशाहों, राजाओं, नवाबों, जमींदारों और समाजविरोधी लोगों के द्वारा शोषित भारतीय जन को ब्रिटिश सुशासन देने के लिए धन्यवाद दिया है,[173] तो अंग्रेजों द्वारा भारत की लूट पाकर खेद भी प्रकट किया है।[174]

अन्त में यही निवेदन है कि इतिहासकार भारतीय इतिहास के लिए सामग्री-संकलन के लिए जितने भी स्रोत खोज सकें, उतना ही भारतीय इतिहास को औ विश्वसनीय बनाया जा सकेगा। मुगलकालीन विभूतियों, इतिहासकारों, लेखकों और कवियों ने अपने समय को जिस रूप में देखा था, उसको उन्होंने अपनी गुण-दोषमयी दृष्टि और निज और पर के लाभ-हानि की वृत्ति से प्रेरित होकर या अपने पीछे कुछ उल्लेखनीय छोड़ जाने की नीयत से लिखा था। हिन्दी के रीतिकालीन कवि तथा ख्यातकार उन्हीं प्रेरणाओं से जो कुछ लिखकर छोड़ गए हैं, उनमें कुछ न कुछ नया और उल्लेखनीय मिल जाएगा, यह सोचकर इतिहासकारों को बिना लाग-लपेट के उन पर विचार करना चाहिए। कालिदास ने अपने नाटक 'शाकुन्तल' में लिखा है कि—जो पुराना है, वह सब अच्छा है और जो नया है, वह दोष सहित है, ऐसा मानना ठीक नहीं है। समझदार व्यक्ति इन दोनों की परीक्षा करके ही किसी एक को स्वीकार करते हैं और नासमझ व्यक्ति दूसरों की विश्वासबुद्धि पर चलते हैं।[175] यह एक कालालीत सत्य है। इस सत्य का हमेशा अनुकरण करना चाहिए।

संदर्भ

1. मार्च 3, 1707
2. संबत सतरै तेसटे सन इक्कावन जास।
   असतंगत औरंग ससि अमा फालगुन मास।। 33।।—रूपक सत्यसरूप
3. गुरु प्रताप सूरज, भाग-8, पृ. 448, छन्द 1-2
4. रूपक सत्यसरूप, छन्द 48
5. गुरु प्रताप सूरज, भाग-8, पृ. 449, 451, छन्द 16, 23, 26, 45
6. रूपक सत्यसरूप, छन्द 63, 64
7. सवाई जयसिंह चरित—कवि आत्माराम, सं. गोपालनारायण बहुरा, छन्द 348
8. वही, छन्द 349
9. 'अजीत विलास' के पृ. 251 पर टिप्पणियाँ—युद्धस्थल का नाम जाजव बताया गया है, जिसे जाजऊ भी कहा जाता है।
10. रूपक सत्यसरूप, छन्द 67
11. लरे साह औरंग लरों तिहि भाँति लराई।
    दैहें जिसे खुदाय सोइ करिहैं पतिसाई।। 75।।—रूपक सत्यसरूप
12. गुरु प्रताप सूरज, भाग-8, पृ. 253, छन्द 6
13. वही, पृ. 455, छन्द 27, 31
14. रूपक सत्यसरूप, पृ. 276-284, छन्द 131-198

15. रूपक सत्यरूप, छन्द सं. 221-226
16. वही, छन्द सं. 236-304
17. वृन्द जथारथ जुद्ध की रचना रची अनूप। समुझि नाम याको दियो रूपक सत्यसरूप।।362।।
18. रूपक सत्यसरूप, छन्द सं. 343-346
19. 1707 ई.
20. रूपक सत्यसरूप, छन्द सं. 362
21. सवाई जयसिंह चरित, पृ. 29-30, छन्द 358-359, पृ. 91-93, टिप्पणियाँ
22. अजीत विलास, पृ. 15
23. सवाई जयसिंह चरित, पृ. 30, छन्द 363, पृ. 92-93, टिप्पणियाँ
24. अजीत विलास, पृ. 152-153
25. यह सैयद हुसैन बारहा है, प्रसिद्ध सैयद बन्धु हुसैन अली खाँ नहीं है। कवि आत्माराम ने उसका नाम हसन खाँ भी लिखा है।
26. सवाई जयसिंह चरित, छन्द 367
27. कवि कलानिधि श्रीकृष्ण भट्ट ने 'साँभर युद्ध' में उस युद्ध का वर्णन किया है, लेकिन इस काव्य के सम्पादक डॉ. रघुवीरसिंह ने इसको ऐतिहासिक महत्त्व का नहीं, साहित्यिक महत्त्व का काव्य माना है।
28. सवाई जयसिंह चरित, छन्द 369, टिप्पणियाँ, पृ. 93
29. वही, छन्द 370-373
30. वही, टिप्पणियाँ, पृ. 93
31. अजीत विलास, पृ. 153
32. (क) वही, पृ. 157-158
    (ख) सवाई जयसिंह चरित, छन्द 406-414
33. वही, छन्द 415-16
34. वही, छन्द 417
35. बन्दा का असली नाम माधोदास था। वह बैरागी था और वह गुरु गोविन्दसिंह को नांदेड में मिला था। गुरु का आज्ञाकारी शिष्य हो जाने पर उसे बन्दा नाम मिला। गुरु की आज्ञा से उसने सढौरा से लेकर पूरे पंजाब में गुरु-विरोधियों का उन्मूलन किया था। उसके दमनचक्र के बारे में 'गुरु प्रताप सूरज' भाग-8 में विस्तार से लिखा गया है।
36. अक्तूबर, 1711
37. सितम्बर, 1712
38. अजीत विलास, पृ. 114
39. वही, पृ. 141, छन्द 177-182
40. वही, पृ. 162-163
41. वही, पृ. 165-169

42. फरवरी 18, 1712
43. अजीत विलास, 169-170
44. जंगनामा, श्रीधर, सं. डॉ. रघुबीरसिंह, ओंकार दान चारण, छन्द 7
45. जंगनामा, छन्द 8-10
46. (क) सवाई जयसिंह चरित, छन्द 455-468
    (ख) अजीत विलास, पृ. 170
47. जंगनामा, छन्द 193-239
48. अजीत विलास, पृ. 170
49. जनवरी 10, 1713
50. अजीत विलास, पृ. 171
51. जंगनामा, छन्द 243-372
52. अजीत विलास, पृ. 171
53. वही, पृ. 172
54. 1713 ई.
55. सितम्बर, 1714
56. सितम्बर, 1715
57. सितम्बर, 1715
58. जनवरी 24, 1713
59. सवाई जयसिंह चरित, छन्द 469
60. अजीत विलास, पृ. 178, टिप्पणी
61. सवाई जयसिंह चरित, छन्द 473
62. (क) वही, छन्द 507
    (ख) अजीत विलास, पृ. 189, छन्द 66
63. मोची बाग नामक गाँव दिल्ली से जयपुर जानेवाली सड़क पर धौलाकुआँ (नई दिल्ली) के दक्षिण-पूर्व में है, जिसके आसपास वर्तमान नानक पुरा बसा हुआ है। इसी की जमीन पर सरकारी कर्मचारियों के लिए बसाए गए आवासीय क्षेत्र का नामकरण मोची बाग के स्थान पर मोती बाग कर दिया गया है।
64. अजीत विलास, छन्द 93-118
65. सवाई जयसिंह चरित, छन्द 519-548
66. अजीत विलास, पृ. 197-198
67. सवाई जयसिंह चरित, छन्द 550-551
68. अजीत विलास, पृ. 198
69. (क) सवाई जयसिंह चरित, छन्द 556-558
    (ख) अजीत विलास, पृ. 198-199
70. सवाई जयसिंह चरित, छन्द 560
71. मंगलवार, फरवरी 10, 1719

72. अफगानिस्तान में स्थित इस देवी मन्दिर की मुगलकालीन राजपूतों में बड़ी श्रद्धा रही।
73. शनिवार, अप्रैल 18, 1719
74. सवाई जयसिंह चरित, छन्द 565-566
75. अजीत विलास, पृ. 200
76. सवाई जयसिंह चरित, छन्द 572-573
77. सितम्बर, 1719
78. अजीत विलास, पृ. 201
79. वही, पृ. 203
80. सवाई जयसिंह चरित, छन्द 574-590
81. नवम्बर, 1719
82. सवाई जयसिंह चरित, टिप्पणियाँ, पृ. 101-102
83. दक्खिनी के ऐतिहासिक काव्यों का विकासात्मक अनुशीलन, पृ. 188
84. कि यो फौज है आज दुश्मनशिकन
    अगर होए जमा हिन्द सारा दखन।।84।।
    कहाँ हिन्द याराँ कहाँ है दखन
    कहाँ ख्वेश कुर्बत कहाँ है वतन।।46।।
    कहे हैं दखन में मुझे सूबहदार
    लड़ाई का सट देव दिल सूँ विचार।।87।।
    चले जाव सीधे हिन्दुस्तान कूँ
    चचा पास अपने तुम आमान सूँ।।88।।
85. है आलिम अली सय्यदे नामदार
    दखिन के छह सूबों में साहिबमदार।।37।।
    हजाराँ अमीराँ रहे नित मुदाम
    छह सूबों में इज्जत थां अज बस तमाम।।40।।
86. जंगनामा आलिम अली खाँ (गजनफर हुसैन) छन्द सं. 224, 225, 230
87. वही, छन्द सं. 134-140
88. वही, छन्द सं. 291-300
89. वही, छन्द सं. 54-60, 71-91
90. वही, छन्द सं. 209, 210, 365
91. वही, छन्द सं. 139, 180, 181, 201
92. अजीत विलास, पृ. 205-206
93. सवाई जयसिंह चरित, छन्द 591-599
94. दिल्ली-जयपुर मार्ग पर स्थित
95. (क) अजीत विलास, पृ. 207, 208
    (ख) सवाई जयसिंह चरित, छन्द 622-623
96. वही, छन्द 625

97. सवाई जयसिंह चरित, छन्द 634
98. अजीत विलास, पृ. 213
99. वही, पृ. 714
100. सवाई जयसिंह चरित, छन्द 649
101. शुक्रवार, जून 19, 1724
102. मंगलवार, जून 23, 1724
103. अजीत विलास, पृ. 216-217
104. 1723 ई.
105. 1724 ई.
106. सवाई जयसिंह चरित, छन्द 674-689
107. इसे आजकल पुराना किला कहा जाता है।
108. दिल्ली के वर्तमान लाल किले के पीछे स्थानीय पत्थर से निर्मित ऊँची चहारदीवारी, जिसे सलीमगढ़ कहा जाता है। उत्तर मुगलकाल में इसका उपयोग मुगल खानदान के लोगों को बन्दी बनाने के लिए किया गया था।
109. यह पुरा अंग्रेजों ने नई दिल्ली बसाने के लिए उजाड़ दिया था। उसके अवशेष जन्तर-मन्तर, बंगला साहब गुरुद्वारा, मस्जिद, हनुमान मन्दिर और जयसिंह रोड हैं।
110. सितम्बर 21, 1743
111. श्री हरिकला बेली—चाचा वृन्दावनदास, सं. ठाकुर प्रसाद वर्मा
112. 28 फरवरी से 6 मार्च, 1757
113. ठारह सै तेरहों बरस हरि यह करी।
    यमन विगोयौ देस विपति गाढ़ी परी।।
    तब मन चिन्ता बाढ़ी, साधु पतन करे।
    हरि हाँ, मनहु सृष्टि संघार काल आयुध धरे।। 1।।—श्री हरिकला बेली
114. श्री हरिकला बेली, छन्द 81, 109
115. वही, छन्द 20
116. वही, छन्द 31
117. वही, छन्द 45
118. वही, छन्द 47
119. वही, छन्द 67, 77
120. वही, छन्द, 82, 108
121. वही, छन्द 85
122. वही, छन्द 106
123. नीत पातसाह ऊक्यौ स्रवनि मनसूबा चूक्यौ,
    बहुत दिननि जाँन कूक्यौ काबल दरेरौ किये।
    वेस्या मदपान करि छबि गये अमीर जेते
    रज तम की धार कारी बूड़े को बिलोकिये।

दिल्ली भई बिल्ली कटेला कुत्ता देखि डरी,
भूल्यो महमद साह पहिले अब काहि टोकिये।
बाबर हिमायूँ को चलाऊ अब बंस भयौ,
ताकौ यह फैल्यो सोक परजा कर्म ठोकिये।। 7।।—श्री हरिकला बेली

124. श्री हरिकला बेली, छन्द 120, 130, 139, 160, 166
125. वही, छन्द 175-183
126. 1757 ई.
127. 1761 ई.
128. जुलाई, 1748
129. सूदन रत्नावली (सुजान चरित)—सूदन, संक. सत्यप्रिय, पृ. 43, 46-47
130. 1750 ई.
131. 1754 ई.
132. 'अनूप प्रकास' को डॉ. राजमल बोरा ने डॉ. भालचन्द्र राव तैलंग से प्राप्त कर सम्पादित और 'मरुभारती' में प्रकाशित किया है। यह काव्य साहित्यिक नहीं, ऐतिहासिक दृष्टि से महत्त्वपूर्ण है।
133. 1761 ई.
134. हिन्दू हजारन आदमी
षल चहत धर्म कर्यो कमी,
लाखन रुपैयन दै महा,
दषिणीउ बोलि लिये तहा।। 164।।—अनूप प्रकास
135. अनूप प्रकास, छन्द 164-179
136. शोध पत्रिका, वर्ष 35, अंक 2 में लेख—अनूप प्रकास का ऐतिहासिक पर्यालोचन, पृ. 39
137. अनूप प्रकास, छन्द 275-278
138. 26 जनवरी, 1775
139. तह गुलाम कादिरहि जब पठयौ साहि बुलाइ।
हित हटकी मानी नहीं तब गए रिसाइ।। 327।।
कछु काल पीछै गुलाम कादर सु दगा की।
पातसाहि कोप करि बे अदबी ताकी।
करि लोचन जुग भंग सकल भंडार सुल्लि टिव।
अनुचित बात बिचार त्रिपति दिल मैं दुषजु दिव।। 328।।—अनूप प्रकास
140. अनूप प्रकास, छन्द 332
141. 24 अप्रैल, 1792
142. शोध पत्रिका, वर्ष 35, अंक 2, पृ. 52-53
143. जनवरी 2, 1751 से मार्च 5, 1768
144. दीघ को वर्तमान काल में डीग कहते हैं।

145. सं. 1820 में सूरजमल ने दिल्ली पर आक्रमण किया था। यही सूरजमल का मृत्युकाल है।–दिसम्बर 25, 1763
146. जवाहरसिंह का शासनकाल सं. 1820 से 1825 तक था।
147. यमुना, चम्बल और उटंगन नदियों के बीच का भदावर क्षेत्र जहाँ के राजा भदौरिया (भदावरिया) कहलाते थे।
148. वेतन पर काम करनेवाला फ्रांसीसी तोपची वाल्तर रैनहार्द, जिसने कश्मीरी मुसलमान जेबुन्निसा से विवाह किया था। उसका दूसरा नाम सौमर्स, सौम्बे था, जो समरू बन गया। उसकी पत्नी बेगम समरू के महल दिल्ली (भगीरथ पैलेस) और सरधना में हैं। समरू ने अनेक शासकों के यहाँ नौकरी की।
149. इन योद्धाओं के नाम 'प्रताप रासो' के पृ. 24-25 पर देखे जा सकते हैं।
150. मार्च 5, 1768
151. 1768 ई.
152. इस सन्देह की सूचक पंक्तियाँ देखिए :
हम सुराज आमैरि के धरमधारी।
इसी नग्र नाही न चैही हमारी।। 4/163
153. इन तीनों को हल्दियाबन्धु कहा जाता है। मुगल दरबार में जो भूमिका सैयद बन्धुओं की थी, कुछ वैसी ही स्थिति जयपुर, राजगढ़, अलवर राजघराने में उन हल्दिया बन्धुओं की थी।
154. इन योद्धाओं के गोत्र, पितासहित नामों की सूची पृ. 36-38 पर देखी जा सकती है।
155. (क) राजस्थानी वीरगीत संग्रह भाग-2, पृ. 21, गीत सं. 17
(ख) वही, भाग-3, पृ. 243, गीत सं. 141
156. 1804 ई.
157. एनल्स एंड एंटीक्विटीज ऑफ राजस्थान, भाग-1, ले. कर्नल टॉड, पृ. 561-62
158. महाराजा मानसिंह री ख्यात, सं. डॉ. नारायणसिंह भाटी, पृ. 23-29, 38-39, 163
159. वही
160. वही, पृ. 840
161. वही, पृ. 23, 24, 30, 42-43, 48, 68-82
162. वही, पृ. 156-160, 165-185
163. राजस्थानी वीरगीत संग्रह, भाग-4, पृ. 279-280, गीत सं. 214
164. (क) राजस्थानी वीरगीत संग्रह, भाग-2, पृ. 151-152, गीत सं. 111-12
(ख) वही, भाग-4, पृ. 181, गीत सं. 140
165. वही, पृ. 181, 207, 225, 226, गीत सं. 170, 173, 179, 230, 236
166. वही, भाग-3, पृ. 33
167. वही, भाग-2, पृ. 44, गीत सं. 30
168. वही, पृ. 45
169. वही, भाग-3, पृ. 82, गीत सं. 56

170. गौरां धू करैगो मेघाडंबरां पंड रे घाव
पटाराणी गूमरां हरैगो पैले पार।—वही, पृ. 83, गीत सं. 57

171. राजस्थानी वीरगीत संग्रह, पृ. 96, गीत सं. 63

172. दिग्विजय भूषण—गोकुलप्रसाद 'बृज' पृ. 32, छन्द 60

173. भारतेन्दु समग्र—भारतेन्दु हरिश्चन्द्र, सं. हेमन्त शर्मा, 'भारत भिक्षा', पृ. 217

174. इस विषय में उनकी प्रसिद्ध कविता है :
अंगरेज राज सुखसाज सबै विधि भारी।
पै धन विदेस चलि जात, यहै है ख्वारी।।

175. पुराणमित्येव न साधु सर्वं न चापि काव्यं नवमित्यवद्यम्।
सन्तः परीक्षान्यतरद्‌भजन्ते, मूढः परप्रत्यय नेय बुद्धिः।।

परिशिष्ट-1

मुगल शासकों का बादशाही काल

मुगल शासक	विक्रमी तिथि	ईसवी तिथि
1. अकबर (1556-1605 ई.)	फाल्गुन, वदी, 30, 1612—माघ, वदी, 1, 1662	फरवरी 11, 1556—अक्टूबर 17, 1605
2. जहाँगीर (1605-1627 ई.)	माघ, वदी, 7, 1662—कार्तिक, वदी, 30, 1684	अक्तूबर 24, 1605—अक्तूबर 28, 1627
3. शाहजहाँ (1627-1658 ई.)	माघ, सुदी, 10, 1684—आषाढ़, वदी, 4, 1715 (मृत्यु तिथि—माघ वदी 13, 1722)	जून 9, 1658 (मृत्यु तिथि—जनवरी 22, 1666)
4. औरंगजेब (1658-1707 ई.)	श्रावण, सुदी, 3, 1715—फाल्गुन, वदी, 30, 1763	जुलाई 23, 1658—फरवरी 21, 1707
5. आजम शाह (1707 ई.)	फाल्गुन, सुदी, 12, 1763—आषाढ़, वदी, 4, 1764	मार्च 4, 1707—जून 8, 1707
6. बहादुर शाह (1707-1712 ई.)	चैत्र, वदी, 5, 1763—फाल्गुन, वदी, 6, 1768	मार्च 12, 1707—फरवरी 17, 1712
7. जहाँदार शाह (1712 ई.)	चैत्र, वदी, 8, 1768—पौष, सुदी, 15, 1769	मार्च 9, 1712—दिसम्बर 31, 1712

8.	फर्रुखसियर (1712-1719 ई.)	चैत्र, सुदी, 1, 1769—फाल्गुन, सुदी, 10, 1775 (मृ. ति. वैशाख, सुदी, 1776)	27, 1712—फरवरी 18, 1719 (मृ. ति. मार्च अप्रैल 18, 1719)
9.	रफी-उद-दरजात (1719 ई.)	फाल्गुन, सुदी, 10, 1775—आषाढ़, वदी, 4, 1776 (मृ. ति. आषाढ़ वदी 11, 1776)	फरवरी 18, 1719—मई 26, 1719 (मृ. ति. जून 2, 1719)
10.	रफी-उद-दौला (शाहजहाँ—II) (1719 ई.)	आषाढ़, वदी, 6, 1776—श्रावण, सुदी, 6/7, 1776	मई 28, 1719—सितम्बर 8/9, 1719
11.	मुहम्मद शाह (1719-1748 ई.)	आश्विन, वदी, 2, 1776—वैशाख, वदी, 14,1805	सितम्बर 19, 1719—अप्रैल 15, 1748
12.	अहमद शाह (1748-1754 ई.)	वैशाख, सुदी, 3, 1805—जेठ, सुदी, 12, 1811	अप्रैल 19, 1748—जून 2, 1754
13.	आलमगीर-II (1754-1759 ई.)	जेठ, सुदी, 12, 1754—माघ, सुदी, 10, 1816	जून 2, 1811—नवम्बर 29, 1759
14.	शाहजहाँ-III (1759-1760 ई.)	माघ, सुदी, 1816—क्वार, सुदी, 1, 1817	नवम्बर 30, 1759—अक्तूबर 10, 1760
15.	शाह आलम-11 (1759-1806 ई.)	पूस, सुदी, 6, 1816—कार्तिक, सुदी, 9, 1863	दिसम्बर 25, 1759—नवम्बर 19, 1806
16.	अकबर-II (1806-1837 ई.)	कार्तिक, सुदी, 9, 1863—क्वार, वदी, 14, 1894	नवम्बर 19, 1806—सितम्बर 28, 1837
17.	बहादुर शाह-II (1837-1857 ई.)	क्वार, वदी, 30, 1984—क्वार, सुदी, 4, 1914 (मृत्यु तिथि—माघ, वदी, 1, 1919)	सितम्बर 29, 1837—सितम्बर 22, 1857 (मृत्यु तिथि नवम्बर 7, 1862)

(डॉ. रघुबीरसिंह की अंग्रेजी पुस्तिका 'भारत के मुगल बादशाहों के जुलूसी सनेह' पर आधारित)
(THE JULUSI SANEH'S OF THE MUGHAL EMPERORS OF INDIA) (1556-1857 A.D.)

परिशिष्ट-2

सहायक ग्रन्थ/पत्रिका सूची

आधार ग्रन्थ

1. अजीत विलास (महाराजा अजीतसिंह जी री ख्यात) (चारण वणसूर महादान) —सं. डॉ. शिवदत्तदान बारहट
2. अनूप प्रकास—मान —सं. डॉ. राजमल बोरा
3. अलीनामा (नुस्रती) —डॉ. सुरेशदत्त अवस्थी
4. इन्द्रप्रस्थ प्रबन्ध (अज्ञात) —सं. डॉ. दशरथ शर्मा
5. इब्राहीमनामा (अब्दुल दिहलवी) —सं. श्री देवीसिंग चौहान
6. कविवर गंग ग्रन्थावली (गंग) —सं. डॉ. सरयू प्रसाद अग्रवाल
7. कवीन्द्र कल्पलता (कवीन्द्राचार्य सरस्वती) —सं. रानी लक्ष्मी कुमारी चूंडावत
8. काव्य निर्णय (आचार्य भिखारी दास)
9. कुतुब मुश्तरी (मुल्ला वजही) —सं. सुश्री विमला वाग्रे, श्री नसीरुद्दीन हाशमी
10. कूर्म वंश यश प्रकास अपरनाम लावारासा (कविया गोपालदान) —सं. श्री महताब चन्द्र खैराड़
11. केशव ग्रन्थावली (रतन बावनी, वीर चरित्र, जहाँगीर जस चन्द्रिका, विज्ञान गीता) —सं. आ. विश्वनाथ प्रसाद मिश्र
12. गजगुण रूपक बन्ध (केसोदास गाडण) —सं. श्री सीताराम लालस
13. गुरु प्रताप सूरज (आठ भाग) (सन्तोख सिंह)
14. गुरु शोभा (सेनापति) —सं. डॉ. जयभगवान गोयल
15. गोरा बादल पदमिनी चउपई (हेमरतन) —श्री उदयसिंह भटनागर
16. छत्रप्रकास (लाल) —सं. डॉ. महेन्द्र प्रताप सिंह

17. जंगनामा आलिम अलीखान
(गजनफर हुसैन) —सं. श्री देवीसिंग व्यंकटसिंग चौहान
18. जंगनामा गुरु गोविन्दसिंह (अणी राय) —सं. डॉ. जयभगवान गोयल
19. जंगनामा (श्रीधर) —सं. डॉ. रघुवीरसिंह, ओंकार दान चारण
20. जफरनामा (गुरु गोविन्द)
21. जसवन्तसिंह ग्रन्थावली —सं. आ. विश्वनाथ प्रसाद मिश्र
22. जसवन्तसिंह री ख्यात —सं. रावत सारस्वत
23. जुगल विलास (पीथल) —सं. लक्ष्मी कुमारी चूंडावत
24. ठाकुर —सं. श्री चन्द्रशेखर मिश्र
25. तारीखे इस्कन्दरी (नुस्रती) —स. श्री देवीसिंग चौहान,
डॉ. सुरेशदत्त अवस्थी
26. दिग्विजय भूषण
(आचार्य गोकुल प्रसाद 'बृज') —सं. डॉ. भगवती प्रसाद सिंह
27. निपट निरंजन की बानी —सं. डॉ. राजमल बोरा
28. प्रताप रासो (जाचीक जीवण) —सं. श्री मोतीलाल गुप्त
29. बिन्है रासो (महेसदारा राव) —सं. श्री सौभाग्यसिंह शेखावत
30. बिहारी रत्नाकर —सं. श्री जगन्नाथ दास 'रत्नाकर'
31. भूषण ग्रन्थावली —सं. आ. विश्वनाथ प्रसाद मिश्र
32. मंडन ग्रन्थावली —सं. डॉ. देवेन्द्र
33. महाराजा मानसिंह री ख्यात
(आईदान खिड़िया) —सं. डॉ. नारायणसिंह भाटी
34. रतन रासो (कुम्भकर्ण) —सं. पं. काशीराम शर्मा
35. रसरतन (पुहकर)
36. रतन सिंघ राठौड़ री बचनिका
(खिड़िया जगा) —डॉ. शम्भुसिंह मनोहर
37. रहीम ग्रन्थावली —सं. डॉ. सरयू प्रसाद अग्रवाल
38. राज विनोद महाकाव्यम् (उदयराज) —सं. पं. गोपालनारायण बहुरा
39. राजविलास (मान) —सं. डॉ. मोतीलाल मेनारिया
40. राजस्थानी वीरगीत संग्रह, चार भाग —सं. श्री सौभाग्यसिंह शेखावत
41. ललित ललाम (मतिराम) —सं. श्री कृष्ण बिहारी मिश्र
42. वृन्द ग्रन्थावली (सत्य सरूप रूपक,
बचनिका अथवा रूपसिंह की वार्ता,
शृंगार शिक्षा, सतसई) —सं. जनार्दन राव चेलेर
43. संक्षिप्त गुरु प्रताप सूरज —सं. डॉ. जयभगवान गोयल

44. सगत रासो (गिरधर आशिया) —सं. श्री कृष्ण चन्द्र श्रोत्रिय
45. सवाई जयसिंह चरित (कवि आत्माराम) —सं. पं. गोपालनारायण बहुरा
46. साँभर युद्ध (कवि कलानिधि श्री कृष्ण भट्ट) —सं. डॉ. रघुवीर सिंह
47. सुजान चरित्र (सूदन) —सं. सत्यप्रिय
48. सूरज प्रकास, तीन भाग —सं. श्री सीताराम लालस
49. शिवा बावनी (भूषण) —सं. आचार्य विश्वनाथ प्रसाद मिश्र
50. शोभा श्रृंगार (कवि गंगाराम) —सं. डॉ. ईशरसिंह तांघ
51. हम्मीर रासो (जोधराज) —सं. श्याम सुन्दर दास
52. हरिकला बेली —चाचा श्री वृन्दावन दास

पांडुलिपियाँ

1. आलम प्रकाश (शाह आलम)
2. इन्द्रप्रस्थ यात्रा (गोस्वामी सुन्दर लाल)
3. मथुरावर्णन (अज्ञात लेखक)
4. महाराज यशवन्तसिंह यशवर्णन (अज्ञात लेखक)
5. युद्ध सार (अखैराम)
6. लावनी (नजीर अकबराबादी)
7. सिन्धिया की सवारी (अज्ञात लेखक)

अप्रकाशित शोध-प्रबन्ध

1. दक्खिनी के ऐतिहासिक काव्यों का विकासात्मक अध्ययन ('अलीनामा' और 'इब्राहीमनामा' के सन्दर्भ में) —डॉ. सुरेशदत्त अवस्थी

पत्रिकाएँ

1. इन्द्रप्रस्थ भारती (अक्तूबर-दिसम्बर 1996)
2. युगयुगीन ब्रज (1988) —सं. ठाकुर प्रसाद वर्मा, सेवक सरन

सहायक ग्रन्थ

1. अकबर —राहुल सांकृत्यायन

2. उत्तर मुगलकालीन भारत —सतीशचन्द्र
3. ऐतिहासिक प्रमाणवली और छत्रसाल —सं. महेन्द्र प्रताप सिंह
4. ऐतिहासिक स्थानावली —विजयेन्द्र कुमार
5. औरंगजेब (यदुनाथ सरकार) —सं. रघुवीर सिंह
6. जयपुर जोथा : राजदरबार और रनिवास —नन्दकिशोर पारीक
7. जाटों का नवीन इतिहास —उपेन्द्रनाथ शर्मा
8. दिग्विजय भूषण (गोकुल प्रसाद 'बृज') —सं. भगवती प्रसाद सिंह
9. पूर्व आधुनिक राजस्थान —रघुवीर सिंह
10. बन्दा बहादुर —गण्डा सिंह
11. ब्रजेन्द्र बहादुर महाराजा सूरजमल जाट —उपेन्द्रनाथ शर्मा
12. भारत का इतिहास —रोमिला थापर
13. भारतीय मुसलमान : मिथक और यथार्थ —सं. राजकिशोर
14. भारतीय संस्कृति : मुगल विरासत और औरंगजेब के फरमान —वी. एन. पांडे
15. भारतेन्दु समग्र —सं. हेमन्त शर्मा
16. भूषण और उनका साहित्य —राजमल बोरा
17. मध्यकालीन चारण काव्य —सं. जगमोहनसिंह परिहार
18. महाराजकुमार डॉ. रघुवीरसिंह के पत्र राजमल बोरा के नाम —सं. राजमल बोरा
19. महाराणा अमरसिंह राठौड़ प्रथम और उसका समय (1597-1620 ई.) —मनोरमा जोशी
20. मुगलकालीन इतिहासकार और इतिहासलेखन —आर.के. सक्सेना, एल.पी. माथुर
21. मुगल साम्राज्य की जीवनसन्ध्या —नारायण सिंह
22. राजस्थान के इतिहास के स्रोत —कृष्ण स्वरूप गुप्ता
23. राजस्थान के गौरव ग्रन्थ —राजमल बोरा
24. राजस्थान वैभव —सं. सत्यप्रकाश बंसल
25. राजस्थानी साहित्य का इतिहास (आरम्भ काल—मध्यकाल) —बी.एल. माली 'अशान्त'
26. रीतिकाल के प्रमुख प्रबन्ध काव्य —इन्द्रपालसिंह इन्द्र
27. रीतिकालीन शृंगार-भावना के स्रोत —सुधीन्द्र कुमार
28. लोक संस्कृति और इतिहास —बद्री नारायण
29. वीर काव्य —सं. उदयनारायण तिवारी

30. शाहजहाँनामा (मुंशी देवी प्रसाद) —सं. रघुवीरसिंह, मनोहरसिंह राणावत
31. शिवाजी (यदुनाथ सरकार) —सं. रघुवीरसिंह
32. हिन्दी वीर काव्य —टीकमसिंह तोमर
33. हिन्दी की वीरकाव्य धारा, प्रथम खंड : उद्गम —सं. 1000 से 1400 तक —बटे कृष्ण
34. हिन्दी वीरकाव्य संग्रह —गणेश प्रसाद द्विवेदी
35. हिन्दी साहित्य का अतीत (भाग-2) —आचार्य विश्वनाथ प्रसाद मिश्र
36. हिन्दू-मुस्लिम सांस्कृतिक एकता का इतिहास —रामफल सिंह
37. हिस्ट्री ऑफ मेवाड़ —आर.वी. सोमानी
38. जयपुर एंड लेटर मुगल्स —एच.सी. टिक्कीवाल
39. द आर्मी ऑफ द राजपूत्स —आर.एल. सक्सेना

शोध पत्रिका

1. शोध साधना वर्ष 2, 2038 वि. 1981 ई.
2. " " 3, 2039 वि. 1982 ई.
3. " " 4, 2040 वि. 1983 ई.
4. " " 7, 2043 वि. 1986 ई.
5. " " 9, 2045 वि. 1988 ई.
6. हित सुधा
7. हिन्दुस्तानी (भाग-34) 1973

□□□